本书得到国家社会科学基金重大项目〔22&ZD110〕和
国家自然科学基金项目〔72172050〕支持

瑞士创新密码

骆毅　杨治◎著

On Swiss Innovation

華中科技大學出版社
http://press.hust.edu.cn
中国·武汉

内容简介

瑞士是一个面积仅4万多平方千米、人口只有800多万的小国，2022年人均GDP居全球第四位（2019年、2020年居全球第二），2020年GDP总量居全球第十八位。多年来，瑞士一直被业界誉为“全球最具创新力”国家，被列为“全球最幸福国家”之一。瑞士也是中国首个以“创新”为标志建立创新战略伙伴关系的国家。瑞士在创新方面的作为是多维度、深层次和系统性的。本书结合笔者在瑞士的工作和考察经历，综合相关文献资料，从瑞士的创新制度背景、创新体系、人才培养体系、社会文化、绿色发展战略、全球发展战略等多个维度，针对瑞士钟表、瑞士军刀、瑞士巧克力等代表性创新产品，瑞士制造业、生物医药产业、金融业等优势产业创新理念，以及在交通、绿色资源开发与保护等的创新技术等进行多维考察和分类讨论，既有对历史事件的追溯，也有对现实问题的阐释，深入分析瑞士创新的制度背景、历史演变脉络、社会文化基础及其发展战略，全方位阐释瑞士联邦创新的系统性要素。本书既有通俗叙述，也有专业分析，主要面向对瑞士联邦创新战略与实践感兴趣的读者，也可为相关领域研究者提供专业性参考。

图书在版编目（CIP）数据

瑞士创新密码/骆毅，杨治著．—武汉：华中科技大学出版社，2024.1
ISBN 978-7-5772-0232-7

Ⅰ.①瑞…　Ⅱ.①骆…　②杨…　Ⅲ.①技术革新-研究-瑞士　Ⅳ.①F152.243

中国国家版本馆CIP数据核字（2023）第246557号

瑞士创新密码　　骆　毅　杨　治　著
Ruishi Chuangxin Mima

策划编辑：陈培斌　周清涛
责任编辑：董　雪　肖唐华
封面设计：原色设计
责任校对：张汇娟
责任监印：周治超
出版发行：华中科技大学出版社（中国·武汉）　电话：（027）81321913
　　　　　武汉市东湖新技术开发区华工科技园　邮编：430223
录　　排：华中科技大学出版社美编室
印　　刷：湖北新华印务有限公司
开　　本：710mm×1000mm　1/16
印　　张：22.25　插页：2
字　　数：438千字
版　　次：2024年1月第1版第1次印刷
定　　价：88.00元

华中出版

本书若有印装质量问题，请向出版社营销中心调换
全国免费服务热线：400-6679-118　竭诚为您服务

前　言

创新建设中的中国

浩瀚的历史长河中，创新决定着文明的进步。抓创新就是抓发展，谋创新就是谋未来。如何让创新成为一个国家兴旺发达的不竭动力，是必须回答的时代课题。

就我国既定的战略目标而言，党的二十大报告明确要求，到2035年“实现高水平科技自立自强，进入创新型国家前列”。

正如习近平总书记指出的，创新是引领发展的第一动力。创新始终是推动一个国家、一个民族向前发展的重要力量。党的十八大以来，以习近平同志为核心的党中央把创新作为引领发展的第一动力，坚持创新在我国现代化建设全局中的核心地位，深入实施创新驱动发展战略，建设科技强国。在党中央的坚强领导下，我国成功进入创新型国家行列，走出了一条从人才强、科技强到产业强、经济强、国家强的创新发展新路径。全社会研发投入从2012年的1.03万亿元增长到2021年的2.79万亿元，研发投入强度从1.91％增长到2.44％。世界知识产权组织发布的全球创新指数排名显示，我国全球创新指数排行从2012年的第三十四位上升至2022年的第十一位，是唯一持续快速上升的国家。

中国是一个发展中大国，正在大力推进经济发展方式转变和经济结构调整，深入推进创新驱动发展战略。实施创新驱动发展战略，就是要推动以科技创新为核心的全面创新，坚持需求导向和产业化方向，坚持企业在创新中的主体地位，发挥市场在资源配置中的决定性作用和社会主义制度优势，提高科技进步对经济增长的贡献率，形成新的增长动力源泉，推动经济持续健康发展。中国要立足新发展阶段、贯彻新发展理念、构建新发展格局，推动高质量发展，坚定创新自信，奋力攻坚克难，勇攀科技高峰，加快推进高水平科技自立自强。

作为“创新之国”的瑞士

人们都知道，瑞士是一个“花园之国”。坐拥阿尔卑斯山多座著名雪峰、上千个美丽湖泊。寂静山谷中飞瀑布，静谧田园上淌小溪。一座座“特立独行”的小木屋隐没在一望无际的葡萄园，一座座中世纪小城点缀在缥缈的丘陵之地。拿起相机，让人不禁感慨“这里处处都是风景”。

众所周知，瑞士是一个“中立之国”，享有“谈判之都”的美誉。它拥有世界瞩目的“万国宫”，打造了享誉全球的“达沃斯世界经济论坛”，积极推进国际化治理，不遗余力地搭建平等对话平台。

但人们也许不知道，这个只有800多万人口的欧洲小国，却是全球顶尖的“创新之国”。瑞士人将勤劳、智慧与创新精神相结合，在化工、制药、精密仪器、制表业、金融等诸多领域进行了全方位的系统性创新，赢得了全球声誉。“钟表之国”“金融王国”“医药强国”等等，这些美誉，是对瑞士作为全球“最具创新力国家”的另一个视角的诠释。

新冠疫情下，世界经济发展受到巨大冲击，但瑞士的总体情况表现相对亮眼。2019年，瑞士人均GDP为8.2万美元，居全球第二，由于其自身工业优势和强大的医药研发能力，在疫情肆虐的2020年，人均GDP不降反升，达到8.66万美元，同样位居全球第二（GDP总量列全球第十八位）。究其原因当然是多方面的，但主要因素在于瑞士在经济体系、教育体系、社会传统、国民素质，特别是其创新体系表现出来的抗风险韧性。自19世纪初工业革命时期开始，引领瑞士走向成功的创新精神，直到现在仍在发挥作用——瑞士的创新精神嵌刻在国家发展的机制和文化根基里。

瑞士与中国有着密切交往，两国在创新领域也发展了战略伙伴关系。1950年，瑞士承认中华人民共和国，是最早承认并与新中国建交的西欧国家之一。2013年，瑞士与中国正式签署《中国-瑞士自由贸易协定》，是欧洲大陆国家中首个同中国建立自由贸易区的国家。2016年，瑞士与中国确立创新战略伙伴关系，这是中国同外国建立的第一个以创新为标志的战略伙伴关系。2017年，国家主席习近平对瑞士进行国事访问，出席达沃斯世界经济论坛年会并访问在瑞士的国际组织。中瑞关系已成为不同社会制度、不同发展阶段和不同大小国家和平共处、合作共赢的范例。

在人类命运共同体视角下增进对他国的了解与互鉴

进入新时代，中国经济实力和综合国力持续增强，科技创新在越来越多的领域从跟跑迈向并跑和领跑，具备了抢占科技制高点的科技基础和能力条件。然而，中国不能离开世界独立发展。中国正由国际社会的参与者、融入者逐渐转变为国际社会的积极贡献者和责任担当者。在人类命运共同体理念下，中国与世界更加紧密地联系在一起。中国以实际行动践行并推广人类命运共同体理念，与世界各国共享共荣、风雨同舟。正如习近平主席在2022年新年贺词中指出的，“世界各国风雨同舟、团结合作，才能书写构建人类命运共同体的新篇章”。

在践行构建人类命运共同体理念过程中，一方面，中国需要在学理上不断加大对各国综合问题的理解和研究。另一方面，要通过国家之间平等对话，多元交流，把人类的知识、思想、文化汇通起来，并加以综合创新，创造出超越个别区域、个别国家范畴的真正具有普遍性的知识、思想与文化，从而让各国以更加理性、主动、积极的方式采取共同行动，塑造共同利益，担当共同命运。从这个意义上说，就是要通过开展区域国别研究做到“知己知彼”，挖掘“他山之石”，“逢山开路、遇水架桥”，了解他国、尊重他国、学习他国、协同他国，最终推动构建人类命运共同体。

创新是一个国家的命运所系、发展所迫，也是全球的大势所趋。当前，世界百年未有之大变局加速演进，新一轮科技革命和产业变革深入发展，开拓性科学发现和颠覆性技术创新不断涌现，人类社会进入新的创新活跃期和产业变革期。当今世界各国综合国力的竞争，说到底还是创新能力的竞争。谁能在创新上领先一步，谁就能掌握主动，就能在竞争中占领制高点。面向全球、增进互信、开放合作是中国特色自主创新道路的应有之义。因此，中国一方面要立足本国实际抓住重要发展机遇，另一方面也要博采众长，不断学习他国成功的创新经验，坚持以全球视野谋划和推动创新，为国际创新合作开辟新图景，争取早日进入创新型国家前列。

对于享有“创新之国”美誉的瑞士，需要从两个维度来看它的创新：一方面，瑞士的创新体现在多个方面，这包括多个类别的创新产品，多个领域的创新理念，多个行业的创新技术，等等。观察和分析瑞士的创新，需要关注到这个国家创新性体现的多个方面。另一方面，促进瑞士创新的因素是多方面的，包括其创新的制度背景、创新体系、人才培养体系、社会文化元素、绿色发展战略、全球化战略等，既有根本性因素，也有局部性因素；既有长期性因素，也有阶段性因素。正是它们，构成了瑞士创新的系统性驱动。因此，对于构成这些创新因素的方方面面，都需要系统观察和分析。

本书将试图回答下面这些问题：

为什么瑞士每百万人中获得诺贝尔奖的人数居全球第一？

为什么瑞士手表被认为是世界手表制作的最高标准？

为什么爱因斯坦“相对论”的诞生地是在瑞士？

为什么瑞士会驻扎全球最多的国际组织？它们如何促进了瑞士的创新？

为什么瑞士既能有发达市场，又能有绿水青山？绿色发展战略如何影响瑞士的创新理念、举措和技术？

为什么“瑞士雇佣军”会成为瑞士曾经的出口“品牌”？他们和今天瑞士人的性格之间有什么关系？

威廉·退尔为这个创新的民族留下了怎样的印记？

本书在内容的安排上将对以上问题分类讨论，列出八个章节，深入考察瑞士实施创新的系统性要素，既有对历史事件的追溯，也有对现实问题的阐释。在各章节中，还将结合多个具有代表性的瑞士产品、瑞士理念或瑞士技术进行深入讨论，以期更加直观地分析瑞士的创新表现。

本书试图以一个立体多维的视角，解析瑞士进行系统性创新以及持续推动创新的经验和启示，以期为中国读者更好地了解和借鉴瑞士经验提供参考。

骆毅

2023 年 11 月

目　录

第一章　瑞士创新背景

现代的瑞士联邦建国还不到两百年。在 1848 年制定宪法成为统一的联邦制国家之前，瑞士曾长期遭受周边邻国的压迫，那时的瑞士还只是一个欧洲内陆的穷国和弱国。瑞士是如何在不到两百年的时间内发展为今天的全球二十大经济体之一、人均 GDP 居世界前列的“创新国家”的？

如果考虑瑞士不占优势的区位、资源和体量的话，这个问题就更加值得探索了。瑞士是一个典型的内陆国家，境内多山，大部分面积为丘陵和湖泊，没有交通优势，不宜开展大规模农业生产，在发展经济、对外贸易上受到天然的限制。除水力资源、木材和一些盐矿外，瑞士矿藏资源匮乏。此外，瑞士的国土面积只有 4.1 万平方千米，人口只有 800 多万人。对于这些“先天不足”，瑞士是如何克服并以创新实现“逆转”的？

在近两百年内，瑞士为什么创造了那么多奇迹？例如：每百万人中获得诺贝尔奖的人数居全球第一；瑞士手表被公认为全球手表制作最高标准；经济发达和绿水青山兼备；十二年蝉联“全球创新指数”榜单第一位；驻扎了全球最多的国际组织；物理巨匠爱因斯坦在瑞士得到了培养并取得成就……瑞士的发展实践证明，创新是国家走向繁荣昌盛的第一动能，创新决定着文明进步。

创新是什么？它是抽象的，还是具体的？

创新是否需要国家推动？各项要素如何对创新发挥作用？

创新的方向是什么？引领未来的创新是什么？

本书将围绕这些问题展开分析和讨论，并试图给出答案。

在本书的第一章，笔者首先对瑞士联邦创新的若干背景进行讨论和分析，主要包括：瑞士联邦“不同而合”创新制度的重要特点、联邦政府的运作机制、联邦的立法机制等。

一、创新之国

所谓“创新”，就是人们为了发展的需要，运用已知的信息和条件，突破常规，发现或产生某种新颖、独特的有价值的新事物、新思想的活动。“创新”可分为科技创新、文化创新、艺术创新、商业创新等。“创新”的本质是突破，突破旧思维和常规戒律。“创新”的核心是“新”，它或者是产品的结构、性能和外部特征的变革，或者是造型设计、内容的表现形式和手段的创造，或者是内容的丰富和完善。总体来看，“创新”体现在三大领域：学科领域——表现为知识创新；行业领域——表现为技术创新；职业领域——表现为制度创新。

一个有趣的问题是，瑞士这个人口只有 874 万人（截至 2021 年）的小国，何以成为全球的诺贝尔奖之“最”？

根据 Maigoo 官网的数据，截至 2022 年底，瑞士有 28 人获得诺贝尔奖，获奖人数居全球第 7；在全球培养诺贝尔奖得主最多的前 30 所大学中，苏黎世联邦理工大学以培养了 32 名获得诺贝尔奖的毕业生，居第 23 位；除苏黎世联邦理工大学和丹麦的哥本哈根大学之外，其他 28 所大学全部集中在美国、英国、德国和法国这 4 个大国。瑞士每百万人中就约有 3.2 位诺贝尔奖获得者，是世界上获得诺贝尔奖人均比例最高的国家。而据 Daily News and Analysis 官网的不完全统计，还有超过 70 多位外籍诺贝尔奖得主与瑞士相关——这一人数为全球最多，其中大部分诺贝尔奖得主的主要成就是他们在瑞士工作期间完成的。瑞士诺贝尔奖得主中，最为著名的非爱因斯坦莫属——他终身拥有瑞士国籍。在诺贝尔奖颁发的第一年，即 1901 年，诺贝尔和平奖就授予了国际红十字会创始人——瑞士人让·亨利·杜南（Jean Henri Dunant），而位于瑞士日内瓦的国际红十字会则三次获得诺贝尔和平奖（1917 年、1944 年和 1963 年）。近几届诺贝尔奖，也均有瑞士科学家的身影，如：2017 年诺贝尔化学奖授予了瑞士科学家雅克·杜博歇（Jacques Dubochet），2019 年诺贝尔物理学奖授予了瑞士科学家米歇尔·梅尔（Michel Mayor）和迪迪埃·奎洛兹（Didier Queloz）。瑞士诺贝尔奖获得者具体名单详见表 1.1 所示。

表 1.1　瑞士诺贝尔奖获得者名单

年份	获奖人	获奖类别	备注
1901 年	Jean Henri Dunant	和平奖	
1902 年	Elie Ducommun、 Charles Albert Gobat	和平奖	
1909 年	Emil Theodor Kocher	生理学或医学奖	

续表

年份	获奖人	获奖类别	备注
1913 年	Alfred Werner	化学奖	在法国出生，1894 年成为苏黎世市民。
1919 年	Carl Friedrich Georg Spitteler	文学奖	
1920 年	Charles-Edouard Guillaume	物理学奖	自 1883 年起一直生活在法国。
1921 年	Albert Einstein	物理学奖	德国出生，1901—1955 年为苏黎世市民。
1937 年	Paul Karrer	化学奖	
1939 年	Leopold Ruzicka	化学奖	1917 年成为苏黎世市民。
1946 年	Hermann Hesse	文学奖	出生在德国，1883 年在巴塞尔入籍，1923 年成为伯尔尼市民。
1948 年	Paul Hermann Müller	生理学或医学奖	
1949 年	Walter Rudolf Hess	生理学或医学奖	
1950 年	Tadeus Reichstein	生理学或医学奖	出生在波兰，1916 年成为苏黎世市民。
1951 年	Max Theiler	生理学或医学奖	自 1922 年移居美国。
1952 年	Felix Bloch	物理学奖	自 1934 年移居美国。
1957 年	Daniel Bovet	生理学或医学奖	自 1947 年移居意大利。
1975 年	Vladimir Prelog	化学奖	出生在萨拉热窝，1959 年成为苏黎世市民。
1978 年	Werner Arber	生理学或医学奖	
1986 年	Heinrich Rohrer	物理学奖	
1987 年	Karl Alexander Müller	物理学奖	
1991 年	Richard Robert Ernst	化学奖	

续表

年份	获奖人	获奖类别	备注
1992 年	Edmond Henri Fischer	生理学或医学奖	出生于上海，1947 年成为日内瓦市民。
1996 年	Rolf Zinkernagel	生理学或医学奖	
2002 年	Kurt Wüthrich	化学奖	
2017 年	Jacques Dubochet	化学奖	
2019 年	Michel Mayor、Didier Queloz	物理学奖	

注：统计数据截至 2022 年底。（资料来源：笔者收集整理）

瑞士被誉为“创新之国”。“创新”是瑞士最鲜明的底色。

根据康奈尔大学、欧洲工商管理学院（INSEAD）和世界知识产权组织（WIPO）以及 GII 知识合作伙伴发布的《全球创新指数报告》，2011 年至 2022 年，瑞士已十二年蝉联“全球创新指数”榜单第一位。瑞士“创新的基因”，与富有竞争力、得到国际社会高度认可的科研与创新体系是分不开的。近十年来，瑞士洛桑国际管理学院（IMD）发布的“全球竞争力排行榜（IMD World Competitiveness Ranking）”显示，瑞士的全球竞争力基本保持在全球前 5 名，2021 年的全球竞争力位列全球第一。

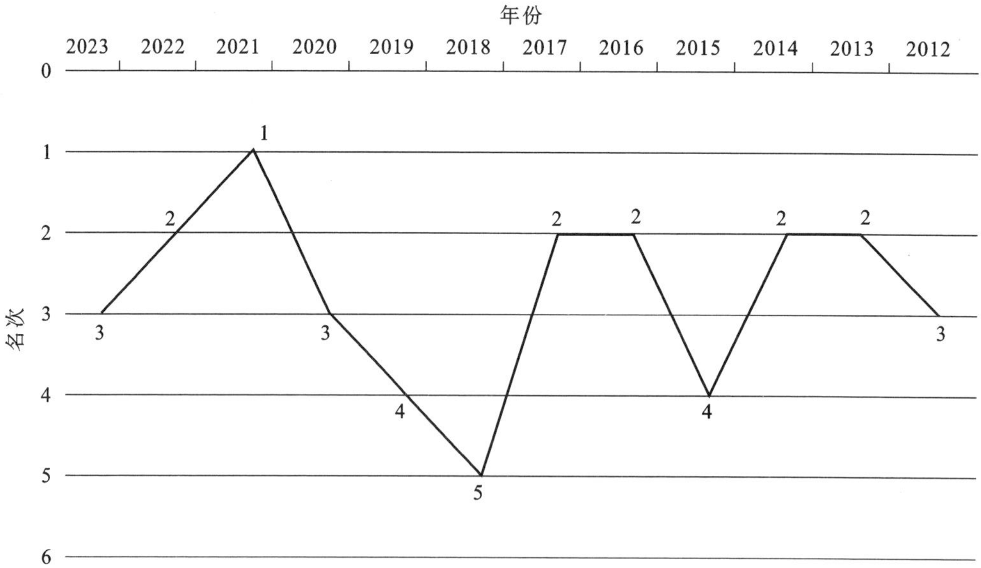

图 1.1　2012—2023 年瑞士全球竞争力排名情况

（来源：IMD 发布的“全球竞争力排行榜”）

IMD从1989年开始从全球商业角度比较多个国家和地区的竞争力，一直以来被认定为是最权威的各国竞争力排名之一。IMD的全球竞争力排行榜的权威之处在于，其设置了261项指标，其中三分之二来自“硬数据”，也就是排名前一年全年采集到的关于就业、贸易统计等多项数据。剩下三分之一的指标则来源于对全球数千名企业高管的调研，这些高管会从“经济表现”“政府效能”“企业效能”“基础建设”四个方面给出自己的看法和评价。瑞士的全球竞争力在2012—2023年的12年内均表现不俗（图1.1），分别是：2023年（第3）、2022年（第2）、2021年（第1）、2020年（第3）、2019年（第4）、2018年（第5）、2017年（第2）、2016年（第2）、2015年（第4）、2014年（第2）、2013年（第2）、2012年（第3）。

瑞士是一个专利大国，更是一个专利强国。Switzerland Global Enterprise官网显示，2022年瑞士申请的专利数在全球排名第七（比2021年增长了5.9%），前六名国家依次是美国、德国、日本、中国、法国和韩国。瑞士每百万居民拥有1031项专利，在人均专利申请量方面位居世界第一。同年，瑞士向欧洲专利局提交了9008项专利申请。瑞士媒体Le News 2015年的数据显示，瑞士每百万居民申请的欧洲专利数达873项，而英国是79项，差距是十倍以上。瑞士每百万居民申请欧洲专利的数量也远远领先于其邻国德国的307项、法国的162项和意大利的64项。2015年，美国以42692项欧洲专利申请数排名第一，但美国的人口为3.21亿人，每百万居民欧洲专利申请数仅为133项，远远落后于瑞士的873项。

此外，瑞士拥有全球最好的基础设施。Opportimes官网的数据显示，在政府效率方面，瑞士在公共财政和制度框架方面名列前茅。瑞士在生产力和效率、劳动力市场、管理实践以及管理人员的态度和观念方面表现出色，这些都是企业效率的组成部分。在教育方面瑞士同样名列世界前茅，在健康和环境方面排名第三。具体到基础设施（支撑框架）的若干单项指标中，瑞士在知识转移、人均专利申请、管理教育、大学教育、生效专利数、知识产权保护、科研法规、公共健康设施、能源供给等方面均名列全球第一，在生均公共教育投入方面名列第二。

质量至上，是流淌在瑞士人血液里的特质。瑞士精致产品的代表，除了瑞士手表、瑞士军刀之外，还包括瑞士巧克力、瑞士奶酪、瑞士饼干、瑞士咖啡，甚至还包括厨房设备领域等，它们都源于瑞士精湛的制造业基础与传统。图1.2是在瑞士设立研发中心的全球知名创新型企业代表。瑞士人以其追求完美的态度闻名全球。追求质量与品质深深渗透在瑞士人的产品理念与生活哲学之中。

图 1.2　在瑞士设立研发中心的全球知名创新型企业集合

（来源：瑞士创新园官网）

瑞士人"重质不重量"，瑞士产品的质量令人印象深刻。尽管"德国制造"享誉世界，但"瑞士制造"似乎更胜一筹。"瑞士制造"既是瑞士产品的标签，也代表着瑞士人追求极致的态度和精神。在许多欧洲人眼中，德国人在产品质量方面尽到了90%的努力，而瑞士人尽到了99.9%的努力。不少在瑞士的中国留学生和中国同事向笔者感慨，很多西方发达国家（例如德国）的制作水平和制作工艺可以说是非常领先和高超的了，但如果给这些国家的产品打90分的话，那么瑞士产品则往往可以做到"接近于极致完美的99.99分"。

二、瑞士的"不同而合"

许多重大创新实践的取得，正是由于多种立场、多种理念、多种方法、多种技术路线等方面的相互交织和相互促进，才最终推动了创新的发展和进步。特斯拉创始人埃隆·马斯克说：我喜欢不同的意见，批评让我们更强大。网上一篇关于特斯拉公司的内部管理文件说，自由的表达和批评是特斯拉进步的重要推动力量。不同声音是思想碰撞的产物，是推动创新进步的重要力量。不同意见的存在，可以推动创新，激发人们追求更好的目标。例如，乔布斯在苹果公司的发展中，时常鼓励员工对产品提出批评和改进意见，正是通过这种批评的自由氛围，苹果公司不断创造出引领科技潮流的产品。在一个创新的社会中，需要包容各种人才，容忍不同意见，以产生更多和更好的解决创新问题的能力和想法。

创新需要国家推动。对一个国家而言，要包容和鼓励"不同"，但同时也要避免对立、对抗甚至决裂。一个四分五裂的国家不可能搞创新，一个步调不一的社会搞不好创新，一个"老死不相往来"的组织也搞不了创新。创新的另一个重要前提，就是"人心齐"，就是社会关系和谐融洽。所以，"不同而合"的"合"，对一个国家的创新是至关重要的。瑞士联邦正是在"合"的方面表现不俗，有力地推动各项要素，对国家创新发挥协同作用。我们将会从本章关于联邦政府机构的设置以及解决创新政策的冲突等联邦立法方面的介绍中鲜明地看到这一点。

“不同而合”，是瑞士联邦显著的重要特点，它同时也是瑞士创新的重要基石。下面，我们将具体分析联邦的“不同”与“合”。

从欧洲地图上看，瑞士的版图很小，国土面积只有 4.1 万平方千米。

从联邦内部地理上看，瑞士东北部流淌着欧洲的主要河流——莱茵河，东北部边境是风景优美的康斯坦茨湖，与阿尔卑斯山脉共同构成瑞士的东部国界；阿尔卑斯山脉、汝拉山脉以及日内瓦湖横亘在西部，组成一个环形将瑞士与外部世界隔开[①]。

从联邦外部地理上看，其边境与德国、法国、意大利、奥地利及列支敦士登接壤。尽管周边强国环伺，但瑞士凭借天然屏障，巩固起国家安全的根基。自联邦建立以来，这些天然屏障曾帮助瑞士人多次击退外敌入侵。

即便囿于天然屏障的存在，千百年来也未能阻止瑞士与几个邻国的密切联系。在语言及文化方面，瑞士天然地受到德、法、意三国的影响，而且这种影响十分深厚。由此也造成瑞士不仅有德语、法语、意大利语和罗曼什语四种官方语言，还相对独立地分割为德语区、法语区和意大利语区三个语区。罗曼什语只在格劳宾登州被使用，该州的其他两种官方语言是德语和意大利语。

在面积不大的联邦境内，瑞士文化十分多元化，“文化分割线”也非常明显，这一点与欧洲绝大多数国家的情况都不一样。

瑞士人的社会圈子相对独立，也很封闭。这些圈子兴趣不同，立场也各异——瑞士人推崇以“不同”为贵。瑞士人的这些差异性，决定了瑞士政治生活和社会生活的多样性。所以，外界观察者很难对瑞士情况形成“规律性”认识，也很难下一个简单概括各方的结论。

（一）“不同”

位于瑞士首都伯尔尼（Bern）的联邦大厦，于每年夏季定期面向公众开放。2017 年夏季，笔者进入联邦大厦，了解到其中的很多装饰和布置都是“刻意而为之”，以彰显联邦的政治理念和价值观。

从图 1.3 可以看到，在大厅正面的一堵墙上，立着三个巨型的中世纪人物雕像，它们分别代表来自乌里州（Uri）、施维茨州（Schwyz）和下瓦尔登州（Nidwalden）的三位部落首领——这三个州（也称“老三州”）于 1291 年“结盟”，是瑞士联邦建立的标志。

此外，在大厦内通向二楼的楼梯平台上，伫立着四个不同着装风格的中世纪人物雕像，它们分别代表瑞士联邦中说着四种不同语言（德语、法语、意大利语、罗曼什语）的群体。

① 哈里特·D.S. 麦肯齐. 瑞士史［M］. 刘松林，译. 北京：华文出版社，2020.

图 1.3　联邦大厦中央大厅中世纪人物石雕

（来源：笔者摄）

很明显，联邦大厦在刻意强调，联邦建立的基础正是源于这个国家很多“不同”的元素——语言不同、文化不同、政治倾向不同、宗教不同……

联邦政治尊重并维护这些“不同”。在瑞士独特的政治体制下，这些“不同”得到了有效调节和融合，并发生奇妙的“化学反应”，最终成就了这个创新国度。

1. “土豆鸿沟”

可以很明显地看到，联邦三个语区的划分，四种官方语言的并存，在一定程度上导致联邦内部的不同群体在政治倾向上存在不同，甚至是分歧。瑞士人也乐于谈论并接受这些“事实上”的“不同”，他们形象地将此称为“土豆鸿沟”（Rösti divide）。关于这个词语的来历，还需从瑞士民间的一道美食谈起。

“土豆饼”（德文原文是 Rösti）原是瑞士德语区农民传统的早餐。它的做法也很简单：把土豆丝加调料腌制，进行煎炸，再摊成薄饼。现在，土豆饼已成为瑞士德语区民众最为喜欢的菜品之一。也正是由于土豆饼是德语区特有的传统菜肴，所以瑞士人将德语区和法语区的“界限”（多方面的界限）称为“土豆鸿沟”（德文原文是 Röstigraben，也作“土豆饼鸿沟”），形象地比喻瑞士德语区与法语区间地理的分界线以及两者在政治和文化上的分歧。

当然，瑞士意大利语区与德语区和法语区在多个方面存在的界限也是明显的，但瑞士人对德、法两个语区的差异性尤为关注。

2. 语言不同

在联邦内部，最为明显的“土豆鸿沟”就是语言的不同。

与一些不同语言相互混合、融合的国家不同，瑞士的语言分界线相对明显，德语区、法语区和意大利语区都有相对明确的地理界线，每个语区基本都以一种语言为主。

由于瑞士 2/3 人口的母语是德语，在语言的使用上，联邦政府的日常工作用语以德语为主。尽管德语是大部分瑞士人的母语，但他们在日常生活中使用的口语却并非“标准德语”，而是“瑞士德语”（Schwyzerdeutsch），即便是精通德语的人，初来乍到也不容易听懂。实际上，瑞士德语区各地都有自己的方言，如：伯尔尼德语、苏黎世德语、巴塞尔德语、格劳宾登德语等，正所谓“各乡说各语，十里不同天”。

瑞士语言的差异性，在深层次上反映的是语言归属感问题。由于联邦境内山脉绵延阻隔，既导致了语言的差异性，也使得瑞士人始终对各自的城镇或乡村抱有很深的归属感和认同感。这反映在政治文化上，就是瑞士联邦的根本制度——“联邦制”①，下文还将详细分析瑞士的联邦制度。

在联邦层面，重要的文件以四种官方语言同时呈现。显然，对政府部门而言，同步翻译、印刷以及存档四种官方语言的文件，是一件非常繁重且具有挑战性的任务，这也是瑞士联邦政府不同于别国的一个鲜明特点。一个最为有趣的现象是，在联邦议会，当操着不同语言的联邦议员进行辩论时，他们会坚持用自己所在语区的母语。所以，在瑞士联邦大厦的议会两院大厅里，经常会在同一时空出现 3～4 种官方语言“隔空对撞”的情景。事实上，联邦不同语区的议员均能听懂对方的语言。

对于语言融合问题，瑞士人仍然偏向坚持“差异化（不同）”的立场。在对外宣传中，瑞士一直强调本国有四种官方语言，并颇引以为豪。

但不得不承认的是，在现实生活中，四种官方语言的共存是不容易的。即使对瑞士人来说，从一个语区“切换”到另一个语区，也会在语言的交流上感到某种“不适”。然而，“切换语言频道”对瑞士人而言，是一件经常发生的事，也必须为之，这是瑞士人工作和生活的基本要求。

3. 文化不同

总体来看，瑞士德语区的人，更具有日耳曼民族的特点；法语区的人，则更多一些法兰西风情；而意大利语区的人，则明显具有意大利人天生热情的特点。

---

① 许颖之．我们和你们：中国和瑞士的故事（中文版）[M]．北京：五洲传播出版社，2016.

这种带有明显民族文化的“族群性”，在生活中有时也会带来隔阂，甚至会产生分歧，尤其是德语区、法语区两大语区的分歧更为明显。

例如，在性格上，德语区的人认为他们比法语区的人工作更加认真，做事更加严谨，工作效率更高。相较于法语区，德语区的人对本地区的治安更加放心。而法语区的人比德语区的人更开放，在饮食的制作上也比德语区的人更精致一些——这在众多法语区“物美价廉”（相对于德语区）的餐食中可见一斑。因此，法语区的人往往也感觉德语区的人虽然做事认真，但是过于“呆板”了些。法语区比德语区的人更加随性、自由一些，这也体现在他们的工作和法律上，但比起欧洲其他地区，瑞士法语区的人依然相对严谨得多。

4. 立场不同

瑞士德语及法语区的人往往在外交和社会政策等方面有较大的分歧。法语区人更开放，习惯于接受国家的协调管理；而德语区的人则更保守，乐于在欧洲“独善其身”。例如：在涉及瑞士是否加入欧盟、申根区等议题上，两个语区民众的立场差异尤为明显。

在很多公共政策议题上，德语区、法语区和意大利语区民众的意见常常不一致。在法语区，人们更愿意参照法国的国家主义和中央集权模式；而在德语区，人们则更加接受德国的联邦制度。法国模式在很大程度上是建立在“自上而下”的基础上，强大的国家权威被认为必不可少；而德国模式，则更多地通过协商、协调和“自下而上”的方式。因此，在瑞士偏日耳曼文化和偏拉丁文化的地区间，人们在自我表达和观点表述方式上存在不同。

瑞士人的“个人责任”的概念也因地区而异。以各语区的抗疫政策为例，在瑞士法语和意大利语区，科研人员和地方官员要求联邦当局施行更严格的社会禁闭规定；而在德语区，地方官员则建议实施有限的社会禁闭规定。瑞士联邦委员会在应对疫情方面，针对各州的抗疫政策表现出谨慎的态度，采取适度措施，在联邦实施“部分禁闭”。

随着瑞士抗疫政策的不断推进，“土豆鸿沟”的现象也更加凸显。法语区《时报》（Le Temps）在2020年3月17日发布的文章中写道：“法语区各地政府主张坚决阻断一切，以减缓新冠病毒的传播。这显然令他们和德语区犹豫不决的各州政府之间划出了一道‘土豆鸿沟’。”提契诺州政府主席Christian Vitta也强调，要尊重“土豆鸿沟”造成的地区差异，因地制宜实施防疫措施。他说，“各州新冠疫情有所不同。意大利语区以提契诺州（Ticino）为代表的一些地方，病毒蔓延情况较为严重。因此，很难制定全瑞士统一的防疫方案，各州各地在实施联邦方案时必须根据当地的情况进行调整。”

网易新闻报道，瑞士三个语区的民众对联邦政府的抗疫政策存在不同的反应：将近一半的受调者认为联邦委员会动作太慢，其中提契诺州（表达不满情绪的受访者人数占68%）和法语地区（表达不满情绪的受访者人数占64%）的不满情绪比德语区更为强烈（德语区占42%）。另外，在接受调查的瑞士法语区居民中，59%的人希望政府采取更严格的措施来限制个人自由，而瑞士德语区和意大利语区受访者中，分别只有38%和30%的人有此愿望。70%的瑞士德语区受访居民表示对联邦委员会的举措充满信心，而在法语区和意大利语区，这一比例仅为45%。

（二）融合

尽管因为语言问题，瑞士人经常被误认为是德国人、法国人或意大利人，但瑞士人却对自己的身份有着高度自豪的认同感："我们都是瑞士人。"

在瑞士人看来，尽管国家内部有很多不同和分歧，但当涉及联邦的重大利益时，他们应该永远团结在一起。当瑞士人因不同的语言、立场、文化、信仰的关系而产生意见分歧时，他们对外都基本统一保持着严谨可靠的"瑞士作风"。

十分常见的情形是，无论在深山丛林的屋舍前，还是在白雪覆盖的冰川上；无论是在热闹繁华的街头中，还是在宁静乡村的小道边，瑞士人都会自发地在家门口或在标志性位置处悬挂瑞士国旗——这是他们完全自觉的一种举动，瑞士人并不在意是否有人看到或关注到这面旗帜。不仅如此，瑞士人还常常在瑞士国旗旁悬挂本州的州旗。

瑞士的语言、文化、政治和宗教派别等，始终都保持着多元化特征。由于长期以来许多异族移民到瑞士，导致现有人口的近1/3是移民或移民后裔（截至2023年）。瑞士的这种多元化特征正在不断巩固和加强。

从世界历史上看，国家的多元化特征对于维持和平和实现社会共同目标而言难度极大。然而，多元化却极大裨益了瑞士，瑞士人也找到了和谐相处的秘诀。

瑞士不仅在联邦内部实现了和谐，也在国际上实现了追求和平中立的愿景。两个多世纪以来，瑞士联邦维护了内部的团结统一，为其建立强大的工业基础提供了宝贵的机会。

作为一个多元化的小国，瑞士努力增进对不同文化移民之间的融合与理解，并尊重知识与人才。瑞士国内经济产业界很多了不起的成就，正是那些移民带来或产生的，例如：斯沃琪集团（Swatch）的前董事长兼CEO尼古拉斯·G.海耶克（Nicolas G. Hayek）是黎巴嫩裔，他带领瑞士制表业成功应对了石英表危机；罗氏集团（Roche）的药品专家利奥·施特恩巴赫（Leo Sternbach）是位波兰难民，他开创性地研制出镇定催眠药物，等等。外国移民在瑞士的成功，正是得益于瑞士良好的社会环境[①]。

---

① 他们的成功，除归因于瑞士良好的社会环境之外，也得益于这些移民的智慧与勤奋。同时，还应看到，尽管瑞士对不同文化的移民采取接纳和包容的态度，但这并不意味着瑞士百分之百地欢迎新移民。和其他国家一样，瑞士对移民也存有保留态度，除非移民能够证明其在瑞士社会的价值。

1. 作为联邦历史起点的“吕特利结盟”

在较早的历史上，瑞士曾遭多个外族侵略和占领，凯尔特人、罗马人和日耳曼人曾相继在瑞士联邦的土地上留下印记。千百年来，瑞士人不断与外来力量进行斗争，才逐渐获得民族身份的确立。在这一过程中，隔离而散乱的各部落和帮派，不断走向融合，联邦也由此逐渐形成。

现存的史料普遍认为，瑞士联邦的历史发源于中部地区卢塞恩湖畔一个普通且不大的草坪——“吕特利草坪”（The Rütli Meadow）。据瑞士历史文献记述，1291 年 8 月的一天，吕特利草坪上发生了对瑞士联邦具有决定意义的历史事件：三位分别来自乌里、施维茨和下瓦尔登州（常称为“老三州”）的男子，作为部落代表，以“盟誓”的形式结成“兄弟同盟”。他们签订联盟契约，以共同对抗当时哈布斯堡家族的控制。

“吕特利联盟”被认为是瑞士联邦历史上第一个有案可查的联盟。700 多年来，这一联盟契约也被认为是瑞士联邦建立的历史源头和政治根基。“老三州”以联盟的形式对外捍卫主权，以协商的形式在同盟内部解决分歧，为联邦政治机制中的平等意识和民主理念奠定了制度根基①。

城市与周边地区不断缔结的联盟，有助于维持国家内部的政治秩序和外部独立性。

在随后的几个世纪中，通过“联盟”和地理征服，联邦的版图不断扩大。1332 年，卢塞恩州加入瑞士联盟；1351 年，苏黎世州加入；1352 年，格拉鲁斯州和楚格州加入；1353 年，伯尔尼州加入。以上这些地区和“老三州”被称为瑞士历史上的“老八州”。

随着瑞士各州联盟的势力日益强大，到 15 世纪末，瑞士开始对欧洲的势力均衡造成影响。随后几百年间，不断有其他州加入“联盟”②。1798 年法国入侵瑞士后，建立一个受法国控制的共和国——海尔维蒂克共和国（Helvetic Republic）。1802 年，瑞士联邦主义者与海尔维蒂克共和国支持者之间爆发激烈内战。1803—1814 年，拿破仑下令根据“调解法案”制定瑞士宪法，赋予一些州自治权，并设定大部分州的边界。

几个世纪以来，从最开始的“联盟”（Alliance），发展到邦联（Confederation of States），并最终形成今天的联邦国家（Federal State）。1815 年，瑞士联

① 事实上，瑞士历史学家并没有找到“联盟契约”的原始文本，而是间接地从后来的其他历史文献中找到踪迹和证据。现存的历史文献显示，直到 1315 年，“联盟（Eitgenoze）”一词才正式出现。

② 后虽改称为联邦，即自主实体之间的联盟，但组织形式相对松散。

邦的地理边界和中立国地位在国际上得到正式确立和承认。[①]

1848 年，联邦宪法正式颁布，它从法律上赋予大多数公民（当时仅限男子）各种权利和自由，包括选举权和被选举权（妇女直到 1971 年才具有被选举权）。

联邦宪法参考了当时的美国政治模式，确立了瑞士两院制的政治架构，并实行由国民院和联邦议会选举联邦委员会的制度。这一点与美国不同，是瑞士根据自身国情创造的政治制度。后来的实践证明，这一政治制度的创新，推动了瑞士联邦的长期稳定和进步。

1848 宪法的设立，旨在平衡各州之间的关系，并把各州利益与国家利益紧密结合。1848 宪法的确立，标志着瑞士联邦政治制度的正式建立。从此，联邦开始走向集权，不仅统一了司法，还构建起一个完整的国家经济体系[②]，联邦政府的权力和联邦政治的多样性都显著增加。

1874 年以后，联邦宪法经过修订后，更多联邦事务被移交给联邦政府，与此同时，民主权利在联邦层面得到更广泛的保护，如在 1874 年开始实行"全民公投"（Referendum）制度，1891 年又进一步实行"公民动议"（Popular Initiative）制度[③]。1914—1918 年间，由第一次世界大战导致的贫困和失业，以及俄国十月革命产生的社会主义思潮，最终导致了联邦 1918 大罢工。

1919—1929 年间，联邦政治逐渐向议会民主转向，国民院开始基于各州人口比例进行选举。

1999 年，联邦进行了第三次修改宪法，新的宪法强调了联邦和州的伙伴关系，并进一步规范了联邦事务的划分。

2000 年至今，联邦在延续传统的同时，也逐步打开对外开放的大门。2000 年，瑞士举行公投，同意联邦与欧盟建立双边合作关系；2002 年，瑞士举行公投，同意加入联合国。由于瑞士对加入欧盟始终持谨慎态度，所以至今没有加入，只在与欧盟的双边合作上加强紧密联系。瑞士于 2008 年加入申根区，所以在国境线上，瑞士与欧盟国家来往始终畅通无阻。

---

① 随着拿破仑战败，欧洲的主要大国于 1815 年正式确认了瑞士的中立性，并设定了瑞士联邦的国土边界。在同一年，"联邦条约"（Federal Treaty）正式颁布，将瑞士已有的各类联邦联盟，缔结为一个总体负责国家安全的联邦国家。然而，联邦内部在关于应该如何构建联邦的重大问题上，自由派和天主教保守派之间意见冲突较大，直接导致了 1847—1848 年瑞士的内战，最终，自由派获得战争胜利。

② 直到 1848 年，已有 22 个州的联邦通过了新的联邦宪法（"1848 宪法"），确定成立新的联邦制统一国家并设立联邦政府，联邦外交政策由联邦政府统一负责。各州虽然不再完全"独立"，但依然自主。

③ 值得注意的是，自 1891 年以后，瑞士联邦的几个主要党派逐渐被选入联邦委员会。

回顾上述历史，我们可以看到，发生在吕特利这个小草坪上的“同盟”，对瑞士建国和发展具有深远意义，吕特利也因此成为瑞士联邦历史的起点和发源地。

然而，有趣的是，尽管吕特利草坪改写了历史，但是它本身的改变似乎并不大。今天，当人们站在这片不大的草坪上，希望探寻联邦的历史遗迹以及政治根脉的时候，会发现这里除了一片青葱的绿草地和几棵不算粗壮的老树以外，空空如也。

2016 年秋天，笔者专程到吕特利草坪进行实地考察。由于该地靠近几个连通的湖区中心的岸边，四周交通又被高山丘壑所阻隔，我们辗转几趟车船才得以到访。这里虽是联邦政治的源头，但它与瑞士山村的任何一个角落没什么两样。这里没有博物馆，没有游客接待中心，也没有纪念品商店。唯一似乎还在提醒着人们的是：每年的 8 月 1 日，瑞士联邦国庆仪式在这里举行。

2. 象征联邦团结的“瑞士之路”

瑞士人对历史的铭记，体现在心灵和思想上。即便是在形式上纪念，他们也宁愿选择一些较为特别的方式。例如：瑞士的政治制度强调民主和自由，联邦制和直接民主的政治理念都能在“瑞士之路”中找到答案。

1991 年，为纪念瑞士联邦第一个有案可查的联盟诞生 700 周年，瑞士联邦在乌里州湖区设计并修建了一条徒步线路——“瑞士之路”（The Swiss Path）。这是一条以环绕乌里湖为主的高山步道。线路的设计，在政治上颇具象征意义：当时瑞士的人口为 670 万人（近似 700 万人），联邦设定每 5 毫米代表一名瑞士公民，线路的总长设计为 35 千米，以象征全体瑞士公民（个体视角）；“瑞士之路”以吕特利草坪为起点，按照各州加入联邦的先后顺序，以分界石为标志分为 26 段，每段线路的长度则为州民总数乘以每名瑞士公民代表的 5 毫米，依次代表加入联邦的州，以象征瑞士联邦（联邦视角）。“瑞士之路”的终点在卢塞恩湖边小镇 Brunnen，这里也是著名的瑞士军刀谷地游客中心（Swiss Knife Valley Visitor Centre）所在地，本书将在第二章单列一节介绍瑞士军刀。

“瑞士之路”所在的区域靠近湖泊，路程上下海拔起伏 1400 米，美丽的雪山、草地、森林等景观尽览在内，走完一圈环湖山路预计 10 小时。这条湖区山路，不仅风景优美，同时也颇具人文特色，不少历史遗迹和宗教场所错落其间，如“退尔礼拜堂”（William Tell's Chapel）。这座天主教教堂建于 16 世纪，19 世纪进行过改造，但它与瑞士神话的联系可以追溯到 14 世纪。传说，当年民间英雄威廉·退尔（William Tell）为躲避哈布斯堡暴君盖斯勒（Gessler）的抓捕，从船上跳下来，躲避到此处。和他一起的，还有他带领逃离的其他俘虏。教堂有四幅历史壁画，由巴塞尔艺术家恩斯特·斯特克尔伯格（Ernst Stückelberg）创作。壁画描绘了瑞士历史上的四个关键事件：吕特利盟誓、威廉·退尔“箭射苹果事件”、威廉·退尔脱逃和盖斯勒之死。

“瑞士之路”所在的位置处于乌里湖区，这里正是瑞士联邦早期国家雏形的诞生之地。不仅如此，象征联邦民族精神的威廉·退尔有关传说，也发生在这一地区。因此，瑞士人也常常将“瑞士之路”称为“威廉·退尔之路”。鉴于威廉·退尔传说对瑞士民族特性极为重要的影响，本书将在第四章单列一节进行讨论。

事实上，早在 1901 年，日内瓦画家查尔斯·吉隆（Charles Giron）受邀为联邦议会大厦创作一幅壁画（图 1.4）。出于让联邦美景永存的心愿，吉隆精心选择了一个从半山腰俯瞰乌里湖区的视角，绘制出一幅囊括了威廉·退尔故事的发生地以及周边山脉风景的山水油画。这幅饱受瑞士国民推崇的壁画，被悬挂在联邦议会大厦国民院议会厅主席台后的墙壁上。

图 1.4 瑞士联邦大厦国民院议会厅主席台后 Charles Giron 创作的乌里湖区油画

（来源：笔者摄）

笔者曾经徒步“瑞士之路”中的一段。在我看来，“瑞士之路”最打动我的是它的政治象征性。在这条长长的环湖山路上，静静地走，静静地想，品味中部山区的湖光山色，回顾瑞士联邦的建国史，能深刻体会到联邦先辈们的初衷：联邦政治权力的根基在公民，这一初衷鲜明地体现在一个个“5 毫米”地理长度所代表的象征意义上。

也许，正是这样的政治理念，使瑞士成为现代欧洲国家中第一个建立民主制度的国家。这绝非偶然，瑞士联邦至今仍然是世界上唯一的直接民主制国家。

三、瑞士联邦政府

一个好的政府需要有好的政治家来领导。近代以来，得益于瑞士精良的教育体系和开放的文化传统，瑞士政治家接受了良好教育，使他们获得了做出正确决策的能力。这些政治精英在政府内部和外部都为他们的决定而辩护，事实也证明他们的决定具有远见，并得到了人民的拥护。

一个好的政府，也需要有边界清晰的责任划分。这不仅体现在联邦政府内部，也体现在政府和议会之间，还体现在行政和监督行政之间。此外，更为重要的一点在于，联邦的政治架构“精准地”保障了联邦政府与地方政府之间关系的平衡，而这也是瑞士公民极为看重的一点。

一个好的政府，也离不开高效务实的公务员队伍。瑞士人认为，要确保其自身的制度优势，就要做到：谨慎地选择决策者，确保分权，并在招聘公务员时“优中选优”。在“廉洁政府”“高效政府”“透明政府”的治理理念下，瑞士公务员体系始终保持着高效率的运转状态，从联邦委员会官网实时更新联邦的简报这一点便可见一斑。特别是对于大部分政府文件，常常是德、法、意、英多种语言同时发布，公职人员对文字、接待、宣传、组织等各个方面，都可谓一丝不苟，颇有瑞士“钟表匠”的“铁的作风”。更为突出的一点是，联邦议员来自各行各业，时刻与民众、行业保持着近距离接触，这也使得瑞士的政治决策更加体现民意。

（一）联邦委员会

联邦政府的最高行政机构为联邦委员会，由 7 名联邦委员组成，均由联邦议会选举产生，每届任期 4 年。

联邦主席负责主持联邦委员会的会议，并对外代表国家；而在联邦委员会内部，各个联邦委员之间地位平等。每名联邦委员按照在联邦委员会任职的资历，轮流担任联邦主席，任期一年。联邦主席同样须由联邦议会选举通过。

值得注意的是，7 名联邦委员还同时兼任 7 个政府部门（大部制）的部长。这七个政府部门分别是：外交部，内政部，司法与警察部，国防、民权保护与体育部，财政部，经济、教育和研究部，环境、交通、能源与通信部。实践证明，这种制度设计有助于联邦领导层权力结构的“扁平化”。

瑞士女性领导人参政较晚，这与瑞士政治中女性平等地位的恢复较晚有关。直到 1984 年，联邦委员会中才产生首位女性联邦委员。2010 年，女性联邦委员的人数首次多于男性。

按照规定，联邦幕僚长（Federal Chancellor）与两位副幕僚长一道，出席联邦委员会的会议。联邦幕僚长可以就联邦委员会有关事务提交议案，但没有投票权。作为联邦委员会的首席公务员（Federal Council's chief of staff），他确保联邦政府的正常运作。与联邦委员一样，联邦幕僚长也由联邦议会选举产生，任期 4 年。

1. 职能

联邦委员会基于中长期发展战略和目标制定并落实政府工作计划，起草相关的法律草案，并在咨询过程中收集广大市民和企业界人士的意见建议。联邦委员会吸纳公众的意见建议，再将提案提交联邦议会决策。在联邦议会审议提案期间，联邦委员将为其分管的政府部门所提交的决策建议进行辩述。此外，联邦委员会还有一个重要职能，就是制定联邦预算并拨款，最终由联邦议会审议通过。

联邦委员会的全体成员一般每周开一次例会。每年在例会上共处理 2000 至 2500 件事务。这些事务首先由各个部和联邦委员会的参谋机构——联邦办公厅（Federal Chancellery）进行准备。联邦幕僚长也参加联邦委员会的例会并拥有咨询权。

（二）联邦政府部门

7 个政府部门与联邦办公厅（Federal Chancellery）一起构成了联邦行政当局。

（1）联邦外交部：总秘书处、国务秘书处、政治事务司、欧洲事务司、国际法律司、领事司、瑞士发展与合作局、情报司。

（2）联邦内政部：总秘书处、联邦性别平等办公室、联邦文化办公室、瑞士联邦档案馆、联邦气象与气候办公室、联邦公共卫生办公室、联邦食品安全与兽医办公室、联邦统计办公室、联邦保险办公室、瑞士理疗产品局、瑞士国家博物馆、瑞士艺术委员会。

（3）司法与警察部：总秘书处、移民国务秘书处、联邦司法办公室、联邦警察局、联邦知识产权局、联邦测绘所、联邦比较法研究所、联邦审计监督局、联邦博彩委员会、联邦移民委员会、联邦侵权仲裁委员会、国家反酷刑委员会、独立专家委员会（负责对行政拘留进行科学审查）。

（4）联邦国防、民权保护及体育部：总秘书处、武装部队总检察长办公室、联邦情报处、国防司、联邦国防采购办公室、联邦地形办公室、联邦民事保护办公室、联邦体育办公室。

（5）联邦财政部：总秘书处、国际财政国务秘书处、联邦财政部、联邦人事办公室、联邦税务部、联邦海关总署、联邦信息技术、系统和电信办公室、联邦基建和后勤办公室、联邦信息技术规划局、酒业理事会、金融监管委员会、联邦审计办公室、联邦养老金管理局。

（6）联邦经济、教育和研究部：总秘书处、经济事务国务秘书处、教育、科研与创新国务秘书处、联邦农业办公室、联邦国民经济人力资源办公室、联邦住房管理办公室、联邦价格监管办公室、竞争委员会、联邦理工大学及研究所联合体（ETH Domain）、联邦职业教育与培训研究所、联邦技术与创新委员会。

（7）联邦环境、交通、能源与通信部：总秘书处、联邦交通管理办公室、联邦民用航空管理办公室、联邦能源管理办公室、联邦道路管理办公室、联邦通信管理办公室、联邦环境保护办公室、联邦空间发展管理办公室、联邦核安全督查管理办公室。

（8）联邦办公厅：联邦数据保护与信息管理专员办公室。

从上述联邦政府的机构设置可以看出，瑞士是基于“大部制”的原则来运行政府职能的。这样设置的好处，便是机构结构呈现“扁平化”的特点，职能交叉或需要联动的机构之间协作起来能更加顺畅、更有效率，对于瑞士这个规模相对较小的国家而言是非常合适的。“大部制”下的“总秘书处”相当于“办公厅”；“国务秘书处”相当于“部”。

值得注意的是，联邦政府机构除了一般国家都有的机构之外，还有一些很有瑞士特色的政府机构。这些专门机构的成立，对于促进瑞士创新产业起到了很大作用。下面，举几个例子来具体说明。

（1）瑞士酒业理事会。瑞士虽是一个小国，但也是一个酿酒“大国”。瑞士葡萄种植业在瑞士农业中占有很大的比例，瑞士葡萄酒也是一种享誉世界的酒品。瑞士酒业理事会的设立，正是为了规范瑞士酒业的生产、销售市场，以促进瑞士农业的长足发展。

（2）瑞士理疗产品局。近代以来，瑞士温泉理疗产业逐渐成为瑞士休闲经济的支柱产业，诞生并繁衍出很多理疗休闲服务产品，如温泉浴、按摩、理疗保健、心理康复等。瑞士理疗服务享誉全球，很多外国富豪都会选择特地来到瑞士某个山村的理疗中心做理疗。瑞士理疗产品局旨在促进瑞士理疗服务产品的繁荣和持续发展。

（3）联邦职业教育与培训研究所。下文将专门讨论，瑞士的职业教育体系是全世界最为发达的几个职业教育体系之一，直接支撑了瑞士的创新体系，为瑞士经济繁荣提供了源源不断的优秀人才。联邦职业教育与培训研究所作为瑞士联邦的直属机构，正是凸显了联邦对职业教育的重视，体现了从国家层面对教育政策的顶层设计。

（4）联邦理工大学及研究所联合体（ETH Domain）。联邦理工大学以苏黎世联邦理工大学和洛桑联邦理工大学为核心，在两所高校周边部署了 4 个联邦研究所以及若干高新技术产业园，这些机构构成了联邦高新技术发展的一个整体，共同支撑瑞士的创新发展。可以看到，这一机构的设置，充分体现了联邦政府推动和发展产业与创新技术的政治考量和政策决心。事实上，一百多年前，在当时瑞士仅有巴塞尔大学、日内瓦大学、苏黎世大学等少数几个州立大学的前提下，联邦政府就决定要在联邦层面设立一所专攻前沿科学技术的大学——苏黎世联邦理工大学，随后在1969年，瑞士法语区又部署设立了洛桑联邦理工大学。最终，在德语区和法语区两个区域各有一所联邦理工大学，从而实现了区域的平衡。联邦每年对这两所大学及4个顶尖的研究所拨款颇丰，支持力度很大。事实也证明，ETH Domain支撑了瑞士的创新体系，并引领瑞士的科研走在世界的前列。

此外，一些机构具有类似职能，但在机构设置上仍然进行了细分并单独设立，例如以下两类机构。

(1) 联邦信息技术、系统和电信办公室、联邦信息技术规划局、联邦数据保护与信息管理专员办公室等机构的设立，集中体现了瑞士联邦对信息技术发展的高度重视。

(2) 联邦环境保护办公室、联邦空间发展管理办公室、联邦核安全督查管理办公室、联邦地形办公室、联邦测绘所、联邦气象与气候办公室等机构的设立，集中体现了瑞士联邦对于环境保护与可持续发展的高度重视。

最后，非常值得注意的一点，就是联邦办公厅作为政府机构之一，地位十分重要，是联邦政府、行政部门、联邦议会和公民之间的一个枢纽。作为瑞士最老的联邦机构，联邦办公厅在1803年就设立了，甚至早于1848年联邦宪法颁布的时间，也早于联邦委员会制度确立的时间。

与其他国家不同，联邦幕僚长与联邦委员一样，也由联邦议会选举产生，这凸显了联邦办公厅和联邦幕僚长在联邦行政机构中的重要地位。

通过下文的详细分析将能看到，联邦政府对包括制定联邦战略、筹备会议、发布政府信息、搭建交流平台等在内的支撑服务体系都极为看重，而这些正是联邦政府办公厅高效运转的前提。

（三）地方自治

自1291年开始，瑞士联邦就一直延续着基层自治的传统，700多年来几乎没有中断。尽管拿破仑曾在瑞士实施了短暂的共和制度，但是历史最终证明这种制度在瑞士“水土不服”。基层社会单元是瑞士联邦的细胞和基石。在推行“自下而上”的治理实践中，瑞士始终坚持要维护和加强基层治理。

瑞士政治体系分为联邦、州和市镇三个层级，三者分享政治权责和立法权，在这三个行政层面上，均分别设有立法和行政机构；而司法权则仅限于联邦和各个州行使。市镇享有相应事务的立法权，前提是州的法律中尚无相关规定。

联邦负责的事务仅限联邦宪法中明文规定须负责的部分；在地方层面的事务上，由州或市镇政府具体负责，自主权非常大。事实上，瑞士联邦地方层面的诸多领域享有的高度自治权，比美国各州和加拿大各省的政府权力级别还要高。

瑞士的联邦政治遵循“基层化原则”，决策制定要征求最基层民众的意见。瑞士人相信，这种管理模式可督促各级政府部门自我约束。

例如，公共开支的决定权在市镇或州一级，税金的收取由当地居民投票决定。这极大分散了政府管理和税负征收的压力。假设某个州征收了过多的税款，那么商业贸易会很自然地转移到与之相邻而税负更低的州。

再例如，在城市规划方面，瑞士的空间规划分为三级：联邦、州、市镇（其管辖地域及人口等同于我国小城镇）。联邦一级制定空间规划，州一级制定指导性规划，市镇一级制定土地使用规划并对本辖区范围的土地使用方式作出规定，提出市镇的土地使用分类、建筑高度、建筑密度等要求。此外，瑞士充分调动社区居民参与规划制定和管理。每个市镇的规划，都要通过议会投票决定，居民如对规划有反对意见，可联合提请进行地区内的公投。假设某个居民要在自己的土地上修建住房和栽种植被，必须编制设计方案，并经当地市政审批和邻居同意后才能实施。

各州在面积、文化、宗教信仰和社会经济结构上千差万别，人口分布也极不均匀。例如：截至 2023 年苏黎世州有 140 万人口，为各州之最；内阿彭策尔州却只有 1.55 万名居民，是瑞士人口最少的州。此外，市镇规模也是不平衡的，最小的市镇只有 13 人（提契诺州的 Corippo 小镇），而最大的城市苏黎世市则有 39.1 万人。我们可以看到，采取这样的地方自治制度原则，使瑞士各区域能够因地制宜，这有利于政府考虑少数族裔关心的问题。

四、瑞士联邦立法

一个好的政策环境给予创新以稳定的预期。健全的法律体系是良好政策环境的重要保障。瑞士联邦注重立法程序的严谨性、针对性和科学性，在立法过程中设计了非常复杂而精细的运作机制。

立法是一项复杂工作，更是一个要“兼顾到人”的工作。为照顾到联邦与地方的平衡关系，同时兼顾各方利益，使得瑞士联邦立法在很多情况下成为“长周期立法”。理论上讲，瑞士立法过程至少需要 12 个月，但现实情况是，立法往往长达七八年甚至更久。

21 世纪初，瑞士联邦在普及新一代广播电视技术过程中遇到了几个具体问题，包括：是向所有人群收费，还是对没有接通广播电视信号的用户进行豁免？对企业是否应该等同于对普通用户进行收费？私营广播公司纳税份额设置多少比较合适？等等。这些问题既涉及民生和社会稳定，也关乎市场竞争的积极性，联邦立法过程中需要充分考虑这些问题。瑞士联邦对于这项立法的总体原则是：

既要顺利平稳地普及新一代广播电视技术，也要兼顾各方利益；既要促进社会公平，也要激发市场创新的活力。

下面这个案例显示了瑞士联邦修订“广播电视法”的过程①，立法工作于2009年开始，直到2016年7月1日才正式立法生效。立法流程如图1.5所示。

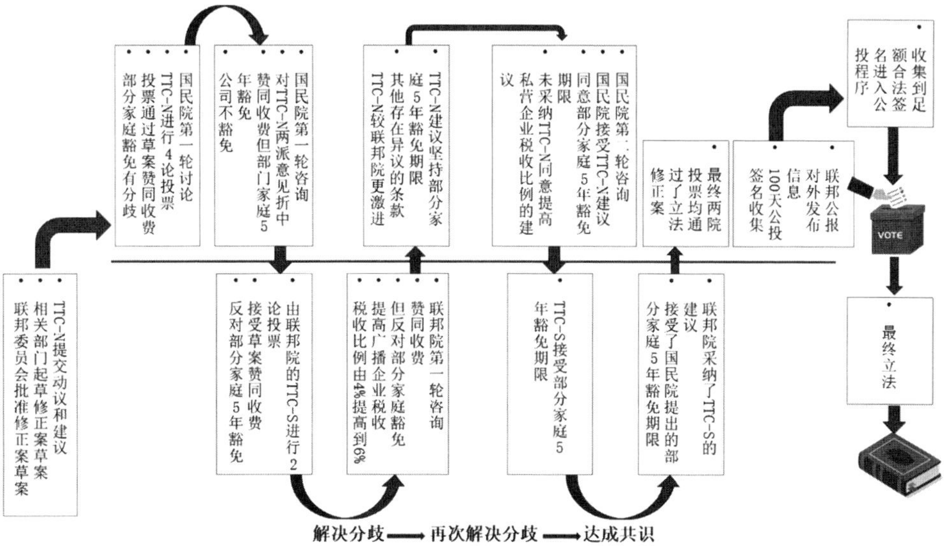

图1.5　《联邦广播电视法修正案》立法流程图

（来源：根据《瑞士联邦指南2017》相关资料进行整理）

（一）案例分析：《联邦广播电视法修正案》的立法过程

1. 倡议阶段

倡议阶段包括动议（postulate）、协商（consultations）及提案（dispatch）。近年来，有关广播电视收费的社会问题日益突出。2009年2月，隶属于联邦国民院的交通与电信委员会（TTC-N）向联邦委员会提交了一份动议，要求联邦委员会起草一份报告，就征收广播电视信号接收费用提出若干方案，并提供相应评估意见。联邦委员会提交报告后，TTC-N经过讨论，要求联邦委员会进一步拟订一项收费新规的提案。联邦环境、交通、能源与通信部（DETEC）作为联邦政府部门，随后起草了法律修正案，并在2012年5月9日至8月29日进行了内部磋商和听证会。2013年5月29日，联邦委员会批准了《联邦广播电视法修正案（草案）》（RTVA草案），并提交联邦议会。

① Swiss Confederation. The Swiss Confederation: A Brief Guide 2017 [R]. Bern: The Federal Authorities of the Swiss Confederation, 2017: 34-35.

2. 议会阶段

(1) 初始审查。议会两院领导层商议决定，将法律草案首先指派给国民院，进行第一轮讨论。由 TTC-N 进行初始审查，并先后举行了四次磋商和投票：第一次，邀请利益相关方参加听证会，听证会以 16 票对 6 票，赞成通过法律草案。第二次，在委员会详细讨论环节中，TTC-N 对联邦委员会的提案达成一致赞同意见。第三次，2013 年 10 月 21 日，TTC-N 再次就提案进行投票，投票结果出现了反转，14 票反对、10 票赞成，反对的理由是：没有收音机或电视机的家庭应免除收费。第四次，在最终投票中，TTC-N 以 14 票赞成、7 票反对、3 票弃权通过了提案①。

(2) 国民院第一轮咨询。2014 年 3 月 12 日，国民院进行了近 7 个小时的辩论。没有接通广播电视信号的家庭是否应该免收费用的问题，引起广泛讨论。国民院采取折中方案作为妥协，在吸纳 TTC-N 少数派意见基础上，提出修正意见，即在实施收费新政 5 年内，没有接通广播电视信号的家庭可以豁免，之后再实施收费。然而，关于联邦委员会的提案还存在另一个争论焦点。针对公司是否应该付费，议员们存在较大分歧。最终，国民院以 93 票对 92 票的微弱优势，否决了公司豁免的提案内容。

(3) 初步审查、议案（proposal）阶段（由联邦院专门委员会 TTC-S 负责）。2014 年 4 月 1 日，TTC-S 举行会议，对提案进行审议。鉴于国民院在提案中加入了“5 年豁免”的附加条款，专门委员会就是否应该剔除该附加条款进行投票，最终以 12 票赞成、1 票反对②，通过了取消附加条款的决定，从而接受了联邦委员会的这项提案。在专门委员会的最终投票中，该提案以 10 票赞成、1 票反对、1 票弃权获得通过。

(4) 联邦院第一轮咨询。2014 年 6 月 19 日，联邦院投票，一致赞成对提案进行审查。在长达 4 个小时的辩论中，大多数议员们赞同国民院的决定，但提出一些修改意见。在这些意见中，联邦议会采纳了 TTC-S 的建议，不赞成对部分家庭豁免的有关条款。此外，联邦议会中还要求提高私营广播公司的纳税份额。最终，联邦议会以 28 票赞成、14 票反对的结果，接受了 TTC-S 少数派建议，并将私营广播公司纳税份额从 4%提高到 6%。

(5) 解决分歧。提案再次提交给 TTC-N，着重就两院争议性条款进行磋商。TTC-N 以 14 票赞成、9 票反对，建议国民院在“5 年豁免退出机制”上坚定政策立场。而对于联邦院持有异议的另外几项条款内容，TTC-N 的立场较联邦院更为激进。

---

① 国民院议会的专门委员会由 25 名成员构成。

② 联邦院议会的专门委员会由 13 名成员构成。

(6) 第二轮咨询和决策。2014 年 9 月 11 日，国民院举行会议，就提案进行第二轮讨论。国民院接受了 TTC-N 的建议，坚持为需要豁免收费的家庭设定期限。关于私营广播公司纳税比例的问题，国民院没有采纳 TTC-N 的建议，而是接受了联邦院的决定。这样，议会两院在几个具有分歧的条款上，除 1 个条款之外（为豁免家庭设定期限），均已达成共识。

(7) 第二轮初始审查。在 2014 年秋季会议期间，TTC-S 以 10 票赞成、2 票反对、1 票弃权的表决结果，接纳了国民院 1 条持异议的条款。

(8) 第二轮初始审查及决定。联邦院采纳了 TTC-S 的建议，于 2014 年 9 月 16 日举行投票，一致通过了对没有接收广播电视信号的家庭设定五年期限退出机制，从而最终解决了议会两院的最后一个分歧。

(9) 调解机制。如果议会两院出现分歧不能解决的情况，两院将分别进行一次最终协商会议，然后举行调解会议。

(10) 最终投票。2014 年 9 月 26 日，议会两院同时举行最终投票，两院均通过了 RTVA 草案。

(11) 发布公告。在《联邦公报》（*Federal Gazette*）上公布 RTVA 草案，标志着全民投票期的开始。如果在 100 天有达 5 万名合格选民要求举行全民公投[①]的话，则是否应该实施 RTVA 草案立法的问题将交由联邦全体公民做抉择。

3. 全民公投及立法生效阶段

(1) 全民公投。截至 2015 年 1 月 27 日，收集到 9.1 万个有效公民签名，全民公投的请求进入正式决策程序。经研究决定，联邦委员会将全民公投的日期定为 2015 年 6 月 14 日。

(2) 法律生效。全民公投的结果显示，50.1%的选民赞成 RTVA 草案。联邦委员会将 2016 年 7 月 1 日设定为 RTVA 草案的正式生效日期。

（二）联邦立法的特点

在这个案例中，可以看到瑞士联邦立法过程有如下几个特点。

第一，注重委员会的专业咨询作用，但不过分依赖。国民院和联邦院在辩论投票之前，均有一个前置程序，即由各院相关的委员会（交通与电信委员会）首先进行辩论、投票，形成集体的意见建议。两院议员将在辩论、投票环节充分参考和吸纳各院相关委员会的意见建议。但值得注意的是，两院的议员在最终投票时，并不会对委员会的意见过分依赖，他们会独立作出决策，两院最终形成的政策立场很有可能与专家委员会的意见不一。例如：在提高私营广播电

① 主要依据公民请愿书的有效签字。

视企业的税收比例的问题上，由于国民院交通与电信委员会的立场较联邦院更加激进，国民院最终没有采纳委员会的建议，而是接纳了联邦院的政策立场。

第二，注重听取多方意见，形成更贴近实际、更代表广泛利益的决策。例如：在联邦政府部门DETEC起草修正案期间，举行了听证会；在TTC-N进行第一轮讨论期间，也邀请了利益相关方参加听证会。TTC-N在后续的详细讨论阶段，充分考虑了听证会相关利益方提出的诉求。这也直接导致了在两院相关委员会进行第三轮投票时，TTC-N提出了对特定家庭进行豁免的建议，而这一条建议也成为该修正案多方辩论的核心，最终被吸纳到新的立法中。

第三，集体决策坚持“少数服从多数”的原则。两院相关委员会以及两院在作出集体决策时，均以投票的形式决定，集体的最终决策由“多数票数”决定。在这个案例中，每一次集体决策均是基于这样的原则。

第四，坚持“程序正确”的原则，不惜进行多轮辩论和投票。该修正案从提出立法建议，到最终立法生效，立法程序历时七年之久。对这个案例做一个不完全统计，各单位前后进行了近20次投票决策程序，这还不包括最后的全民公投。瑞士人做事情特别讲究程序，无论是两院相关委员会作决策，还是联邦议会作决策，均强调程序要规范到位。很典型的一个例子，是在TTC-N进行初次讨论提案的阶段，前后投票决策共计达4次。

第五，产生分歧的双方（多方）通过多次妥协（折中）达成共识。达成共识，是瑞士政治体系中决策机制的重要基础。瑞士的制度体系强调包容性，强调应尊重各方意见，注重吸纳多方智慧，最终要产出结果。瑞士人以结果为导向，不怕程序多而导致慢，但强调一定要产出结果。例如，在这个案例中，如果两院经过多轮沟通仍然不能达成妥协和共识，联邦在制度上设计了一个“调解机制”——两院将分别进行一次最终协商会议，然后举行调解会议，其目的就是要最终达成共识。在这个案例中，也很容易发现，单位内部意见不一时会通过“妥协”达成集体共识；两院对待不同立场的相关委员会意见时，也采取了“折中”的妥协方案。特别是两院就是否应为特定家庭设定5年豁免期限的问题上意见分歧很大，但两院最终在充分评估相关委员会意见的基础上作出了妥协。国民院在提高私营广播企业税收比例的问题上向联邦院妥协，而联邦院在5年豁免期限的问题上向国民院妥协。

第二章　瑞士创新体系

创新体系是社会经济与可持续发展的引擎和基础，是培养造就高素质人才、实现人的全面发展、社会进步的摇篮，是综合国力竞争的灵魂和焦点，其主要功能是知识创新、技术创新、知识传播和知识运用。

20 世纪 80 年代中期，英国学者弗里曼（C. Freeman）率先使用国家创新体系这一概念，并以日本为例分析了国家创新体系与经济发展之间的联系。在他看来，国家创新体系是由特定国家公共部门和私人部门中那些创造、运用、改进和扩散各种新技术的众多机构所构成的网络。在弗里曼的影响下，20 世纪 90 年代初，美国学者纳尔逊（R. R. Nelson）组织多国学者开展了国家创新体系的国际比较研究，将企业、大学与技术政策之间的相互作用置于国家创新体系分析的核心；而丹麦学者伦德瓦尔（B. A. Lundvall）就国家创新系统中“供应商—用户”之间关系的重要性进行了经验研究。此后，国家创新体系作为一个分析框架和政策对象，得到学术界和政策制定者的高度重视。人们普遍认识到，创新离不开各类行动者的相互作用；国家创新体系包括政府、大学、独立研发机构和企业等关键行动者，也包括约束这些行动者及其相互关系的各种规则；国家创新体系的运行影响着企业以及整个国家的创新成效。

相关研究表明，高效率的国家创新体系通常都具有这样几个特点：企业是技术创新的主体；大学同时在知识生产和人才培养中发挥关键作用；产学研之间存在高效率的知识流动；存在竞争性的市场结构；军民之间存在密切互动；政府能够有效建立并实施规则。因此，迈向高效率的国家创新体系往往是一个致力于迈向创新型的国家的改革宗旨。

创新体系的变革，包括观念变革、制度变革、结构变革等要素。原因有三点：其一，国家创新体系的结构性变化导源于制度变革，而制度变革又与观念变革密切相关；其二，刻画国家创新体系结构性变革的关键指标是企业的主体地位、产学研之间的关系、市场结构、央地关系、军民关系等；其三，国家创新体系结构性变化带来的创新后果，会反过来影响观念变革、制度变革和结构性调整进程[①]。

多重主客观因素铸就了瑞士在创新领域取得成功。在促进高校、科研机构和企业创新活动方面，政府成功地发挥了积极的主导作用，使企业享有充足的创新活动空间，并且加强了与国际社会的密切互联等。此外，瑞士特殊的社会文化历史基础、私人企业价值观、不同机构间的广泛对话与合作等也是重要的促进因素。

本章将深入讨论和分析瑞士创新体系的基本情况、各个创新主体所发挥的重要作用以及瑞士在科技成果转化和联邦创新园建设方面的机制。

一、瑞士创新体系优势

创新既是具体的，也是抽象的。经过近两百年积累，瑞士的创新产业一开始从钟表行业、纺织行业、山地旅游业等少数几个行业起步，逐渐发展到在机械制造业、生物医药产业、健康护理产业、文化创意产业、交通建筑业等多个领域全面“开花”，形成创新集群优势。这些创新集群，反过来又进一步促进新兴业态领域新的技术创新。

（一）三大优势

瑞士的创新体系，包括经济、教育、科研、基础设施、制度环境等多个元素。无论从瑞士国内来看还是从全球横向对比来看，瑞士的创新体系都是高度有效的。它有三个典型特征：竞争驱动、多元开放和政府支持。

总体来看，瑞士的创新体系优势主要体现在以下三个方面。

首先，瑞士拥有非常优质的人力资本。尽管瑞士研发人员占总就业人口的比重不高，女性的比重也偏低，但研发人员的整体素质普遍较高。这归功于瑞士多层次、高质量的教育体系，包括品牌效应强、国际化程度高的综合性大学，较高的职业教育参与率，以及瑞士社会对国际人才的高度吸引力等。

其次，瑞士拥有多元互动的创新网络。由于联邦制的政治体制和多种语言文化并存，瑞士成为多元主义的代表。这加强了联邦不同地区与文化具有亲缘性的邻国在知识、技术和人才方面的交流，促使联邦博采众长。另一方面，各种类型的社会组织在多元主义的氛围中不断蓬勃发展，积极参与到科技和创新活动中来。瑞士的劳动力、资本、商品和服务市场均以竞争为导向，市场对外开放度高、灵活性强、吸收更新快。

---

① 王大洲，梁庆华．从脱节走向融合——中国国家创新体系结构性变革探析（1992—2006）[J]．自然辩证法通讯，2023（8）：91-104.

最后，也是极为重要的一点在于，瑞士拥有一流的创新创业支撑体系。尽管联邦政府在国家层面不直接施加干预性政策，但积极为创业者和科研人员提供全球一流的服务和支持，包括稳定的政治和法律环境、在国际上处于中等偏上水平的创业条件和程序、完善的基础设施、较低的企业税负、灵活性高的就业市场、高质量的生活条件等①。联邦政府的干预机制和管制机制简洁而高效，尤其是对知识产权保护方面，规定是十分完善的。“从属性原则”和“自由主义”制度构成了瑞士政治的两大支柱，决定了公私权力划分的标准。在创新领域，尽管公私权有部分交叉，但私人部门具有优先权。

可以看到，瑞士创新体系的三个优势立足于一个共同基础，即自由、开放的经济和社会制度。

（二）顶尖创新企业

瑞士有很多全球知名的企业，瑞士的世界 500 强企业是该国优秀企业的代表。

在美国《财富》杂志发布的《2019 年世界 500 强排名》中，瑞士共有 14 家世界 500 强企业（表 2.1），分别是：嘉能可公司、雀巢公司、罗氏集团、诺华公司、苏黎世保险集团、瑞银集团、瑞士 ABB 集团、瑞士再保险股份有限公司、瑞士信贷集团、安达保险公司、Coop 集团、Migros 集团、德科集团、拉法基豪瑞集团。这 14 家企业中包括 5 家金融企业、2 家制药企业、2 家零售商，上榜企业数量仅次于中国、美国、日本、德国、法国、英国和韩国，世界排名第 8。在这些企业中，全球大宗商品交易巨头嘉能可公司、保险业巨头苏黎世保险集团以及全球食品行业龙头雀巢集团等，均拥有影响全球市场的能力。

表 2.1　2019 年世界 500 强瑞士上榜企业情况一览表

序号	排名	公司	性质	简介
1	16	嘉能可公司（GLENCORE）	大宗商品交易	全球最大的大宗商品贸易商。全球最大电煤贸易企业、最大铬铁（炼钢原料）生产商、最大锌生产商、第三大铜矿开采商。营业额达 2197.54 亿美元，在全球拥有 8 万多名员工，生意遍及 40 多个国家

① 瑞士尚无针对创新活动和风险投资的税收优惠，但不征收资本利得税，减轻了初创企业和小企业的负担。瑞士近年正在讨论中的企业税改革也将减轻瑞士企业未来知识产权收益的税负。

续表

序号	排名	公司	性质	简介
2	76	雀巢公司（NESTLÉ）	食品饮料制造	成立于1867年，总部位于日内瓦，是世界上最大的食品制造商。以生产巧克力棒和速溶咖啡闻名全球，涉及奶制品、保健营养品、冰淇淋和瓶装水等多种产品，其营业额达935.12亿美元
3	163	罗氏集团（ROCHE GROUP）	医药	世界三大药企之一，总部位于巴塞尔，在制药和诊断领域世界顶尖，每年花费大量资金用于研发和探索各类疾病的治疗方案，业务遍及全球100多个国家，员工人数超过9千人
4	201	诺华公司（NOVARTIS）	医药	世界三大药企之一，总部位于巴塞尔，主要从事制药业务，产品已使全球超过12亿患者受益
5	238	苏黎世保险集团（ZURICH INSURANCE GROUP）	金融	成立于1872年，是以保险为核心业务的金融服务机构，主要经营人寿保险、健康保险、养老金和人身意外险等业务，其分支机构遍布欧美多个国家和地区
6	274	瑞银集团（UBS GROUP）	金融	成立于1862年，主要经营财富管理、资产管理和投行业务，业务范围遍及全球所有主要的金融中心
7	328	瑞士ABB集团（ABB）	电气设备制造	成立于1988年，是由瑞典的阿西亚公司和瑞士的布朗勃法瑞公司合并而成，公司主要经营电力和自动化业务，是电力和自动化技术的全球领导厂商

续表

序号	排名	公司	性质	简介
8	332	瑞士再保险股份有限公司（SWISS RE）	金融	瑞士最大的专业再保险公司，国际第二大再保险公司，公司主要经营基础保险业务，在世界各地都设有分支机构
9	360	瑞士信贷集团（CREDIT SUISSE GROUP）	金融	成立于1856年，是全球最大的金融集团之一，主要经营个人及公司金融服务、银行产品及退休金、保险服务等业务
10	382	安达保险公司（CHUBB）	金融	位于瑞士苏黎世。主营保险等业务
11	415	Coop集团（COOP GROUP）	零售	瑞士最大零售集团
12	431	Migros集团（MIGROS GROUP）	零售	成立于1925年，业务涵盖食品店和药店
13	445	德科集团（ADECCO GROUP）	人力资源	成立于1996年，总部设在日内瓦，是全球最大的人力资源公司
14	447	拉法基豪瑞集团（LAFARGEHOLCIM）	建材	全球领先的建筑材料制造商和建筑解决方案提供商，总部位于乔纳斯，包含四个主要业务部门，分别运营：水泥、骨料、预拌混凝土以及解决方案和产品。在70多个国家/地区拥有超过7万名员工

（来源：《财富中文网》）

可以看到，这份世界500强企业名单中，并没有市场口碑好的瑞士钟表企业。这是因为，瑞士钟表品牌多而分散，很多都是家族式工坊，体量相对较小。有关数据显示，2017年瑞士钟表出口只占本国出口总额的6.8%。即便是瑞士最大的钟表商斯沃琪集团①，其2017年全年营业额约80亿美元，也只占当年世界500强最后一名AutoNation公司（美国汽车经销商）营业额的1/3。

从表2.1可以看到，在金融、医药、零售、工业制造等行业中，瑞士都有知名的世界500强企业。此外，瑞士还拥有全球领先的建筑材料制造商和建筑解决方案提供商拉法基豪瑞（LafargeHolcim）②③。

法国拉法基集团、瑞士豪瑞集团是全球最大的两家跨国水泥企业。2014年4月7日，拉法基和豪瑞集团合并。拉法基集团，1883年成立于法国，是一家在水泥、石膏板、骨料和混凝土等建材领域均处于世界领先地位的大型跨国公司。豪瑞集团，1912年成立于瑞士，一直处于Schmidheiny家族的掌控之中，是一家在水泥、骨料以及其他建筑材料（预制混凝土、沥青等）的生产和运输上处于世界领先地位的大型跨国公司，在世界70个多国家通过多数控股或者少数控股当地本土公司的方式为全球70多个国家提供建筑加工服务。2014年，豪瑞的净销售收入达191亿瑞郎。

世界知识产权组织的一份调查报告显示了瑞士的强势创新领域。2015年，瑞士在测量（排名第2位）、有机精细化学（排名第2位）、医疗技术（排名第3位）和制药（排名第3位）相关的欧洲专利申请中名列前茅。测量专利包括钟表、测量位置和位移的设备、时钟和手表、导航系统、体积及液体和声音测量设备。有机精细化学专利包括医疗、牙科和卫生用途的制剂，例如，类固醇、糖、化妆品、药品和食品成分。医疗技术专利涵盖用于诊断、疾病治疗和手术的医疗工具，例如，疫苗接种仪器、假肢、手术机器人和心脏起搏器。瑞士媒

---

① 斯沃琪（Swatch）集团旗下拥有众多腕表品牌，其中包括斯沃琪（Swatch）、宝玑（Breguet）、宝珀（Blancpain）、雅克·德罗（Jaquet Droz）、格拉苏蒂（Glashutte Original）、里昂·哈托（Leon Hatot）、欧米茄（OMEGA）、浪琴（Longines）、雷达（Rado）、天梭（Tissot）、卡尔文·克莱恩（Calvin Klein）、雪铁纳（Certina）、美度（Mido）、汉米尔顿（Hamilton）、皮尔·巴尔曼（Pierre Balmain）、飞菲（Flik Flak）、朗坤（LACO）和力易得（Endura）等。

② 2014年4月7日，拉法基和豪瑞发布合并公告以1∶1比例换股的方式达成合并协议之后，由于欧元大幅度贬值，使得欧元兑瑞士法郎（简称瑞郎）的汇率从合并之初的1.22降到了1.06，跌幅达13%。此外，拉法基的业绩持续下滑，股东净利润从2013年的6.01亿瑞郎降低到2014年的1.43亿瑞郎，使得豪瑞拒绝继续按原有方案进行合并。两家公司重新谈判，最终以0.9∶1的比例换股方式达成新换股合并协议，同时新公司的董事长将由豪瑞的下一任董事长沃尔夫冈·雷茨勒（Wolfgang Reitzle）担任，拉法基原董事长兼首席执行官乐峰（Bruno Lafont）担任新公司的首席执行官和董事。新公司董事会设14个席位，拉法基和豪瑞各占7席。2015年7月10日，拉法基和豪瑞的全球合并宣告完成。该公司于2021年5月正式更名为“霍尔希姆”（HOLCIM），该名也是“豪瑞”早年常用的另一个译名。

③ 喻悦．昔日水泥巨头“拉法基豪瑞”去哪儿了［N］．中国建材报，2021-08-19（1）．

体 Le News 报道的数据显示，与 2014 年相比，瑞士专利申请增幅最大的领域是医疗技术（22%）和计算机技术（23%）。

（三）最有价值品牌

在英国品牌评估机构“品牌金融”（Brand Finance）发布的“2020 瑞士最有价值的 50 大品牌排行榜（Switzerland 50 2020）”中，雀巢、瑞银、苏黎世保险名列前三位（表 2.2）。

表 2.2　2020 年瑞士最有价值的 50 大品牌排行一览表

序号	公司	行业领域
1	雀巢（Nestle）	食品
2	瑞士联合银行（UBS）	银行
3	苏黎世保险（Zurich）	保险
4	劳力士（Rolex）	服饰
5	罗氏（Roche）	制药
6	瑞士再保险（Swiss Re）	保险
7	瑞士信贷集团（Credit Suisse）	银行
8	雀巢咖啡（Nescafe）	软饮料
9	瑞士电信（Swisscom）	电信
10	ABB	工程和建设
11	欧米茄（Omega）	服饰
12	嘉能可（Glencore）	采矿和钢铁
13	瑞士人寿（Swiss Life）	保险
14	德科（Adecco）	商业服务
15	诺华（Novartis）	制药
16	德迅（Kuehne + Nagel）	物流
17	豪瑞（Holcim）	工程和建设
18	泰格豪雅（TAG Heuer）	服饰
19	泰科电子（TE Connectivity）	电子
20	瑞士莲（Lindt）	食品
21	意法半导体（STMicroelectronics，ST）	半导体
22	迅达（Schindler）	工程和建设
23	斯沃琪（Swatch）	服饰

续表

序号	公司	行业领域
24	瑞士通用公证行（SGS）	商业服务
25	Helvetia	保险
26	百乐嘉利宝（Barry Callebaut）	食品
27	Dufry	零售
28	宝盛银行（Julius Baer）	银行
29	西卡（Sika）	工程和建设
30	Baloise	保险
31	Zurcher Kantonalbank	银行
32	天梭表（Tissot）	服饰
33	美极（Maggi）	食品
34	吉博力（Geberit）	工程和建设
35	Sunrise	电信
36	奈斯派索（Nespresso）	软饮料
37	埃米（Emmi）	食品
38	浪琴（Longines）	服饰
39	索诺瓦（Sonova）	保健服务
40	百达银行（Pictet）	银行
41	先正达（Syngenta）	化学
42	积家表（Jaeger-LeCoultre）	服饰
43	罗技（Logitech International）	电子
44	Lindor	食品
45	士卓曼（Straumann-Reg）	保健服务
46	瑞士航空（Swiss）	航空
47	龙沙（Lonza）	化学
48	瑞士交易所（SIX）	证券交易所
49	伯爵表（Piaget）	服饰
50	泛亚班拿（PANALPINA）	物流

（来源：英国品牌评估机构）

2020 年瑞士 50 强品牌总价值约为 1443 亿瑞郎。其中，6 个食品品牌总价值 263 亿瑞郎，占比 18.2%；5 个保险品牌价值 218 亿瑞郎，占比 15.1%；5 个银行品牌价值 194 亿瑞郎，占比 13.5%；8 个服饰品牌价值 188 亿瑞郎，占比 13.0%；5 个工程和建设品牌价值 117 亿瑞郎，占比 8.1%；2 个制药品牌价值 107 亿瑞郎，占比 7.4%。图 2.1 显示了瑞士主要行业品牌价值分布的结构组成。可以看到，50 大品牌之中，食品的品牌价值最高，其次依次为：保险、银行、首饰、工程与建筑、医药。[①]

Brand Value by Sector

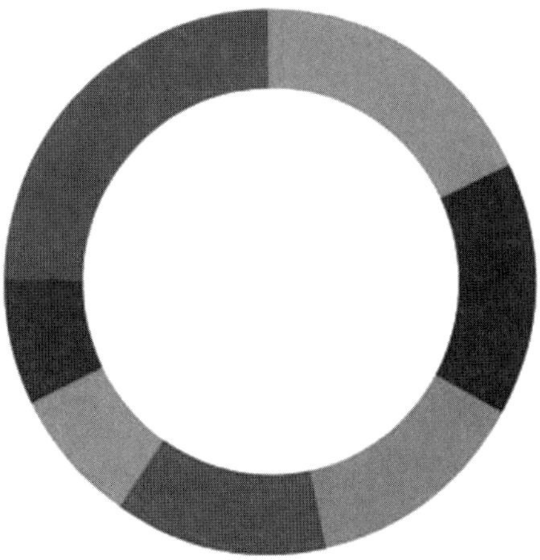

Sector	Brand Value (CHF bn)	% of total	Number of Brands
Food	26.3	18.2%	6
Insurance	21.8	15.1%	5
Banks	19.4	13.5%	5
Apparel	18.8	13.0%	8
Engineering & Construction	11.7	8.1%	5
Pharma	10.7	7.4%	2
Other	35.5	24.6%	19
Total	**144.3**	**100.0%**	**50**

图 2.1　瑞士主要行业品牌价值结构图

（来源：《2020 瑞士最有价值的 50 大品牌排行报告》）

图 2.2 显示了瑞士 50 强品牌中最具价值的 10 个品牌在 2020 年和 2019 年的品牌价值情况。

（四）瑞士手表

据统计，瑞士手表曾一度占到世界总产量的 40%。

瑞士手表作为行业的楷模和典范享誉世界，其根本原因在于瑞士手表的制作工艺精细且复杂，手表品质出众。例如：瑞士手表机芯内的所有零件，包括添加的机械装置，其工艺必须达到严格的要求，并且要通过抽样检测。所有钢制零件的边缘必须经过打磨、切面必须顺滑、螺丝头要精细打磨或修圆，所有可见的边缘与狭缝必须去角。

---

① 我们从瑞士主要品牌价值的结构图中也不难发现，互联网、电信、计算机等企业品牌占比较小。总体而言，瑞士在 ICT 行业中的企业（特别是大企业）比较少。放眼欧洲，情况也是如此。

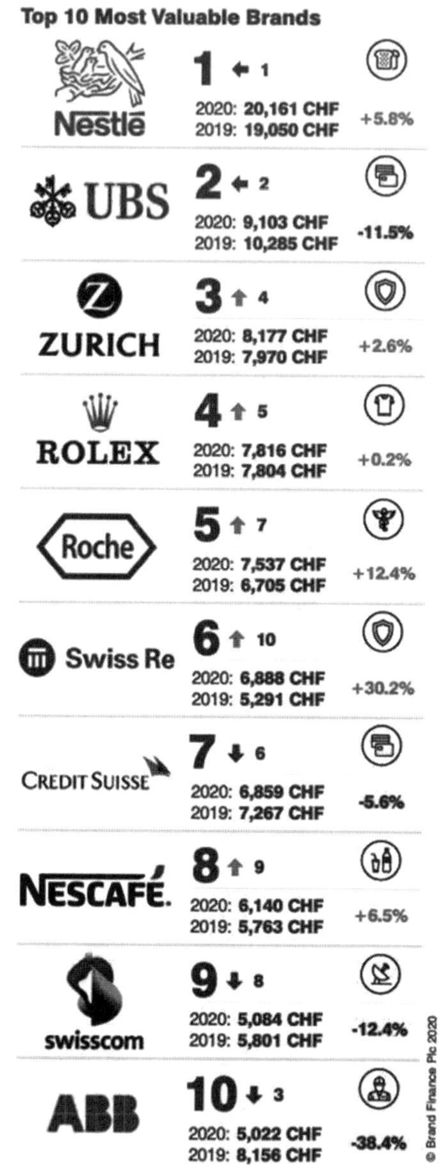

图 2.2 瑞士最具价值的 10 个品牌

（来源：《2020 瑞士最有价值的 50 大品牌排行报告》）

瑞士手表的品质，还体现在“瑞士制造”的品牌打造上。只有在手表及表带都是瑞士制造的条件下，才能在表带上标明“瑞士制造”；只有重要的工序在瑞士完成且实现 50%以上价值的表带，才能被视为“瑞士制造”。如果瑞士产的表带被用在了其他国家的手表上，则只能在表带上明确标出表带为瑞士产的

"瑞士表带"（Bracelet Suisse），而不能称为"瑞士制造"[①]。瑞士手表在完成内部和外观制造后，都需要进行质量检测，包括手表的防水、防震等性能测试，这些是瑞士表制造过程中必不可少的检测环节。

由于瑞士表制造精细，对于高端手表的制造要求尤其如此，所以手表价格都很昂贵。例如：生产于1932年的一块百达翡丽超大型单按钮计时腕表，在瑞士苏富比拍卖行以110万英镑的高价成功拍卖，也因此成为世界上最贵的手表。

瑞士著名手表品牌有：百达翡丽、劳力士、宝珀[②]、江诗丹顿[③]、爱彼[④]、宝玑[⑤]、伯爵[⑥]、积家[⑦]、芝柏[⑧]等。

1. 至简而不凡的百达翡丽（Patek Philippe）

1）发展历程

百达翡丽的创始人安东尼·百达（Antoine Norbert de Patek），于1812年出生在波兰的一个小村庄，他原来本是1831年波兰反抗俄国统治的革命者。由于波兰革命失败，他逃往法国，后在瑞士日内瓦定居，开始从事钟表业。1839年，百达开设了百达钟表公司。

---

① 用于承装手表的盒的标志——"瑞士表盒"（Swisscase），其使用条件有三：一是重要工序在瑞士完成；二是组装及检验在瑞士完成；三是至少有50%的生产价值在瑞士实现。如果盒上标有"瑞士表盒"，而内装的不是瑞士表，则必须将表的机芯或整表原产地标志贴在表的外壳上。

② 宝珀：于1735年开创了世界上第一间制表工坊，并于同年注册成立腕表品牌，是瑞士现存历史最久的、最古老的腕表品牌，是瑞士高级机械表的典范。

③ 江诗丹顿：1755年创立于日内瓦，为世界最古老、最早的钟表制造厂，也是世界最著名的表厂之一。

④ 爱彼：是世界著名三大制表品牌之一，于1875年创立。爱彼的创办人始终醉心于制表艺术，并专注于研制超薄机械零件，创制出精密复杂的机械表，在世界上屡获殊荣。

⑤ 宝玑：于1775年由亚伯拉罕-路易·宝玑（Abraham-Louis Breguet）创办，宝玑本人也被称为"现代制表之父"。宝玑制造的手表被业界赞誉为"表王"，手表行业超过70%的技术源自该品牌，其中最具代表性的三大发明有陀飞轮、万年历和三问音簧。

⑥ 伯爵：于1874年创立，起初以机芯制作起家，专注于腕表机芯的设计和生产。其"手铸腕表"和"硬币腕表"由于设计出众，成为伯爵腕表中的珍品。伯爵腕表及劳力士表传承了精雕细琢的瑞士制表技艺，拥有"世界八大奇观之一"的美誉。

⑦ 积家：于1833年在汝拉山谷成立工作坊，1907年推出了世界上最薄的机械机芯，共发明了1200多枚机芯，获享近400项注册专利，堪称高级制表业界中的典范，在制表过程中使用了超过180种制表工艺。

⑧ 芝柏：于1791年在拉绍德封成立，专注于设计、创作、开发和生产腕表的外部零部件和腕表机芯，能生产超过100个型号的、种类完整的顶级机芯，打造的机械腕表系列享有盛誉。

1844 年，百达带上自己的钟表产品参加巴黎钟表博览会，遇到了同在这里参展的简·翡丽（Jean Adrien Philippe）。当时，简·翡丽已经设计出表壳很薄，而且上链和调校都不用传统表匙的袋表。这种袋表在展览会上甚受漠视，而安东尼·百达却为其新的设计所吸引。两人经过一番交谈，立即达成合作意向。1851 年，百达公司正式易名为百达翡丽公司。

百达与翡丽的合作精神，在百达翡丽的 Logo 中得以充分体现（图 2.3）。这个 Logo 由骑士的剑和牧师的十字架组合而成，也被称为“卡勒多拉巴十字架”，它代表的一段历史背景是：1185 年，西班牙卡勒多拉巴城市受到侵略，牧师和骑士率领群众进行抗战，最后把敌人驱走。牧师（十字架）和骑士（剑）结合便是勇敢与庄严的象征。

PATEK PHILIPPE
GENEVE

图 2.3　百达翡丽的 Logo

（来源：百达翡丽官网）

2）品牌理念

百达与翡丽的合作，奠定了百达翡丽钟表从此以后始终追求的三个原则：外观精美、工艺卓越、精确可靠。

百达翡丽坚持以创新的精神去研制每一款腕表，从表壳、表盘、指针、把头、表带、机芯到功能，无不经过精心构思，务求研制出“经典中的经典”。

百达翡丽在其官网上宣传公司的品牌理念时这样写道：真正优秀的表，在与肌肤相亲近的瞬间，便能感受得到。这是一种无形、无声的情感交流，只存在于表与主人之间，仿佛共守着一个心灵的家园，在缄默中聆听时间的流淌。人生走到尽头，时间依旧向前。生命的意义在于由后代血脉相传，而表传至下一代手中，继续与下一代一起守望时间。

自创办之日起，一百多年来百达翡丽一直信奉“精品哲学”，重质不重量，坚持细工慢活的生产原则，其主旨只有一个，即追求完美。作为钟表制造商，百达翡丽最为特殊的一个品质是，它为自己的产品制定标准并且评判自己，超越自己，让自己被大众所认可，成为行业的王者。百达翡丽之所以能如此自信，只因为它具有历久弥新的品质，而在这品质背后，凝聚的是几代百达翡丽人的心血，以及对完美的执着与追求。

百达翡丽的品牌价值理念如图 2.4 所示。这幅图彰显百达翡丽始终追求的价值，其品牌的尊贵不仅在于它的精确、独特、卓越与高贵，更在于它的耐用、恒久与延续。百达翡丽的价值体现在“持久的价值”，其中包含了超凡的美丽、传奇的工艺与卓越的可信度，以及对现在与未来主人的忠诚，而非简单以金钱来衡量。百达翡丽在广告中宣称：“没人能拥有百达翡丽，只不过为下一代保管而已。”

图 2.4　百达翡丽广告传递的手表价值理念

（来源：百达翡丽官网）

3）领先技术

百达翡丽是瑞士现存唯一一家完全由家族独立经营的钟表制造商，在钟表技术上始终处于全球领先地位，造就出许多世界顶级表。

在最简约的设计中，百达翡丽配以最复杂的构造。拥有一只百达翡丽，已经成为真正爱表者的标志，因为无论是佩戴，还是收藏，百达翡丽的价值都恒久珍贵。复杂功能是制表业中的顶级工艺，而百达翡丽尊崇的正是这种“完美的复杂性”与“完美的精准性”的结合。百达翡丽的尊贵不仅在于它典雅的外表，还在于它内部机械的极端精密复杂性。“在最简约的外表之下，配置最复杂的款表”一直是百达翡丽信奉的准则。19 世纪制造的百达翡丽表，尽管轮轴已在轴承上转动了上百亿次，但在今天依然精准得令人叹奇。

创始之初，百达翡丽就立志造出“世上最卓越、最具价值的腕表”。它的众多专利、作品体现的艺术造诣和包含的创新发明，展示了它非凡的创造力。从 1851 年“百达翡丽”获第一项“旋柄上发条”专利起，百达翡丽就在不断取得重大的专利项目，包括精确调节器、双重计时器、大螺旋式平衡轮、外围式自动上链转子，以及有关平衡轮轴心装置等。它还以机械机芯的精确度创下多项纪录，至今未被打破。在设计、生产直至装配过程中，百达翡丽打造出了令业内专家交口称赞的全球钟表杰作，拥有多项竞争者无法逾越的巅峰技术，如表冠上链及调校装置。仅在 1949—1979 年的 30 年间，百达翡丽就产生了 40 项专利，其专利之多，后来者望尘莫及。

训练一名百达翡丽制表师需要 10 年时间，而生产每一款表从设计到出厂至少需要 5 年的时间——4 年研究设计、9 个月生产、3 个月装嵌及品质监控。如果量身定做的话，则需要更长时间。

2. 精确而耐用的劳力士（Rolex）

1）发展历程

1905 年，德国人汉斯·威斯多夫（Hans Wilsdof）与英国人戴维斯（Alfred Davis）在伦敦合伙成立了“威尔斯多夫 & 戴维公司”（Wilsdorf and Davis）。这是一家主要负责销售手表的公司，但威斯多夫本人也研发手表。1908 年，威斯多夫在瑞士拉绍德封将公司注册并更名为“劳力士”。第一批劳力士表因其高超的技术质量而立即被重视。1914 年，一只劳力士表获得英国乔城天文台的 A 级证书，这是全球手表走时精确性的最高认证标准。由于其精度得到了世界最高标准的认可，劳力士手表在欧洲和美国的身价也随即骤增。从此，劳力士生产的手表成为手表行业精确性的代名词。

公司成立之初，威尔斯多夫曾举步维艰。他在回忆录中说，在公司成立之初，说服持反对意见的人曾是异常困难的一件事。因为在当时，腕表备受质疑，英国上下都非常崇尚运动，认为腕表“太复杂、太脆弱、难以适应”。威尔斯多夫凭借敏锐的直觉、坚定的信念及突破界限的决心，认为手表行业未来发展的趋势和突破口就是腕表。他凭借坚毅个性，克服重重挑战，发明了世界上第一只搭载恒动摆陀的防水自动上链腕表，此腕表已成为质量的标杆，独具威望。

1927 年，劳力士公司成功推出防水时计原型——“蚝式”自动手表，它不仅精确坚固，且能够抵御所有恶劣环境。劳力士公司邀请英国泳将梅赛迪丝·吉莉丝（Mercedes Gleitze）作为企业的品牌代言人。梅赛迪丝在横渡海峡的十几个小时中完美验证了这款手表惊人的防水性能。为了庆祝这个历史性的创举，劳力士在《每日邮报》（*Daily Mail*）头版发表整版文章宣告了防水腕表的胜利（图 2.5）。

图 2.5　1927 年《每日邮报》在头版发表整版文章宣告劳力士防水腕表的胜利

（来源：劳力士官网）

长期以来，劳力士腕表以优异技术和独特美学设计，为公司的恒久成功奠定了基础。

目前，劳力士集团已拥有19个分公司，在世界主要的大都市有24个大规模服务中心，年产手表45万只左右，成为市场占有量非常大的名牌手表之一。2018年12月18日，世界品牌实验室编制的《2018世界品牌500强》中，劳力士排名第74位。

2）品牌理念

自诞生之日起，劳力士品牌就打上了创始人威尔斯多夫的烙印，并持续发挥影响。威尔斯多夫是一个独具眼光而又意志超群的人，他敢想别人不敢想的事，也敢做别人不敢做的事，展现了一位优秀制表师、卓越企业家的特质，如将企业定位为制造腕表、设计防水手表、发明自动上链系统等。

他追求完美。威尔斯多夫永远都保持着挑战自我的状态，并鼓励他人全力以赴。他坚信人类具有无限潜力，拥有敢于革新和克服困难的能力。自始至终，劳力士就志在追求卓越，不轻言放弃，富有创新思维，积极进取，不断创新研发、确保品牌价值恒久卓越，以不懈追求完美、勇于突破极限为世人所称道。

他敢于挑战。威尔斯多夫一直视广阔的世界为天然的实验室，试图带领企业不断突破极限以激发灵感。劳力士品牌正是这样基于传统，在极端条件下不断挑战，持续推动创新。20世纪30年代，劳力士在真实环境中测试腕表的各项性能。从海洋最深处到最高的山峰，在高空和疾驰的赛道上，劳力士腕表均能体现其可靠性。敢于挑战的信念，使劳力士创造出非凡产品，腕表不仅汇集丰富专业知识，更是伴随了诸多探险活动。劳力士全力支持探险家与保护环境的先驱者，鼓励探险家们佩戴劳力士腕表抵达世界各地最极端恶劣的环境，为大众揭示地球生态系统的脆弱并呼吁开展环境保护工作。

他以合作为贵。劳力士的企业文化以人为本，将各方人才的专业知识和综合技能融入品牌的方方面面。作为一家既实现垂直整合又保持独立生产模式的企业，劳力士拥有丰富的制造资源，其中涵盖广泛的制造工艺及专业知识。从腕表的设计到制造，制表师、工程师、设计师及专家紧密合作。由于拥有各个领域的专家，劳力士员工的专业技能让公司可以完全自主地制造所有零部件，从合金的铸造，到机芯、表壳、表盘及表带的组装、加工制造和最后工序，甚至宝石镶嵌都可自主完成。劳力士凭借专有的设备，不断强化产品品质，并借助遍布全球超卓的售后服务网络，确保全球客户随时享受其卓越技术带来的便利。劳力士积极参与各种活动，致力于创造更美好的世界。品牌谨遵创始人的理念，不懈支持并参与拥有与企业价值理念相符的项目，支持不同机构及卓越人士在各自领域不断超越自我，并从中汲取创新灵感。

3）领先技术

自成立以来，劳力士公司不断创新、创造，完善自己。其不断创新和发展的方向主要有三个：精准、防水与自动。

劳力士第一个主攻的方向就是手表的计时精准度。劳力士最初专注于改良机芯质量，然而威尔斯多夫认为必须在精密时计精准度方面下更大功夫，要推出“世界上最精准的手表”。1910 年，劳力士腕表成为首只获得瑞士比尔官方钟表评级中心颁发的“瑞士时计证书”腕表。1914 年，英国皇家乔城天文台(Kew Observatory)[①] 颁授 A 级证书予劳力士腕表。该天文台是当时世界上最为严格、最为权威的计时测试和认证机构。自那时起，劳力士腕表便成为精准时计的象征。

劳力士的第二个主攻方向是腕表的防水（防尘）设计。20 世纪 20 年代，劳力士公司研制出世界上第一只防水手表。1926 年，劳力士的“蚝式”（Oyster）防水表正式注册。出于检验和宣传的目的，1927 年，劳力士邀请英国女游泳运动员戴着这块防水腕表横渡英吉利海峡。尽管在水中整整浸泡了 15 个小时，这块劳力士表依然运转正常，分秒不差。这件事被英国媒体高度赞誉，称之为世界“制表技术最伟大的胜利”，劳力士也由此奠定了其在手表防水技术上的全球领先地位。

劳力士的第三个主攻方向是腕表的自动上链技术。1931 年，劳力士发明了一种自动上链的系统——恒动摆陀（图 2.6），造出了风靡世界的“永动”表，带给世界钟表业一场革命。这种自动表的中轴有一个摆陀，它能把手腕摆动的轻微动作转换为手表的动力，所以无需人工上链。这种技术在当时被公认为最精确、最可靠的手表自动上链技术，重新定义并成就了劳力士腕表的精准、可靠与卓越。这种独创系统，已成为每只现代自动腕表的基础设计。

1945 年劳力士又推出全球第一只可以自动转换日期的手表，1956 年推出了具备星期显示功能的日历表；1955 年劳力士发明飞行员手表，能够在不同时区测量精确的时间。后来，劳力士为深海潜水员研制的潜水表问世，其防水深度达到 100 米。

为确保产品质量，劳力士自行设计与生产腕表的核心部件（包括合金的铸造，机芯、表壳、表盘及表带的组装、加工制造和最后工序）。作为制表业的先驱，劳力士拥有多项重大创新发明与 500 多项专利。

---

① 该天文台于 1769 年建立，主要职责是对航海天文钟（航海精密计时器）的测试和认证，是当时世界上最为严格的测试和认证机构。虽然当时欧洲各国的天文台都承担着相似的职责，但没有一家能达到英国皇家乔城天文台 A 类证书的标准。航海天文钟需要经受 45 天的连续测试（瑞士天文台的标准为 15 天），并且在五个不同的方位和三种不同的温度下进行，误差的范围只能在几秒钟之内。

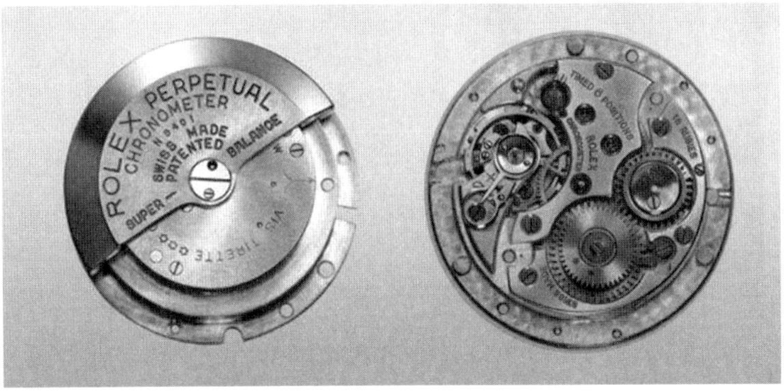

图 2.6 劳力士于 1931 年研发的机械手表恒动摆陀

（来源：劳力士官网）

在 20 世纪机械表时代，劳力士始终是全球手表业的领头羊。从全球市场来看，劳力士手表有很大的市场受众，特别是二手表在中国市场一直比较火热，具有极高的投资珍藏价值，其主要原因在于劳力士手表高度的精准性和超高耐用度。因其卓越的工艺与技术，劳力士与百达翡丽、宝珀、宝玑、积家、伯爵，共同保持着全球手表业的翘楚地位。

（五）瑞士军刀

瑞士军刀这个纤小的物品，是瑞士产品精确与高质量的又一个典型代表，它集中体现了瑞士产品“小而精”的鲜明特点。

据新华网报道，2017 年 1 月 18 日，中国国家主席习近平在瑞士日内瓦万国宫（联合国欧洲总部）发表演讲时说，“我第一次得到一把瑞士军刀时，我就很佩服人们能赋予它那么多功能。我想，如果我们能为我们这个世界打造一把精巧的瑞士军刀就好了，人类遇到什么问题就用其中一个工具来解决它。我相信，只要国际社会不懈努力，这样一把瑞士军刀是可以打造出来的。”

1. 发展历程

1884 年，瑞士工匠卡尔·埃尔森纳（Karl Elsener）在施维茨州的伊巴赫（Ibach）小镇开设了一个小作坊①。1891 年，他听说瑞士军队打算从德国购买士兵用刀，想联合瑞士其他刀匠一起，共同为瑞士军队制造刀具。于是，他牵头成立了“瑞士刀匠协会”（Swiss Master Cutlers Association），以期为瑞士士兵打造本土制造的第一款军刀。当年 10 月，刀匠协会就制造出了第一批军刀，但

① 卡尔·埃尔森纳从小就一心想当一名刀具工人。青年时期，他先是在德国南部当了几年工人，24 岁回到家乡后就开了一家刀具工厂。当时，施维茨州几乎没有什么工业，就业机会很少，很多当地的年轻人被迫移民到北美、澳大利亚及新西兰。

这些军刀不够轻便。于是，埃尔森纳决定开发出一种更轻便美观、带多种功能的折刀。他引入一个集成了螺丝锥功能的小部件，仅由两个弹簧支撑六个刀片，构成了一个极度便携的刀具模型——Model 1890（图 2.7），这便是今天各个瑞士军刀系列的原型。

图 2.7　埃尔森纳设计的刀具模型 Model 1890

（来源：SAKWiki 瑞士军刀讨论平台）

1897 年，埃尔森纳的产品正式注册，并取得了瑞士联邦专利权。1909 年，为纪念病故的母亲，埃尔森纳选择用她的名字“Victoria”作为公司的品牌名称。1921 年，随着不锈钢技术的引进，“Inox”（不锈钢的国际称谓）被加在“Victoria”之后，形成了今天的企业名称与品牌——Victorinox（维氏）。

二战期间，军队对军刀的需求激增。由于瑞士军刀性能极佳且随身携带方便，颇受当时美国军官和士兵的喜爱，他们随即大量购买。二战后，美国士兵在遍布欧洲的陆军消费合作社里继续购买瑞士军刀，他们把它当作纪念品寄给亲戚和朋友。大多数瑞士男性都会有一把瑞士军刀——他们入伍的装备中就包含一把。

目前，维氏军刀的款式已达数百种，组合成套的也超过百种。其中，“瑞士冠军”(Swiss Champ）是功能最多、应用范围最广的型号。它有 32 种功能，由 64 个独立零件组成，生产工序多达 450 多道①。美国纽约现代艺术博物馆和慕尼

① 威戈和维氏两个公司生产的瑞士军刀几乎大同小异。在商标上，维氏是红盾中嵌瑞士十字国徽，而威戈是红圆角正方形中嵌瑞士十字国徽。此外，在刀身下端都分别刻有各自的名称“Victorinox Switzerland”和“Wenger Delemont Switzerland”。维氏更加注重高强度的野外作业；威戈偏向于多种的运动项目。相比而言，威戈在制作细节上更具有鲜明的贵族倾向。目前，瑞士政府把这两家最先发迹的军刀生产商生产的军刀作为“最正宗”的军刀，并让二者保持着差异化的研发路线。

黑德国实用艺术博物馆都将维氏军刀的“瑞士冠军”（Swiss Champ）型号作为“工业设计精品”进行收藏。如图 2.8 所示。

图 2.8 瑞士军刀工业的经典型号“瑞士冠军”(Swiss Champ)

（来源：维氏官网）

成立于 1893 年的威戈公司（Wenger），是生产瑞士军刀的另一家著名企业。威戈和维氏两个瑞士军刀品牌都吸收了瑞士精湛的制造工艺和专业的手工技术，展现出完美的高品质，成为被世界认可的产品。这两家公司也是唯一获得瑞士联邦官方授权，被允许在刀具上使用瑞士十字国徽的企业。2005 年，维氏收购威戈，只保留了维氏这一品牌，结束了双雄争霸的历史，瑞士军刀制作工艺技术得以延续和发扬光大。这成为瑞士企业并购的一段佳话。

今天，维氏已成为瑞士唯一的大型刀具生产企业。Alpenwild 官网的数据显示，维氏集团每天生产大约 3.4 万把瑞士军刀，其中 90%的产品销往海外 100 多个国家。品牌历经百年，仍在全球供不应求。

2. 品牌理念

尽管历经 100 多年，但是今日之瑞士军刀与最初设计的军刀差别其实并不大，整体刀具的结构几乎丝毫未变——只是外壳材料由木头换成塑料或合金罢了。正如品牌创始人埃尔森纳在设计早期军刀所注重和坚持的那样：瑞士军刀应该成为一个小巧但又功能十分强大的工具——要在最小的空间实现功能的最大化。100 多年来，维氏集团正是坚持这样的制造理念，不断改进工艺，丰富功能，同时始终坚持质量至上，成为“瑞士制造”的又一个典型代表，是瑞士创新精神的再一次诠释。

追求尽善尽美，是瑞士军刀的一贯传统。历经多年的研制与创新，瑞士军刀的每一个组成部分都达到了最佳造型，并具有最完善的功能。由于功能全面且便于携带，瑞士军刀被视为小型的“万能工具箱”，得到了广泛应用，如用来修理自行车或汽车等。

如今，瑞士军刀已成为瑞士创新精神的象征，在世界范围内畅销。瑞士邮票上就曾有过瑞士军刀的身影。很多世界跨国公司、大银行在瑞士军刀上刻上其名称或商标作为广告宣传品、会议纪念品赠给客户。瑞士军刀还曾作为“国礼”，送给到访的外国元首。数届美国总统都将瑞士军刀选为白宫礼品，在刀柄上刻上总统签名赠送来宾。1997 年，美国总统乔治·布什与夫人芭芭拉到访瑞士的维氏集团，特别参观了瑞士军刀的制作和展览。此外，它还成为征服南北极、珠穆朗玛峰和亚马逊雨林等多个探险活动的“可靠伴侣”，也曾作为美国宇航员的标准装备之一。

3. 领先技术

瑞士军刀包含几十个零件，每一个零件都有单独的生产流水线。例如：刀刃必须被打磨到精确的厚度，这一工序在缓慢旋转的机器上完成，须打磨到“精确的” 2.3 毫米。否则，组装完成后，军刀无法正常开合。刀锋的处理程序是生产环节中最为重要的一环，是维氏企业的核心专利。出于严密保护商业机密的考虑，维氏公司一直没有对外公开刀锋的处理工艺。

在检验方面，没有问题的刀片需要经过一系列的加工处理，提高其韧性、硬度，同时，还要进行防锈处理等工艺，之后，还需要通过最后一道检验，把有瑕疵的残次品淘汰掉。正是经过重重关卡的检验，才能保证每一把瑞士军刀的质量。

刀刃经冲压磨利后，由装配工进行组装。组合工作超过 64 个零件，包括刀刃、各种工具和许多垫圈与插销，每一样小零件都必须按照顺序才能组合好。瑞士装配工秉承这样的工作信念：“正确地组装瑞士军刀，需要专心和耐心。”每一把瑞士军刀都要经过人工清洁和检查，保证做到一丝不苟。

一百多年来，维氏公司致力于瑞士军刀的设计、生产、销售和推广，并保持与时俱进，积极面向市场推出个性化的商品设计。近几年，维氏公司推出新款军刀“Swiss Flash”，它带有一个 USB 闪存盘，并具有蓝牙功能、指纹控制器等，消费者能更安全地读取数据资料。2009 年，瑞士军刀荣获“瑞士公平奖”(Swiss Fairness Prize)。这一奖项是瑞士企业界的最高荣誉，颁发给那些致力于促进公平贸易、带来经济成功与优势的企业。

二、瑞士创新主体

瑞士创新体系具有开放性及国际化导向性。政府较少管制和插手经济，其主要措施是拨款资助其他创新主体；负责研发的创新主体主要是高等教育机构和企业，前者聚焦于基础层面的研究，后者致力于商业应用层面的研究与开发；公共创新促进机构是一类社会组织，具有公共部门的性质，专注于政府、高等教育机构、企业之间搭建沟通、交流和合作的平台，以推动创新的实施。各个主体之间进行协同创新，而这种协同非政府主导。

近些年来，瑞士联邦积极推进高校改革，重组和设立了一批融合了基础研究和应用研究的新型高校——应用科学大学（UAS，亦称“高等专科学校”），是教育适应并推动创新型经济的关键之举，本书将在第三章单列一节进行详细讨论。

瑞士联邦委员会官网数据显示，2017 年瑞士投入在研发上的资金达 226 亿瑞郎，占国内生产总值的 3.4%，是全球研发投入比重排行第三的国家①。瑞士研发投入中，应用研究、基础研究和试验发展的比重分别约占 40%、30% 和 30%。政府、市场主体和科研机构都是研发融资和研发执行的重要参与者，但企业在研发活动中的比重占 2/3，主要集中在研发密集型的大企业和部门创新能力强的中小企业。瑞士联邦的各级政府主要协助融资，且支持力度也在不断增加。瑞士的高校在研发投入上的占比超过 1/4，主要负责项目实施。

政府为研发提供支持，遵循“自下而上”的原则，即由研究者和企业自行发起，并自担责任和风险。瑞士对“从上到下”的支持和促进项目研发的模式持谨慎态度，原则上政府不直接给企业拨款。瑞士国家科学基金会（SNSF）及联邦技术与创新委员会（CTI）依据申请展开评估，并确定是否给予资助。

瑞士的基础研究主要由 2 所联邦理工大学、10 所州立大学及大企业推动。UAS 和职业学校提供高素质的专业劳动力，UAS 还参与应用型研发和各类校企合作。校外研发机构也从事专业领域的科学创新。

（一）政府

联邦政府提供相关政策以及创新促进措施，设计改革路线，最后由联邦议会审议通过，其职能主要是提供资金支持（拨款），创造有利于创新的环境，如有利的教育体系、科研设施、法律体系等。政府尽可能少地干预，以促进多元主体协同创新。

瑞士联邦理工大学及研究所联合体（ETH Domain）隶属于瑞士联邦政府，包括苏黎世联邦理工大学、洛桑联邦理工大学以及 4 所联邦研究所，包括保罗·谢尔研究所，联邦森林、雪和风貌研究所，联邦材料检测和研究所，联邦水资源研究所。

1. 基本立场

联邦政府对创新活动的立场是：政府不应给企业施加压力，而应是通过打造良好营商环境来支持创新；政府要给企业创造合适的创新发展环境，同时打

---

① 2017 年前两名国家分别是韩国，占比 4.55%；以色列，占比 4.54%。

造优越的生活条件和教育体系以吸引高端人才；政府还应对研发投入异常重视，打造国家级研发平台。

联邦政府认为，“创新之源在企业”。有创新意识的企业家，知道如何将好的创意和发明变成创新产品和创新服务。而创新型公司也能准确发掘有潜力的市场，从而有效地开发市场，为社会提供更多工作岗位和发展前景。所以，政府不在某个具体领域促进创新。政府的作用在于，致力于提供良好政策环境，如：构建高质量的教育体系，打造顶尖科研机构，开放劳动力市场，促进基础设施建设，推行低税收政策，等等。在政府的主导下，瑞士的营商环境良好，劳动法受到企业特别青睐，因为它极具灵活性，并在很大程度上有利于雇主。例如：税收方面，尤其是自企业税改革以来，圣加仑州极具竞争力，当地企业享受了研发费用加计扣除的税收优惠政策。

通过这些举措，瑞士最大限度地发展自身的创新能力。瑞士联邦前主席兼经济部长施耐德·阿曼在官方发布的报告中说，“瑞士在公共领域没有创新政策和工业政策，创新事务属于私人部门。”“我们的共同任务是使自主科研及企业自负责任的经济未来能够获得充分发展。”[①]

尽管强调市场主导、私人部门优先，但瑞士政府不会放任不管，也不会无所作为。联邦宪法规定，促进科研和创新是联邦的一项核心任务。数据显示，2013年瑞士各级政府对教育、科研和创新事务的总投入约为370亿瑞郎，其中：联邦政府投入71亿瑞郎（占19%），各州和市镇投入299亿瑞郎（占81%）[②]。

瑞士研发和创新政策有两大支柱：促进教育，包括职业教育和学术教育；促进科研，重在基础研究，但也重视应用研究。2012年，联邦和州政府对研发的资金支持占全国的25%。联邦为研发活动提供了35.7亿瑞郎，其中23.4亿瑞郎被高校使用，2.9亿瑞郎被其他私人机构使用，1.4亿瑞郎被联邦政府自己使用，6500万瑞郎被提供给私人企业，另有近7.3亿瑞郎被支付给海外，主要用于国际研发促进活动。各州提供18.7亿瑞郎，其中18.3亿瑞郎供给高校，4000万瑞郎用于支持私人企业[③]。

---

① Swiss Confederation State Secretariat for Education，Research and Innovation（SERI）. Research And Innovation In Switzerland 2016 [R]. Bern：The Federal Authorities of the Swiss Confederation，2016.

② Swiss Confederation State Secretariat for Education，Research and Innovation（SERI）. Research And Innovation In Switzerland 2016 [R]. Bern：The Federal Authorities of the Swiss Confederation，2016.

③ Swiss Confederation State Secretariat for Education，Research and Innovation（SERI）. Research And Innovation In Switzerland 2016 [R]. Bern：The Federal Authorities of the Swiss Confederation，2016.

在研发和创新领域，联邦政府的政策及促进措施，由联邦委员会依经济部申请制定，并向联邦议会提交通过。如图 2.9 所示。联邦层面的创新主管部门是联邦经济、教育与科研部（EAER），诸如能源研究等少数问题归属其他部委；牵头部门是联邦教育、科研和创新秘书处（SERI），负责普通教育、职业教育、UAS、高等教育、科研和创新促进及航天事务，主要通过加强教育培训和机构建设培养各层次人才，提升本地科研区位的吸引力；SERI 对瑞士国家科学基金会（SNSF）和瑞士艺术与科学院提供业务指导。在 EAER 的治理框架下，直接或间接参与创新事务的，还有联邦技术与创新委员会（CTI）、联邦经济国务秘书处（SECO）、联邦理工大学及研究所联合体董事会及联邦理工大学及研究所联合体（ETH Domain）。此外，瑞士科学创新委员会（SSIC）作为咨询机构，就联邦层面的重要创新促进问题提供决策咨询，并负责对政府措施和促进机构活动进行评估。

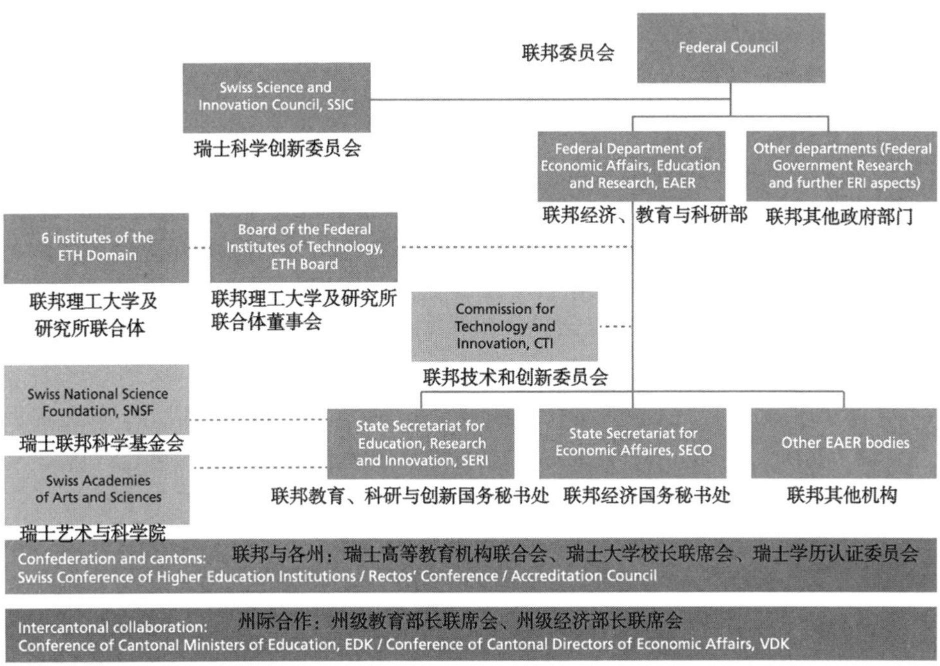

图 2.9　瑞士联邦政府创新管理部门

（来源：*Research And Innovation In Switzerland* 2016①）

① Swiss Confederation State Secretariat for Education，Research and Innovation（SERI）. Research And Innovation In Switzerland 2016 [R]. Bern：The Federal Authorities of the Swiss Confederation，2016.

基于“从属原则”，联邦宪法没有明确授权联邦的事务由各州负责，包括支持和监管10所州立大学、9所UAS中的7所，以及14所师范大学。各州自主设立创新或经济促进部门，主要是招商引资，建设集群或网络，减免税费，增强区位吸引力。各州、各市镇之间存在竞争，加强联邦层面的协调非常重要。卢塞恩、圣加仑、伯尔尼等州立银行也以支持初创企业的方式推进地区创新。在教育领域，各州教育部长联席会和经济部长联席会发挥着重要作用，而瑞士高等教育机构联合会、瑞士大学校长联席会议和瑞士学历认证委员会则由联邦和州共同参与，旨在保障瑞士高校的质量和竞争力。

各市镇对创新的贡献主要是开展教育活动和基础设施建设，为企业和科技园区落户创造条件。

2. 主要任务

1）打造高效而完善的框架和支撑条件

瑞士社会制度中固有的开放、自由精神离不开政治体系的维系。联邦和各州为创新参与者创造了一系列有利条件，包括：打造一流高校、推行“双轨制”职业教育制度、促进和支持科研机构、开放劳动力市场、建设现代基础设施、推行合理税收、保障安全和优质的生活质量等，使瑞士成为开展科技研发的理想之地。

国家政策引导得当，则高质量人才越多。而人力资源发达的瑞士，在巩固本土人才和吸引海外人才方面做到了合理平衡。由IMD发布的《全球人才资源排行榜报告》（*IMD World Talent Ranking*）[①] 显示，在2016—2021年连续6年的世界排名中，瑞士始终保持在全球排行榜的第1位。

《2021年度全球人才资源排行报告》从资源投入和发展、吸引力、成熟度三个方面，基于31个指标对64个国家进行对比分析，瑞士综合排名位列第一[②]，其中：在资源投入和发展、吸引力方面均位列全球第一，在成熟度方面位列第三。瑞士对海外人才充满着吸引力，这得益于公共支出对教育的大力投入、完备的学徒制教育体系、重视员工的职业培训以及发达的公共卫生体系。报告显示，瑞士全年在教育上投入的公共开支占GDP的5.4%。在单项指标中，我们着重观察瑞士位列前五的几个指标，其中：瑞士在每个学生上的教育投入位列第二；学徒制下的职业劳动力供给能力位列第一；员工职业培训重视程度位列

① 从2014年开始，IMD连续对外发布全球人才资源排行报告。报告致力于评估全球63个经济体在促进人才方面的举措效果（如资源投入、培育机制等），在巩固现有人才队伍的同时吸纳国际人才的能力，以及各经济体人才的技能和竞争力。

② 2021年，瑞士与其他国家之间的差距再次显现。瑞士以100分的满分居于排行榜第一，第二名瑞典得到90.611分，排名第三的卢森堡得到88.344分。

第四；公共健康体系成熟和发达程度位居第一；员工工作积极性位居第四；人才流动性位居第二；生活质量位居第二；商业环境对外国人才的吸引力位居第一；服务业报酬水平位居第一；管理人才报酬水平位居第一；金融水平位居第二；国际化程度/经验位居第一；高级管理人才供给水平位居第五；小学、中学教育质量位居第二；大学教育质量对创新型经济的贡献位居第一；管理教育对商业的促进程度位居第一；语言能力对企业发展的贡献度位居第四[①]。

2）通过立法明确创新主体之间的关系

瑞士联邦宪法规定："科学教学和研究的自由必须得到保障。"《联邦研究与创新促进法》（FIFG）对联邦的科技创新活动提供了框架性规定，包括：联邦研发促进方面的任务和组织；促进机构的任务、程序和职能；国际科研合作；政府研究的规划、协调和质量监督；建设瑞士国家创新园等。

《高校促进和协调法》（HFKG）规定，由联邦和州合作保障高校质量和竞争力。该法还对高校资金来源、成本密集领域的分工和联邦基础资金保障作了规定。此外，相关高等教育的法律法规对联邦理工大学及研究所联合体（ETH Domain）——2 所联邦理工大学和 4 家联邦研究所的任务和组织进行了规定。《联邦职业教育法》也制定了有关规定，旨在提升就业者的素质和企业竞争力。

各州层面还有关于州立大学、高等专科学校、职业教育的立法。多数州均有经济促进法或区位促进法。伯尔尼州等少数州正在酝酿出台专门的创新促进法。

3）支持高校和公共创新促进机构

瑞士政府对企业创新的支持主要是间接的，其直接支持的主要对象是高校和公共创新促进机构。2012 年，瑞士高校开展研发活动花费 52.1 亿瑞郎，占全国的 28%。其中，超过 80%的资金来自政府部门，约 10%来自瑞士企业。

联邦政府通过瑞士国家科学基金会和联邦技术与创新委员会开展创新促进工作。各州则具体支持创业的平台网络建设，开展多州合作。多数受访企业认为，公共创新促进机构发挥了重要作用，超过 2/3 的企业与公共创新促进机构有联系。

4）开展国际合作

得益于 2004 年签署的第一批双边协议，瑞士作为联系国参与欧盟研究框架项目和教育项目，包括 2014 至 2020 年的欧盟研究框架项目"愿景 2020"和教育、职教和青年项目"Erasmus+"。"愿景 2020"提供了 800 亿欧元的科研和创新资金，涉及医药、信息通信、社会科学、环境、饮食、交通、航天等领域，

---

① IMD World Competitiveness Center. IMD World Talent Ranking 2021［R］. Lausanne：IMD World Competitiveness Center，2021.

重点是支持科研精英、增强欧盟经济界的创新能力、增加中小企业的风险融资和创新活动①。

联邦政府还积极推动瑞士加入多边研究项目，主要面向受限于国家规模而不适合独自开展研究的领域，包括：天文、高能或分子物理、材料科学或核聚变。欧洲空间局（ESA）、欧洲核子研究中心（CERN）等研究所提供相应支持。

此外，联邦政府通过双边项目支持与欧洲以外的国家开展研发促进合作，现有伙伴包括中国、印度、俄罗斯、南非、日本、韩国和巴西。联邦教育、科研和创新国务秘书处在境外使领馆建立外部网络，包括设立了5家科技文化中心（Swissnex），主要是支持瑞士科技企业、高校和研究机构的国际化。其中一家设立在上海。

（二）企业

瑞士创新体系中非常重要的一个主体是企业，其在研发和创新方面的投入占联邦总投入的2/3，如图2.10所示。

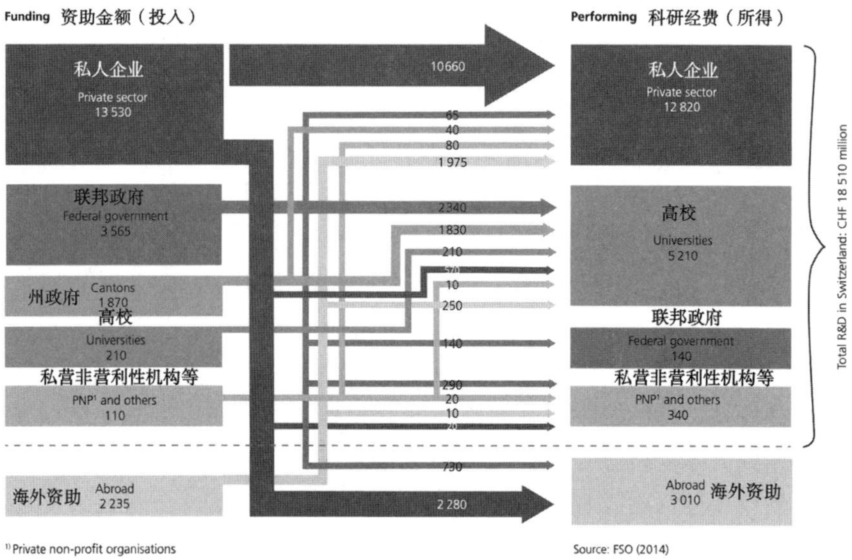

图 2.10　瑞士创新体系中各相关主体的研发投入结构图

（来源：*Research And Innovation In Switzerland* 2016②）

---

① 在2014年瑞士全民公投通过了“限制大规模移民”的议题后，瑞士从平等权利的联系国地位，降至部分联系国（参与“愿景2020”项目）和第三国（参与“Erasmus+”项目）地位，瑞士联邦政府正在努力恢复其完整地位。

② Swiss Confederation State Secretariat for Education，Research and Innovation (SERI). Research And Innovation In Switzerland 2016 [R]. Bern：The Federal Authorities of the Swiss Confederation，2016.

2012 年，企业研发投入 135.3 亿瑞郎，占瑞士国内生产总值 2.2%，其中 112.5 亿瑞郎用于本地研发，22.8 亿瑞郎用于海外研发。医药化工业创新投入最多，占 34%，其次是机电产业和食品加工业。企业自筹研发资金比重为 79%，其余资金来自政府、高校和其他私人机构。此外，瑞士企业境外分支机构的研发投入达 150 亿瑞郎，甚至高于本土研发投入。外籍雇员占私人企业在瑞士研发人员的 40%，医药化工业更是达到 47%。

瑞士产品参与国际竞争，在数量上不占优势。由于生产成本很高，产量不可能做到很大，必须依靠创新提高产品附加值来参与国际竞争，这是瑞士企业成功的关键。在创新过程中，企业又反哺或带动其他企业、学校、职业培训机构乃至整个劳动力市场。

瑞士企业的道德水准和职业水准很高。在企业看来，高素质的员工是最宝贵的资源之一。员工绝大多数受过良好教育以及技能培训。企业主和雇员之间关系良好，劳资矛盾比较少，企业内部没有太多摩擦，可以专心经营。

瑞士企业的另一个优势，还在于其多元化的发展“基因”。尽管瑞士是一个小国，但移民很多。在如今瑞士 800 多万人口中，来自欧美以及世界各地的外籍人口大约占了 1/4，这使得瑞士企业天生就具有多元化发展的人力资源，企业文化的多元性也很强。因此，瑞士企业能容纳世界各地人才，创造更多价值。

瑞士企业的跨境并购情况比较频繁，并购整合的成功率也很高，这得益于企业多元化的生存和发展能力。例如：法国拉法基集团、瑞士豪瑞集团曾是全球最大的两家跨国水泥企业，2014 年，两大集团成功合并。

此外，优越的地理位置——身处欧洲心脏，奠定了瑞士作为国际商贸中心、商贸运输中枢的地位。

1. 大企业

大企业在瑞士国家创新体系中扮演中心角色，维系着高校、中小企业和服务商等多边网络。大企业研发投入比重约 36%，其创新活动创造了大量高质量岗位和培训机会，并通过与高校和本地企业合作、带动国际技术转移、引进外来知识等强化本地科研网络，帮助瑞士经济发展。

瑞士的研发区位也吸引了大量外国跨国企业落户。将瑞士选作海外研发中心的外国企业数量排名仅次于美国和德国。

2013 年，全球研发投入高于 10 亿瑞郎的瑞士企业有：诺华（88.1 亿）、罗氏（86.9 亿）、雀巢（16.8 亿）、ABB（13.7 亿）、先正达（12.2 亿）5 家，诺华和罗氏分别位列全球第五和第六大创新企业。

圣加仑的高端纺织业有着悠久的历史。瑞士媒体 Swissinfo 曾对瑞士著名的服装原料生产集团 Forster Rohner 进行了专门报道，笔者根据这篇报道整理如下。

案例：圣加仑高端纺织业

Forster Rohner 集团为知名时装和内衣品牌提供刺绣品[①]。成立于1904年的家族集团 Forster Rohner，是为高级时装、成衣和内衣行业提供专门定制刺绣品的全球主要供应商之一。该集团总部位于圣加仑，包括 Jakob Schlaepfer 股份有限公司和 Inter-Spitzen 股份有限公司，在瑞士和海外（中国、波斯尼亚和罗马尼亚）拥有约850名员工。[②]

在创新方面，集团认为员工的能力是决定性因素，其在圣加仑地区积累了几代人的专业知识，并有能力在诸多领域进行创新，特别是在工艺、材料和电子技术层面。不仅如此，在集团位于圣加仑的试验工厂还可以快速测试创新产品在生产层面的可行性。此外，集团还同苏黎世联邦理工大学、瑞士联邦材料科学和技术研究所（EMPA）以及多所瑞士高校开展合作。

集团认为，创新应该体现在产品的“可持续性”上。在塑造产品的“可持续性”方面，集团认为应落到实处，而不应停留在营销噱头上。事实上，集团的三个基本价值理念（保护环境、关注社会影响和重视经济附加值）就体现着“可持续性”的发展理念。集团相信，顾客通常愿意为绿色产品支付更高的价格，这是创新产品未来发展的趋势。具体而言，集团实施了一系列促进可持续发展的举措，包括：基于微生物的织物印染创新工艺、使用虚拟样品以及加大对原材料的回收力度，等等。

在高端纺织业领域，集团目前处于欧洲领先地位，重点在欧洲、亚洲和北美市场推广集团的新技术纺织品，顾客几乎遍布世界各地。目前，集团是该领域唯一一家仍在瑞士保留实际生产活动的公司，主要覆盖超高端的产品。其在圣加仑的生产活动中发挥着重要作用。针对那些在瑞士开发的高度复杂的新产品，集团能够对其可制造性进行快速测试。除集团管理之外，在瑞士一直保留的职能还有产品设计，这也是 Forster Rohner 集团打造“瑞士制造”品牌的主要卖点之一。此外，集团还努力将大部分销售职能保留在瑞士，并持续打造一支高度国际化的团队。尽管享受到了营商优惠，但集团管理层仍然保持清

---

① 该集团为香奈儿（Chanel）、迪奥（Dior）、Calida 等诸多知名品牌提供纺织品。

② 集团两位主要负责人之一的卡罗琳·福斯特（Caroline Forster）毕业于圣加仑大学经济学专业，2005年加入家族企业 Forster Rohner。2016年以来，她与其兄埃马纽埃尔·福斯特（Emanuel Forster）共同领导该集团。卡罗琳·福斯特还直接负责集团的两个事业部，分别为 Inter-Spitzen 股份有限公司和 Forster Rohner 织物创新部门。此外，这位圣加仑大学校友还是瑞士经济委员会的成员，在委员会她代表的是瑞士纺织和服装的行会——瑞士纺织工业协会（Swiss Textiles Association）。

醒与谨慎，更加注重企业自身的社会责任感。政府避免过度监管，有利于形成瑞士传统营商环境的优势，帮助企业更好发展。

2. 中小企业

中小企业通常指规模不超过250人的企业。

瑞士中小企业的创新能力高于欧洲国家平均水平。调查显示，45%的中小企业在近三年开展过产品或程序创新，与德国大致相当。首先是营销和组织创新，其次是生产和程序创新。瑞士中小企业投入尽管比重较低，但回报较高，说明其创新效率更高。

与大企业相比，中小企业将创新应用于市场较少，其研发投入占经济部门的28%，低于大企业的72%。研发主要投入在产品研发、制造、设计等方面，研究本身的投入一般不高。据调查，中小企业创新的主要困难包括融资成本高、自有资本不足和知识转化渠道较少。此外，许多家族企业希望保持独立，因此尽量减少外部融资。

大企业与中小企业之间密切合作的结构是瑞士的特色和优势之一。中小企业的研发贡献，得益于本地科技成果转化和科技链接网络的多样性和高密度，以及地方创新促进政策的框架。中小企业最主要的信息来源（经营、研发、销售等）与合作伙伴，是客户和供应商。中小企业在为大企业提供高质量部件的同时，将自己的研发活动整合到大企业价值链，进而占领市场。中小企业也相互合作，但相比于大企业，较少与高校和科研机构合作。

瑞士的中小企业以科技和创新驰名海外。“瑞士制造”代表着消费者信赖的卓越品质，创新成为瑞士这个国家、企业甚至每个人的精神内核。

瑞士媒体Swissinfo曾对卡里·沃迪莱恩的手表作坊进行了专门报道，笔者根据这篇报道整理如下。

案例：卡里·沃迪莱恩（Kari Voutilainen）的手表作坊

沃迪莱恩是一位来自芬兰的手表设计师和制表师，近两年他在纳沙泰尔州开设了一家新的工厂①。在沃迪莱恩的工厂里，每年只生产60～70块手表，所有的精力都投入到工艺和创造中。与大多数钟表品牌不同，这个企业的营销和传播部门只占公司财政资源的一小部分，这些工作都由沃迪莱恩一人负责。他不仅接待客户，负责销售，还亲自参加展会。不同于其他豪华手表品牌，其销售人员往往衣着讲究，

① 沃迪莱恩曾在日内瓦钟表大赛上获得过至少8个奖项，日内瓦钟表大赛的奖项是业内最负盛名的奖项。他设计的手表被全世界富裕的收藏家以天价买走，尤其受到美国人的喜爱。沃迪莱恩制作的手表“基本款”最低价格高达7.5万瑞郎（税前），而且还需排队订购。

比较注重职业化的沟通。在与顾客面对面沟通过程中，沃迪莱恩更加突出个性化，而这种具有个人风格的直接接触具有很大优势。例如：他曾在自己的工厂接待了一位来自新加坡的客户。他们的深入交谈以及工厂周边的宁静和魅力，给新加坡客人留下了深刻印象。在沃迪莱恩看来，他的手表工厂："出售的是一个独特的故事、一次邂逅和一段持久的记忆。"这就是沃迪莱恩的优势。

（三）教育和科研部门

企业拥有强劲创新力的重要驱动因素，在于公共资金资助的科研机构及大学、医院进行高度的市场化活动。本书将在第三章对瑞士的教育体系作更加详细的讨论，在此仅对瑞士的教育体系做简要概述。

1. 综合性大学

应用研究和试验开发的主体是企业，基础研究的主要承担者则是综合性大学。联邦理工大学——苏黎世联邦理工大学和洛桑联邦理工大学，是瑞士最重要的将知识转化为技术和经济效益的引擎，从事领域涉及生命科学、纳米技术、信息通信等各类高新技术产业，也是瑞士仅有的教授工程学的综合性大学。

联邦理工大学每年能够孵化35～45家高新技术领域的初创企业，这些企业的寿命远高于瑞士企业的平均水平（约5年）。10所州立大学的学科设置各有不同，但基础研究都是它们的核心任务，构成了高质量教学和知识转移的基础。

瑞士媒体Swissinfo曾对苏黎世联邦理工大学生命起源与传播中心进行了专门报道，笔者根据这篇报道整理如下。

案例：苏黎世联邦理工大学生命起源与传播中心

诺贝尔奖得主、瑞士物理学家迪迪埃·奎洛兹（Didier Queloz）[①]与瑞士籍德裔天体物理学家Sascha Quanz[②]于2022年在苏黎世联邦理

---

① Didier Queloz，1966年出生于瑞士，1995年与其读博士学位时的导师Michel Mayor一同发现了第一颗围绕类似太阳的恒星运转的系外行星：飞马座51b。该发现是20世纪天文学领域内最重要的发现之一，开启了新的研究领域，让我们能理解人类在宇宙中的位置，极大提升了发现外星生命的可能性。因为这个发现，2019年Queloz与其导师共同获得诺贝尔物理学奖。Queloz曾在日内瓦大学和剑桥大学的天文学系任教。2021年，他赴任ETHZ，负责建立新的科研中心与该中心的领导工作。

② Sascha Quanz，这名1979年在德国出生的天文物理学家，在海德堡马克斯·普朗克天文学研究所完成了他的博士论文。Quanz拥有瑞士国籍。他自2009年起开始在苏黎世联邦理工大学工作，并于2019年升任粒子与天文物理学系外行星及宜居度研究领域副教授。他的研究团队致力于为主要的地面和空间观测站，开发用来研究太阳系外行星的物理和化学特质及其形成过程的仪器。

工大学（ETHZ）新成立了一个科研中心——生命起源与传播中心，研究生命起源。2022 年 6 月，该中心与英国剑桥大学正式开展合作。跨学科研究将是这个科研中心的主要任务，科研中心将从直接关联最明显的学科开始研究，如化学、生物、地理、天体学、环境系统等。

奎洛兹预计，生命会以某种方式影响某颗行星上的化学物质，但挑战在于如何去识别。或许，通过探索研究可以发现某种我们目前无法解释的特征，他将此特征命名为“另一种生命形式”。奎洛兹认为，新科研中心对于瑞士在相应研究领域的学术地位非常重要。他在采访中表示，在研究质量方面，瑞士的排名很高，因此人们会期望瑞士能涉足尖端课题，生命起源就是其中之一。而且瑞士的大学水平、财政状况以及研究质量都是独一无二的。在瑞士，研究这些课题将能从世界各地吸引人才。他相信这项研究能激发社会灵感，提升社会的活力。

2. 应用科学大学

目前，瑞士共有 9 所应用科学类大学（UAS，有些文献亦称为“高等专科学校”），是 20 世纪 90 年代后期为了实现改善高等教育领域人才培养和支持中小企业创新活动这两大目标而创立的，因为中小企业研发能力往往不足而需要合作伙伴。据估计，UAS 占据了超过全国一半的本科毕业生和约 10%的高校研发的创新活动，以及瑞士经济界 2/3 的工程师。

UAS 与企业合作密切，签署了数量巨大的合作协议。UAS 与综合性大学合作最成功的领域是工程学，它们的分工一般是综合性大学负责基础研究，UAS 负责研发创新。在经济、社会科学、健康和艺术方面，UAS 经验较少。

本书将在第三章对 UAS、综合性大学以及职业教育作更加详细的介绍和分析。

3. 职业学校

职业教育也被誉为瑞士制造业的“发动机”。和德国一样，瑞士职业教育对瑞士制造业的发展功不可没，瑞士企业以承担职业教育为荣。瑞士有 30%的企业提供职业教育培训。瑞士职业技术较高的教育水平也得益于瑞士具有竞争力的职业薪酬。在瑞士，普通收银员的月薪会超过 2 万元人民币。

创新力和竞争力的保持，有赖于合格劳动力的充足供给。职业教育推动创新成果与市场接轨。瑞士的职业教育分布在中等教育和高等教育两个阶段，每年毕业生人数分别为约 6.5 万人和 2.5 万人。约 2/3 的青年在中等教育阶段选择职业教育。瑞士的职业教育具有很强的流通性，与就业市场联系紧密并互相影响，确保了较好的就业机会。

“双轨式”(dual-track)职业教育模式紧密地结合劳动力市场。职业教育培训项目和大学应用课程致力于培养应用型人才和创新型管理者，以适应当地经济的创新需求。不同类型的大学因材施教。

参与职业教育的企业都是在行业内有一定影响力的企业，这些企业不但能获得税收减免和补助，还能获得廉价劳动力，从学徒制培训中获利。因此，企业很乐意与职业学校合作。

2017 年 10 月，在阿布扎比（阿联酋首都）举行了世界职业技能大赛。瑞士只派出 38 名参赛选手，却获得 20 枚奖牌，其中包括 11 枚金牌。在这次职业大赛中，瑞士获得团体第二名。

4. 科研机构

除上述三类教育机构之外，瑞士还有世界顶尖的科研机构。如欧洲核子研究中心（CERN）。

CERN 成立于 1954 年，是世界上最大的研究中心（图 2.11），也是万维网的发源地。整个机构位于瑞士日内瓦西部与法国接壤的边境。在 CERN 地下超过 100 米（328 英尺）的地方有一个粒子加速器，这是一种高能物理学研究必需的工具。粒子加速器和其他基础设施，可共同用来模拟宇宙大爆炸后几分之一秒内发生的情况。来自世界各地的物理学家前往 CERN 研究物质，探索形成宇宙的基本力和材料。CERN 为全球科学家提供高能物理学研究创造了必要条件，使他们能够在那里研究物质如何构成和物质之间的作用力。许多国际合作的实验都在这里进行。CERN 还同时设立了资料处理能力很强的大型计算机中心，并形成一个庞大网络中枢，协助实验数据的分析，供其他地方的研究员使用。CERN 聘用了大约 3000 名全职研究人员，并有来自 80 个不同国家的大约 6500 位科学家和工程师代表 500 余所大学机构在此进行实验——这些科学家和工程师大约占到全球粒子物理学圈子人数的一半。

（四）公共创新促进机构

创新活动对企业之间及企业与高校之间的合作不断提出越来越高的要求。为适应这种趋势，近年来，瑞士不断出现各类创新促进机构，以推动在研发过程、知识和技术转移等各个环节的合作。

据统计，瑞士有 19 个国家层面、14 个区域层面和 93 个州层面的机构，从事促进创新有关工作，主要涉及信息咨询、网络搭建、科研基础设施建设、融资支持等[①]。

① Swiss Confederation State Secretariat for Education, Research and Innovation (SERI). Research And Innovation In Switzerland 2016 [R]. Bern: The Federal Authorities of the Swiss Confederation, 2016.

图 2.11　欧洲核子研究中心外观

（来源：CERN 官网）

与其他欧洲国家不同，瑞士公共创新促进机构体制精干，强调“自下而上”原则，经费主要来自联邦而非各州。

联邦层面有 3 个非常重要的公共创新促进机构，分别是瑞士国家科学基金会（SNSF）、联邦技术与创新委员会（CTI）以及瑞士艺术与科学院（SAAS）。

SNSF 于 1952 年以私立基金会形式成立，与教育、科研和创新国务秘书处保持长期合作关系，业务范围涵盖几乎所有科学领域。SNSF 主要支持基础研究，包括应用导向的基础研究，但不参与应用研究。具体工作包括：科研项目促进（对研究者开放）；支持国家研究项目（NFP）和纳米技术、生命科学、机器人、气候等国家科研重点（NFS）；培养科研后进者，每年通过项目形式支持约 4500 名博士生和 2500 名博士后。

CTI 是联邦政府对科技创新的促进机构，CTI 隶属联邦经济部并接受其指导，与教育、科研和创新国务秘书处保持长期合作关系，支持公共研发和经济界之间的知识和技术转移。CTI 的业务核心是项目促进①。CTI 仅资助公共部门，原则上不向企业直接付款。因此，执行伙伴必须至少承担项目费用的一半及现金融资的 10%。此外，CTI 还支持高新技术企业，例如在初创企业项目框架下每年指导和培训 65～75 家企业。2018 年，根据瑞士公法，CTI 改革调整为瑞士创新促进署（Innosuisse）。Innosuisse 隶属联邦政府机构，具有独立法人资格，其作用是在瑞士工业及社会领域促进科学创新，并提高瑞士中小企业的竞争力。

---

① 项目审核的标准包括具有创新性、对经济和社会的有用性、不得不依靠外部支持等，并要求每个项目均有高校或非营利性研究机构及负责产出的执行伙伴参与。

SAAS由瑞士自然科学院、瑞士思想和社会科学院、瑞士医学科学院和瑞士技术科学院等组成，主要是推动学界和社会对话并提供咨询。联邦政府每年还拨款3000万瑞郎支持瑞士科学院联盟。

瑞士还有一类非常重要的创新促进机构是地区公共创新促进机构。以大苏黎世地区为例，瑞士联邦大苏黎世区经济促进署（GZA），是瑞士大苏黎世地区的政府官方投资促进机构，建立在强大的政府公共机构和私营企业合作的基础上。成立后的20年里，GZA吸引了诸多具有国际前瞻性的公司，为大苏黎世区和瑞士带来了创新优势、就业和税收收入等附加价值。大苏黎世区以汇聚的科技实力，且位于欧洲最稳定的环境中而闻名。作为全球创新和人才吸引的领导者，大苏黎世区拥有瑞士友好、稳定和可靠的商业环境，为跨国公司的战略扩张提供了真正的附加值。从地域角度来看，大苏黎世区由瑞士的德语区和意大利语区的9个州（联邦州）组成。每一个州都为整个经济区贡献了特定的技术能力。

各类基金会和社会团体也自发参与创新活动。2013年，瑞士有1.3万家公益基金会，其中约1/5支持高校建设，在许多领域成为促进机构建设和发展的重要补充。瑞士科技转移联合会（swiTT）是瑞士技术转移参与者的协会，会员来自各类科研院所、医院及其他公益机构，为研究机构、企业和政府对话搭建网络，改善瑞士技术转移的环境。

瑞士媒体Swissinfo曾对GESDA进行了专门报道，笔者根据这篇报道整理如下。

案例：日内瓦科学与外交预测基金会（GESDA）

GESDA在2019年由瑞士联邦政府和日内瓦州政府联合创建，旨在通过民间社会和私营部门的投入与支持，在国际社会的决策者和从事科学前沿工作的研究人员之间架起桥梁。

基金会发明了一种工具，用于呈现未来可能出现的重大科学突破，帮助决策者和民间社会做好准备，使未来科技对社会产生积极影响。该数字工具呈现了未来25年内预计将出现的216项科学突破，全球近550名科学家为该项目贡献了自己的力量。

在2021年10月10日举办的日内瓦科学与外交预测基金会首届峰会上，“科学突破雷达”（Science Breakthrough Radar）正式问世。“雷达”显示，25年后的超级量子计算机能够解决历史上根本无法解决的问题，比如模拟化学事件、加速新药的发现，等等。

GESDA希望该“雷达”能够成为促进多边主义的有效工具，鼓励各方将科学议题纳入日内瓦国际组织内外部的会议和谈判中。“雷达”将定期更新，以反映科学的发展演变。

“雷达”的意义在于帮助科学家们解释科学可能引导人类走向何方，从而使决策者能够做出预判并避免科学遭到滥用，这种预测科学发展的工具可以满足政策制定者的需求。

GESDA 正在建立伙伴关系，针对“雷达”发现的问题寻找解决方案。该基金会正在与有奖竞赛的组织者 X 奖基金会（XPRIZE）合作，发起一项旨在促进量子计算发展的竞赛活动。此外这两个组织计划合作推出更多此类竞赛。

“科学突破雷达”还将为一系列计划中的科学外交教育和能力建设项目提供指导框架，这些项目将由 12 家瑞士机构和其他全球机构发起，其中包括日内瓦大学和苏黎世联邦理工大学。

GESDA 希望明年能有更多的民营企业参与进来。这对于开展人工智能研究方面的讨论尤其重要，因为在这些研究中，民营企业而非政府机构占据着主导地位。与此同时，“雷达”能够接收社会各界人士提出的意见和建议等信息，这将为 GESDA 未来的工作提供参考。

由于 GESDA 的试点期将于 2022 年结束。接下来，GESDA 将再度与联邦政府和州政府展开对话，请求政府继续支持其工作。

三、瑞士产业结构

瑞士联邦委员会官网数据显示，瑞士 GDP 的 74%来自第三产业，25%来自工业，1%左右来自农业。瑞士产业结构主要集中在以下几个方面[①]，代表了世界一流水平。

（一）机械制造业

机械制造业是瑞士制造行业中最大的生产部门，也是瑞士经济的主要组成部分。瑞士机械制造业主要由四个部门组成，包括冶金业、机械工程和车辆制造、电子工程及电子工业、机械零部件等。从产业规模看，机械制造业总产值占瑞士国内生产总值 10%左右，而其增加值却占工业增加值 50%以上。从出口规模来看，机械制造业出口额占瑞士总出口的 40%，主要出口产品包括医疗仪器和设备、机床、机械计量、印刷机械、电力设备、模具以及涡轮和动力设备、航空航天产品等[②]。从研发投入来看，机械制造业研发支出占瑞士联邦研发总支出的 1/3，是仅次于化学制药行业的第二大研发密集型产业。从企业规模来看，

---

① 范鹏辉．瑞士产业发展模式的经验与借鉴［J］．中国经贸导刊，2015（4）：49-51.

② 欧盟是瑞士机械制造产品主要出口市场，每年有 60%的产品流入欧盟，其次是亚洲和北美。

瑞士机械制造业既有闻名遐迩的大公司，也有为数众多的中小企业，如迅达公司的电梯、苏拉和立达公司的纺织机械、法因图尔公司的万用冲床、阿奇夏米尔公司的电火花机床以及布勒公司的食品加工设备等，都是国际同类产品中的精品，被世界众多专业厂商和客户广泛采购。在电力设备和自动化技术领域，ABB集团[①]是当之无愧的巨头，生产的机器人名列全球四强，变压器可与阿尔斯通、西门子等相抗衡。

机床在工业体系中占据着非常关键的位置，是一个国家装备制造的根本，被誉为“制造之母”。作为一种加工设备，关系着制造业的方方面面。当前，制造业产品的零件，大都需要机床来进行加工。没有机床，或者机床技术水平低，则各种装备的零件就造不好，甚至造不出来。

瑞士机床由于其精密度极高，享誉全球。著名的斯达拉格（Starrag）机床，被誉为是制造高精度机床的全球技术领导者。其产品主要用于对金属、复合材料及陶瓷材料工件进行铣削、车削、镗削和磨削加工。主要客户为航空航天、能源、运输和工业领域从事国际业务活动的公司。除了机床系列，斯达拉格集团还提供集成的技术和维护服务，显著提高了客户生产率。产品作为斯达拉格的品牌来进行销售。斯达拉格集团总部位于瑞士罗尔沙赫，并在瑞士、德国、法国、英国和印度设有生产基地，同时在许多其他国家建立了销售和服务子公司。

威立铭（Willemin）机床，是全球高端表芯加工的设备首选。威立铭-马科黛尔公司（Willemin-Macodel SA）位于瑞士 Delemont 市，是一家成立于 1974 年，早期定位于钟表行业加工设备的小公司。经过 40 多年的发展，公司员工由早期的 3 人发展到 300 多人（瑞士有 200 人左右），且在俄罗斯、中国、美国、印度等国以及欧盟多个国家设有销售中心。其主打产品包括精密五轴加工中心、车/铣复合加工中心和并联机床。产品应用于钟表、医疗、航空航天、珠宝、模具和微型精密仪器的零部件加工。

瑞士的钟表产业之所以能长盛不衰，其实靠的就是瑞士机床产业的支撑作用，这是由于钟表内部那些具备高精密度的零部件，尤其是表芯，都需要依靠

① ABB集团是名列世界500强的工业巨头，集团总部位于瑞士苏黎世。ABB在1988年由两个创办历史达100多年的国际性企业：瑞典的阿西亚公司（ASEA）和瑞士的布朗勃法瑞公司（Brown Boveri）合并而成，两公司分别成立于1883年和1891年。ABB发明、制造了众多产品和技术，其中包括全球第一套三相输电系统、世界上第一台自冷式变压器、高压直流输电技术和第一台电动工业机器人，并率先将它们投入商业应用。ABB拥有广泛的产品线，包括全系列电力变压器和配电变压器，高、中、低压开关柜产品，交流和直流输配电系统，电力自动化系统，各种测量设备和传感器，实时控制和优化系统，机器人软硬件和仿真系统，高效节能的电机和传动系统，电能质量、转换和同步系统，保护电力系统安全的熔断和开关设备。这些产品已广泛应用于工业、商业、电力和公用事业中。

瑞士机床超强的性能才能制造出来。瑞士能够把机床做到全球顶尖水平，也反映出其制造业水平达到了全球顶尖。

（二）化工医药业

瑞士是一个医药生产大国，很多化工医药产品居世界领先地位，主要包括：医药和诊断技术、精细化工产品、香精香料、植保产品、兽药、工业用特种化工产品、染料和涂料等。

从产业规模来看，化工医药业是仅次于机械制造业的第二大支柱产业。2020 年，化工医药业占瑞士 GDP 的 6.3%。在化工医药品出口方面，瑞士是表现最好的国家。每年有超过 1160 亿瑞郎的化工医药产品销往国外，几乎占出口总额的 52%。2020 年，该行业在瑞士雇佣了约 7.4 万人，在国际上雇佣了超过 33.8 万人。目前，瑞士约有 1000 家行业运营商，包括两家大型跨国公司①。

从研发投入来看，化工医药行业本土研发支出占总研发支出的 50%左右，是第一大研发密集型产业，企业国际化程度很高，已建立全球研发中心网络，分布在美国、英国、德国、日本等国家。从企业规模来看，中小企业占主要部分，企业通过兼并重组形成了一批跨国公司，如先正达、汽巴、科莱恩等，大大提高了医药企业的专业化程度。从发展方向来看，生命科学和特色化工产品是瑞士化工医药业的主要发展方向，包括作用于有机生命体代谢过程的化工品，如医药、维他命、精细化工品、诊断药品和植保产品等。在化工医药行业工作的所有员工中，有近一半受雇于中小型企业。瑞士在化工医药领域的约 1000 家行业运营商主要位于巴塞尔、苏黎世、楚格和日内瓦湖地区②。

在全球制药行业，瑞士是当之无愧的制药强国。全球排名前三的医药巨头有两家都来自瑞士，分别是诺华公司和罗氏公司。在 2021 年《美国制药经理人杂志》（*Pharm Exec*）发布的“全球制药企业五十强榜单”里面，罗氏公司和诺华公司分别占据了前两席。罗氏研制的“奥司他韦”，在近几年内被认为是唯一一种对禽流感、甲流等严重疫情有显著疗效的药物。在新冠疫情期间，“奥司他韦”一度遭到抢购。再例如：默克雪兰诺（Merck Serono）公司，它曾是欧洲最大的生物技术公司，世界生物科技领域三大巨头之一。此外，瑞士还有许多规模较小，但实力同样不容小觑的高水平医疗企业。

---

① FDFA. Chemical and pharmaceutical industry [EB/OL].（2022-03-01） [2023-10-01]. https://www.eda.admin.ch/aboutswitzerland/en/home/wirtschaft/taetigkeitsgebiete/chemie-und-pharma.html.

② FDFA. Chemical and pharmaceutical industry [EB/OL].（2022-03-01） [2023-10-01]. https://www.eda.admin.ch/aboutswitzerland/en/home/wirtschaft/taetigkeitsgebiete/chemie-und-pharma.html.

（三）钟表制造业

钟表制造业是瑞士的传统产业，其稳定的质量和可靠的性能在世界范围享有盛誉。1926 年，劳力士创制了首款防水防尘的腕表——“Oyster”蚝式腕表（图 2.12），这款腕表具有密闭表壳，为机芯提供可靠保护，引领了 20 世纪制表技术，成为现代手表工业的一个标杆式产品。

图 2.12　1926 年劳力士创制全球首款防水防尘蚝式腕表成为行业标杆产品

（来源：劳力士官网）

当今世界四大钟表集团[①]中，有三家是瑞士企业，分别为斯沃琪（Swatch）、劳力士（Rolex）和历峰集团（Richemont）[②]。从出口规模来看，钟表制造业是继机械制造、化工医药之后瑞士的第三大出口工业，是世界第一大钟表出口国。瑞士钟表产量的 95% 以上用于出口（以东亚国家为主），其销售额占全球的 55%，远远领先于欧洲和南美、北美市场。

（四）金融业

瑞士经济的高度发达、福利政策高度完善，在很大程度上取决于金融业的发达。瑞士是全球最大的离岸金融中心，其优势主要体现在拥有较严格的保密机制、领先的资产管理业务和高素质的管理人员等诸多方面。得益于其自身发达的金融业，瑞士成为全球失业率、财政赤字最低的国家之一，幸福指数排名世界前列。瑞士金融业的优势领域主要集中在银行业和保险业。从经济效益来看，瑞士金融业为联邦 GDP 创造的价值超过 10%。瑞士金融业集中了 22 万从

① 四大集团及其品牌分别是：斯沃琪集团，旗下品牌有欧米茄、天梭等；历峰集团，旗下品牌有江诗丹顿、卡地亚、万宝龙等；路易威登集团（法国），旗下品牌有迪奥、宇舶等；劳力士集团，旗下品牌有劳力士、帝陀。

② 20 世纪 80 年代后，瑞士钟表业经历结构重组，企业数量由 70 年代的 1600 家变为现在的 600 家，从业人员维持在 4 万人左右。

业人员（联邦总人口近800万人），占到瑞士总从业人口的35%，是瑞士经济最重要的支撑之一[①]。

1. 银行业

从资产规模来看，瑞士的银行业管理着超过3.3万亿瑞郎的资产，其中有一半资产来自其他国家。从市场份额来看，瑞士银行业在全球范围内占有35%的市场份额，超过伦敦、纽约和法兰克福，被公认为是国际资产管理的领导者。瑞士最大的国际银行分别为瑞士联合银行（UBS）和瑞士信贷集团（Credit Suisse）。瑞士银行提供高度专业化的服务。在瑞士的融资投资项目方面，瑞士州立银行、地区性银行等也扮演着重要角色。24家州立银行占据了联邦市场30%的份额。

《瑞士最顶级的四大产业》一文的数据显示，2015年瑞士银行总数为266个，外资控股银行85个，外国银行在瑞士的分支机构26个，其中外资银行就占了瑞士银行总数的41.7%。瑞士是世界上专业管理私人客户和机构投资者资产的中心，占据35%的全球市场份额。

瑞士银行素有享誉世界的高品质服务。全球国际大型金融分析机构给瑞士银行的评分一直是"AAA"级。瑞士银行体系十分发达，银行种类非常齐全，经营业务也十分广泛。瑞士本土银行往往采用最新技术，快捷可靠地处理所有国内和国际市场的金融交易。瑞士银行在国内的银行业务更加集中，其依靠自身实力加大了收购国外银行的力度。

瑞士银行拥有极为严格的保密机制。《瑞士银行法》规定，要求银行对第三者必须完全保密。如有违反，不但要承担相关民事责任，严重的还要受到刑法制裁。严格的保密规定极大地增加了客户信任度[②]。1998年瑞士联邦《反洗钱法》出台，特别规定了银行机构在反洗钱活动中的职责和义务，并且规定其他金融中介机构均有举报义务。这在一定程度上可有效预防和打击洗钱犯罪，更好地维护和提升瑞士金融市场的极高声誉。

瑞士银行业非常重视培养高素质的管理人员，每年都投入大笔资金进行行业培训，并培养了一大批高素质的金融管理人员。瑞士银行业还积极从全球市场招贤纳能，用来弥补瑞士本国市场上人才资源短缺、不足的问题。

---

① Swiss Bankers Association（SBA）and the Swiss Insurance Association（SIA）. Economic Impact of the Swiss Financial Sector [R]. [S. L.]：SBA and SIA，2020.

② 在全球金融危机后，瑞士的银行保密制度与全球性的透明治理显得格格不入，尤其是与欧美国家摩擦不断升级。瑞银集团、瑞士信贷、瑞士宝盛等瑞士全球著名银行都曾与多个国家发生过诉讼纠纷。迫于国际舆论压力，瑞士银行业2009年同意向美国提供一份4450名美国客户的名单，原因是美国政府认为名单中的人涉嫌逃税漏税。

瑞士经济和金融优势还表现在国内低通货膨胀率以及瑞郎发挥的其他重要作用上，特别是在资产管理和发行承保业务方面。

2. 保险业

瑞士的保险公司以其基础牢固、实力雄厚和可靠度高而闻名全球。苏黎世集团、人寿保险公司、丰泰保险公司以及再保险公司等企业在全球范围内均占有重要地位。从保费收入来看，瑞士的保费收入在全球的排名并不靠前，年保费收入大约在2000亿瑞郎，但其保险深度和保险密度在世界范围内排名居前，分别为第三位（13%，全球平均水平为9%）和第一位。从发展特色来看，强厚的再保险实力是瑞士保险业的一大特色，作为一般保险业的坚强后盾，再保险公司使直接保险公司的部分风险得以转移。据统计，瑞士再保险业每年的保费收入占整个保险业的近25%。从对外开放来看，瑞士保险市场对外开放程度相对较高，保险公司在国外的业务非常活跃，保险服务的输出顺差为瑞士的国际收支平衡做出了巨大贡献。从发展方向来看，瑞士保险公司通过联合兼并以及重组等手段，不断扩大保险领域业务范围，逐渐转化为全方位的集银行、保险和投资为一体的综合性金融企业。

（五）旅游业

旅游业是瑞士继工业、金融业之后的第三大支柱产业，也是瑞士第四大出口创汇产业。

从经济贡献来看，瑞士旅游业收益约占国内生产总值的6.2%，在经济发展中占有重要地位。从旅游内涵来看，瑞士旅游业不断拓展内涵，旅游产品日益多样化，包括会展旅游、林业旅游、农业旅游和商务旅游。近年统计数据显示，瑞士旅游业竞争力保持世界领先地位。每年游客数达6500万人次，其中外国游客数逾1300万人次，年均旅游收入近130亿瑞郎，位居世界旅游业强国前十。从社会贡献来看，瑞士拥有旅馆5000多家，从业人员占全国就业总人数的6%以上，即每12个人当中就有1个人从事旅游业。旅游业为瑞士创造了巨大的社会价值和贡献。

（六）农业

瑞士联邦官方数据显示，2015年瑞士农业创造了101亿瑞郎的年收入。这些收入中有一半来自畜牧业，主要以乳制品为主，另一半来自农作物种植。瑞士绝大多数农产品都是销往国内市场的，但某些产品如奶酪和谷物等也有出口。图2.13展示的是瑞士农场。

近年来，瑞士农业在经济结构中的比重大幅下降。1990年，农业占瑞士创造的增加值的2.2%。到2000年，这一数值下降到1.1%。其主要原因是瑞士经济结构的变化导致越来越多的产业转向服务业，以及来自农业生产成本较低国

图 2.13　瑞士农场

（来源：瑞士联邦委员会官网）

家的竞争。从 2005 年到 2015 年，传统农业企业的数量从 6.4 万家下降到 5.3 万家。2015 年，每家企业的平均种植面积为 0.195 平方千米。四分之三的传统农业企业专门从事畜牧生产。2015 年，传统农业从业者约有 16 万人，比 2005 年减少了 14%。[①]

一方面，瑞士农业为联邦带来经济增收；另一方面，由于农业企业和农民占用了联邦约一半的土地面积，有助于保护联邦自然景观。而更为重要的是，2014 年联邦官方数据显示，瑞士农民生产了瑞士人所消费粮食的 55%，维护了瑞士国家粮食安全。

瑞士联邦的农业政策旨在保护瑞士农业。2015 年，联邦政府支出 28 亿瑞郎（约占其预算的 4.2%）用于直接支付，以保障农业和国家食品供应。近年来，瑞士有机农业稳步发展。目前，超过 12.2%的瑞士农场是有机的。有机产品占整个瑞士食品市场的 7.7%。

四、瑞士科技成果转化

科技成果转化（knowledge technology transfer，KTT）将瑞士的创新网络有机联合在一起。KTT 对基础研究和应用研究都起到了积极的促进作用。

---

① FDFA. Agriculture［EB/OL］.（2017-11-27）［2023-10-01］. https://www.eda.admin.ch/aboutswitzerland/en/home/wirtschaft/taetigkeitsgebiete/landwirtschaft.html.

在瑞士，KTT 主要以非正式接触、培训为主。此外，KTT 的形式还包括科研、咨询以及大学的科研设施共享。

有关数据显示，大约有 1/5 的瑞士企业在从事 KTT，而 KTT 与企业规模密切相关。图 2.14 为瑞士各类企业 KTT 所占比例分布情况。在 KTT 形成的伙伴关系网络中，联邦理工大学及研究所联合体（ETH Domain）为主要伙伴，与应用科学大学（UAS）为合作伙伴的比例居其次，与州立大学合作的比例则相对低一些（图 2.15）。

% of firms	2002–2004	2008–2010
Sector		
Industry	25.1	28.0
Construction	10.1	4.3
Services	26.7	24.6
Sub-sector		
High-tech industry	28.3	44.6
Low-tech industry	23.4	16.7
Modern services	27.2	35.2
Traditional services	26.2	10.6
Size		
Small (< 50 employees)	19.4	16.2
Mid-sized (50–249 employees)	33.7	34.7
Large (>= 250 employees)	44.9	57.3
Total	22.2	21.1

High-tech industry: chemistry, plastics, machines, electrical engineering, electronics/instruments, motor vehicles
Modern services: bancassurance, technical and non-technical services for companies
Source: KOF

图 2.14　瑞士各类企业 KTT 所占比例分布情况

（来源：*Research And Innovation In Switzerland* 2016①）

① Swiss Confederation State Secretariat for Education，Research and Innovation (SERI). Research And Innovation In Switzerland 2016 [R]. Bern：The Federal Authorities of the Swiss Confederation，2016.

% of firms	2002–2004	2008–2010
ETH Domain (ETH Zurich, EPFL, PSI, WSL, Empa, Eawag)	57.0	70.0
Cantonal universities	38.0	42.8
Universities of applied sciences	56.0	68.6

图 2.15 瑞士企业与各类大学进行 KTT 合作的比例分布情况

（来源：*Research And Innovation In Switzerland* 2016①）

在瑞士（欧盟国家也不例外），由于私人基金对 KTT 赞助相对较少，大多数情况下，KTT 主要依靠公共拨款的基金资助为主。这样，就导致瑞士的 KTT 以企业与综合性大学合作或与 UAS 合作居多。而瑞士综合性大学和 UAS 的发展，也为 KTT 的高效合作奠定了基础。

瑞士的高端、中高端产品占出口额的 75%，居全球第一位，瑞士工业出口也保持了其产品的全球竞争性，而大量的研发投资让瑞士取得了显著的成就。

瑞士联邦委员会官网数据显示，2017 年瑞士 GDP 的 3.4%投入了研发，高于瑞典（3.34%）、日本（3.21%），德国（3.04%）、美国（2.79%）、法国（2.19%）和中国（2.15%）。在学术著作发表方面，2014—2018 年间瑞士每百万人发表的论文为 7056 篇，为全球之最，排名第二的丹麦为 7043 篇、排名第三位的澳大利亚为 6517 篇。在国际专利申请方面，2017 年瑞士每万人申请专利的数量达 325 个，列全球第三位，高于以色列的 270 个，德国的 235 个、美国的 174 个、法国的 124 个，而排名前两位的国家分别为日本（373 个）和瑞典（374 个）②。从 2007—2011 年的统计数据来看，瑞士的国际专利申请主要集中在机械和电子工程（23.4%）、仪器装备（21.6%）、化工（17.3%）等，而仪器装备和化工的专利申请所占比例高于世界主要发达国家，生物和制药专利申请比例也高于大多数发达国家，这也反映出瑞士在仪器装备、化工、生物和制药等领域的创新优势。在 2010—2012 年间，瑞士有 41%的企业是创新型企业，高于几个主要的欧洲国家，包括德国（36%）、意大利（29%）、法国（24%）和英国（23.5%）。其中，瑞士企业致力于市场创新的占比为 17%，而从事广义创

① Swiss Confederation State Secretariat for Education，Research and Innovation（SERI）. Research And Innovation In Switzerland 2016 [R]. Bern：The Federal Authorities of the Swiss Confederation，2016.

② SERI. Switzerland-The place for education，research and innovation [R/OL]. [2023-10-01]. https：//www.eda.admin.ch/dam/countries/countries-content/south-africa/en/Fact-sheet-Switzerland-Education _ EN.pdf.

新[①]的企业占比则高达77%，远远高于其他几个主要欧洲国家，如德国（56%）、意大利（54%）、法国（51%）、英国（44%）。在研发投入方面，瑞士也领先于其他几个主要欧洲国家，其研发投入占收入比重达到了3.1%，领先于法国（1.6%）、德国（1.4%）、意大利（0.6%）和英国（0.5%）。[②]

五、瑞士创新园

（一）总体情况

为加强本地企业和学界的对接，瑞士联邦政府于2016年1月启动瑞士创新园（Swiss Innovation Park，SIP）建设，致力于打造“瑞士创新”这个品牌，结合各地区优势，完善并强化联邦创新体系。SIP由联邦、州、科技界和私营部门共同运作，兼具公办和私营的属性。瑞士联邦当局认为，学校必须与经济有最佳的联系，以便从优秀的教育和研究机会中产生可销售的产品和服务。瑞士创新园正是这一想法的产物。

瑞士创新园是企业开发未来具突破性或高利润产品的理想地点，它专门为企业提供与国际顶尖高校（包括久负盛名的瑞士联邦理工大学——苏黎世联邦理工大学和洛桑联邦理工大学）开展合作的空间，以便企业利用后者的研究成果，开发适销对路的产品和服务。瑞士创新园的蓬勃发展得益于学术界与工业界的跨学科合作，这不仅为现代营销开辟了新途径，也让瑞士不负全球第一创新国家的美誉。

截至目前，SIP开设了六个主要站点（图2.16），即SIP总站、SIP巴塞尔站、SIP比尔站、SIP洛桑联邦理工大学西站、SIP苏黎世站和SIP东站，其他几个较小站点隶属于以上相关站点。

SIP致力于促进企业、高等教育机构和科研机构之间的研发合作，招募公司和研究小组加入相关科研平台，吸引投资者进行研发投资，进行科技成果转化并为初创企业创造有利条件。根据联邦相关法案，SIP由州、私人部门和高校合作推动，相关州和私人投资者提供建设资金；联邦的参与仅限于为研究机构的基础设施建设提供担保，并为各种场地运营商提供定期贷款，或将具有建筑属性的联邦土地出租给场地运营商。图2.17是瑞士创新园主要功能及其主要的大学和研究机构。

---

① 包括产品创新、过程创新、市场创新和组织创新等。

② Swiss Confederation State Secretariat for Education，Research and Innovation（SERI）. Research And Innovation In Switzerland 2016 [R]. Bern：The Federal Authorities of the Swiss Confederation，2016.

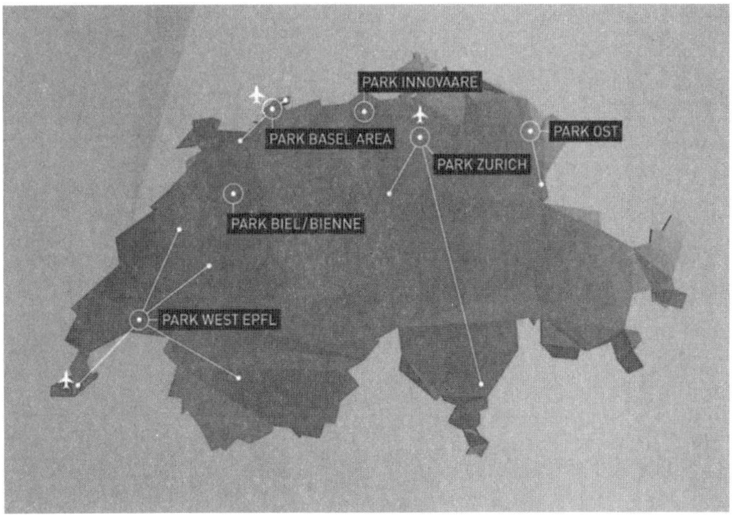

图 2.16　瑞士创新园六大站点分布图

（来源：瑞士创新园官网）

SIP 六个主要站点的成功运行，为“瑞士创新”品牌不断注入新动能。在创造就业机会以及吸引企业和投资方面，均取得明显进展。多年来，随着创新园区硬件条件不断丰富和完善，园区本身对研发者的吸引力不断增加。外界也对其做出积极评价，认为创新园大大增加了瑞士作为研究和创新地点的吸引力。

（二）瑞士创新园西站/洛桑联邦理工大学园区（SIP West EPFL）

SIP West EPFL 位于著名的洛桑联邦理工大学的南侧，由洛桑联邦理工大学携手弗里堡州、日内瓦州、纳沙泰尔州、沃州、瓦莱州五州政府共同打造，旨在吸引、保持和促进创新研究与投资，创造颠覆性产品，以开启全球化创新视野，巩固瑞士西部地区的经济和创新地位。SIP West EPFL 由 345 个实验室和约 1.1 万名在校学生组成，这些构成了其作为瑞士西部创新科学社区的核心。

SIP West EPFL 是一个非营利性机构，既独立于大学运作，又完全拥有进入大学研究实验室和其他设施的权限。它汇集了约 150 家高速发展的初创公司，以及 26 家大型企业，同时提供研究交流的场地、咨询和培训服务。EPFL 创新园区内超过三分之一的企业聚焦于生物技术、生命科学、医疗技术领域，大约还有三分之一在信息技术、电信领域，其余的分布在其他各个不同的行业。

位于 SIP West EPFL 园区的合作伙伴公司是充满活力的 EPFL 校园的一部分，他们为学生和研究者交流思想、知识提供了独特的环境。这种独特优势为瑞士未来创新的成功铺平了道路。SIP West EPFL 的产学研合作依托六个专项基地，它们的科研创新主攻方向各有侧重（图 2.18）。

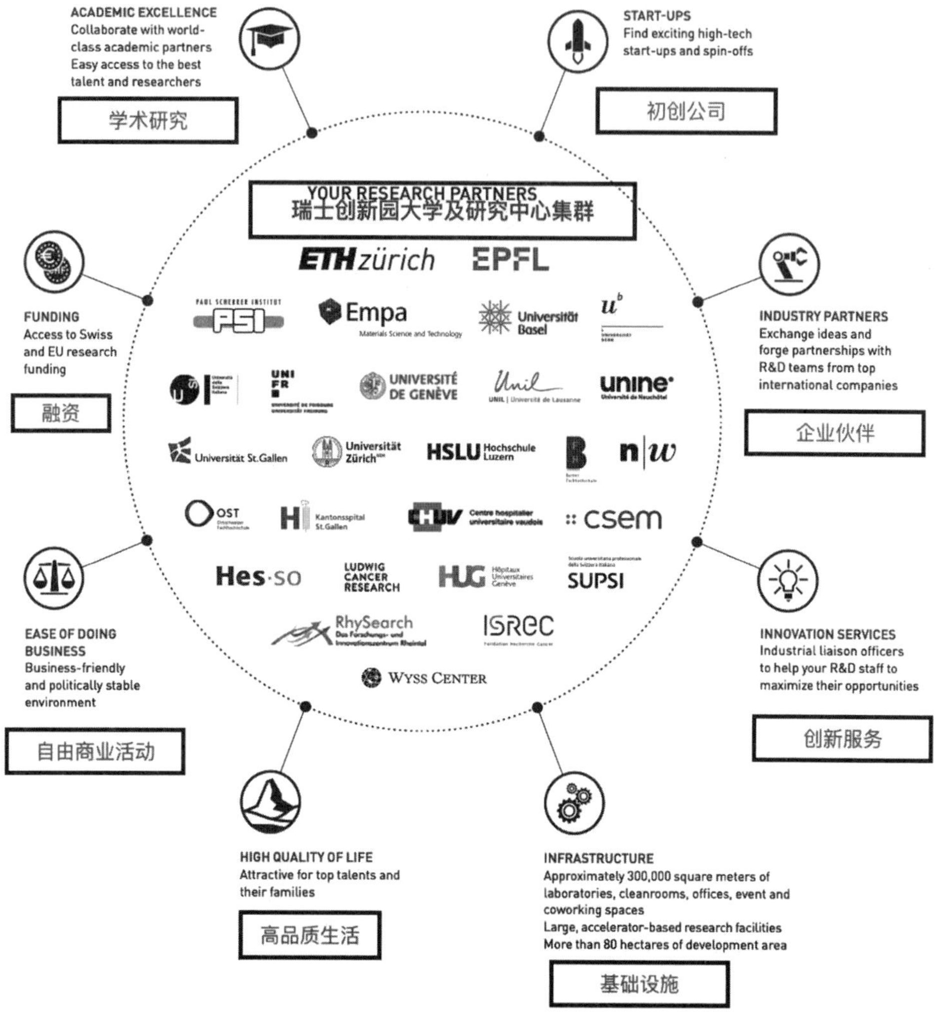

图 2.17　瑞士创新园主要功能及园内主要的大学和研究机构

（来源：瑞士创新园官网）

1. 洛桑联邦理工大学创新园（EPFL Innovation Park Lausanne）

主攻方向：计算机和信息技术，能源、自然资源和环境，健康和生命科学，材料和制造，移动和交通。

2. 洛桑生物科技园（Biopôle Lausanne）

主攻方向：肿瘤学，免疫学和个人医疗。

3. 锡永能源创新园（Energypolis Sion）

主攻方向：能源管理，绿色化学，可再生能源。

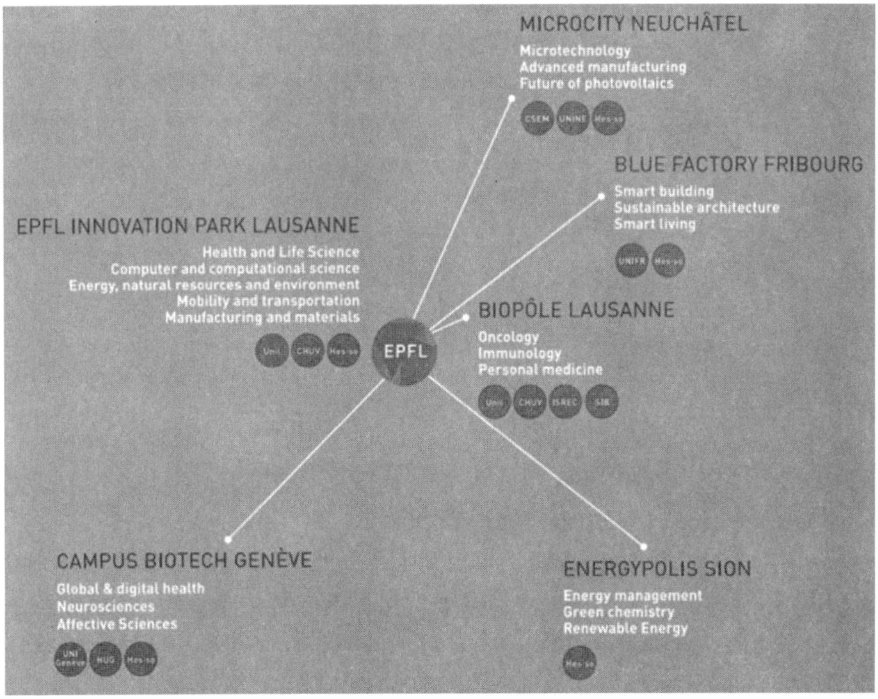

图 2.18　SIP West EPFL 的产学研合作的六个专项基地

（来源：SIP West EPFL 官网）

4. 微型城市——纳沙泰尔创新中心（Microcity Neuchâtel）

主攻方向：微技术，先进制造，未来光伏。

5. 弗里堡蓝色工厂（Blue Factory Fribourg）

主攻方向：智慧楼宇，可持续建筑，智能生活。

6. 日内瓦生物技术创新园（Campus Biotech Genève）

主攻方向：全球和数字健康，神经科学，情感科学。

SIP West EPFL 着力为国内外各类企业打造专属服务平台，以便企业与瑞士高校及其他高等教育机构协力推动研究活动的开展。科研人员、尖端人才和创新企业家彼此交流意见，为创新与发展铺设温床。为此，SIP West EPFL 推出了“产学合作”项目（Academia Industry Collaboration）。这一项目是为企业量身定做的创新软着陆计划，以探索学术界在创新方面的潜力，寻求商业机会，使企业在充满活力和独特的生态系统中受益。参与项目的企业能够与创新园网络内的其他企业或初创公司合作，与学术界共同开发创新项目，测试人才和创新想法，并获得资金和政府支持。企业支付每个月 1500 瑞郎的费用，可获得 EPFL 专项团队提供的各项服务：在创新园区内的共享空间里，拥有实体办公区域；举办如何与学术界进行共同创新的专题研讨会；为开放创新战略计划提供个性化的支持；启动与 EPFL 和其他学术机构的合作项目；参与各类活动、演讲和演示，从 SIP West EPFL 的研究和技术中获得灵感；专门的客户管理服务。

事实上，SIP West EPFL 只是瑞士创新园的一个缩影。瑞士创新园使得瑞士在医药、生命科学、精密工业仪器、网络安全、金融等各个领域都拥有杰出的创新能力。

六、瑞士代表性初创企业

瑞士创新园孵化了不少初创企业，这些企业在瑞士面向未来的创新产业中扮演重要角色，下面介绍其中一些较为成功的初创企业。

（一） MindMaze

MindMaze 2012 年成立于洛桑，现任 CEO 是 Tej Tadi 先生。成立之初，Tej Tadi 和一个五人团队在洛桑联邦理工大学开发基于 VR 技术的神经修复原型。在不到十年的时间里，MindMaze 就改变了传统的对衰弱性神经系统疾病治疗的机制和方法。十多年来，该公司在神经科学、生物传感、工程、混合现实和人工智能的交叉领域开展工作，建立了直观的人机界面，增强了神经系统疾病患者的恢复潜力。该公司是瑞士首家估值超过 10 亿美元的科技“独角兽”。在未来十年的计划中，MindMaze 致力于成为脑技术领域的全球领导者，加速人类的恢复、学习和适应能力。

MindMaze 有两个核心部门，MindMaze 医疗保健中心和 MindMaze 实验室，两个机构协同工作，各有侧重。

MindMaze 医疗保健中心通过瑞士联邦批准的数字疗法，与一流的运动分析、人工智能和云技术相结合，为患者神经康复提供通用解决方案。该中心使用尖端神经科学来最大限度地提高衰弱性神经系统疾病患者的恢复潜力，在整个护理过程中转化神经恢复，减轻衰老对患者认知和运动的影响。MindMaze 医疗保健中心的商业化数字疗法还部署在世界其他医疗中心，用于治疗中风、帕金森病、阿尔茨海默病等。对患者和护理人员的生活产生了深远影响。MindMaze 医疗保健中心有 9 种治疗神经系统疾病的数字治疗候选产品，处于不同的开发和部署阶段。

MindMaze 实验室定位于成为全球先进神经科学、深度技术和创新工程的研发中心，其使命是改善人们的生命质量。其成立初衷是希望将 MindMaze 的影响力扩展到医疗保健之外，作为一个专门的独立研发部门，其任务是将 MindMaze 突破性的神经科学带到日常生活中。通过解码大脑并利用其信息，MindMaze 实验室的神经技术成为下一代“人-机”界面研究的基础。该实验室始终在探索神经科学、计算、模拟、人工智能、机器人、计算机视觉和工程领域的多模态和谐，致力于改造多个行业，并在人类和机器之间实现共享控制，例如，提升运输的安全和质量、加强身体的体育训练、实现玩家身临其境的游戏体验感。实验室致力于形成保持人类大脑健康的通用解决方案，目前研究团队正集中精力开发一个能复制人类大脑体验所有感官输入的多模态同步操作系统平台——CogniChip（图 2.19）。该平台将作为所有大脑启发的计算平台核心，并创建保持大脑健康的通用平台，重新定义人类与技术的互动关系。

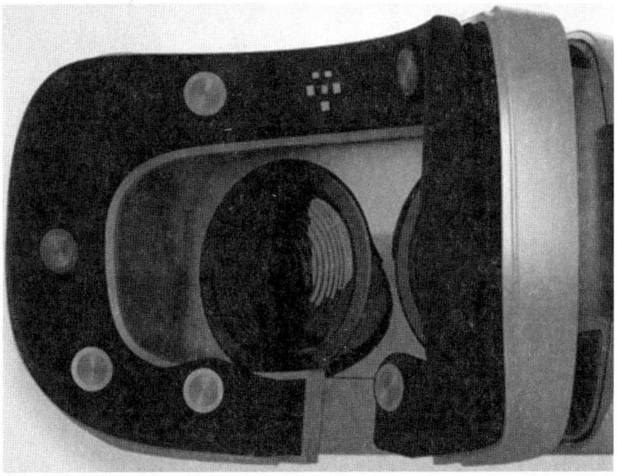

图 2.19　MindMaze Labs 正在开发的 CogniChip 大脑启发计算平台核心

（来源：MindMaze 官网）

MindMaze 公司在基础研究领域产生了重大进展。其 CEO Tej Tadi 先生在全球知名期刊《科学》(*Science*) 上发表了一篇有影响力的研究文章《视频 Ergo Sum：操控身体自我意识》，该文探讨了 VR 如何帮助调节人类的自我感知，这也是 MindMaze 日后发展的技术基础。Tej Tadi 先生还获得了辉瑞基金会神经科学和中枢神经系统疾病基础研究奖。因其卓越的创新成就，Tej Tadi 先生被达沃斯“世界经济论坛”列为“全球青年领袖”。图 2.20 是 MindMaze 致力于研究人脑奥秘并攻克人脑技术的展示图。

Tej Tadi 凭借开发的 MindPlay PRO——MindMaze 第一款产品 MindMotion™ PRO 的前身，获得由瑞士基金会提供的资金资助。MindMotion™ PRO（图 2.21）是一款由 MindMaze 自主研发的一款神经康复产品，获得了 100 万欧元的研发资助。这款基于 VR 技术的神经康复系统已出售给英国的 NHS。这款产品具有 AR、VR、手部追踪和神经传感器功能。MindMaze 还与著名的瑞士洛桑大学附属医院（CHUV）合作，测试 MindMaze 医疗保健中心的中风神经康复平台，并提交了基于 MindMotion™ PRO 技术的第一项专利申请。MindMotion™ PRO 的面具技术可以通过测量和翻译面部肌肉电信号，为 VR 带来实时情绪。此外，MindMotion™ PRO还获得瑞士联邦当局的许可，申请了38项专利，涵盖诸多领域的技术创新，并获得ISO13485认证。MindMotion™ PRO在CHUV已进入临床测试阶段。

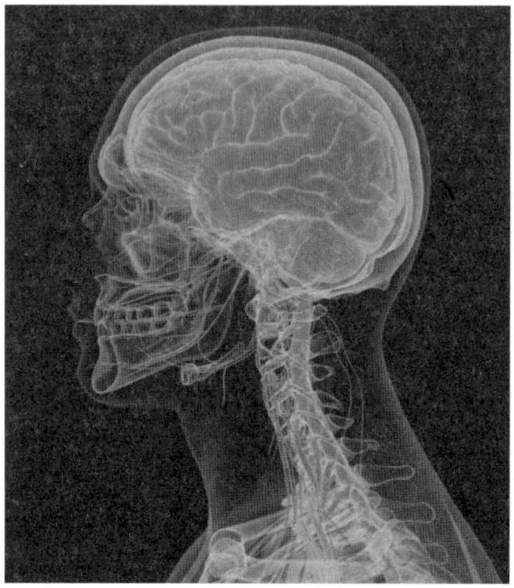

图2.20 MindMaze致力于研究人脑奥秘并攻克人脑技术

（来源：MindMaze官网）

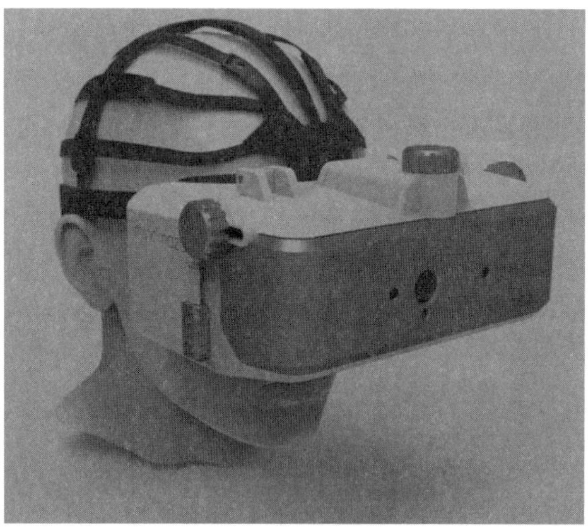

图2.21 MindMaze研发的中风神经康复设备MindMotion™ PRO

（来源：MindMaze官网）

MindMaze还与洛桑联邦理工大学一起，提交了一项名为“上肢康复系统”的专利申请，该专利独家授权给了MindMaze。

MindMaze积极开展国际合作，将创新优势进一步扩大到国外。MindMaze目前已在瑞士、英国和德国开设销售办事处，并聘请了第一个临床顾问委员会。MindMaze作为英国迈凯轮一级方程式车队的技术合作伙伴，开发了MindDrive，这是一种生物传感网络，旨在提高车辆安全性和性能。

近几年，MindMaze收购全球领先的数字医疗公司Genius Healthcare，并将其核心业务扩展到美国和中国。MindMaze通过在美国北卡罗来纳州的罗利市和达勒姆市开设新总部来支持其在美国的扩张，并且其已与美国纽约大都会地区最大的学术医疗系统之一的西奈山医疗系统（Mount Sinai Health System）和医疗康复领域的领导者Vibra Healthcare建立了合作伙伴关系。在美国硅谷，MindMaze设立研究所（MindMaze Inc.），该研究所与斯坦福大学和加州大学旧金山分校建立了合作关系。作为当今全球公认的神经数字治疗和神经康复先驱企业，MindMaze研发的MindMotion™ GO远程神经康复平台由美国约翰霍普金斯大学和西奈山医疗系统提供支持。此外MindMaze还获得120万欧元的资助，用于开发MindSports，让病患在认知康复中体验自适应VR体育游戏。另外两项专利在美国获得批准，涵盖了MindMaze的Mask技术和疼痛管理系统。MindMaze还积极筹集种子资金，以支持其在海外的扩张计划和正在进行的周期性研发。

MindMaze通过资金支持开发数字治疗解决方案。MindMaze作为瑞士首家“独角兽”公司，在融资中筹集了1亿美元。近期，MindMaze完成了最新一轮融资，获得的融资将加快公司的全球商业增长，促进研发，巩固其针对广泛神经系统疾病的数字治疗解决方案及临床仪器设备的开发。

（二）其他代表性企业

KNIME：成立于2008年的苏黎世初创公司KNIME已经筹集了2150万美元来开发一个开源的数据科学平台。该公司的分析平台允许用户使用简单的拖放机制构建数据科学工作流，从2000多个预先设计的模块中进行选择。

Avrios：成立于2015年的苏黎世初创公司Avrios，筹集了1400万美元用于开发由人工智能算法支持的车队管理软件。该软件涵盖车辆采购和注册、车队数据、成本、合同和损坏管理。流程和文档实现尽可能自动化，并从财务角度优化车队管理。该系统提供了8000多家供应商的信息，可以对企业的移动解决方案进行长期规划，包括电动汽车和汽车共享。

Gamaya：这家位于洛桑的初创公司成立于2015年，目前已经筹集了760万美元的资金，为农民开发一个农作物生长管理智能平台。Gamaya的技术建立在高光谱成像的基础之上，这是一种覆盖各种波长的图像捕获方法，而不只是人眼可以看到的三种波长。这些高光谱图像是从天空和太空收集的，结合相应的历史气候和天气记录，然后通过饥饿的机器学习算法仔细研究，这些算法将发现包括营养不足、疾病、病虫害和杂草侵扰在内的农艺学问题。

Piavita：成立于2016年的苏黎世初创公司Piavita，筹集了650万美元用于开发一种新系统，该系统使用连接在马匹身上的手掌大小的传感器，测量和分析马的生命体征。该系统持续收集数据，并使用人工智能为兽医提供诊断。

Fastree 3D：创业公司Fastree 3D成立于2013年，已筹集380万美元用于开发自动驾驶汽车和机器人的智能视觉系统。Fastree 3D的成像传感器可以实时识别和测量快速移动物体的距离，用于驾驶辅助和自动导航等应用。该技术比其他解决方案的误报更少，通过将计算工作引入传感器，将“检测—反应”时间最小化，并且使用廉价可靠的flash技术来完成所有的工作，而不是不断地扫描环境。Fastree 3D的系统用于自动驾驶车辆和协作机器人，该公司还为少数希望开发该技术的合作伙伴提供硬件开发工具包。

AC Immune：由SIP West EPFL孵化，该公司开发了很多针对神经退行性疾病的精准医疗技术，目前在美国纳斯达克交易所上市，总部仍然设在瑞士创新园区内。

第三章　瑞士创新人才培养体系

教育，是一个社会乃至一个国家最为重要的方面之一，也是创新的主要驱动因素。从大的方面来说，教育关乎国家发展命运，关乎民族兴衰；从小的方面来说，教育关乎个人命运的改变，关乎个人价值观和综合素养的形成。

笔者之所以对瑞士教育高度关注，一是因为自身在瑞士期间的业务工作涉及教育，二是因为切身感受到了教育对瑞士创新体系的贡献。深入瑞士的各类大学、中小学和国际学校后，便能发现瑞士教育体系堪称“小而精”。和瑞士的国土面积、人口规模比较起来，瑞士的教育质量够“精致”。这种“精致”，体现为在高端定位上追求“高质量”。从近些年国际排名来看，瑞士的教育体系质量领先全球，其领先优势还在不断扩大。US News 和宾夕法尼亚大学沃顿商学院等机构联合发布的《2021 年全球最佳教育体系国家排行报告》显示，瑞士已成为继美国、英国、德国、加拿大、法国等传统教育强国之后的世界第六大教育强国。

要揭示瑞士创新优势的形成，必须了解瑞士的教育优势和教育政策。近些年来，瑞士教育质量的各类世界排名不仅十分靠前，还始终保持着不断巩固和提升的态势。

因此，本章将专门讨论和分析瑞士教育的有关方面，重点讨论瑞士的人才培养体系、各类学校的主要特点以及瑞士教育政策的核心。在第七章中还将讨论爱因斯坦青少年时期在瑞士接受教育的有关内容。

一、瑞士教育体系构成

瑞士的教育体系成型较早，其教育制度也有着较为悠久的历史。

18 世纪，瑞士的教育体系已覆盖联邦全境，教育也十分普及。当时，联邦多数地区已至少有一所小学。

后来，开明的思想家以及自由主义者开始积极倡导公立学校。他们认为，教育既是负责任的政治共同决定的先决条件，也是专业化人才和市场经济所需技能的提供者。

尽管瑞士在推行强制性公办教育进程中遭到了社会的多方反对，例如：家长和企业界就十分反对，他们更希望孩子去工作而不是去上学；许多新教和天主教神职人员也反对——他们不信任世俗教育。但1874年修订的联邦宪法规定了各州必须向公众免费提供教育。至此，州政府负责监督教育的职责正式延续下来，保障了教育投入和教育质量。我们可以很明显地从苏黎世联邦理工大学的建立到不断发展的过程中，看到联邦政府如何在教育体系中发挥作用。

瑞士的教育优势得益于多个方面，如瑞士很早就完成了工业革命、与几个欧洲文明大国接壤、传承了欧洲的教育传统等。在几百年前的中世纪，瑞士就建立了极为古老的大学——巴塞尔大学。

瑞士的教育体系不仅完备，而且十分精良。其中最为独特的，无疑是其职业教育体系。多年来，联邦政府一直对职业教育高度重视，对职业教育始终保持着高投入——瑞士职业教育政策的重心体现了这一点，并在促进经济增长、保持国家创新竞争力方面起到明显作用。

在国家层面，联邦政府只有原则上的立法权，发挥宏观协调作用，执行机构是联邦政府机构——教育、研究与创新国务秘书处（State Secretariat for Education，Research and Innovation，SERI）。州政府在教育领域享有自主权和教育立法权，具体落实联邦政府的宏观政策。

瑞士的教育体系主要表现为三个阶段（层次）：第一阶段是义务教育，即从学前教育到小学、中学的基础教育，由各州自治，从筹集教育经费到编制教材，州政府有独立的权限。第二阶段是中等教育，包括大学预备课程教育和高中技校（培养学徒工），以及取得技术培训毕业证书的高中教育，州和联邦政府共同管理，各州安排、规定毕业考试，国家颁发并承认相应证书。第三阶段是高等教育，分为一般教育和专业教育。专业教育又分为普通大学和应用科学大学，其中普通大学以公立学校为主，包括10所州立的综合性大学和联邦理工大学。公立大学的入学要求高，毕业难。应用科学大学与综合性大学平行办学，不同的是，应用科学大学提供大学层次的专业培训，这是以职业为导向的高等教育模式。图3.1为瑞士高等教育体系结构。

瑞士高等教育机构主要由综合性大学、应用科学大学、师范大学、联邦研究所等构成。联邦政府承认的高等教育机构主要有：公立大学、独立学院、应用科学大学、师范大学、联邦研究所等。本科多为三年制，硕士多为一至两年制，博士多为三至四年制。瑞士高等教育以德语、法语或意大利语为主要

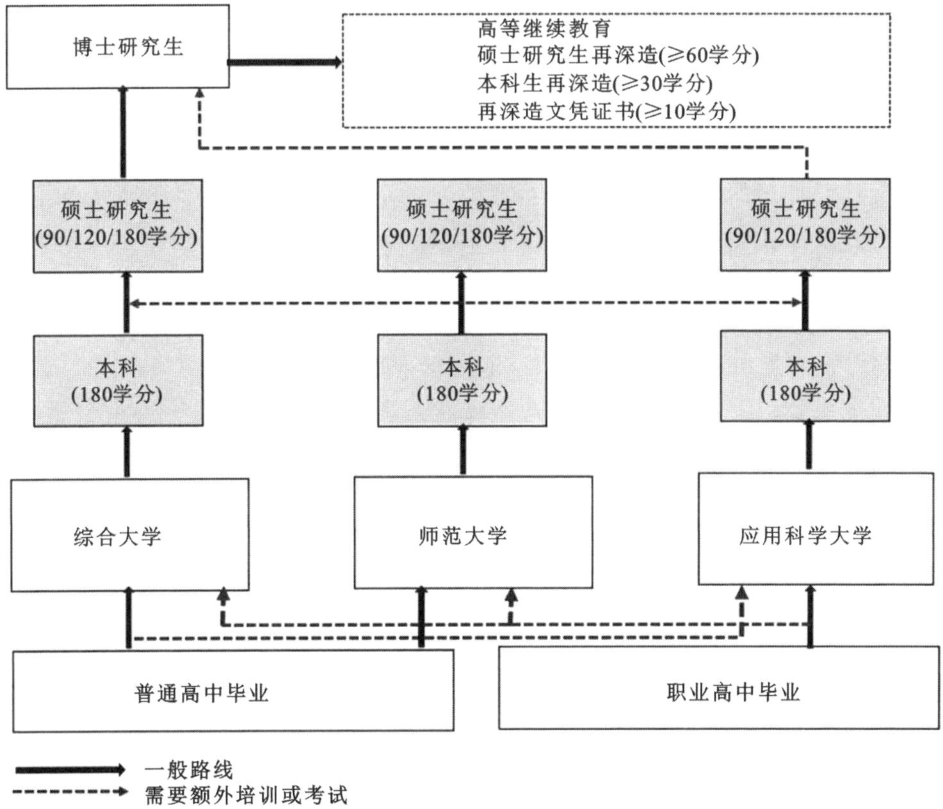

图 3.1　瑞士高等教育体系结构

（来源：根据 SERI 向笔者提供的图片翻译整理）

授课语言，但也有部分英语授课的课程。对于外国留学生来说，想要进入瑞士的高等院校，须满足较高的语言水平和学历要求。

职业教育分为两个层级，即中等职业教育和高等职业教育。接受中等职业教育后，一部分学生选择直接就业；还有一部分学生选择继续到高等职业教育机构深造，主要有应用科学大学和高等职业院校。应用科学大学更注重实践能力，提供本科学历、硕士学位；高等职业院校更偏向专业和实际应用，强调更具动手能力的职业训练，提供专科或本科文凭。[①]

① 骆毅．瑞士这样提升职教“含金量”［N］．中国教育报，2019-04-12（5）．

二、瑞士高等教育

（一）基本情况

瑞士联邦现有 12 所公立大学，分布在德语区、法语区和意大利语区。其中，包括 2 所由瑞士联邦直接管辖的联邦理工大学，其他 10 所为州立大学。除此之外，获得了瑞士联邦认证[①]的其他高等教育机构还包括：9 所应用科学大学（UAS）、14 所高等师范学校、4 所独立学院（亦称“高等教育机构”）以及 5 所联邦研究所。[②]

苏黎世联邦理工大学（ETHZ）、洛桑联邦理工大学（EPFL）和 4 个联邦研究所组成 ETH Domain，由瑞士联邦政府下属的联邦理工大学委员会管辖；10 所州立大学分别由各大学所在地的州政府管辖，均有博士学位授予权。下文将详细讨论。

4 所独立学院享有瑞士大学促进法规定的政府拨款补贴资格。学院均与当地大学合作办学，但享有自主权。办学目标以培养研究生（硕士、博士）为主，主要招收大学毕业后的学生，学制因专业而异，博士学位由有合作伙伴关系的大学颁发。这 4 所学院分别是：日内瓦国际关系与发展研究高等学院（IHEID）、洛桑公共管理高等学院（IDHEAP）、库特博什学院（IUKB）、瑞士远程高教学院（UniDistance Suisse）。

这里特别提一下 IHEID 这所学校。IHEID 的历史可以追溯到 1927 年，地处国际城市日内瓦的核心区域，是一所专长于世界事务研究的高等教育机构，特别关注国际关系和发展研究的交叉领域，其教学和研究水平在世界范围内享有盛名。IHEID 诞生于“国际联盟”的黄金时期，是世界上第一所专注于国际事务的教育和研究机构。本书将在第六章专门介绍国际联盟的发展历程。

IHEID 设有单学科和跨学科硕士研究生及博士研究生项目，没有本科生，其研究方面同时涉及基础研究和应用研究课题，主要关注当今国际范围内的重要议题。学校的国际化程度极高，该校 2019 年发布的官方数据显示，瑞士籍毕业生只占该校的 13%，国际学生占到了 87%。[③] IHEID 在国际组织中有强大的

---

① 管理所有瑞士大学的组织是瑞士大学联合会（The Swiss University Conference），其认证机构是 CRUS-OAQ。瑞士大学联合会属于公共创新促进机构，代表联邦政府和州政府，负责制定政策引导和协调各类大学发展。

② 参见中国驻瑞士大使馆教育处官网。

③ The Graduate Institute in Geneva. 2019 Activity Report [R]. Geneva: The Graduate Institute in Geneva, 2019.

校友网络和资源。该校的“全球卫生中心”（Global Health Center）在国际组织圈子里非常有影响力。

9 所应用科学大学由 70 所高等专科学校、技术学校、高等商业综合学校逐渐合并而成（这是联邦政府近二十年的教育改革结果，其目标是致力于让传统学术型高等教育具备职业教育的“实践性”），是一类兼具综合性大学和高等职业院校特点的“混合型大学”。应用科学大学没有博士学位授予权，只能授予学士和硕士学位。学制因专业而异，一般为二至四年。所颁发的毕业文凭[Diplom（FH）]不能等同于公立大学的毕业文凭（Diplom），办学目标是培养高级职业技术人才并从事应用技术研究。后文将详细讨论。

14 所师范高等学校主要培养各类教学人才，这些学校包括：提契诺高等师范学校、伯汝纽三州师范学校（伯尔尼州、日内瓦州和纳沙泰尔州）、沃州师范学校、瓦莱州师范学校、弗里堡师范学校、苏黎世州际师范学校、伯尔尼师范学校、西北师范学校（隶属于瑞士西北应用科学大学）、罗尔沙霍师范学校、圣加仑师范学校、沙夫豪森师范学校、图尔高师范学校、苏黎世师范学校（隶属于苏黎世应用科学大学）、罗尔沙霍瑞士语言矫正学校（私立学校）。

5 所联邦研究所分别是：保罗·谢尔研究所（PSI）；联邦森林、雪与景观研究所（WSL）；联邦材料测试与开发研究所（EMPA）；联邦供水、废水处理与水资源保护研究所（EAWAG）；联邦高等职业教育和培训研究所（SFIVET）。其中，前 4 所联邦研究所和 2 所联邦理工大学（苏黎世联邦理工大学、洛桑联邦理工大学）共同构成“联邦理工大学及研究所联合体”（ETH Domain）。ETH Domain 作为联邦高新技术发展的重要组成部分，支撑瑞士的创新发展。4 所联邦研究所的硕士和博士研究生在苏黎世联邦理工大学学习专业课程并在通过学位论文答辩后获得毕业文凭，平时大部分时间在研究机构从事科研工作。联邦高等职业教育和培训研究所属于瑞士职业教育体系中的重要组成部分。

此外，瑞士有 16 所高等艺术和音乐学院，均包含在相应的大学或者应用科学大学内。但瑞士大学联合会认证机构 CRUS-OAQ 将其单独列出，以突显艺术和音乐教育在瑞士的重要性。

（二）公立大学体系

瑞士公立大学是瑞士高等教育机构的重要组成部分，占有极为重要的地位。本文通过梳理和归纳，进一步分析瑞士公立大学体系的主要特点和办学定位。

表 3.1 集中梳理了瑞士 12 所公立大学的所在区域/城市、成立时间、大学排名情况以及基本介绍等。

表 3.1　瑞士 12 所公立大学情况一览表

序号	大学	所在区域/城市	成立时间	2022QS排名	基本介绍
1	苏黎世联邦理工大学	德语区 苏黎世	1854 年	8	隶属于瑞士联邦政府，专注于工程技术、自然科学与建筑学的教育与研究。凭借其在学术界与工业界的声誉，诞生了爱因斯坦、X 射线发现者伦琴、泡利不相容原理发现者沃尔夫冈·泡利、现代计算机之父约翰·冯·诺依曼、鸟巢设计师雅克·赫尔佐格、北京大学前校长周培源、中国教育部前副部长吴启迪等杰出人物。数十位诺贝尔奖得主、数位菲尔兹奖、普利兹克奖和图灵奖得主曾经在此学习工作。
2	洛桑联邦理工大学	法语区 洛桑	1969 年	14	隶属于瑞士联邦政府，专注于工程技术、自然科学与建筑学的教育与研究，拥有核反应堆、聚变反应堆、超级计算机、P3 生物实验室等顶尖研究设施。许多著名人物包括图灵奖得主 Joseph Sifakis、诺贝尔化学奖得主 Jacques Dubochet、计算机语言 Scala 发明人 Martin Odersky 等，都来自该校。
3	苏黎世大学	德语区 苏黎世	1833 年	70	全瑞规模最大、实力最强的综合性大学，欧洲十大名校之一。该校在理学、医学、生命科学、社会科学等领域享有盛名，在各大排行榜中常年占据世界百强，经济学学科位列世界顶尖行列。著名校友包括伦琴、爱因斯坦，以及干扰素的共同发现者让·林登曼等 12 名诺贝尔奖得主。

续表

序号	大学	所在区域/城市	成立时间	2022QS排名	基本介绍
4	日内瓦大学	法语区日内瓦	1559年	105	一所享誉全球的大学，其卓越的研究水平（在欧洲研究大学联盟中名列前茅）和教学水平极负盛名。该校出色的研究领域包括生命科学（分子生物学、生物信息学）、基本粒子物理学和天体物理学。此外大学还设有全球历史最为悠久和教学水平最高的日内瓦高级翻译学院。学校与众多瑞士国内组织以及将总部设在日内瓦的国际组织，如世界卫生组织、国际电信联盟、国际红十字会和欧洲核研究组织等，建立了密切的合作关系。杰出校友包括多名诺贝尔科学奖和诺贝尔和平奖得主，培养了多名瑞士政治领袖和外国政要。
5	巴塞尔大学	德语区巴塞尔	1460年	138	瑞士历史最悠久的大学，享誉国际的研究型大学。该校学科领域广泛，在生命科学与医学、视觉研究、纳米科学、可持续发展与能源研究，以及欧洲与全球研究等五大特长学科领域拥有广泛的国际影响力。培养了众多杰出校友，包括物理学家丹尼尔·伯努利、数学家莱昂哈德·欧拉、数学家雅各布·伯努利、数学家约翰·伯努利、生物学家弗雷德里希·米歇尔、心理学与精神病学家卡尔·古斯塔夫·荣格等。多位诺贝尔奖得主毕业于或曾任职于该校。

续表

序号	大学	所在区域/城市	成立时间	2022QS排名	基本介绍
6	伯尔尼大学	德语区 伯尔尼	1528 年	119	瑞士一流的公立综合大学之一，专业涵盖从人文社科到自然科学等众多学科。该校在教学和科研方面均表现卓越，并凭借多个优势学科享誉全球，其中包括环境科学、计算机科学、地球科学、医学和社会学等。其医学和生命科学等学科，处于世界顶尖水平。其物理学院曾参与人类首次月球探险，如今继续为美国宇航局（NASA）和欧洲航天局（ESA）项目提供研究仪器和实验分析。学校拥有五个国家卓越研究中心：国际贸易监管研究中心、TranSure（膜生物）研究中心、MUST（分子超快科学技术）研究中心、PlanetS（行星系统的形成与发展）研究中心、RNA 和疾病研究中心。
7	洛桑大学	法语区 洛桑	1537 年	176	其前身是成立于 1537 年的洛桑学院，旨在为教堂培养神职人员，并为当地青年提供教育服务。洛桑学院也是瑞士当时唯一的法语新教神学院。2011 年，路德维希癌症研究所洛桑分所并入洛桑大学，更名为“洛桑大学路德维希癌症研究中心”。2012 年，瑞士高级公共管理学院（IDHEAP）宣布并入洛桑大学，每年向全球发布“世界竞争力报告”。
8	提契诺大学	意大利语区 卢加诺	1996 年	240	拥有全球顶尖的门德里西奥建筑学院，拥有极强的国际化和多语言定位，其学生和教职员工来自 100 多个国家。部分课程和所有硕士项目均使用英文授课，鼓励学生掌握法语和德语知识。

续表

序号	大学	所在区域/城市	成立时间	2022QS排名	基本介绍
9	弗里堡大学	法语区弗里堡	1889 年	561—570	瑞士唯一一所法、德双语授课的大学，欧洲唯一坚持使用双语教学、双语行政的大学。学生使用两种语言完成学业并得到双语文凭，也可选择使用其中一种语言学习得到单语文凭。
10	纳沙泰尔大学	法语区纳沙泰尔	1838 年	/	位于瑞士著名手表工业发源地。学校的现代法语系自 18 世纪起便享誉世界。生物工程领域从事尖端研究，全球领先，致力于打造全瑞士的科学职能中心。1975 年建立的显微技术研究所在显微电子学、应用光学和物理电子学方面取得了非常优异的研究成果。
11	卢塞恩大学	德语区卢塞恩	2000 年	/	瑞士规模最小的大学，偏重人文社科，下辖神学院、人文社科学院和法学院。
12	圣加仑大学	德语区圣加仑	1898 年	/	该校主要学科包括工商管理、经济学、法学和国际事务，尤以金融和工商管理见长，“管理学硕士”专业全球排名第一。

（来源：笔者搜集整理）

在表 3.1 中，我们可以看出由 12 所大学组成的瑞士公立大学体系具有以下几个特点。

（1）在办学层次上整体位居世界一流，以优质的瑞士教育质量培养一流人才。12 所大学中，有 7 所大学都排进 2022 年 QS 世界排名的前 200 名，其他 5 所大学的相关学科也处于世界前列，这显示出瑞士公立大学整体实力均处在世界一流的水准上。在 U21 大学联盟发布的《2020 年国家高等教育系统排名》中，瑞士公立大学整体水平名列世界第 2 位，仅次于美国①。在人才培养方面，

① U21. Ranking of National Higher Education Systems 2020［R/OL］.（2020-04）［2023-10-01］. https://universitas21.com/sites/default/files/2020-04/U21 _ Rankings%20Report _ 0320 _ Final _ LR%20Single.pdf.

我们可以看到，无论是QS世界排名处于前10名的苏黎世联邦理工大学，还是处于前200名的洛桑大学，都培养出众多诺贝尔奖得主、瑞士联邦领导人和外国政要等杰出校友。更不必说瑞士历史最悠久的巴塞尔大学，培养出了众多数学家、科学家，产生过以伊拉斯谟、尼采等为代表的人文巨匠，为人类文明和进步作出了重大贡献。即便是最为年轻的卢塞恩大学，也在神学、人文社会科学和法学等领域凭借卓越的办学质量培养出很多出色的毕业生。

(2) 在地域上均衡分布，服务当地区域经济社会发展。12所大学中，有6所大学分布在德语区，5所分布在法语区，1所分布在意大利语区，这一分布比例与瑞士三个语区的人口比例①是基本契合的。这是巧合吗？看似巧合，似乎又是必然。从城市分布上看，德语区的几大主要城市，如苏黎世、巴塞尔、伯尔尼、卢塞恩、圣加仑，均设有公立大学，瑞士最大城市苏黎世有2所；法语区的几大主要城市，如洛桑、日内瓦、弗里堡和纳沙泰尔，也均设有大学，法语区最大的城市日内瓦只有1所大学，但另一所重镇洛桑有2所大学；意大利语区最大的城市卢加诺设有1所。基于这样的分析，我们也能够看出，瑞士公立大学的分布真实地反映出其语区分布的情况，这也是瑞士区域发展的需要。换句话说，除了2所联邦理工大学之外，另外10所州立大学的主要职能就是服务地方经济社会发展，纳沙泰尔大学就是一个生动的例子。由于纳沙泰尔市地处瑞士著名手表工业发源地，紧靠拉绍德封，在机械、电子等尖端研究方面一直走在全瑞高等教育的前列，与当地经济产业结构紧密结合，通过加强与当地应用科学大学（高等专科学校等）的合作，将科技成果直接转化为当地创新产品。

(3) 在学校定位上坚持特色发展，走适合学校自身定位的特色发展道路。我们可以非常明显地看到，12所公立学校中，有4所建于中世纪，5所建于19世纪，1所建于20世纪60年代末，1所建于20世纪末，1所建于2000年。建于中世纪的大学，由于基督教传教的需要，一般都偏重人文社会科学、医学和生命科学等；建于19世纪的学校，由于工业革命的带动，一般都偏重自然科学、工学、经济学等；建于20世纪的学校，由于信息时代、全球化的来临，一般都偏重信息科学、能源、法学、商学、建筑学等。一个最具代表性的例子就是洛桑联邦理工大学，该校在核能利用、计算机技术、人工智能技术方面斥巨资投入学科建设，相关学科水平处于世界顶尖水平。再例如，圣加仑大学地处德语区重要的旅游重镇圣加仑，主打工商管理、经济学、金融学、法学和国际关系等学科，注重打造“管理学硕士”这个品牌，在全球业界知名度非常高。由圣加仑大学学生组织发起的瑞士圣加仑论坛（St. Gallen Symposium），至今

① 德语区、法语区和意大利语区的人口比例分别是63.5%、22.5%、8.1%。

已有50多年历史，因其高水准的组织筹办实力在欧洲乃至全球都享有盛誉。“圣加仑论坛”每年会从全球邀请政治经济、科技和社会等各领域的领袖人物或权威学者就全球共同关注的热点问题发表专题讲座，有“小达沃斯经济论坛”之称。

(4) 在发展战略上坚持国际化路线，通过吸纳高质量的国际师资、培养卓越的国际学生打造世界一流大学品牌。一方面，瑞士公立大学通过制定开放的发展战略，广招国际贤才，广育国际学生，这些学校都有非常高的国际化教师和国际学生比例。有关数据显示，2019年日内瓦大学来自世界154个国家或地区的国际学生占比达38%，来自32个国家的国际教师占比达44%；大学全年参与欧盟创新研究联合工程25个、合作项目400个、欧洲科研基金会基金项目60个[①]。另一方面，瑞士公立大学的发展，得益于瑞士联邦创造的良好外部发展环境。首先，瑞士的开放与国际化，促进了瑞士公立大学对国际学生、学者的吸引力。其次，瑞士与他国建立的良好合作网络，也有利于这些学校加强国际科研合作。最后，瑞士在生活质量方面提供的良好保障，吸引了大量国际企业，进一步促进了地区创新网络的构建。

（三）联邦理工大学

有两所大学特别值得注意——它们分别是苏黎世联邦理工大学（ETHZ）和洛桑联邦理工大学（EPFL），均隶属于瑞士联邦。在联邦政府规划中，两所大学处于优先发展的层级。

近些年来，这两所大学一直保持在世界QS大学排名的前20名，也是非英语国家中排名最高的2所大学。接下来，将重点介绍瑞士这两所具有重要世界影响的大学，分析它们是如何培养创新人才的。

1. 苏黎世联邦理工大学

作为闻名全球的顶尖研究型大学，苏黎世联邦理工大学（ETHZ）连续多年位居欧洲大陆高校翘首，被誉为“欧陆第一名校”。图3.2为ETHZ主校区主楼鸟瞰图。在2020年全球三大主要大学排名榜中，ETHZ的排名分别为：QS的第6名，THE的第1名，ARWU的第19名。ETHZ官网显示，在众多著名校友中，该校有21名诺贝尔奖得主、2名菲尔兹奖得主、2名普利兹克奖得主。

据ETHZ官网数据，瑞士60%的机电工程师、50%的土木工程师和设计师以及25%的自然科学家都诞生于该校。ETHZ的国际化程度非常高，学生来自全球121个国家。学校与大学、研究机构和产业界合作主要集中在欧洲，其次是北美。学校在瑞士境内主要与企业进行合作，占到56%。

① University of Geneva. University of Geneva, Facts & Figures 2019 [R]. Geneva: UNIGE, 2019.

图 3.2　ETHZ 主校区主楼

（来源：SERI 官网）

目前，ETHZ 每年获得的办学经费高达 19 亿瑞郎，其中 13.3 亿瑞郎来自联邦政府直接拨款，5 亿多瑞郎来自第三方捐赠，6000 多万瑞郎来自学校创收资金。

ETHZ 的诞生得益于瑞士联邦政府对瑞士高等教育发展的高度重视和战略抉择。1848 年，联邦宪法赋予联邦政府建立高等教育机构的权力。1854 年，在瑞士联邦主导下，ETHZ 正式成立。建校之初，ETHZ 作为技术专科学校，仅有建筑、土木工程、机械工程、化学和林业等学院以及一个整合了数学、自然科学、文学、社会科学及政治学的研究机构。之后几十年，ETHZ 不断发展，逐步在工程技术领域形成世界影响力。1905 年到 1908 年间，时任瑞士联邦主席的杰罗姆·弗拉内尔（Jérôme Franel）促使 ETHZ 改组成为一所真正的大学，学校获得了博士学位授予权。直到 1969 年第二个联邦高等教育机构——洛桑联邦理工大学（EPFL）成立之前，ETHZ 一直是瑞士联邦公办的唯一综合性大学。在研究领域，ETHZ 始终保持高质量发展态势，其全学科领域研究者在申请欧洲研究委员会基金资助方面的成功率超过欧洲平均水平。

在办学宗旨方面，ETHZ 致力于培养堪当大任的学生，让学生有批判精神、有创造力，并最终成为具有创新能力的思考者。ETHZ 注重其肩负的社会责任，致力为社会作贡献，为国家节约资源，为世界保护生态。在科学研究层面，致力于面向未来。在价值理念层面，致力于追求卓越、勇担责任、倡导多元化、保持开放、合作协同等，并在各个层面持续发力。

ETHZ 视自身为面向人类挑战的重要参与者和贡献者。ETHZ 的发展思路是："在处于变革的世界中开拓前进之路"。在 ETHZ《2021—2024 战略规划》中，ETHZ 提出将在未来四年，聚焦于数字与信息技术领域、健康与医药领域、材料与制造领域、全球责任与可持续发展等四大领域实施战略行动。基于"联合国2030倡议”，ETHZ勇挑大学重任，在数字化领域深入探索，积极作为，将数字化转变为创新机遇和发展优势。[①]

近年来，ETHZ在多个方面加大改革力度，致力于保持其在欧洲乃至全球的顶尖优势，在医药、数据、可持续和制造四个领域实施了诸多研究项目及学位项目，如量子工程硕士项目等。ETHZ还与洛桑联邦理工大学合作实施了网络空间安全学科的联合硕士项目。在2017—2020年间，ETHZ创新型继续教育项目数量翻倍。2017年以来，学校实施“开放ETHZ计划”（Open ETHZ），斥资1.3亿瑞郎，新设15个新教授席位以及若干个新技术平台和跨学科研究中心。[②] 在2017—2020年间，ETHZ的学者频获国际大奖，包括2018年的菲尔茨奖（Fields Medal）。

2. 洛桑联邦理工大学

作为瑞士另一所闻名全球的顶尖大学，洛桑联邦理工大学（EPFL）的办学历史并不长，1969年才正式成立。图3.3为EPFL主校区俯瞰图。学校位于瑞士法语区，在国际工程科技领域享有极高的声誉。

在2022年QS世界大学排名中，EPFL排名第14位。有关数据显示，该校生师比高达8∶1。学校师生来自全球超过120个国家，国际化比例居全球高校第3位。

EPFL官网数据显示，该校在数学、生命科学、建筑学和工程学等领域拥有超过370个实验室；拥有超过350名全球公认的顶尖教授；学校5%的教授是全球高被引学者。2020年，学校共发表4200余篇学术论文，相当于平均一个教授每个月都发表一篇论文。学校每年财务预算收入在10亿瑞郎以上，其中1/3的资金来自第三方捐助。

EPFL的办学宗旨是：对社会产生深刻影响。在办学过程中，学校不拘一格，大力拓展合作网络，与各类机构加强合作，包括其他大学和学院、中学、体育团体、工业界、经济界、政界等。

除教学与研究活动之外，EPFL还拥有几个顶尖的全球大科学平台，包括核反应堆CROCUS、托卡马克聚变反应堆（Tokamak Fusion reactor），BlueGene/Q超级计算机以及P3bio-hazard设施等。EPFL每年还牵头主持大量瑞士和欧盟的重要科学项目和工程项目。

EPFL的建立，缘起于联邦政府对瑞士德、法两个语区政治平衡的考量。二十世纪中叶，一场关于是否应在瑞士法语区建立联邦大学的争论甚嚣尘上。最终，联邦政府决定在法语区再建一所联邦理工大学。1968年，联邦委员会一

---

① ETHZ. Strategy and Development Plan 2021—2024［R］. Zurich：ETHZ，2021.

② ETHZ. Strategy and Development Plan 2021—2024［R］. Zurich：ETHZ，2021.

图 3.3　EPFL 主校区

（来源：EPFL 官网）

致通过“联邦理工大学法案”，确立在法语区的洛桑市成立 EPFL。之所以选择洛桑，主要因为该地区的洛桑大学工学院具备新联邦理工大学学科发展的良好基础。1969 年，工学院从洛桑大学独立出来后，EPFL 正式建立，成为第二所隶属于瑞士联邦的大学。

建校后，EPFL 获得了巨大发展机遇。随后几十年中，学校从联邦政府获得大量财政拨款，国内地位显著提升[①]。1969 年，EPFL 还只有 1400 名学生，55 名教授。而到 2020 年，学校已拥有 1 万名来自 120 多个国家和地区的在校生。

EPFL 在五十余年的时间内，快速成长为全球顶尖的研究型大学，其根本原因在于学校实施了战略驱动的策略，通过战略牵引和战略转型，不断将学校推向快速发展的车道。具体来看包含两个阶段。

第一阶段的战略重点是建设一流的研究型大学。EPFL 建校之初，其发展目标更多是区域性的，旨在服务本地的工业化发展，以及为法语区企业培养工业人才。进入新世纪后，EPFL 校长艾比舍（Patrick Aebischer）深刻认识到，以德国高校模式为主的欧洲高校存在弊端。上任之初，他就为 EPFL 制定了一系列清晰的战略和变革计划，决心将学校的地区使命扩展到全球，提出要将学校

① 江小华，张蕾．洛桑联邦理工学院建设世界一流大学的国际化策略及效果分析［J］．高等教育评论，2017（1）：50-62.

建设成为一流研究型大学的目标。在艾比舍带领下，EPFL 重点借鉴美国优秀的管理实践和发展模式以提升竞争力，包括并系建院、引入生命科学学科、改革教师制度、建立博士生院等，而这些变革的实施要早于绝大多数欧洲高校①。在艾比舍出任校长的 16 年里，EPFL 从一个在国际上没什么名气的地方性工科大学，发展成为世界顶尖研究型大学，成为欧洲乃至世界范围内一流大学快速崛起的典范。

第二阶段的战略重点是拓展办学空间、融入地方经济发展。近几年来，EPFL 立足于洛桑市，在法语区内大力部署其他校区，拓展异地办学空间，目前已实现“一校五区”的办学格局。除位于洛桑的主校区之外，还建有其他 4 个校区，分别是纳沙泰尔校区（2009 年）、弗里堡校区（2014 年）、瓦莱校区（2014 年）和日内瓦校区（2015 年）。

EPFL 首选在纳沙泰尔办分校，其主要原因在于，纳沙泰尔地区除了众多葡萄园和广大的农业区外，其钟表制造、精密机械和微型芯片同样闻名于世。在这里，只要有好的科技创业项目，政府就会对有志于将科技成果转化为生产力的年轻创业者给予支持。例如：州政府拿出专项经费对科技成果转化的创业者给予专业培训，以非常低的价格提供办公空间。在纳沙泰尔，开办一间创业公司非常简单，只需要两周时间就能完成各种手续。很多当地企业依托 EPFL 进行研发活动，甚至很多小型企业的研发部门就设在学校的实验室。这种情况不仅使企业节省了很多人力和设备方面的投资，同时学校的实验室也能获得持续发展的资金支持。

EPFL 充分发挥了纳沙泰尔地区在微电子技术和纳米技术方面的地域优势，扎根纳沙泰尔城中心不断扩大发展空间。由于这里是欧洲最密集工业区的核心，同时又是高科技制造企业云集处，EPFL 与纳沙泰尔大学、西部应用科学大学、微电子技术中心等多所大学及科研机构一起共同组成了当地创新链的重要组成部分。

为促进构建环境领域的研究，EPFL 于 2014 年在弗里堡州弗里堡市开辟弗里堡校区（EPFL Fribourg），校区建设主要依托市内蓝色工厂创新园区内的智能生活实验室。随后几年，学校继续扩张弗里堡校区。2021 年，EPFL 在弗里堡建设的新的智能生活实验大楼竣工了。作为 EPFL 的西部校区，这里也成为瑞士创新园网络的核心。在智能生活实验室中，汇集了 EPFL、弗里堡工程与建筑大学和弗里堡大学等三所大学的有关学科的研究精英，重点在建筑技术、行为健康、智能设计和能源系统等领域开展研究。在智能生活实验大楼，研究人

① 江小华 程莹．大学校长引领研究型大学的跨越式发展——以洛桑联邦理工学院为例[J]．复旦教育论坛，2015，13（6）：93-100.

员和公司通过真实条件下的实验开展跨学科研究项目。在这里，企业、公共部门和学术机构通过共同开发创新项目，共同拥有先进的研究基础设施。

瓦莱校区位于瓦莱州阿尔卑斯山区的山脚下，拥有能源、环境和健康、绿色化学等领域的10个实验室，226名从事研究、行政和技术的人员，近百名博士生，相关人员来自43个国家或地区。能源实验室深度融入区域的能源政策，在促进阿尔卑斯山区的研究和创新方面发挥了重要作用。

EPFL将生物技术、神经科学和神经学等领域研究机构集中设在日内瓦州的生物技术园区（Campus Biotech）。生物技术园区建有“怀斯生物和神经工程中心”（Wyss Center for Bio and Neuro engineering），聚焦神经科学技术。这里还设有EPFL享誉世界的“蓝脑计划项目”（Blue Brain Project）以及由EPFL牵头的欧盟研究项目“人脑计划”（Human Brain Project）。

世界一流大学，必有世界一流的大学建筑。

笔者曾于2016年首次访问EPFL，后来又陆续访问了几次。走在静静的校园中，令人印象深刻的是一幢公共建筑——劳力士学习中心[①]。如图3.4所示，该建筑就像是一处地标，吸引着人们前来访问和体验，向人们展示21世纪人类新的学习方式和交互影响的意义。劳力士中心正是要体现EPFL的办学理念：不同类型的合作以及跨学科的研究，是实现科技进步必不可少的条件。一个好的建筑，特别凸显其作为人员交往的社会属性，位于建筑之中的人们可以一起

图3.4　EPFL劳力士学习中心

（来源：EPFL官网）

① 劳力士学习中心由日本SANAA事务所设计，于2010年2月22日正式开放。

吃饭、喝咖啡、学习、讨论。不管是现在还是将来，都要能够提供灵活的使用方式，去接受和吸收新的科技和新的工作方式。同时，建筑本身也处于演变和发展的过程当中。

劳力士学习中心正是凸显了这样的设计理念，中心内部具有很多宜人而亲切的公共空间，它致力于促进来自不同学科的人们进行更多接触和思想交流。在中心内部空间较高的区域，人们不仅可以看到学校的景色，而且可以欣赏到壮观的日内瓦湖和阿尔卑斯山的美景。学期末，学生可以到劳力士图书馆自习室复习备考。作为 EPFL 的一部分，这座学习中心成为现代学习设施的典范：2 万平方米的空间为人们提供了阅览室、信息咨询、交流空间、学习空间、餐厅、咖啡厅和美丽的室外风景。设置在中心的图书馆，藏书 50 万册，是欧洲最大科学图书馆[①②]。在世界各地瑞士使领馆的宣传视频中，就有 EPFL 劳力士图书馆的身影，可见它在瑞士人心目中的地位。

3. 两所联邦理工大学的主要特点

1）注重办学质量

（1）顶尖教师队伍。两所学校都有顶尖的教师队伍，注重教学培养质量。

在 ETHZ，教授大多是通过全球招聘的顶尖学者。两所学校在学术上有着卓越追求。总体而言，学校的教授、科研人员和研究生发表的学术论文权威性很高，引用频次也非常高。例如地球科学学院地质系的构造地质与大地构造组教授团队，其团队成员均是通过招聘和竞聘而来的全球优秀学者。

瑞士媒体 Swissinfo 报道，65 岁的莎拉·斯普林曼（Sarah Springman）教授是一位英国人，在 ETHZ 任教 25 年，并任教务长一职长达七年，是土木工程系的首位女教授。她于 2022 年 1 月告别 ETHZ，回到祖国英国，担任牛津大学圣希尔达学院的院长。斯普林曼在工程学及国际体育管理方面有很高的学术造诣，荣登 2022 年英国女王的新年荣誉榜，并获得“女爵士”头衔[③]。

---

① Yamada Y，Yamamoto R，Kato O，et al. 劳力士学习中心［J］. 建筑技艺，2010(05)：92-99.

② 4 个大的学习区域可以容纳 860 名学生在此阅览书籍，同时为超过 100 名的来自联邦理工大学和其他地方的员工提供办公空间；媒体图书馆为人们提供近万种的杂志和电子期刊，以及先进快速的书目搜索设备；学习中心为研究生们提供了大学主修课的课程档案和研究论文合集，同时还有 10 个小的交流场所用于共同的讨论和交流。

③ 她的退休令整个 ETHZ 感到难以割舍，因为这位教务长深受学生的喜爱。斯普林曼除了在学术事业上享有盛誉之外，还是位著名的铁人三项赛精英运动员和国际体育管理人士，她在苏黎世期间，一直非常享受在苏黎世湖上划艇。

再看 EPFL，以电子工程计算机领域的师资为例，2020 全球顶尖电子工程和计算机科学家排行榜中，EPFL 有 16 位科学家上榜，位居瑞士第一，全球第七①，可见 EPFL 的师资占据着全球信息学科领域的绝对优势。EPFL 不仅在计算机科学和电子工程领域处于世界领先地位，其他学院的师资也多是相关领域的世界级专家。从近些年人才的引进来看，世界顶级教授和科学家大有向 EPFL 汇聚之势。EPFL 资本雄厚，很多教授都是从世界顶尖大学或者研究机构“挖”来的业界大牛，其中不乏来自美国顶级藤校和欧洲老牌名校的教授。

（2）精益求精的办学理念。在办学理念方面，两所学校都强调“重质不重量”，强调精益求精，其特征就是筛选优秀学生，保持量少质精的培养模式，将更多资源投向优秀学生。

两所学校招生只看生源质量，不会按照地区划分名额。在生源方面，学生大多来自欧美、亚洲等国家，他们都是成绩优异的佼佼者，录取率不到 10%。一般情况下，学校通过调整专业课程选课规则和教学安排来维持较高的师生比，招生名额会根据生源质量浮动。学校会积极跟踪往届不同本科学校生源质量，并利用交换生制度甄别优秀学生，形成了一套成熟的优质生源选拔机制。事实上，凭借享誉全球的学术声誉，优越的科研条件和优厚的薪资待遇以及对学生的慷慨投入，两所大学每年都吸引了全世界顶尖的学生。

两所学校的学科均以自然科学和工程学见长，在教学上非常注重工程案例的讲解和运用，致力于培养学生的研究能力和实验能力。学生会投入非常多的时间在实验室，从事高频率、高强度的科研实践。即便是本科生，课程设置也是科研导向的。在教学模式方面，两所学校也注重突出个性化，在选课上赋予学生很大权力。甚至可以做到有多少个学生，就有多少张课表，不仅给了学生第二次选择专业的机会，还避免了学生毕业后同质化竞争的情况。在学业安排方面，学生可以和导师共同协商决定自己的培养路线，这无疑有利于学生专业技能的自由发展。

ETHZ 非常强调对学生数学能力的培养。学校认为，只有让学生具备良好的数学基础，才能应对高强度、高难度的专业理论课。一百多年前，爱因斯坦在 ETHZ 就读，他在学校受到了非常好的数学训练；他的大学恋人、同班同学米列娃数学尤其好，后来多次为爱因斯坦发表的论文提供数学方面的支持；他

---

① Guide2Research. World Ranking of Top Computer Scientists in 2020 [EB/OL]. (2020-06-19) [2023-10-01]. https://cacm.acm.org/careers/245713-world-ranking-of-top-computer-scientists-in-2020/fulltext.

的挚友、同班同学马塞尔·格罗斯曼（Marcel Grossman）[①] 后来更是成为在数学理论上帮助他实现了广义相对论研究的伟大数学家。近些年，ETHZ 不断涌现全球顶尖的数学家，数学系的阿莱西奥·菲加利（Alessio Figalli）获得了 2018 年菲尔茨奖，获奖时他才 34 岁。ETHZ 给一位曾在此留学的中国学生留下这样的深刻印象：

> 当你感受到，一群人把事情做到极致，做到真的无可挑剔，做到你真的觉得真的不能再好，做到即使你根本不知道他在做什么，但是你也能发自内心地觉得他做的事情很厉害，感觉到他做的事情很美。这种震撼和激励对人一生的发展都有莫大的积极作用。在 ETHZ 读书，也就意味着和这个世界上一群数学最好的人成为同学。在 ETHZ 读书的几年就是恶补数学的过程，然后再被各种“大神”打击。相比恶补了三年的数学，ETHZ 教会我的这些，显然意义更大。

（3）严格的质量保障机制。两所学校都有着极为严格的淘汰制度。在 ETHZ，两门功课不及格就会被退学，本科淘汰率高达 50%以上。有位中国留学生用通俗的语言这样归纳道：

> 大一靠数学分析一和物理一淘汰 50%入学的人，大二再靠数学分析二、三和物理二淘汰剩下中的 50%。从入学开始算，本科毕业率只有 25%左右——不是因为学生差，而是考试难。在这样严酷的学业淘汰制度下，保证了 ETHZ 本科毕业生质量非常卓越，“冲出来”的都是“很牛的大神”。经过了这样学业“洗礼”的学生，学过的东西一定是“真的会”——他们深入学科的底层和前沿，能熟练地将知识加以应用，甚至达到接近老师的水平。

两所学校的考试体系也十分严格。考试大多安排在假期之后的下一个学期开学初始时段。一般学生在 5 月底结束本学期课程，放 3 个多月暑假，9 月初开学。然而，学期考试却经常安排在 9 月初开学之后不久。学生们将这种假期安排戏称为“3 个月复习假”。在瑞士人看来，只有全身心投入在一件事情上，才能真正成长。作为学生，就是要不停地学习。

---

① 瑞士数学家，1878—1936，生于布达佩斯，卒于苏黎世。早年在巴塞尔上学，后到苏黎世工业学院深造，1907 年任教授，1912 年获苏黎世大学博士学位。格罗斯曼是物理学家爱因斯坦的同班同学。爱因斯坦在创立广义相对论时遇到数学上的困难，格罗斯曼就将意大利数学家使用的绝对微分几何介绍给他，使广义相对论思想得到完美的表述，他还发现了用绝对微分几何表示万有引力定律的形式。为了纪念他的贡献，从 1975 年开始每年都会举行纪念格罗斯曼的国际会议。

(4) 注重对学生的综合培养。两所学校对学生的培养是多方面的。不仅注重培养学生的学术水准和科研能力，还特别强调学生的表达能力。在教学实践中，教师非常注重锻炼学生的演讲能力，强调学生要有做好 PPT 的能力——简洁、得体、有逻辑、有说服力。

以 ETHZ 为例，本科是三年制，包括理论学习、分析方法学习、实验和野外工作等。前两年培养的重点是数理化等基础课以及专业基础课。学生们在第三年选择专业，开始专攻专业并为他们的研究生学习做准备。此外本科生教学过程中的第五和第六学期还设置两个关于学术成果的口头和书面表达技巧的研讨会，学生们将他们在两个研讨会中所学到的知识应用到他们的学士论文中，并在最后的展会上以海报的形式展示他们的工作成果。很多中国留学生感慨："在 ETHZ，除了令人崇拜的优秀老师和同学的学术研究成果，还有那些赏心悦目的 PPT。" ETHZ 的教学目标不仅注重学生理论知识与实践能力的提高，也强调学生在其他交叉学科方面的学习，以及社会责任感和独立能力的形成。①

相对来说，EPFL 则非常注重小班教学。EPFL 的生源规模比一般的普通大学小一些。绝大多数课堂在 20～30 人以内，而含有实验室实践操作的课程班通常在 20 人以内。得益于小班教学，每个学生都可在课堂中充分利用教师和实验资源。学校在部分课程中投入大量经费，资助学生做科研项目，实验室或者外部企业研发和设计部门也会给学生提供岗位做科研项目。由于课堂人数严格限制，学生和学生之间、学生和教师之间的互动频率非常高。学生们可以在班上和老师一起讨论问题，这对学生把握科研发展趋势和研究方向大有裨益。

2) 强调原始创新

两所学校都致力于提高并保持在世界顶级的科学研究水平上，很多实验室所从事的科学研究引领着行业变革方向。

两所学校都对研究生教育尤其重视，这一点值得注意。这两所学校的本科都只有三年，主要聚焦基础课程。学生进入高年级后，要经过筛选淘汰并达到较高的语言能力要求后才可继续攻读研究生。硕士教育是博士阶段之前所有培养阶段的核心，专业课和科研项目会在这个阶段展开，学生将得到完备的学术研究培养，研究生项目和毕业论文也由导师"一对一"指导。硕士毕业生绝大多数去向是读博士或者去实验室做研究，也有不少毕业生到学校周边的创新企业进行创业。两所学校的研究生人数不及本科生人数的一半，但研究生年均经费投入是本科的数倍。EPFL 每年毕业的研究生不足 1000 人，但该校却有 360 多个世界顶级的实验室。

---

① 陈小宇，仲歆，刘俊来．苏黎世联邦理工学院建设全球顶尖地球科学专业的启示[J]．中国地质教育，2019，28 (4)：85-89.

两所学校都不仅强调学术研究的前瞻性，还特别强调学术研究要与经济社会发展紧密结合。例如：ETHZ 的工程系教授拉斐尔·丹安德里亚（Raffaelo D' Andrea）在 IDSC 实验室主要研究未来科技。他研发的无人机注重智能性和协作性，通过设计一种通过机载本身就能解决定位的新方法，便不再需要费用高昂的 GPS 定位系统了。丹安德里亚同时也是 Kiva Systems 公司的创始人之一，该公司有一个领先行业的智能物流系统：在一个无人的仓库中，由机器人分发包裹，系统算法可以保证包裹分发的方式一定是最优的（最快或者最省钱）。后来，这个公司被美国商业巨头亚马逊公司收购[①]，以进一步发展其在电子商务领域的优势。德安德烈亚作为一个科学家，因为在商业领域的贡献，身家达几十亿美元。但他最热爱的，还是在 ETHZ 做学术研究。

而 EPFL 强调奉行“手脑并用”的教学原则。在课程中设置一些结合当前工业应用领域的项目作业，从而将理论知识与工程实践贯穿起来。由于这些课堂项目面向行业需求，学生做出来后可以直接拿到市场上进行成果转化。例如，设计基于 3D 打印的项目、无人机设计等。EPFL 还特别强调培养学生计算机运用的能力。在 EPFL 的教育理念中，学生应该具有将专业课理论知识“代码化”的能力，即用编程语言来表达自己的研究思路。EPFL 要求学生在信息技术日益更迭的时代，预先熟悉重要的行业工具软件，从而提高学习研究能力和职业竞争力。为让学生尽快适应并提升计算机编程能力，EPFL 在很多偏向应用领域的专业课作业里让学生组队去尝试运用计算机编程语言来表达自己上课所学到的专业知识。有些课程，在给出习题答案的同时，也会给出 Matlab 代码编程样例，以便让学生更深刻地理解计算机语言运用。这样的好处，就是让学生熟练掌握计算机语言与计算机应用能力。

在课程设置上，两所学校紧跟当前工业和科研发展的最新方向，加快课程更新的频率，从而让学生有很多机会接触到最前沿的工程实例。由于课程是研究导向型的，这就要求学生将所学的理论知识转化为科研能力。在修完基础课程后，学生还必须完成 2～6 个月的实习必修课，他们将在企业或校企联合实验室参与具体项目。学生将在这些贴近市场需求的项目中找到兴趣点，然后再进一步确定今后深入研究的方向。

3）推进科技成果转化

两所大学深刻认识到，大学创业公司作为知识传递的重要途径，是重要的创新推进工具，能对当前日益复杂的经济增长情况起到支撑作用。两所大学及时抓住了科技成果转化的关键时机。

① 该公司随即更名为 Amazon Robotics。

一是 ETHZ 的经验。

ETHZ 秉承的理念就是让学生在大学里研发出来的技术能迅速运用到商业领域中。自 1990 年以来，ETHZ 就不断加大支持力度，成立专门负责校内专利和技术转化的小组。该小组后来逐渐发展为具有独立预算职能的“技术转化办公室（ETHZ Transfer）”，从属于 ETHZ 的管理科研与企业关系事业部。技术转化办公室通过下述活动实现对大学研究成果与技术的商业化支持：

① 与产业或教育机构的研究合作；

② 技术许可；

③ 支持高校创业公司的创立。

技术转化办公室支持其学生和教师将初始想法转变为可持续的商业模式，为他们提供指导和场地，并提供各类培训、会议和社会网络资源。其中包括与不同业界领袖和咨询顾问的合作，例如，苏黎世科技园、麦肯锡公司。

自 2010 年以来，ETHZ 设立先锋奖学金，为已毕业的硕士或博士生在前 18 个月的创业实践提供 15 万瑞郎，以帮助他们进一步将研究成果转化为成功的商业产品。2012 年，创新创业实验室（IE-LAB）成立，为优秀的创业项目提供孵化工作，为潜在的企业家提供辅导，并进行覆盖创业各个层面的培训。

ETHZ 还与苏黎世当地创新机构、企业开展积极互动。例如，ETHZ 与创新机构 Technopark Zurich 开展的合作。Technopark Zurich 整合了约 300 家科学、技术和金融领域的公司资源。同时，在其周围还有 IBM、迪士尼、谷歌、Oracle Labs 等研究机构，为初创企业和研发部门企业孵化器活动的开展构建了一个理想的创新环境。

技术转化办公室的高效运转，使 ETHZ 成为苏黎世以及瑞士企业和创新生态系统的重要组成部分。ETHZ 科技成果转化中心（ETHZ Transfer）也因此成为全球首个非英语国家获得年度“全球大学风险投资奖”的大学机构。ETHZ 还在新平台、新技术方面斥巨资，以期未来在核心关键领域产生更多原创性成果①。

ETHZ 通过建立完整的创新创业教育链条，提升学生的认知水平和企业领导能力。学校设立“星火奖”（Spark Award），表彰上一年度最具前景的专利和发明，其评价标准为：具有原创性、专利水准和市场潜力。

ETHZ 官网数据显示，自 1996 年以来，短短 20 多年中，ETHZ 成功孵化出近 500 个创业公司（数据截至 2022 年 1 月）。2020 年，学校成立了 34 个风险投资企业，获得了 165 项发明，申请了 115 项专利，获得了 43 项专利许可。2021 年成立创业公司 25 个。在此期间，学校不断加强对高校创业公司的支持。

---

① 相关信息参见 ETHZ 官网。

ETHZ 的这些努力，有效地将学校创业者早期的想法和技术转化为成熟的商业模式，以增强瑞士作为世界创新领导者的地位。

二是 EPFL 的经验。

和 ETHZ 一样，EPFL 也有专门的科技转化办公室（TTO），起到连接大学实验室和中小企业、初创企业的桥梁作用。

如果学生在写论文或者做相关专业项目时，做出了有市场价值的东西，那么就有很大机会得到投资机构的资金支持。当地政府为创业者提供配套的工作签证。例如用学校给予的预算，在一个学期内由老师引导学生设计出面向市场的产品后，学校会支持学生做海报，还会安排专利申请机构的人员评估学生的作品。事实上，几乎每个研究团队都能得到有关科研项目的资金支持。

除了 TTO 之外，学校联合纳沙泰尔大学和瑞士电子微技术中心（CSEM），对在校的博士生进行免费创业培训。参加培训的学生可以得到经验丰富的创业人士的专业指导，这对促进学生的创业很有帮助。

EPFL 官网数据显示，自 2000 年以来，EPFL 已创立 300 余个创业公司。2016 年，瑞士前 10 强初创企业排行榜上，仅 EPFL 工程学院孵化的企业就占了三成，可见其强大的企业孵化能力。2018 年，EPFL 孵化的创业企业募集投资为 2 亿瑞郎，EPFL 一所学校的融资规模就占到瑞士全国的 16%。2020 年，EPFL 新成立了 25 个创业公司（相当于每个月创立 2 个）。在学校的担保下，2012—2020 年间，创业公司回馈给大学的捐赠基金高达 16 亿瑞郎。

三、瑞士职业教育①②

完善的现代职业教育体系，能提供可持续的人才供给及技术竞争优势，是国家创新竞争力的重要支撑。瑞士具有出色的人才培养结构，发达的职业教育体系。尽管绝对规模不大，但其接受职业教育人口的比例却是全球最高的。与同样具有发达职业教育体系的德国相比，瑞士职业教育制度更加精细、灵活和包容，其政策的融合性和开放性推动了职业教育治理不断走向卓越。

笔者在瑞士工作期间，与工作团队深入瑞士职业教育一线，通过访谈、走访、文献整理、案例收集等形式，对瑞士的职业教育相关政策进行研究，深刻感受到瑞士职业教育有不少值得学习和借鉴的经验。

---

① 骆毅．瑞士这样提升职教“含金量”[N]．中国教育报，2019-04-12（5）．

② 骆毅．瑞士职业教育政策分析及其启示[J]．青岛职业技术学院学报，2019，32（5）：64-69．

（一）访问拉绍德封工艺美术学校

2017年夏季，笔者访问纳沙泰尔山区跨地区培训中心（简称CIFOM）及其下设的拉绍德封工艺美术学校，参观了这里的钟表雕刻专业和钟表设计专业学生课堂、学生毕业设计作品展示厅，以及用于制造钟表零部件的3D打印机和小型数控等设备。在这里可以充分感受到纳沙泰尔山区跨地区中心及拉绍德封工艺美术学校取得的瞩目成绩。

通过此次走访，笔者对瑞士法语区职业教育的组织形式和管理结构有了更加直观的认识，特别是对瑞士钟表领域专业技能人才的培养模式有了更清晰的了解。

纳沙泰尔山区跨地区培训中心下设五个附属职业技术学校（4个普通职业学校，1个继续教育中心），其中最负盛名的为拉绍德封工艺美术学校。它是世界上第一家与钟表行业相关的职业技术学校，由瑞士纳沙泰尔州附近的钟表行业协会在一百多年前发起成立。目前，学校开设有钟表雕刻、钟表设计、钟表黄金铸造、宝石镶嵌等专业，每年的招生名额有严格限定，部分专业的年度招生数量甚至仅为个位数。学生需要经过3～4年的严格培训后才能毕业。与其他职业学校不同，该校实行全日制，学生的整个学习时间都在校内。学校几乎所有教师都来自当地钟表行业企业，这些教师带着行业和企业最新的知识和发展趋势来到学校，为学生传道授业。

（二）职业教育历史

瑞士职业教育有着比较长的发展历史。

19世纪下半叶，为了提升产品质量及国际竞争力，瑞士企业陆续建立一系列专业协会。这些专业协会在学校开设职业教育与培训理论课程，而企业则教授实践技能，初步形成了“双轨制”（dual-track）[①] 的职业教育与培训。

1884年，联邦政府决定通过资助学校来支持职业教育与培训。同时，各州颁布了职业教育与培训条例，要求企业与学徒签订合同，说明其工作条件和教育质量，以保护学徒免受剥削。由于没有宪法基础，当时联邦政府尚不具有管理职业教育与培训的权力。

1908年，联邦宪法赋予联邦政府管理职业教育与培训的权限，使联邦政府具有了宏观调控职业教育体系与发展的能力。

1930年，瑞士颁布了首部职业教育与培训法律[②]。

---

① 后文将对“双轨制”作详细介绍和分析。

② Hoffman N，Schwartz R. Gold Standard：The Swiss Vocational Education and Training System [R]. Washington：National Center for Education and the Economy，2015.

1963年，职业教育法进行修订，以应对数量越来越多的学徒以及相关技术、生产和部门组成的变化，支持发展继续教育，为每个职业引入培训要求，并从制度上定位职业教育的重点，不仅包括教授职业技能，还包括普通教育。

1978年，职业教育法再次修订，确立了职业培训项目（PET）的地位与作用。与定位为高中层次的职业教育与培训（VET）不同，PET定位于高等教育中的职业培训。同时，这次法律修订，还强调通过创建第三方学习地点，来降低企业培训成本①。瑞士的职业教育地点，从“学校-企业”的二元结构，逐渐向“学校-企业-第三方学习中心”的三元结构转型。

1994年，在联邦政府推动下，瑞士的教育体系开始授予学生职业学士学位。

1996年，通过系列改革，应用科学大学中不断增加职业教育与培训课程，使职业教育更具时代性和吸引力。

1999年，联邦政府修订宪法，联邦政府承担对职业及职业教育的监管责任。

2002年，职业教育法再次修订，现称为联邦《职业与专业教育与培训法》（VPETA）。该法提出了开发职业教育与培训课程框架的方法，对培训内容、员工资格标准、资格认证程序和考试等进行了全面界定②。

（三）钟表职业教育培养机制

从事钟表行业工作是一项特殊职业，无论在技术上还是工艺上，都需要从业者在整个生产过程中熟练运用专业技能，精密操作。制表业成功的一个关键，就是要求整个生产过程都在人为的严密控制之下。瑞士成功的钟表职业教育，在很大程度上决定了瑞士钟表业的繁荣，是瑞士职业教育系统创新改革、良性运转的一个典型缩影。

1. 钟表学校的体系结构③

1）中等职业教育（钟表学徒学校）

1824年，基于钟表企业自身发展的需求，日内瓦创建了瑞士第一家钟表学校——日内瓦学校（Geneva School）。之后几十年内，纳沙泰尔和伯尔尼相继开设了钟表学校，而大部分制表企业也位于瑞士西部的法语区。

---

① Renold U，Bolli T，Oswald-Egg M，et al.. On the Multiple Dimensions of Youth Labour Markets [R/OL]. (2014-08-15) [2023-10-01]. https://www.researchgate.net/publication/_the_Multiple_Dimensions_of_Youth_Labour_Markets_A_Guide_to_the_KOF_Youth_Labour_Market_Index.

② 汪晟．瑞士职业教育制度变迁、体系及治理研究［J］．职教论坛，2019（4）：163-169.

③ 本书关于钟表学校的有关内容，基于笔者在瑞士期间与团队一起共同开展的调研材料整理。

起初，钟表学校仅仅偏向基本理论知识的传授，后来才渐渐形成了中等职业教育的教育模式。

近一个多世纪以来，钟表学校传授最先进的工艺和技术，培养出一代代顶尖的钟表人才。

“钟表学徒学校”属于中等职业教育里面的一个分支。这里实行“师-徒”手把手传授工作经验的教学模式，是瑞士“匠人”精神的最佳体现。学徒既是学生，也是潜在的、高质量的技术工人。

钟表学徒学校的地理分布十分集中，大部分学徒学校集中在法语区，这与制表业的生产传统和地方经济发展结构有关。例如，在地理位置相对封闭、人员流通相对少的汝拉山区，有 6 家钟表学徒学校，分别位于比尔、日内瓦、力洛克、拉绍德封等地。

钟表学徒一般在学校学习三年至四年，其中部分优秀学生能够进入表厂实习工作，并同时得到可观的收入。钟表学徒从学校毕业可以取得联邦颁发的证书。

2）高等职业教育

（1）高等职业学校（技师学校）。钟表学徒学校学生毕业后，其进修方向之一是技师学校。和学徒学校的课程相比，技师学校在学业上更偏向实践技术，是更深入的研究和学习。通常而言，此类学校一般需要有相关行业背景的学生才能够进入，且需要通过特定的资格考试。技师学校的学制通常是两年制。

目前，大部分和钟表相关的技师都集中在力洛克的 CIFOM 学校。钟表技师学校致力于培养制表师和修表匠，所以大部分是动手实践操作的钟表和机芯课程，属于手工艺从业者范畴。

（2）应用科学大学①。瑞士有两所应用科学大学，提供钟表工程方面的学位和课程，分别是位于纳沙泰尔的 HE-ARC 应用科学大学和位于日内瓦的 HEPIA 应用科学大学。应用科学大学的学制通常为三年制，是学徒学校学生和高中生毕业后的一个主要进修方向。此类学校着重培养钟表领域的工程师，与制表师相区别，学生毕业后获得本科文凭。

（3）继续教育硕士（MAS）项目。MAS 项目作为学术型教育的一个补充，致力于培养学生某个领域的职业技能，由综合性大学或应用科学大学提供。

这类大学为特定项目或招收的学生制定相应的培养标准，学生可以通过修满不同程度的学分而获得不同等级的文凭。例如：修满 30 学分可获得继续教育文凭（DAS），修满 10 学分可获得继续教育证书（CAS）。这些不同层次的继续教育经常与职业教育有关的教育实践结合在一起。学生可以就读与钟表方面相

① 关于应用科学大学的详细情况，后文还将重点分析和讨论。

关的硕士学位课程。例如：HE-ARC 主办的 MAS 项目，学生在力洛克校区接受大部分课程，学制为两年制或者一年制，可以“半工半读”。这些课程比较适合本科为工程类而硕士阶段想要进入钟表行业的学生。

3）成人教育

出于“订单式”人才培养模式的需要，部分钟表企业独立建设并运营“钟表人才教育中心”。这些中心为成年人提供继续教育，有时钟表行会也在这里组织教学。这种教育中心的定位，非常适合已经在其他行业就业却又想转入钟表行业的成年人，也很适合那些想进一步学习钟表知识的人。

一些情况下，企业也会与钟表行会合作，在地方政府的支持下成立“钟表成人培训学校”，其定位与“钟表人才教育中心”类似。由于这类学校一般都是私立学校，学费相对昂贵。但它的优势在于，其中有一部分学校提供英语教学的钟表课程，吸引很多来自其他国家的制表学生。其中，比较大规模的两家是 Wostep 和 CFH。另外，还有一部分学校其教学是个人承办，一般是一个或者几个制表师开办的培训班性质教学，在一个工作室里面进行授课，培训时间有长有短。

2. 钟表职业教育的特点

通过以上讨论，可以归纳出瑞士钟表职业教育具有以下几个特点。

第一，在教育体系方面具有科学合理的层级设置。从最基础的钟表学徒学校，到精心培养“钟表工程师”的应用科学大学，瑞士在钟表教育体系的设置上具有梯队性、层级性和包容性，这种致力于培养不同类型钟表人才的初衷，顺应了钟表市场的需求，也契合了学生自身的专业能力和发展需求。

第二，在办学导向上面向市场，注重学生的培养质量。钟表学校注重对钟表工程学生的实践能力培养。作为职业教育非常重要的一环，培养实践动手能力和制作零件的能力显得尤为重要，而瑞士应用科学大学的做法，是通过比赛和项目的形式训练学生的相关能力，并贯穿在整个学制中。

第三，在教学手段上注重理论与实践的有机结合。尽管定位为职业教育，但各个层级的钟表职业学校都无一不是并重推行理论与实践的综合教育。在学徒学校，学徒在跟着师傅学习动手操作的同时，也需要到“钟表教育中心”定期接受理论知识的学习。在应用科学大学，学生一开始学习通识教学课程，在高年级又逐渐转向基于项目实践的动手能力的培养上。

第四，在教育对象上面向多类学生群体。以“钟表教育中心”为例，其定位不仅为培养钟表企业的学徒，也面向社会对钟表工业感兴趣的成年人，而这些人也将成为一名潜在钟表从业人员。这种教育的开放性有利于人才的合理流动，使得个人的上升空间有更多选择。再例如，很多钟表学校、钟表企业经常会定期向公众开放，向外界展示教学和生产成果，从而有利于激发中学生或感兴趣的成年人对钟表职业的兴趣，有利于吸引未来热衷于钟表事业的学生。

第五，在办学力量的组成方面强调多元合作。例如：在当地政府的支持与协调下，钟表职业培训学校与大部分公司存在紧密合作关系。这种合作关系，对于公司和学校来说是一种“双赢”模式。学校可以通过和公司的合作培养学生的实践能力；公司能够提前选择和定向培养未来的技术员工，并且通过支付实习工资来降低企业的人工成本。不仅如此，钟表行业协会也常常参与到一些教学和资格考试的组织之中。

（四）职业教育的政策核心

根据上述钟表职业教育案例的分析，结合相关研究文献，以及笔者的调研和实地考察，不难发现，瑞士职业教育政策体系的政策核心集中体现在以下六个方面[①]。

1. 科学分流

在瑞士的教育体系中，实行一种“学生分流机制”。从宏观层面看，这种分流机制有利于挑选出适合现代经济社会不同岗位需求的潜在“接班人”；从微观层面看，这种机制尊重了学生今后的从业兴趣并适应了个人自身的学习条件。这种分流机制使得瑞士2/3以上的初中毕业生进入职业教育体系，只有不足1/3的学生进入普通高中，最终获得高等教育文凭的人数比例不足20%。2016年瑞士官方数据显示，瑞士全年获得VET学位文凭的有62762人，而获得高等教育学位文凭的仅为14402人[②]。相较于其他工业化国家，瑞士接受职业教育的人数比例极高。

具体来看，分流机制包括有以下举措。

（1）瑞士学生有机会在义务教育阶段访问自己感兴趣的企业，现场体验工作属性，参与劳动实习。

（2）中学毕业前，学校根据学生平时考试成绩及表现，推荐学生相应进入中等职业教育或普通高中教育。

在联邦和州的各个层面，政府、社会以及教育行业组织等，也通过相应的政策引导来进行宏观调控，具体表现在以下几个方面。

（1）在教育体系设置上，政府赋予职业教育与综合性大学平等地位。

（2）在从业资质认可方面，企业注重从业者的职业素质而非大学文凭，专业资格持有人与高等教育资格持有人之间没有明显差异。

（3）在岗位流动方面，具有高等职业教育文凭的人大多到小型企业工作，而具有高等教育文凭的人往往为规模较大的企业工作（瑞士80%以上的企业均为中小型企业）。

---

① 骆毅．瑞士职业教育政策分析及其启示［J］．青岛职业技术学院学报，2019，32（5）：64-69.

② 详见SERI官网关于“Swiss Education System”的信息。

（4）在社会就业观念方面，接受职业教育的毕业生在各行各业中都受到尊敬和重视，也能获得较高薪水。长期有效的新闻报道和招生宣传，使得雇主、家长以及学生形成固有印象：职业教育不是被“淘汰”后的“无奈选项”。

2. 严格认证

瑞士的职业教育体系有着覆盖广泛且严密的学历认证机制。从学习阶段来看，大致分为四个层级的认证。

（1）联邦中等职业教育与培训证书。中职学生可获得在接受相关课程和职业培训后的毕业文凭。一般要求接受为期两年的全日制课程。

（2）联邦职业教育高中文凭（FVB 文凭）。在中等职业教育的后期，如继续参加一至两年的职业高中课程和培训并通过全国组织的考试，合格者可获得该文凭。获得 FVB 文凭便可进入高等教育机构，如公立大学或应用科学大学。大约 40%中等职业教育的学生会选择参加职业教育高中文凭课程[①]。

（3）职业培训项目（PET）文凭。在高等职业教育机构中，开设有职业培训项目（PET），学生以全日制或者在职形式完成培训，参加联邦政府组织的 PET 统一考试（共分八大不同行业领域 57 个学习项目，共计 400 余个不同项目的考试），通过后便可获得该文凭。这个考试能够让他们获得更具职业指向性质的职业技能和职业认证，因此该考试也成为就业的“金字招牌”。职业教育机构和商业协会参与 PET 课程设置并组织考试。申请 PET 项目的学生需要在特定领域有数年工作经验，拥有高级中等联邦职业教育培训毕业证或同等程度资格[②]。

（4）联邦职业学士学位、硕士学位证书和毕业文凭。如果学生决定接受普通高等教育，可以在公立大学或应用科学大学获得学术型或专业型的学士学位、硕士学位证书和毕业文凭。

3. 面向市场

教学设置基于以市场需求为导向的策略，致力于帮助学生获得某项职业所需的技术和能力，其基本教育体制为“学徒制”。正是因为“学徒制”的存在以及职业人才的配给，使得瑞士的失业率常年保持在 4%以下。

在劳动力市场，寻找“学徒职位”是瑞士年轻人从学校走向职场的第一步。他们在中学阶段的后期就开始尝试申请公开的工作岗位，学习如何撰写申请信和进行面试。企业选择最适合空缺职位的申请人。政府密切监测学徒市场的运行情况。各州通过一个名为“LENA”的全国协调互联网平台及职业指导和咨询

---

① 参见 State Secretariat for Education，Research and Innovation（SERI）官网相关信息。

② 鄂甜，苏永昌．瑞士职业教育的跨企业课程分析与借鉴［J］．职业教育研究，2019（5），85-90.

中心向青少年公布开放职位。企业也在报纸或私人互联网平台上公开其职位。由企业组成的专业协会协调成员企业提供学徒职位[①]。

学徒制以学生与雇佣企业签订工作合同为基础，企业给予学生实习工作机会并提供薪水，学生提供劳动产出。一般由在企业工作多年的老技工来指导学徒，他们每周有2天左右在工厂参与“真枪实弹”的工作实践。这种“传、帮、带”的“师-徒”互动模式，让学徒能在2年左右的时间内较快成长为技术精湛的专业工人。2017年瑞士官方数据显示，70％的职校学生签约成为企业的一名带薪“学徒”，有75％的瑞士企业提供学徒职位，知名企业如瑞银、瑞信、雀巢、诺华、罗氏等公司都有相应的学徒实习项目。

4. 推行“双轨制”

瑞士的高中职业教育中，普遍实行一种被称为“双轨制”的教育和培训模式（dual-track VET），即：既注重以课堂为基础的教学（每周1～2天在学校全日制学习），也强调学生到企业接受“学徒制”带薪实习（每周3～4天在企业生产一线工作）。这种半工半读形式的“双轨制”，使得瑞士劳动力市场方面呈现大量潜在优质的劳动力作为后备和补充，为企业带来了直接而可观的回报。

此外，“半工半读”的模式使学生更早、更快、更直接地接触到行业前沿和工作实际，动手能力和解决问题的能力得到了更好锻炼和提高，也能更好适应不同行业中实际需求。根据2015年有关调查数据，瑞士高中职业教育中实行“双轨制”教学比例的学校高达65％。

5. 打通上升空间

在瑞士教育体系中，学生可以根据自身情况和兴趣随时改变既有的教育类型，具有灵活的个人选择空间。职业教育与综合大学之间的转换没有硬性“壁垒”。学生即便选择了中等职业教育，也能继续进入高等教育层面的综合性大学学习，走学术型发展道路。

综合性大学中的学生，也可以根据职业兴趣接受高等职业技术培训。例如：在高等职业院校获得文凭的学生，可选择进入综合性大学攻读博士学位；而综合性大学的硕士和博士生，对特定职业感兴趣的，可以到应用科学大学或高职院校接受VET项目培训。

这种灵活的上升选择机制，为学生的终身学习提供了机会，为工作流动性奠定了基础，促进了教育机会的均等。这也使得瑞士职业教育与培训体系对青少年具有较高吸引力，他们在完成学徒学习后拥有劳动力市场“入场券”，同时还拥有相应的学位，可随时继续学习。

---

① 汪晟．瑞士职业教育制度变迁、体系及治理研究［J］．职教论坛，2019（4）：163-169.

6. 多元主体参与机制

《联邦职业和专业教育与培训法》(Federal Vocational and Professional Education and Training Act，VPETA）明确指明，参与职业教育的主体包括：政府(联邦政府和州政府)、政府授权的专业机构、企业和职业培训学校（职业院校、应用科学大学、培训中心)。多元主体之间密切联系与合作。以经费投入为例，联邦政府为职业教育与培训提供25%公共资金，各州政府提供总资金的15%，专业协会和企业贡献另外60%的资金[①]。

(1) 联邦政府负责制定法律法规，如《联邦职业教育法》《联邦职业教育条例》，对职业教育与培训和专业教育与培训系统进行战略指导和开发，确保全国范围内培训质量和透明度；各州政府负责实施立法，支持建设职业教育与培训学校、专业教育与培训学校，监督学徒合同的履行，建立就业指导和咨询中心，向企业颁发教育许可证，推广职业教育与培训，与本地企业保持联系并帮助学生找到合适的学徒岗位。

(2) 专业机构：负责制定有关教育标准和资格认证标准，确保培训项目和考试客观反映劳动市场实际需求。全瑞有超过600个专业协会。每3年到5年修订面向具体职业的职业教育与培训条例，定义和更新职业教育与培训项目的课程框架及项目标准，为成员企业的学徒职位做广告，开发及运行行业课程，为企业准备培训材料等。

(3) 企业：在职业教育中起主导作用，精心培养“学徒”，使其符合企业自身要求。

(4) 职业培训学校（应用科学大学、培训中心等)：与大部分企业存在紧密合作关系。在“双赢”模式下，学校通过与企业合作来培养学生的实践能力。

(五) 深化改革不断巩固自身优势[②]

2004年新修订的职业教育法，第一次将职业教育置于瑞士的统一教育体系之中，使之与高等教育地位对等。该法明确提出，职业教育应处于国家经济战略的优先发展地位。不断完善的职业教育法规为瑞士职业教育与培训的发展提供了良好的法律制度保障。

为进一步巩固瑞士职教系统的全球领先优势，联邦政府推动和协同各州政府和行业组织制定了未来战略“VPET2030计划”。2018年，“VPET2030计划”指导委员会批准通过了第一批具体措施，进一步鼓励职教系统内多元参与主体

---

① 汪晟．瑞士职业教育制度变迁、体系及治理研究［J］．职教论坛，2019（4）：163-169.

② 骆毅．瑞士这样提升职教“含金量”［N］．中国教育报，2019-04-12（5）．

在责任范围内规划未来发展的项目，联邦政府资助构建一个专门网络平台，及时向社会公布“VPET2030 计划”相关项目建设及信息情况。

瑞士联邦政府通过调集和资助第三方评价机构，经过科学而严密的评估和论证后，认为当前职教体系的主要策略和定位是正确而有效的，因而在“VPET2030 计划”中坚持了固有的战略原则。在计划中，瑞士联邦政府提出要把今后战略的重点放在综合利用和协同配套现有法律工具方面，以致力于推动现有的职教系统与终身学习、未来需求等更加紧密结合起来。计划中还提到，需要确保职教系统保持高效结构，在关注的对象上，不仅强调对青年人的关注，同时还将更多关注那些因为失业而重返工作岗位的人、残疾人、外来移民等其他社会群体，并在未来投入更加充足的资金。

事实上，瑞士和德国都具有强大的职业教育体系。近些年，中国一直在向这两个国家学习。工匠之所以受到社会的重视，最根本的原因还是在于经济结构。可以看到，中国正在通过深化改革调整经济结构，就业层次正呈现多样化发展趋势。近几年，中国的人工费涨得很厉害，尽管还不及瑞士“高昂”的人工费，但其涨势不可避免，这也从一个侧面体现出“中国工匠”的价值。相信未来的中国工匠，一定会像瑞士工匠一样，将创新和劳动相结合，通过创新的附加值来体现自身作为工匠的价值。

四、瑞士应用科学大学[①]

瑞士自然资源匮乏，经济结构为出口导向型，优势产业主要集中在制造业和服务业。

20 世纪 90 年代，瑞士联邦政府深刻认识到，培养高素质的技术、技能人才是国家竞争力的基础。经过 30 多年发展，应用科学大学（UAS）[②] 在瑞士高等教育系统中占有越来越重要的地位，为产业发展提供了大批高层次技术、技能人才，已成为瑞士国家创新体系的重要力量。目前，UAS 的就业率已超过传统普通大学。

（一）改革初衷

事实上，几十年来，一些欧洲国家相继建立了类似 UAS 的高等教育机构。20 世纪 90 年代初，一方面，随着产业发展和技术进步，欧洲一体化进程的加快，社会经济发展对应用研究和技术转移的需求越来越强烈。另一方面，传统大学偏重于基础研究，难以适应产业发展和技术进步的需要。尤其是钟表、机

---

① 骆毅．应用型大学的瑞士创新［N］．中国教育报，2020-11-06（5）．

② 另称为“高等专业学院”或“高等专业大学”。

械加工等传统产业技术进步加快，化工、制药、电子等具有高附加值的新兴产业和现代服务业对高层次复合型、创新型技术人才的需求日益迫切。为顺应欧洲教育一体化和高等教育改革的趋势，实现与欧洲其他国家高等教育体系接轨、学历互认，迫切需要瑞士的高等教育面向社会应用进行转型。

1994 年，瑞士联邦委员会发起创新体系改革，其目标主要包括以下两个方面①。

第一，补充和完善高等职业教育。在当时，中学职业和培训教育已不能满足以科技为导向的经济发展需要。从这个角度看，UAS 的创建是 1994 年瑞士联邦实施职业教育学士学位政策的延续。

第二，支持中小型企业的研究和创新活动。推进 UAS 创建改革的一个主要初衷在于促进大城市以外的区域经济创新，尤其体现为对中小城市的中小企业创新研发提供人力资源。

显然，UAS 与综合大学任务不同，它的目标是致力于职业教育及应用研究，与综合大学致力于基础研究形成功能互补。值得注意的是，瑞士的 UAS 较好地把握了与综合大学在科研的目标及方向上的边界，一定程度上避免了国内出现一些欧洲其他国家实行 UAS 模式数十年后出现的所谓“学术漂移”现象。

（二）组建过程

瑞士 UAS 的组建过程是渐进式的，也是开放性的，既体现了联邦政府统一部署的决策意图，也展现了联邦教育改革过程中“摸着石头过河”的探索实践。

1993 年，瑞士联邦政府开始对全国高等教育进行改革，将 60 多所高级职业技术学院按地区合并。至 1998 年，共计组建了 7 所 UAS，新的办学任务和教育职能在 UAS 中得到鲜明体现。至此，瑞士大学较为明确地分为两种类型：一类为普通大学，包括两所联邦理工大学和 10 所州立大学；另一类为 UAS。两类大学同属于“国际教育标准分类”的 5A 级②。2005 年和 2008 年，又有两所私立 UAS 分别成立。目前，瑞士共有 9 所 UAS，分别是：中部应用科学大学、西北应用科学大学、东部应用科学大学、苏黎世应用科学大学、伯尔尼应用科学大学、西部应用科学大学、意大利语区应用科学大学、卡理多斯应用科学大学、里诺士-格鲁耶应用科学大学。其中，卡理多斯应用科学大学和里诺士-格鲁耶应用科学大学这 2 所是私立大学，其他 7 所大学中，除少数具有私立性质外，大部

---

① SERI. Research and Innovation in Switzerland 2016［R/OL］.（2017-03-22）［2023-10-01］. https：//www. sbfi. admin. ch/sbfi/en/home/services/publications/data-base-publications/research-and-innovation. html.

② 赵晶晶. 瑞士应用科学大学——全球竞争力第一的重要基石［N］. 中国教育报，2013-01-31（2）.

分均为公立。2 所大学在其建立以前均有较长的教育培训史。例如：卡理多斯应用科学大学在成立之前已有 50 年的教学历史，但直到 2005 年该校才经瑞士联邦委员会批准正式更名为卡理多斯应用科学大学。

值得注意的是，私立 UAS 的办学起点和办学水准不容小觑。以卡理多斯应用科学大学为例，该校共有四个校区，分别位于阿劳、伯尔尼、圣加伦和苏黎世。学校面向市场需求，特别是就业市场的需求，为学生提供高端教学课程和培训服务，通过互联网教学保证每个校区的教学质量。尽管是一所年轻且私立性质的 UAS，但该校已有 50 年教学历史，在没有任何政府资助的条件下，为学生提供优质的正规教育与继续教育。学校主要教学领域有企业管理学、护理学、领导学、经济信息学等，同时提供继续教育的学位课程。

9 所 UAS 覆盖瑞士各大地区，办学各具特色。每所 UAS 一般由多所学院组成（以原有的专业特色为基础），拥有多处校园，学校的规模大小完全取决于社会需求。据统计，每年进入 UAS 的学生超过 6 万名。在每所 UAS 中，各学院保持相对独立，避免与其他学院在专业结构上出现同质化。以西部应用科学大学（瑞士规模最大的 UAS）为例，该校由分布在瑞士 33 个区域的 27 所学院组成，具体设置情况如表 3.2 所示。

表 3.2　瑞士西部应用科学大学学院设置统计表

序号	西部应用科学大学学院设置
1	汝拉地区文物保存-修复学院
2	汝拉地区管理学院
3	汝拉地区工程师学院
4	汝拉地区健康卫生学院
5	日内瓦音乐学院纳沙泰尔校区
6	弗里堡工程师与建筑师学院
7	弗里堡管理学院
8	弗里堡健康卫生学院
9	弗里堡社会工作学院
10	洛桑音乐学院（弗里堡校区）、洛桑音乐学院（锡永校区）
11	日内瓦环境工程和建筑学院
12	沃州健康卫生学院
13	日内瓦艺术及设计学院
14	日内瓦管理学院

续表

序号	西部应用科学大学学院设置
15	日内瓦健康卫生学院
16	日内瓦社会工作学院
17	日内瓦音乐学院
18	洛桑酒店管理学院
19	桑冉工程师学院
20	瑞士法语区戏剧学院
21	瓦莱经济与公共学院
22	瓦莱卫生与社会学院
23	瓦莱工程师学院
24	瓦莱州立艺术学院
25	源泉卫生学院、社会工作及健康卫生学院
26	沃州管理与工程学院
27	洛桑州立艺术学院

（来源：笔者搜集整理）

每所学院都有鲜明特色，27 个学院所在的区域分别属于瑞士的汝拉州、弗里堡州、日内瓦州、沃州、瓦莱州等地，它们均位于法语区。27 所学院中，洛桑酒店管理学院、桑冉工程师学院和瑞士法语区戏剧学院为私立，其余 24 所学院为公立[①]。

UAS 学制一般为 3～4 年，完成 180 个学分后可授予职业学士学位。2006 年开始，UAS 开启硕士研究生教育试点，2008 年推广到全国。这也意味着，UAS 具备硕士学位授予资格。不仅如此，学生在 UAS 获得硕士学位后，还可通过一定形式考试到传统综合大学攻读博士学位。

此外，UAS 还提供丰富的继续教育课程，方便学生在职学习，为具有一些职业经验并希望提高职业技能的个人提供学习机会。

（三）办学特色

1. 紧密对接区域经济

UAS 以培养高层次应用型人才特别是技术技能人才为目标，定位明确，特点鲜明，专业设置与当地的经济社会发展紧密结合。事实上，从每所大学所设的学院，就可以看出当地的产业特色。

① 参见中国驻瑞士大使馆教育处官网。

以西部应用科学大学为例，该校在瑞士法语区的几个州设立了很多有地方特色、契合地方经济发展的学院，如：汝拉地区有文物保存-修复学院、管理学院、工程师学院、健康卫生学院；日内瓦地区有环境、工程和建筑学院、艺术及设计学院、管理学院、健康卫生学院、社会工作学院、音乐学院等；汝拉地区是一个狭长山谷地带，人口不多，以制表业闻名世界，有很多钟表小企业，制表人才辈出，该校瑞士法语区的 4 所学院显然十分契合当地经济特色；日内瓦是瑞士第二大城市，也是著名的“万国之都”、艺术之都，毗邻法国，该校的 6 个学院对日内瓦当地社会的经济和城市生活有很大促进作用。

一般而言，瑞士 UAS 的各学院大多规模适中，专业学科设置相对集中，其适度的办学规模有利于开展校企合作，实现工学结合。

UAS 大多以培养各种满足市场需求的专业人才为目标，如工程师、建造师、设计师、护理师、社会工作者、企业管理者等，培养层次主要是学士与硕士，注重人才培养的实践导向和学生的职业发展。例如：不少技术人员和企业管理者通常都是在接受了中等职业教育之后，根据其职业发展的需要申请到 UAS 的相关专业进一步深造，攻读学士学位、硕士学位或者在职项目，这样有利于实践和知识的结合以及创新型人才的培养。

因此，UAS 是瑞士区域经济与社会发展的产物，其办学目的也是满足地方发展的需要，其规模、各个学院的地理位置、学科专业的设置也主要根据地区经济发展和社会需求来确定，UAS 的毕业生可以根据当地的情况选择灵活就业或者尝试创业。

对于 UAS 而言，其服务对象也是以所在区域的中小企业为主，它们积极开展面向中小企业的应用研究、相关成果转化、后期服务与技术支持，提供适用于市场的创新解决方案，其毕业生也大多供职于中小企业。这一点尤其值得注意。这是因为，尽管瑞士是世界金融业与制造业强国，拥有不少重量级的大企业和跨国公司，但在瑞士的企业结构中，中小企业却占到总数的 99.6%。UAS 为瑞士中小企业提供强大的人力支持。

以苏黎世应用科学大学为例，其 4 个校区均位于大苏黎世地区，该地区是整个瑞士经济与金融的核心地带，中小企业云集，被誉为“欧洲最具经济发展潜力的地区之一”。该校的行政中心和 5 个学院都位于距离苏黎世市中心仅 30 分钟车程的苏黎世州第二大城市——温特图尔市。温特图尔是苏黎世州工业、保险业等产业的重要基地。该校的学生不但可以感受到苏黎世大区几个大城市的全球化视野，而且有机会去大型企业参观和实习，也可以选择学校附近的中小企业（苏黎世大区的大部分中小企业位于温特图尔这样的中小城市）实习，并在学校与其开展的项目合作中学习如何将知识与实践相互融合。苏黎世应用科学大学还有着令人羡慕的创新创业成果，该校有的毕业生在学校当地或周边地区创办了属于创新型的企业。

2. 保持行业创新优势

值得注意的是，瑞士UAS所附属的很多学院都具有卓越的学术声誉以及国际影响力。例如：西北应用科学大学的商学院在瑞士各大学商学院排名中名列前茅。学院共有本科和硕士生2700名，1500名继续教育学生。学院有350个由学生管理的商业项目，设有中国中心、瑞士中小企业研发中心、东南亚中心等；该院同时也是瑞士国际化程度最高的商学院，与全世界超过150所高校合作，每年有超过260名交换学生，有超过450名学生参加海外课程的学习。

十多年来，商学院在院长鲁迪·努奇（Ruedi Nützi）的领导下，不断加强与中国"地方应用科学大学"（高等职业技术院校）的交流与合作，举办了多届中瑞应用科学大学研讨会。西北应用科学大学商学院的国际化发展态势，正是瑞士应用科学大学国际化发展战略的一个缩影。鲁迪·努齐院长多年来致力于加强中瑞两国教育、科研和创新方面的合作，并因此荣获2014年度中国政府友谊奖。他本人也曾多次访问中国"地方应用科学大学"，推动中瑞应用科学大学的交流与合作。笔者曾于瑞士工作期间与努齐院长多次见面，对其开阔的国际视野以及对中国的友好态度印象深刻。

事实上，相当多UAS的学院与世界其他地区的高校展开了广泛合作，其中与中国"地方应用科学大学"的合作近年来不断增多。例如：2019年6月，瑞士西北应用科学与艺术大学、伯尔尼应用科学大学与深圳技术大学共同签署合作协议，将共建瑞士创新中心，该中心旨在为瑞士应用科学大学与深圳技术大学在创新领域搭建桥梁，打造国际化合作平台。

UAS对带动和促进瑞士的艺术设计创新也具有显著驱动力。瑞士拥有三座领先的设计类大学：日内瓦艺术设计大学（HEAD）、苏黎世艺术大学（ZHdK）和洛桑应用艺术大学（ECAL）。瑞士设计的最显著特征，就是"冷静的功能性"、崇尚极简美学、形式取决于功能和注重细节。瑞士军刀、斯沃琪、印刷字体Helvetica等产品和发明，都是瑞士设计的光辉典范。此外，瑞士还是视频游戏设计大国之一。

UAS的学科专业设置具有显著的职业导向，人才培养方式注重实践导向，课程、课题、项目与工作实际需求紧密结合，以隶属于西部应用科学大学的洛桑酒店管理学院为例，该院的酒店管理学科多年排名全球第一。学院要求，本科生在进入大学二年级课程之前，要有一年的实习实训基础，经历酒店服务所有的岗位，很多学生的入学第一课便是从"学当厨师"开始，其后又相继被安排到客房部、吧台等酒店相应部门，细致学习酒店管理的全部流程和服务环节，学院对学生的实践教学要求严格而苛刻，在诸如"即便是客人看不见的角落也不能有灰”这样的培训理念下，其学生培养质量可想而知。有不少学院甚至采取“前店后厂”的模式，将学院开在行业的最“前沿”处，如将护理学院建在当地医院。

UAS 在科研上以产业需求为导向，强调应用研究和技术开发，注重与产业界开展合作。例如：西部应用科学大学有来自不同学院的 13 个研究小组组成的“卓越网络”，根据公共部门和私营部门的需求开展应用研究和技术转让。

3. 促进社会“终身学习”

为促进形成社会人才资本，瑞士联邦政府致力于推动全民“终身学习”。瑞士的教育体系具有完备性、流动性，其职业教育、高等教育和继续教育有机衔接。UAS 在整个职业教育体系和继续教育体系中发挥重要衔接和融合作用，对促进社会“终身学习”产生积极影响。

瑞士历来具有重视职业教育的传统，约 70%的初中毕业生选择就读职业学校，中等职业教育学生完成了 3～4 年的职业教育后，可以凭借联邦职业教育结业证书，直接进入 UAS 学习。但在实践中，多数职业学校学生选择先参加工作再根据实际需要进入 UAS 攻读学位或进行短期课程进修。中职毕业生也可通过参加补充考试进入普通大学，或继续通过考试和培训获得高等职业教育文凭。总的来说，UAS 有机融合了高等教育、职业教育和继续教育。

很多企业的研发人员、管理人员甚至是金融机构的高管，往往都是先在中等职业学校接受教育，然后根据职业发展的需要到应用科学大学深造，他们最终成为复合型、创新型的技术技能人才。

（四）对改革的评价

笔者曾于 2015 年 11 月访问伯尔尼应用科学大学，也曾专门去该校的艺术学院参加中国学联组织的活动。后来，又先后到西北应用科学大学、西部应用科学大学、苏黎世应用科学大学、卡里多斯应用科学大学等校参观考察。

总体而言，瑞士 UAS 给笔者的印象既是新颖的，又是深刻的。新颖的是，作为一种新型大学，它的定位十分明确——不拼规模、不“铺摊子”，办学场地也十分灵活，因地制宜合并或开辟了很多分布式校区；深刻的是，这些学校十分注重“应用”，其科研的重点聚焦地方经济创新，很多研究领域也是当今世界科技的前沿热点，既“高大上”，也“接地气”，例如：笔者参观的几所瑞士 UAS 实验室，致力于研究人体假肢运动，研发健康支持系统，以及开发精密仪器（如手表芯片）等。不仅如此，一些 UAS 的艺术学院也充满艺术气息，引领着瑞士乃至欧洲的艺术风潮。

从某种意义上说，对 UAS 的整体评价，也是对瑞士教育改革成功经验的再发现和再解读，对加深认识教育驱动创新的作用具有重要意义。

在瑞士，UAS 的改革组建历史并不算长。事实证明，这是对瑞士教育制度进行的一次意义深远的改革。回看这段三十多年的改革历程，可以发现，UAS 的诞生与发展，是瑞士联邦的一个重大政治决定，是联邦政府和州政府共同推动的结果，是一项特别政策的直接产物，形成了一种不同于瑞士传统高等教育特征的、具有自身特定定位的高等教育机构。

UAS 作为大学的另一种形式，与瑞士现有综合大学地位相同，预示着瑞士高等职业和专业教育的升级，标志着瑞士“高等教育二元体系”的到来。三十多年来，UAS 迅速发展，成为瑞士创新体系的重要支柱。UAS 学生人数快速增长，承接的应用研究与开发数量不断扩大，所需资源也日益增多。据统计，目前 UAS 培养的本科毕业生占瑞士全国本科毕业人数的一半以上，其研发支出在高等教育部门中占到 10%。UAS 改革的目标已基本实现，有力地促进了一批高质量人才资源培养和研究成果转让，推动了区域经济发展。

事实上，在引入 UAS 时，其在联邦层面的管理架构与综合大学的管理架构就截然不同。《应用科学大学法》（UASA）规定，国家可对 UAS 的决策和活动进行相对直接的干预，例如个别课程的认证等。因此，瑞士联邦对 UAS 的发展具有重大而直接的影响，在联邦的顶层设计下，UAS 独立构建的大学管理架构，导致 UAS 的办学定位与综合大学明显不同。

1995 年，当 UASA 界定 UAS 时，其原则就是与综合大学目标不同、功能不同，有单独的管理体系和筹资体系。UAS 被赋予作为一个具有具体授权目标的独立实体，在一个单独的管理体系中运行。因此，在运行机制上，联邦政府从法律上界定了 UAS 与传统综合大学的并列发展要求。

事实上，与其他欧洲国家类似，从 20 世纪 70 年代开始，瑞士就倾向于突出高等教育的功能差异。不同的是，在 20 世纪 90 年代，瑞士创造性地将高等教育体系设立为两个独立部分，让 UAS 与传统综合大学享有相同地位，但需完成不同任务。UAS 与传统综合大学之间的这种差异体现为“等而不同”的原则。值得注意的是，这种“并行区分”与“垂直区分”明显不同，后者的任务分配取决于所处地位与状态：名校致力于研究，而非名校的大学则致力于教学。UAS 与传统综合大学无论在定位上还是在功能上，显然不是“垂直区分”。瑞士联邦坚持要将两者进行“并行区分”，这种区分是在政治层面加以贯彻的。

因此，UAS 的主要任务——“应用研究”，意味着人才培养的定位不是停留在纯粹地获得知识，而是通过寻求解决实际问题的办法来促进经济社会创新。这也使得 UAS 的研发工作与私营部门和社会机构展开广泛合作。由于职业教育供给的内在要求，决定了 UAS 的课程结构、教学方法（师生互动教育的比例往往很高）以及大多数讲师应具有专业经验或从事 UAS 以外的职业经历。

过去30多年中，UAS的主要职能变化不大，其专业定位一直被认为是UAS课程的强项。随着硕士项目的兴起，UAS的教育范围日益扩大。在研发领域，UAS越来越多地承担重任。

人们逐渐认识到，基础研究和应用研究不是完全独立的领域。在交叉领域研究不够充分的新兴前沿研究领域中，借鉴基础研究，将最新知识应用到解决实际问题的研究任务中，日益成为UAS创新的“制胜法宝”。

（五）爱因斯坦与温特图尔技术学校

值得一提的是，在瑞士，一些UAS的前身（如某些技术学校）往往不仅办学历史悠久，而且办学质量十分卓越，例如温特图尔技术学校（Technikum Winterthur）。

大半个世纪以来，温特图尔技术学校一直对外强调该校与爱因斯坦的“缘分”，以彰显其办学水平与办学声誉。

来自德国的移民弗里德里希·奥滕海默原本是瑞士一个蒸汽发电厂的技术检查员。在工作中，他预见到瑞士作为一个涉足工业化的国家亟须发展教育和培养未来工程师，他感觉到了兴办技术学校的巨大前景和教育责任。1874年，他在温特图尔创立了温特图尔技术学校。建校之初，奥滕海默就特别强调要“技术立校”“紧贴行业”，在学校建立的当年，就同时成立了机械系。1875年，成立化学系；1886年，成立电子工程系。随后，又相继成立铁道系、国内工程系、经济系等。可见，该校在一百多年前就具有较为完备的学科体系，且学科设置紧扣联邦经济发展的关键领域。

爱因斯坦于1900年从苏黎世联邦理工大学毕业后，一直留在瑞士当地，通过从事一些家教有关的临时工作谋生。1902年，在入职瑞士专利局之前的一段空档期，他在温特图尔技术学校找了一份为期2个月的临时工作——担任该校电子工程系助理讲师，以顶替一位需要短暂服兵役的教师。他负责教画法几何，但这个学科不是他的强项。不过，对他而言，这份工作相对灵活而自由。他的工作集中在上午，一般持续授课5～6小时；整个下午的时间都可自由支配。根据他个人的信件，他在教书之余都在废寝忘食地钻研自己热衷的理论物理[①]。

1998年，温特图尔技术学校与苏黎世翻译学院、苏黎世高级经济与管理学院共同组建成苏黎世应用科学大学。温特图尔技术学校是第一所建立计算机中心的瑞士工程学校[②]。

---

① 沃尔特·艾萨克森．爱因斯坦传［M］．张卜天，译．长沙：湖南科学技术出版社，2015.

② Hoffman W. Einstein's First Job［EB/OL］.（1999-12-30）［2023-10-01］. https://mbbnet.ahc.umn.edu/doric/einstein.html.

（六）洛桑酒店管理学院

瑞士洛桑酒店管理学院（以下简称 EHL）是世界上第一所酒店管理学校。作为酒店教育领域的先驱者和开拓者，以注重理论与实践相结合的“洛桑精神”闻名全球。自 1893 年创立至今，始终引领着瑞士乃至全球的酒店教育与行业培训。在 2019 年 QS 世界大学排名中，EHL 荣居全球酒店管理专业最佳院校榜首。

笔者曾作为工作人员三次到访 EHL，通过与该校领导、中国留学生联谊会主席等学生骨干的交流、访谈以及实地参观，有幸近距离对这所世界名校进行了观察和了解，留下诸多深刻印象。总体而言，笔者认为 EHL 对学生的培养体现出两个鲜明特征：一是职业化，二是国际化①。

1. 职业化

EHL 的主楼是一栋现代建筑，规模并不大，图书馆、教室、餐厅、多功能会议室等均集中在这个综合体内。进入主楼后，学生们的着装令人眼睛一亮，笔者仿佛置身于一个国际会议的会场：男生穿着剪裁讲究的西服，女生身着西服套装或职业套裙。事实上，无论在学校的哪个角落，都能看到西装革履、风度翩翩的男学生以及优雅大方、气质十足的女学生。他们不仅着装讲究得体，还注重精心打理个人仪表。

学校不仅要求学生具备技艺精湛的业务素质，而且还要求具有彬彬有礼的待人处世能力和积极向上的亲和力。在学院的要求下，教师和学生均着装得体，并对着装礼仪（dressing code）有严格的规范：从指甲到发型，从穿衣标准到鞋子种类，学校对学生仪容仪表的严格要求体现了这所学校的品质和严谨的服务态度。

在主楼楼梯口悬挂的一面整装镜旁，写着这样一句话：“你不会再有机会给人留下最美好的第一印象”（You never got the second chance to give the first impression）。该校前任中国学联主席介绍说，学校希望借这句话告诉学生，应该将个人着装作为切入点，展现自己的个性，体现个人的职业素养。同时，这句话也在宣扬学校的价值理念：“卓越、团结、尊重、学习、创新。”一些在校中国留学生告诉笔者，他们从中国出发前，困扰最多的是：我是否按学校的“Dressing Code”带对了衣服。

EHL 培养学生职业化的另一个重要体现是让学生参与酒店行业各个环节的实习。学校教学课堂往往直接设在学校餐厅、学生宿舍、客房、洗衣房等。进校新生必须在第一年就深入厨房、饼屋、酒吧、客服、迎宾等环节接受一整套

---

①　骆毅．近距离感受洛桑酒店管理学院［N］．人民日报（海外版），2019-04-01（9）．

实践学习，这些酒店业一线部门积累的感性认识和运营经验，将是学生随后三年理论学习的基础。在学校餐厅、酒吧里，不乏全球著名饭店的厨师、甜点师和酒吧经理等，他们向学生传授最前沿的技能和知识。学校餐厅的饭菜大多由一年级新生参与烹饪，其味道和品相已经十分接近高端星级酒店的水准。瑞士格里昂酒店管理学院的前执行院长朱迪·侯女士告诉笔者，她曾在EHL从厨房厨师开始学起，这大大培养了她在酒店行业的浓厚兴趣和实战技能。

在EHL，学生大部分时间不是坐在教室听老师讲授书本知识，而是深入各个环境进行实践操作，进行角色扮演，换位思考服务者与客人的不同体验与感受。一些学生告诉笔者，也许他们会因为站了一天腿累得酸痛而抱怨，但他们也享受着每天在实践环节中学到的成为一名更好"Hoteler"（酒店从业者）的快乐——学习烹饪和甜点制作往往能带来很直观的成就感。校园角落还开辟了一块菜园，种植学生需要学会辨认和调制的蔬菜，在专业人士的协助下由学生学习照料这些蔬菜。

学生在第一年接受实践学习之后，会进行商科相关的理论课程学习，许多课程项目将在校外企业中完成。

置身于EHL，更多感受到的不是这里的学术气氛，而是大家一起工作学习、共同生活成长的职业团队氛围。在这里，未来酒店行业的精英们，已经提前感受并进入一家成功酒店运行模式下的实战演练中。

2. 国际化

笔者另一个印象很深的感受是EHL学生的多元化。

据了解，该学校国际学生占到总数的65%。留心观察可以发现，大部分学生之间用英语交流，而一些瑞士本地或瑞士周边国家的学生之间大多用法语、德语或意大利语交流。建校之初，EHL只有来自两个国家的27位学生。如今，学校已拥有来自87个国家的共计2500多名学生。每年有超过2/3的新生会选择学校的英文授课项目，而另外1/3的学员将会进入法语授课项目。同时，EHL与全球著名国际酒店集团、航空公司、奢侈品牌以及跨国企业达成人才合作计划，每年为学生举办2届大型国际招聘会，为学生提供广泛的多元化全球实习和就业机会。

国际酒店管理项目（Master of Global Hospitality）是该校的一个特色项目，学生将有3个学期分别在瑞士、美国、中国香港学习，以便让学生了解全球不同文化下的酒店管理方式，深层次了解不同地区客户对酒店的需求及背后的驱动力。

EHL在全球有庞大的校友网络，是学校国际化发展的重要支柱。据了解，世界各地的知名校友不仅为母校建设捐钱献力并应邀前来讲学，而且也尽力关怀学校的应届毕业生，为他们在世界各地工作应聘提供人脉和资源。学校的国际化发展氛围，也使得 EHL 的校园氛围十分丰富和多样。来自不同国度、不同文化的学生群体，共同生活在安逸平静的洛桑，大家带着不同话题自由分享和交流。中午，他们会在温暖却不炎热的阳光下坐在阳台上聊天；傍晚，他们会在一天的学习后一起运动、玩游戏。

五、瑞士私立学校

瑞士的私立学校独立于政府运作。在联邦宪法中，有关于经济自由权的规定，私人办学被视作完全的经济行为，不受政府的监管和认证。瑞士的私立学校具有非常高的办学质量，是瑞士教育体系中非常重要的组成部分。

（一）高质量办学因素

2015 年秋天，笔者访问了位于首都伯尔尼的私立学校 Feusi，详细调研该校的组成结构、学校历史、学生来源、课程设置、教师待遇、毕业生去向、经费来源、学费标准、学校管理体系等，对该校的教学设施和办学理念印象深刻。

Feusi 是瑞士私立学校成功办学的一个缩影。作为一个家族私立性质的综合教育集团，Feusi 致力于面向以市场需求和学生个性化发展为中心的办学宗旨，重视教育改革和教育创新，通过不断调整教学标准改善教学质量，努力让学生得到更好的教育服务。学校现有学生 2500 名，教职工 500 名，办学经费全部来源于学费，教育培养覆盖从幼儿园到小学、初中、高中、大学和继续教育等各个阶段，部分学生从幼儿园直至大学阶段均就读于该校。学校针对教师和学生制定了严明的赏罚制度，如：通过宽松的休假制度和资金支持政策鼓励教师参加职业培训，坚决杜绝教师随意停课缺课；严格规范学生的在校行为，督促学生培养良好学习习惯，对不遵守校纪的学生取消在读资格等。这些措施，保障了学校的高质量办学。

总体来看，有三个因素决定了瑞士私立学校的“高质量”发展。

首先，市场主导优胜劣汰。私立学校想要生存并取得市场，就要在与公立学校的竞争中做到更好的教学质量和资金利用效率，准确定位服务群体，并体现出鲜明的办学特色，否则难以为继。

其次，行业认证制度。私立学校的课程及学位认证，由行业协会进行评价和督导，瑞士行业内部的评价标准和评价程序都是极为严格和严谨的，只有学校课程和教学达到标准的条件下，学校才有资格授予认证相应的学位或颁发文凭。很多瑞士私立学校，尽管不在瑞士联邦政府的认证名单之列，但在行业内具有极高的声誉，它们还甚至是世界顶尖的名校，深得业界认可。例如：瑞士的格里昂酒店管理学院，是全瑞士酒店管理专业排名第二的私立大学，其在世界酒店类大学排名中也在 Top10 之内。

最后，学校历史及声誉。瑞士私立学校非常看重自己的办学声誉，也非常注重历史的积累，很多私立学校都有着甚至上百年的办学历史。现存名校，都是经过长时间的洗礼，有着多年积累的办学经验。

（二）办学特点

私立学校作为瑞士教育界的一张特色名片，有以下几个特点。

第一，办学规模上注重“小而精”，在教育细节方面下很大功夫。把小事情做精，专注于一个领域、发挥专长创造最大价值，是瑞士的独特文化，也是瑞士私立学校的办学理念。很多私立学校均对扩大校舍规模和招生规模持有审慎态度，绝不盲目扩张，长期坚持“高淘汰率、高办学质量”的办学原则。保持合适的规模，从而有利于增强学校应对市场变化的灵活性，保障管理和教学质量，以及学校声誉的积累。

第二，引导学生尊重多元文化价值。国际学校的突出特点之一就是师资和学生群体的来源高度国际化，培养模式与国际接轨。学校的办学初衷就是尊重和包容多元文化的生源，尊重学生来源的多样性，关注学生特点的多样性，包容宗教信仰、文化风俗、个人理念和生活习惯的差异，通过引导学生建立基本价值，把学生培养成为世界公民，参与全球事务治理。

第三，重视培养和维护校友资源。国际学校的培养理念之一就是为未来世界培养精英人才。相应地，学校一般都极为重视收集毕业校友信息，并密切与校友的联络。对学校而言，这些校友在众多领域做出的杰出成就，是学校宝贵的声誉资源。对入学申请者来说，考虑到日后事业发展的需要，学校雄厚的校友网络资源亦是吸引他们择校的重要因素之一。

（三）国际学校

国际学校是瑞士私立学校中颇具特点的一类学校，其办学历史可追溯至十九世纪中后期。

在欧洲，国际学校有着较为悠久的办学历史。19 世纪，欧洲处于和平的社会环境，繁荣的经济增长和大规模的人口迁移流动带来了对寄宿制规模办学的需求。与此同时，新式教育哲学的出现，则从理论上启发了教育改革者尝试创办新型学校。这些学校多由家族创建，独立经营，坚持灵活的办学模式和思路，吸引了来自各地的精英家庭子女就读。

20 世纪初期，国际寄宿学校的办学模式雏形就已在西欧各国显现，这些基于新式教育哲学的学校，有别于传统的以传授、记忆既有知识为主的教学模式，注重培养学生解决问题的能力。“个性培养、国际胸怀和包容平等”的理念逐渐被办学人士广泛接受并付诸实践。

在欧洲国际学校不断兴起的浪潮中，瑞士国际学校开始逐渐形成一套自己特有的核心教育理念，例如：强调应该关注学生不同成长阶段的特征，因材施教；培养学生认知世界、独立判断和探求真理的能力；对学生传递足够的关怀和尊重，培养学生自主学习的动力。

经过 100 多年发展，瑞士国际学校形成了自己特有的品牌和国际声誉。其毕业校友遍布世界各地，在各领域都出现了极有影响力的代表人物，诸如美国前国务卿奥尔布赖特（Madeleine Albright）、前国务卿克里（John Kerry）、朝鲜领导人金正恩、诺贝尔化学奖得主莫里纳（Mario Molina）、音乐巨星列侬（John Lennon）等。

近二十年来，许多跨国企业迁到瑞士，一支庞大的外籍雇员群体也随之而来。这些非瑞士籍员工希望子女接受国际教育，因此在全国各地，特别是北部德语区的苏黎世及周边城市涌现出很多专为他们服务的新办学校。另一方面，随着英语的重要性越来越高，尽管学费高昂，许多本地上层家庭看重国际学校的英语环境和国际文凭，也乐意送子女就读。一些在跨国企业就职的瑞士家长，考虑到日后出国工作的可能，也会提前做准备将子女送到国际学校。

特别是近年来，新兴经济体的迅速繁荣使瑞士国际学校日益受到亚太、巴西、俄罗斯及中东地区的学生、家长青睐。除了高质量的教学水平和国际化的生活环境，雄厚的校友资源也是吸引家长择校的重要因素。

在教学方面，国际学校一般使用英文教授课程，除提供中学阶段（7～13 年级）的课程之外，很多学校还开设幼儿园和小学课程。学业之外，丰富的体育、艺术和社会活动也是校园生活的重要组成部分。瑞士特有的滑雪资源和文化还使学生们拥有固定的滑雪假期。

瑞士国际学校有着优越的教学质量和显著的国际化特色。每年都有大量来自全球各国的申请者，这也导致学校在录取筛选时更加严格，一些学校的申请淘汰率高达 2/3。除考核学习能力和语言水平外，学生的性格特点也是校方需要了解的重要方面。后者不仅能够反映申请者的团队协作能力，以及对多元文化的适应程度，还决定了他们是否适合寄宿制的学习生活模式。

第四章　瑞士创新的社会文化元素

在联邦成立之后的很长一段时间内，瑞士人遭受了很多苦难。他们缺乏自然资源，经济贫穷落后，没有工作岗位。更心酸的是，作为一个小国，同时也是一个弱国，瑞士还曾长期被欧洲的异域统治者压迫，民不聊生。

对一个国家的了解，需要触及其社会和社会群体本身。从联邦成立，到巩固国家，到发展国家，再到繁荣国家，作为今天的全球“最幸福国家”之一和“全球最具创新力国家”之一，是哪些社会因素赋予了瑞士国家转型的能力？

瑞士很多创新技术和创新产品的发展，源于瑞士人不服输、敢于斗争的个性特质，例如：瑞士人在崇山峻岭中发展了领先欧洲的铁路交通技术。瑞士人敢于斗争的个性，与其一个著名的民族传说有重要关联。作为现代瑞士人的先辈，以威廉·退尔为代表的中世纪瑞士山民，凭借其刚毅、不屈、顽强但又淳朴、谦卑的性格，深远地影响了一代又一代瑞士人。他们的品质成为瑞士民族鲜明的性格特点，铸就了今日瑞士社会自强不息、超越自我、勇于变革的创新精神。

瑞士很多创新技术和创新产品的发展，也源于瑞士人始终如一、忠于职守的个性特质，例如：瑞士人在人迹罕至的高寒山区地带数年如一日地打造了世界钟表精品。历史上，瑞士人要靠出卖体力和鲜血，到欧洲诸国当雇佣兵谋求生计。瑞士雇佣兵九死一生，“战斗到最后一滴血”，靠着惊人的顽强意志，创造了不少历史奇迹，更是在现代瑞士人身上打下了深刻的精神烙印。这种精神，让瑞士人在开发创新技术和创新产品方面有着异于寻常人的专注和执着。

必须看到，瑞士人在推进创新变革的同时，非常注重坚守传统。在他们看来，坚持发扬传统，本身就是创新社会核心要义的一部分。

瑞士人乐于挑战，喜欢尝试新鲜事物，这恰恰是他们“坚守传统”的另一个对立面。打破陈规，突破自我，超越极限，是瑞士人创新的显著特点，这种精神特质从瑞士人融入生命的体育运动中可见一斑。

瑞士人也善于变通，他们能将本是“下脚料”的面包屑变成了一道“国菜”——奶酪火锅，这体现了瑞士人化“简”为“精”的创新智慧。

当然，瑞士人认为，作为一个个体的发展，首先就是要学会自立自强。只有独立自主，才能保证创新的原创性。瑞士人非常看重孩子的自立教育，瑞士儿童的“上学之路”就是一个非常鲜活的例证。

笔者希望围绕以上这些内容进行讨论和分析，同时结合一些实地考察和从其他渠道获得的信息，向读者介绍和分析瑞士人的处世原则和生活哲学，这些将是解开瑞士人创新密码的重要内容。

一、敢于斗争：威廉·退尔传说及其意义

（一）威廉·退尔传奇

这个故事的主要情节如下。

十三世纪末期，哈布斯堡王朝的国王鲁道夫一世死后，图尔高和阿尔高两地的地方长官阿尔布雷希特·盖斯勒（Albrecht Gessler）变本加厉地压榨乌里、施维茨和下瓦尔登三州（“老三州”）的百姓，抓走了他们的牲畜，侮辱他们的妻女，威胁他们的儿子。山谷村民成立秘密团体以捍卫他们的传统自由。

1307年的一天，盖斯勒命人在城中竖立一个长竿，竿顶上放上自己的帽子，勒令所有行人向帽子虔诚鞠躬以示敬意。迫于盖斯勒的威压，当地百姓敢怒不敢言。这时，农民射手威廉·退尔恰好路过。他个性刚烈，抗命不鞠躬，于是被捕。盖斯勒大怒，想到一个“整死”退尔的“妙招”：命手下绑起退尔年幼的儿子，并在他头顶上放一个苹果，逼迫退尔用箭射这个苹果。只有射中苹果，他和儿子才能免于死罪。情况危急，儿子命悬一“箭”，众人都为父子俩的安危捏一把冷汗。然而，退尔却表现得十分沉着冷静。他不作一声，只是静静地拿起弓箭，向儿子头顶的苹果射去（图4.1）。

图4.1　威廉·退尔被迫向儿子头上的苹果射箭

（来源：网站 Look and Learn）

> 出乎盖斯勒的意料之外，退尔居然“精准地”一箭射中苹果的中心。正当退尔转身带着儿子离开时，不想他藏在上衣里面的一支箭掉到了地上。盖斯勒喝令，“这第二支箭是干吗的?”退尔大喝一声，“暴君！假如我刚才不幸射伤儿子的话，这支箭就是给你准备的!”盖斯勒大怒，命人将退尔父子五花大绑。
>
> 押解途中，盖斯勒的军队乘船经过瑞士中部的湖区。突然，湖上风浪大作，官兵乱作一团。就在这个时候，退尔伺机一箭射杀了盖斯勒。退尔反抗暴君的英勇事迹，激发了当地民众的革命热情，众人与他一道，共同奋起反抗哈布斯堡王朝的暴政。最终，退尔和民众获得了自由。①②

（二）退尔和瑞士人的关联性

威廉·退尔这个人物和有关他的故事，反映了瑞士人及瑞士民族长久以来十分鲜明的几种特性，而这些特性也构成了驱动瑞士这个国家不断将创新推向成功的基本元素。

1. “平民”英雄

我们从威廉·退尔这个故事得到的关于这个人物的首要印象便是他是一个普通的农民，普通到他的“名字”都不为当地人所知。施里伯（Hans Schriber）编著的《萨尔嫩白皮书》只提到了这个人物的“姓”——“退尔”，他的“名字”——“威廉”是在后来的历史文献中被文人“增补”上的，而这也仅是个代号而已。事实上，没有人知道退尔这个人真实的“名字”。

退尔靠打猎为生，生活也比较清苦，但他并不自卑。从后世多个关于退尔的雕塑或画作来看，退尔的衣着是破旧的，但他的神态是自信的，他对自己的身份有着高度的认同感：他是一个农民，这个不假，但他不认为自己就是一个贱民。事实上，退尔的价值理念也充分反映了瑞士人的价值理念。瑞士联邦成立700多年的历史中，大部分时间都处于农业社会，进入工业社会也不过200余年，即便瑞士今日的工业高度发达，服务业十分繁荣，但瑞士联邦对于农业的重视仍然超过大多数国家，瑞士农民的地位仍然受到尊重，甚至不少的瑞士人

---

① 克莱夫·H. 彻奇，伦道夫·C. 海德．瑞士史［M］. 周玮，郑保国，译．上海：中国出版集团东方出版中心，2018.

② 英国学者哈里特·D.S. 麦肯齐在他所著的《瑞士史》一书中，认为威廉·退尔是参与1291年吕特利草坪结盟的三人之一，笔者并不赞同这一观点。从现有大多数历史文献来看，威廉·退尔不仅与1291年吕特利草坪结盟的历史事件无关，甚至连这个人物都有可能是虚构的。

愿意放弃手上的工作去乡下“当一个农民”——瑞士农民的生活不但被外国人羡慕，也同样受到瑞士人的青睐。

当然，退尔这个形象的意义，还不仅在于他为“农民”这个阶层发声，事实上，退尔更代表着“平民阶层”这个更为宽泛的社会群体。瑞士人对“平民社会”的构建，以及对平权政治的追求，贯穿整个瑞士联邦的建国史。瑞士人不崇尚“英雄”，他们认为所谓的“英雄”也是来自平民的“英雄”——不是来自贵族，也不是来自精英阶层，“英雄”为了平民，“代表”了平民，“英雄”与平民是一体融合的，而不是二元割裂的。

这种价值理念，又折射到瑞士“扁平”的社会结构上。瑞士人不热衷宣传“英雄”，他们认为，所谓的“英雄”，其实来自各行各业；而“英雄”自身，在瑞士也沉迷于自己的生活，他们谦卑而幸福地感到，自己只不过是在所选择的行业里做了自己本分的工作而已。在退尔的故事中，我们同样会发现，在射死残暴的地方执行官盖斯勒后，他加入了农民起义，而在革命取得成功之后，他便回到自己的家乡，重操打猎的旧业，平静地在山区过完余生。退尔没有居功自傲，也不贪恋权位。他从哪里来，便回到哪里去，走自己的路，干好自己的事。退尔的所为，是对生活、工作自信和乐观的体现。在后世很多取得成功的瑞士精英、领袖、科学家、思想家等的身上，我们都能看到这样的特质。

2. 斗争精神

我们从威廉·退尔这个故事中，可以非常清晰地看到地方长官盖斯勒对退尔的两次羞辱以及他的两次反抗，而两次反抗的核心都是为了捍卫“公正”，展现出强大的斗争精神。

第一次，是盖斯勒下达行政命令，让包括退尔在内所有途经的村民向那个支在木杆上的帽子行礼。这种命令显然十分荒谬，反映出暴政对平民的羞辱到了何种地步。刚直的退尔当然不能接受这种“不公正”的行政命令，于是他被捕了，连同他那年幼的儿子。第二次，是盖斯勒下达处罚命令，让退尔向放在儿子头顶上的苹果射箭：射中则父子免死，射不中则父子均死，射偏则父伤子。这显然是在故意刁难射手，以极高的危险性来增加对退尔的羞辱。“犯错”的是退尔，但要受处罚的不仅有退尔，还有他的儿子。可见，暴虐的盖斯勒，连处罚令都“不公正”，反映出暴政对平民的迫害。这一次，退尔再一次用他的行动进行反抗，但他这一次的斗争采用了“将计就计”，选择向儿子头顶上的苹果射箭。整个过程中，他不发一声，不辩一言，不显一色，不慌一秒，表现得十分坚忍、自信和冷静，展现了瑞士人与“不公正”进行斗争的勇气和胆识。

与“不公正”进行斗争，“战斗到最后一滴血”，是瑞士人的血性写照。在后世瑞士雇佣兵身上展现出来的那种勇气，以及近代以来包括国际红十字会等多个瑞士国际组织展现出来的人道主义、国际主义精神，我们都能看到退尔精神的这种深刻印记。

其实，瑞士人对于“不公正”的斗争还不限于“与人斗”，还表现在“与天斗”。前文提及，瑞士的自然资源十分匮乏，所以瑞士发展农业，尤其是发展手工业、工业是非常不便利，甚至是十分困难的。长期以来，面对老天爷的“不公正”，瑞士山民坚持在人烟稀少的寒冷山地上从事农业和畜牧业，走出了一条有瑞士特色的现代农业之路。特别是后文将要详细讨论的，部分瑞士山民和小手工业者，能够在瑞士严寒的山谷中“甘坐板凳十年冷”，细心打磨钟表部件，在钟表工业中表现出的瑞士“匠人”精神正是瑞士人不屈服于贫困、不折服于恶劣自然条件的自强不息的奋斗精神。

3. “出人意料”的精准性

我们从威廉·退尔这个故事中，还可以非常清晰地看到，退尔这个人除了有过人的勇气和胆识之外，还有着惊人的箭术，具体体现为他在射击目标方面的精准性——一招制胜，而这种精准性为人稀奇，甚至连百般刁难的地方执行官盖斯勒都没有想到。只要射箭，就会有失误的可能。盖斯勒也知道，如果箭由父亲射向儿子，则更有失误的可能。于是，一道关乎生死的测试题摆在了退尔面前。最后，退尔用精确的一箭救回了儿子的性命。这关键一箭的精准，体现在临危不乱、不慌不忙；体现在理智克制情感。可以想象，退尔在日常生活中必定有过多次精准射箭的实践，而且他也必定对自己高超的箭术有充分的信心，这正是他沉着应对的底气。

事实上，我们会发现瑞士人对“精准”的追求和掌控，是瑞士民族多年来形成的传统和精神品质。瑞士人具有“一根筋走到底”的性格特点，他们一旦选择制造某个产品，则会尽全力把这个产品的各个细节做到天衣无缝，瑞士钟表的稳定性、可靠性和艺术性正是瑞士人对“精准性”的充分写照。正如前文所述，尽管“德国制造”是德国工业和德国产品高质量的体现，但很多人都认为“瑞士制造”在产品“精准性”方面表现出来的高质量更胜德国一筹，这也从侧面说明瑞士人对“精准性”的高度追求。

4. 家庭情怀

威廉·退尔这个故事还有一个不十分明显但又十分重要的元素值得深入讨论，那就是隐藏在这个故事深层之处的“家庭情怀”。

在读到退尔因为不服从对帽行礼的行政命令而被捕的时候，我们发现与他一起被捕的还有他年幼的儿子。孩子大约六七岁。文献中关于退尔孩子的描述并不多，但后世关于这段故事而创作的雕像和各类画作却比较多。我们从这些形象的刻画中可以看到，在退尔冷静的外表之下透露着对儿子的关切，生死之际更显父爱如山；儿子在危难之中有些害怕，这是自然的，但我们也能从很多雕像和画作中看到，他对父亲以箭射向自己头顶的那一刻充满了信赖，这是一种本能地对“血浓于水”的亲情的信任。一边是拯救儿子，一边是相信爸爸。我相信，也许没有比这个故事更能体现家庭情怀的情节了。因为这层因素，我们或许能够对退尔这个人物和这个故事作更多的解读，那就是退尔射向苹果的那一支箭，不只是为了个人抗争，不只是为了民族解放，它更是为了拯救和维系家庭。有家才有国。当退尔救下儿子以后，他用第二支箭射死了盖斯勒，报了家仇，救了民族。

笔者从很多见闻中，真切地感受到瑞士人对家庭的重视，这种重视体现在周末家庭的骑行，体现在工作日早早下班之后的家庭聚餐，体现在家长对儿童言传身教的一幅幅温馨画面之中。因为重视家庭，瑞士很多创新型企业都是家族型企业，一代代家族掌门人通过持续地推进企业创新、打造创新产品来把家族价值和家族理念延续和传承下去，前文提到的瑞士军刀公司 Victorinox 就是一个典型的案例。

事实上，很多瑞士创新产品的定位正是面向“瑞士家庭”。例如，我们熟悉的雀巢公司就开发了一系列适合孩子的奶粉以及成人的咖啡饮料。瑞士也有很多绿色建材创新小企业，服务于建造绿色家庭建筑，形成了非常完善的创新产业链条。

（三）退尔和民族认同

退尔作为瑞士民族英雄，他的故事在民间口述及文献中代代相传，对瑞士民族的性格及瑞士人的精神影响深远。

从现有的历史文献看，退尔这个人物直到 15 世纪中后期才第一次出现在文字中。1470—1472 年，瑞士上瓦尔登州的地方日志官汉斯·施里伯（Hans Schriber）以编年史的体例编著了《萨尔嫩白皮书》（*White Book of Sarnen*）。这份白皮书是当时州政府极为重要的一份档案文献，其中记载了几个有关瑞士山民起义的传奇故事，其中就第一次提到了退尔这个人物和他的故事。在随后的多部瑞士编年体历史文献中，退尔这个人物被多次提及，故事情节也在不断丰富和扩展[①]。

事实上，1386—1499 年，随着瑞士山民在军事和政治方面的一系列成功，联邦的政治架构日益成形，这激发了联邦捍卫者们创作歌曲、虚构历史故事的激情。

---

① 克莱夫·H. 彻奇，伦道夫·C. 海德. 瑞士史［M］. 周玮，郑保国，译. 上海：中国出版集团东方出版中心，2018.

这些文献记载大多产生于1450年后，反映了瑞士15世纪民间和文人阶层溯源联邦政治理念的积极姿态。这些文献记录的大部分事件是1300年左右发生的，其中以退尔的传奇故事为代表[①]。与欧洲其他国家不同，瑞士的历史中少有开疆拓土的帝王、君主，也少有冲锋陷阵的骑士传奇。退尔抗敌的故事是瑞士早期民间为数不多的英雄传奇故事。事实上，没有任何史料证明威廉·退尔这位民间英雄是真实存在的。瑞士文人记载的这个故事，以及民间对莫加顿和森帕赫战役的歌颂，成为16世纪大量瑞士歌曲和联邦编年史的主要内容，并在1507年首次被印刷成文字，出现在《值得嘉许的联邦编年史》一书中[②]。

这些文学和历史文献——瑞士人称之为“解放传奇”，对于理解瑞士历史和现代瑞士的政治文化非常重要，是此后几个世纪瑞士人讨论和参与政治的基础。

退尔传说对瑞士的重要意义在于，它被瑞士人视为民族解放的标志性人物。这个传奇故事，连同老三州（乌里州、施维茨州和下瓦尔登州）缔结的“誓约联盟”编织在一起，凸显了瑞士人敢于和贵族、独裁暴政进行斗争的独立精神。反抗贵族暴政的虚构故事，有助于诠释瑞士人崇尚区域自治的政治理想。在瑞士人的价值理念中，烙印着自罗马统治时期就已萌发的自由主义。瑞士人认为，作为正直的阿尔卑斯山地人的后代，他们应该得到上帝的庇佑，理应享有罗马时期就拥有的自由。自13世纪末期开始，瑞士人就开始在一段跨越数百年的历史中至死不渝地为自由而战。从历史文献中可以看到，无论是16世纪的瑞士城市贵族，抑或是1653年奋起反抗的瑞士乡村公社，还是18世纪早期的瑞士启蒙运动知识分子以及法国大革命时期的瑞士政治活动家们，都会多次引用退尔反抗哈布斯堡暴政的典故[③]。

18世纪中叶，几个瑞士学者在束之高阁的瑞士文献中发现了“1291吕特利誓约”，他们如获至宝。但“1291吕特利誓约”对当时的瑞士社会思潮影响甚微。当时，大多数瑞士人更为接受的，还是16世纪的编年史中对威廉·退尔传奇故事的叙述。

19世纪末，在新联邦制国家的雏形下，瑞士开始寻找更为统一的民族身份。特别是，德国、意大利、法国等邻国民族主义意识的抬头，引发了瑞士联邦政

---

① 克莱夫·H. 彻奇，伦道夫·C. 海德. 瑞士史［M］. 周玮，郑保国，译. 上海：中国出版集团东方出版中心，2018.

② 在中世纪，编年史开始在瑞士流行，特别是在1450年以后，城市委员会资助出版了附有大量插图的编年史。该书从各州的角度来记录州与他州的同盟历史。

③ 克莱夫·H. 彻奇，伦道夫·C. 海德. 瑞士史［M］. 周玮，郑保国，译. 上海：中国出版集团东方出版中心，2018.

府和瑞士国民的思考：在艰险的国内外环境中，联邦应该如何克服内部分歧，重新诠释和维持瑞士民族共同体？对瑞士而言，基于其多语言、多种族的特殊性，民族共同体不可能建立在共同的语言或种族基础上。学者卡尔·希尔蒂指出，瑞士是作为一个“意志国家”而将公民团结在一起的[①]。在定义瑞士人的诸多混合因素中，历史开始扮演越来越关键的角色，激发了瑞士人对长期统一的渴望。19世纪末，瑞士人观看了很多历史性节目、展览和历史剧，苏黎世和伯尔尼的历史博物馆相继修建。在伯尔尼市中心，具有瑞士民族象征的国家图书馆和具有标志性的联邦国会大厦也在这一时期建成。

图4.2　位于阿尔特多夫小镇的威廉·退尔雕像于1895年修建

（来源：Historic Mysteries官网）

在瑞士人心中，退尔传说有着深厚基础。1895年瑞士阿尔特多夫（Altdorf）小镇修建了威廉·退尔的纪念碑（图4.2）；1897年瑞士画家霍德勒（Hodler）创作了富有英雄气概的威廉·退尔肖像画。

19世纪后半叶，瑞士的中小学已普遍向学生宣传威廉·退尔的传奇故事。一些瑞士学者开始寻找别的线索，以重构关于瑞士联邦起源的历史叙事。这些学者在文献中重申了18世纪中叶被发现的“1291吕特利誓约”的重要历史意义和政治意义，明确以“1291年”作为瑞士联邦建国的时间起点，从而取代了与威廉·退尔以及和解放传奇相关联的“1307年”。在1891年，瑞士举行国庆活动中，以庆祝联邦建国六百周年，表明瑞士官方已经认定“1291吕特利誓言”在历史和政治上的根本性意义[②]。

尽管在国家意识和民族认同方面，“1291吕特利誓约”对瑞士的政界和学界影响更大，但瑞士学术界的主流观点仍然普遍认为，退尔传说对于瑞士民族意

① 克莱夫·H.彻奇，伦道夫·C.海德．瑞士史［M］．周玮，郑保国，译．上海：中国出版集团东方出版中心，2018.

② 此外，当时还有一部分人认为应将8月1日作为一个关键的国家节日，以庆祝旧瑞士联邦的成立，这一纪念日现在已有书面证据的支持。

识的形成以及持续演化有着不可替代的重要作用。另有一批学者开始从瑞士的地理和景观中寻找民族精神认同。他们甚为赞同德国诗人席勒的观点，认为瑞士阿尔卑斯山象征着瑞士人的质朴、纯洁、诚实、开放和美德。这种“阿尔卑斯山脉崇拜”，则进一步激发了保护国家遗产的呼声。1904 年，在恩加丁第一个国家公园创立，1905 年瑞士家园保护联盟成立。

英国著名历史学家克莱夫·H. 彻奇认为，理解现代民族国家的瑞士，除了考虑关于事件和制度的实证历史之外，还需要考虑瑞士人自己接受的深入其文化的故事和神话。这是因为，扎根瑞士的以威廉·退尔为代表的传奇故事是瑞士人长久以来的政治倾向和文化立场。也许退尔这个人物并不存在于历史，但关于他的故事却一直影响着瑞士政治和文化的走向。关于退尔的虚构故事为瑞士人重新书写了他们的历史。

尽管瑞士联邦缺乏共同语言和共同宗教的基础，但 19 世纪末以来，正是瑞士人的民族认同感在潜在地发挥作用，推动瑞士公民长期以来始终坚持联邦宪法原则和程序，并由此进一步巩固了瑞士联邦。

（四）退尔和世界影响

威廉·退尔的故事不仅感动了瑞士人，也感动了德国著名诗人席勒。他非常钦佩退尔的英勇气概，赞赏瑞士人不屈的斗争精神。1804 年，席勒根据瑞士的民间传说创作了诗剧《威廉·退尔》。在这部诗剧中，他巧妙地把瑞士人民结盟推翻异族统治的史实同瑞士民间英雄传说结合起来，塑造出一个反抗异族统治和封建统治、进行解放斗争的英雄形象。1804 年，这部剧本被搬上德国魏玛和莱比锡的舞台，大受欢迎，被视为一部有现实意义的爱国剧本。席勒创作的剧本，深深打动了意大利著名作曲家罗西尼（Rossini）。1829，罗西尼根据席勒的剧本，创作了同名歌剧《威廉·退尔》。

今天，在瑞士中部乌里湖入口的悬崖边，人们可以看到一块巨石矗立在峭立的湖岸边，这便是瑞士著名的席勒石（Schiller Stone），如图 4.3 所示。大石头呈方尖碑形状，高约 40 米，原名“神话石”。1859 年，在吕特利草坪举行纪念席勒诞生 100 周年之际，施维茨州州长 Carl Styger 提议将巨石更名为“席勒石”，向为瑞士民族英雄退尔创作诗剧的诗人席勒致敬。

笔者曾于 2016 年乘坐游轮，在乌里湖上游览，从远处眺望到这座巨石。尽管看不到石刻的字迹，但青山遮不住后来人对英雄的想象，菁菁石上草将终年与传说共生。尽管作为一个传说存在于民间，但毫无疑问，退尔对瑞士民族精神塑造的影响，无论是在过去、现在、还是将来，都是巨大的。

图 4.3　摄于 1939 年的席勒石历史影像

（来源：kartenplanet.ch 网站）

二、忠诚执着：瑞士雇佣军及其印记

瑞士自然资源匮乏，曾经十分贫穷，瑞士人不得不背井离乡充当外国王公贵族的雇佣兵，靠卖命换钱。

在长达五六个世纪的时间里，雇佣军曾作为瑞士极为特殊的出口“商品”，辉煌一时，甚至供不应求。几百年来，瑞士雇佣军在联邦历史上留下了深刻的民族印记，这种印记直到今天，还能鲜明反映瑞士人的个性特点——刚正、勇敢和忠诚，瑞士人将这种精神进一步体现在他们的创新行动上。

（一）刚正勇敢的瑞士雇佣军

在漫长的中世纪，瑞士一直是欧洲比较穷困的地区。1291 年，联邦建立之初，武装力量不足。在很长一段时间内，联邦的军事力量都比较缺乏像其他欧洲强国一样的骑士阶层。当时的瑞士居民长期身居大山，对山势熟悉，体能较好，在火武器出现之前，他们对冷兵器的掌握和运用更胜一筹。

中世纪时，瑞士步兵运用一种非常特别的武器——戟，这是一种重且尖的兵器。由于哈布斯堡家族和邻国长期侵略瑞士联邦，使瑞士居民一直怀有强烈的民族反抗情绪，激起了他们非比寻常的斗志。

瑞士步兵骁勇善战，多次挫败他国强大的骑兵，并成为当时炙手可热的兵种，逐渐在欧洲建立起声誉。1499 年士瓦本战役中，瑞士人又一次战胜哈布斯堡军队，瑞士联邦最终获得神圣罗马帝国的承认，获得独立。伴随胜利而来的，是欧洲他国君主对瑞士佣兵需求的增加。

瑞士雇佣军具有鲜明特点。他们敢于直面敌人，英勇无畏，讲究速战速决。更为特别的一点是，他们非常看重荣誉，并愿意为此付出任何代价，宁愿被杀死也不愿被俘虏——他们不愿在乡亲们面前丢脸。瑞士雇佣军和雇主签合同时会声明：自己有权在面对家乡人时不参战。这也成为后来瑞士雇佣军的一个不成文规定。

1516 年，法国与瑞士签订了派遣雇佣军的合约，奠定了瑞士雇佣军和法国王室维持了近 300 年特殊关系的基础。从欧洲来看，正是从 16 世纪初瑞士与法国缔结雇佣军合约开始，瑞士雇佣军迅速发展。有学者估算，仅在 16 世纪被法国国王雇佣的瑞士士兵数量就高达 35 万①。

从 16 世纪起，瑞士雇佣军大规模输出国外②。据统计，到 17 世纪末，约有 40 万瑞士人在欧洲军队中充当雇佣军③。在 18 世纪和 19 世纪，瑞士雇佣军曾服务法国军队和英国军队，他们同时也在西班牙、奥地利、意大利那不勒斯地区作战，甚至还有 4000 人到美国参加南北战争④。1874 年，瑞士联邦宪法禁止对外派遣雇佣兵，瑞士雇佣军的历史正式宣告结束。

（二）忠诚执着的教皇卫队

尽管瑞士雇佣军制度在联邦早已被废除，但仍有一批瑞士年轻人在梵蒂冈充当着教皇的保卫力量，他们就是享誉世界的“瑞士卫队”。瑞士雇佣军的忠诚在历史上的多次战役中被一再证明。

1505 年，罗马教皇尤里奥二世将 200 名瑞士雇佣兵带到罗马，并正式决定由他们守卫梵蒂冈。自此之后，他们作为梵蒂冈常驻部队执行任务，保护罗马教廷和教皇本人。

1527 年，查理五世率领两万军队攻入罗马城，大肆掠夺。瑞士卫队为掩护教皇撤离而进行了惨烈的战斗。这是一场兵力悬殊的战斗，原本 189 人的瑞士卫队有 147 人阵亡，仅生还 42 人。活着的瑞士卫队成员成功掩护教皇克列门斯七世通过密道逃到圣安杰罗城堡，逃过一死。1981 年，教皇约翰·保罗二世

---

① 参见 Weapons and Warfare 官网发布的相关信息。

② Casparis J. The Swiss Mercenary System：Labor Emigration from the Semi-periphery [R]. New York：Review from Fernand Braudel Center，1982（4）：593-642.

③ 17 世纪，欧洲先后经历了三十年战争、奥格斯堡联盟战争和法荷战争，每一场战役瑞士雇佣兵都有参与。三十年战争初期，有 6000 名瑞士雇佣兵在法国服役；在 1635 年西班牙战争中，瑞士佣兵数量达到 1.2 万人。1643 年法国路易十三去世时，超过 2.1 万名瑞士佣兵在法国服役。此外，还有大量瑞士佣兵在“大同盟”（由荷兰、英国、瑞典和奥地利等国共同组成的反法联盟）中服役，其中 11200 人在荷兰，5400 人在西班牙，4800 人在奥地利。

④ 秦月. 16 世纪初到 19 世纪中叶瑞士雇佣军的兴衰研究［D］. 杭州：浙江大学，2016.

(Saint John Paul Ⅱ)在圣伯多禄广场举行例行祈福弥撒被刺杀，腹部中弹、性命垂危，幸得瑞士卫队以最快的速度紧急送到医院，才及时救回一命。

近年来，尽管通信手段和安全保护技术日新月异，但瑞士卫队的招募条件基本不变，包括：必须是瑞士男性公民，必须为天主教徒，必须完成瑞士军队的基本训练，年龄在 19 岁至 30 岁之间、身高 174 厘米以上等[①]。比起瑞士的高收入，很少有瑞士年轻人愿意成为每月薪资只有 1500 欧元的瑞士卫队士兵了。然而，即便如此，仍然有一批瑞士年轻人愿意加入瑞士卫队，他们并非为了金钱，而是怀着保护教皇的强烈愿望。

（三）卢塞恩石狮

在瑞士中部城市卢塞恩，有一座巨大石雕，无论在艺术上还是思想上都堪称世间罕见的杰作，它正是为了纪念瑞士雇佣军忠诚而坚强的精神而设立的。

笔者曾三次到访卢塞恩石狮公园。这里没有围栏，也不收门票，高山作屏障，仅有一个路口步行入内。石狮高大而逼真，凄凄然，又坦荡荡，在一潭池水的映衬下如歌如泣。公园不大，人也不多，但这里常年人流络绎不绝，令人流连忘返。或许，人们是为了心中那份感动和纪念而来。这段悲怆的历史值得在此作一些叙述。

法国大革命期间，保卫法国国王的瑞士雇佣军付出了惨重代价，先后进行了两次“血战到底”的保卫战[②]。

第一次保卫战发生在 1789 年 7 月 14 日。当时，愤怒的巴黎民众朝着巴士底狱冲去。然而，巴士底狱城堡中最后的防守兵力只有 82 名伤残军人和一支 32 人的瑞士火枪团。在巴士底狱被攻占之前，瑞士火枪团顽强抵抗，但他们寡不敌众。当更多的武装民众赶到巴士底狱时，城堡的内庭最终被攻陷了。虽然保卫失败了，但瑞士火枪团战斗到了最后一刻。

第二次保卫战发生在 1792 年 8 月 10 日。为保护杜伊勒里宫的法兰西国王路易十六及其王后玛丽·安托瓦内特，700 多名瑞士卫队成员坚守阵地，死战不降，几乎全部阵亡。他们的遗骸散落在杜伊勒里宫的花园和附近的街道，并被残忍地曝尸两日。拿破仑在其回忆录中写道：“在我参加的所有战役中，从没有哪次像那天那样看到过这么多瑞士士兵尸体。”[③]

---

① 埃菲社．教皇瑞士卫队设法招募更多新兵［N］．参考消息，2019-05-06（6）．

② Wu M. Unravelling the Tragic Story Behind the Impressive Lion Monument of Lucerne［EB/OL］．(2016-04-29)［2023-10-01］．https://www.ancient-origins.net/history-important-events/unravelling-tragic-story-behind-impressive-lion-monument-lucerne-005791.

③ 哈里特·D.S. 麦肯齐．瑞士史［M］．刘松林，译．北京：华文出版社，2020.

1792年8月，瑞士军官卡尔·费弗（Karl Pfyffer）由于在卢塞恩休假而幸免于巴黎的这场灾难。在得知战友悲壮牺牲的消息后，费弗悲痛不已。为了沉痛悼念战友，他计划建造一座纪念碑。1818年，他通过募捐来筹集资金，并邀请丹麦著名雕刻家巴特尔·托瓦尔森（Bertel Thorvaldsen）负责设计[①]。不久后，托瓦尔森为费弗提供了设计草图和几件小样的模型。费弗希望设计一只死去的狮子，但托瓦尔森认为：狮子并没有死，只是受了重伤，还在继续挣扎。最终，托瓦尔森的设计方案被采纳。

纪念碑的建造地点选在卢塞恩城外的一处采石场，在采石场的一处悬崖面上直接雕刻岩石浮雕。纪念碑长10米，高6米，于1821年完工。1821年8月10日是法王瑞士卫队牺牲的29周年纪念日，卢塞恩狮子纪念碑于当天举行揭幕仪式。

这次战斗中瑞士卫队的伤亡人数（760人）以及幸存者人数（350人）被刻在卢塞恩石狮纪念碑上。除数字之外，纪念碑上还刻有一些军官的名字。纪念碑最上方刻有拉丁文："HELVETIORUM FIDEI AC VIRTUTI"（献给忠诚、勇敢的瑞士人）。

当疯狂的法兰西人震动着王宫地板，
高贵、英勇的瑞士人，迎来了末日！
果敢的勇士一诺千金，
坚定的士兵视死如归。
舍生取义，杀身成仁。
忠诚的征途陡峭而艰难，
也曾害怕，也曾气馁，但你们从未逃避，
坚持住，这是九死一生的责任！
虔诚地站在犬牙交错的岩石旁，
那时，你的纪念碑，赫尔维蒂的感恩石，
令人肃然起敬，
巴特尔·托瓦尔森的光荣奖杯属于你。
一头垂死的狮子镌刻在纪念碑上！
多么庄严的苦难，多么勇敢的野兽，
几乎在极度衰弱中，
受伤倒地，却并不屈服，而是骄傲地沉默，
为了伟大事业而听天由命。
垂死的英雄气息奄奄，

---

① 托瓦尔森曾设计了梵蒂冈圣彼得大教堂内的"教皇庇护七世墓碑"。

以虔诚的目光与圣灵对话，
这是勇气，这是信念，这是取义成仁。
——约翰·凯尼恩《卢塞恩纪念碑》①

纪念碑的主体是一座正在流血的石狮雕像（图 4.4）。狮子的头部从身体侧面伸出，它的表情充满痛苦，似乎正在拼命挣扎，也似乎正在等待死亡。此外，狮子身上覆盖有鸢尾花盾牌——这是法国君主制的象征，寓意当年瑞士卫队成员在法国巴黎浴血奋战到生命最后一刻。狮子的后背上插着一个折断的矛尖。

图 4.4　卢塞恩石狮

（来源：网络）

1880 年，美国著名作家马克·吐温到瑞士卢塞恩旅行时观看了这座石雕。他感慨，这座纪念碑是“世界上最悲伤、最动人的狮子”。他在他的国外旅游记中用细微的笔触这样描述道：

有一种极为微妙的东西是这些复制品所展现不了的，即便是太阳也无法赋予这些复制品这种感觉。摄影师和雕刻师也无法给你这种微妙的感觉，他们的作品（即“复制”）给你的是一个垂死的狮子——其实这些作品的形状是对的，姿势是对的，比例也是对的，但无论如何也呈现不出那一丝难以形容的、令人难忘的东西，而这正是卢塞恩石狮最为可贵的地方，它是世上最悲伤、也最令人感动的一块石头。

狮子躺在巢穴中，面朝一个低矮的悬崖。事实上，狮子正是雕刻在悬崖的巨石上。它身形巨大，气质高贵。它的头有些低垂，一个断裂的矛尖刺进它的肩膀，他那战斗过的前爪抚在法国鸢尾花上。藤蔓

① 哈里特·D.S. 麦肯齐．瑞士史［M］．刘松林，译．北京：华文出版社，2020.

> 牵挂在悬崖上，在风中摇曳。一股清流从巨石上腾空而下，跃入巨石下的碧池。在池塘如明镜一般的水面上，狮子的倒影在水百合的围绕中更加楚楚动人……毫无疑问，卢塞恩石狮摆在任何地方都会给人留下深刻印象。然而，没有任何一个地方能有此处这样的意境，让它的动人到了无以复加的地步[①]

1882 年，卢塞恩市政府购买了纪念碑所有权，将它建成一个露天小公园，鼓励瑞士公众免费参观，石狮纪念碑也因此成为卢塞恩主要景点之一。一百多年来，各方游客络绎不绝前来驻足瞻仰，这段荡气回肠的英雄往事永远铭刻在人们心中。

（四）对联邦的影响

1. 政治方面

19 世纪和 20 世纪的瑞士历史学家，经常强调瑞士中世纪高山谷地的农民和牧人群体，认为正是稳固的团结意志和原始野性的勇气，使山地战士成为瑞士联邦建立的重要基础。

至今，瑞士军人阶层仍然在一定程度上占据着瑞士联邦行政系统中的一席之地。有研究表明，20 世纪瑞士高级公务员的身份构成中，军官的比例依然很高。统计显示，整个 20 世纪，出身军官家庭的公务员比例占 50%以上，部分年代比例高达 60%以上，甚至在 21 世纪前十年，军官家庭出身的比例还保持在 42.5%[②]。有一种学术观点认为，正是瑞士军人阶层具有显著的社会地位和象征价值，拥有组织和指挥能力，才使其在瑞士政治体系中不断渗透和蔓延。

雇佣军制度也直接影响了瑞士今日的国防制度。瑞士实行民兵制，职业军人不到 4000 人，后备兵力则高达 35 万人。瑞士军人比例位居世界第一。联邦法律规定，凡 20～42 岁身体健康的瑞士男性公民都必须服役，服役人员一生中参加军训时间总计 280 天。服役期间和退役后，单兵武器装备均归个人保管。妇女可自愿服辅助役。瑞士每年军费约 55 亿美元，这在世界范围内是十分庞大的。此外，瑞士有着高山之险，易守难攻，保证了瑞士作为中立国家的安全。

2. 社会方面

长期以来，瑞士处于山区封闭环境下，拥有淳朴社会风气和社会文化，因

---

① 此处两段中文为笔者根据英文原文翻译。

② 秦月 .16 世纪初到 19 世纪中叶瑞士雇佣军的兴衰研究［D］. 杭州：浙江大学，2016.

为雇佣军的输出和返乡，而变得更加开放和具有包容性。数百年的雇佣军作战史，大约1/3的男性公民有机会接触和了解瑞士其他语言区和社会阶层的情况，促进了瑞士与欧洲文化的相通和相融。

瑞士的军官要与普通士兵在一起训练，进一步加固了这个国家的阶层平等观念，有助于促进瑞士社会的内部凝聚力。闻名世界的瑞士药企巨头罗氏公司前董事长弗里茨·格贝尔，就曾担任瑞士陆军上校。他回忆说，在瑞士军队里，一个律师或医生需要向一位水管工报告工作是一件很普通的事。军队的服役经历，对于每个想要从事管理工作的社会公民而言都是“必修课”。瑞士未来的统治精英们，也是利用这样的机会逐渐建立和培养起紧密的人际关系网。

3. 精神方面

瑞士雇佣军的军事效率和英勇精神，曾引起欧洲思想家们的注意。其中，最为著名的是意大利思想家尼克罗·马基雅弗利（Niccolò Machiavelli），他钦佩于瑞士军事战斗力与共和政府的完美结合。在其《君主论》（*The Prince*）中，他通过自己的观察这样赞美瑞士雇佣军：“多少世纪以来，罗马和斯巴达拥有自己的武装和自由；瑞士的武装最多，因此自由也最多。”①

瑞士雇佣军既骁勇善战，也热爱自由。对他们而言，奋勇前进，不仅需要顽强意志，同时也应拥有创新能力，从而在有限的资源上创造出更多价值。尽管后来，瑞士社会反对雇佣军制度的声音不断涌现，但瑞士雇佣军传承下来的顽强战斗精神和忠诚品质深刻融入了瑞士人的民族精神之中。

今天，当人们看到瑞士国旗在联邦境内的各个角落高高飘扬的时候，当看到国际红十字会组织在世界灾难之地及时出现的时候，将会很自然地将“坚守”“博爱”“和平”等这些字眼，与这个国家曾经那些勇敢的雇佣兵所表现出来的战斗精神联系在一起。

三、坚守传统：瑞士城市生活

瑞士很多城市在创新发展过程中，始终坚守自身的传统，无论是文化传统，还是社会传统，瑞士人都无比珍视，始终保持守正创新。瑞士首都伯尔尼正是这样的城市，代表了瑞士人坚守传统的生活态度。

（一）伯尔尼老城

伯尔尼是瑞士首都，是瑞士联邦的经济和政治中心（图4.5）。城市人口不足14万，是仅次于苏黎世、日内瓦和巴塞尔之后的瑞士第四大城市。很多

---

① 克莱夫·H. 彻奇，伦道夫·C. 海德．瑞士史［M］. 周玮，郑保国，译．上海：中国出版集团东方出版中心，2018.

年前，伯尔尼对整个欧洲的经济都有举足轻重的影响。虽然面积上没有苏黎世那样大，经济上也不如日内瓦和巴塞尔，但其综合影响力在瑞士联邦举足轻重。

图 4.5　伯尔尼老城

（来源：笔者摄）

伯尔尼是典型的欧洲都市。作为瑞士著名的历史名城，伯尔尼老城区建在一个“U”形半岛上，建筑沿地势缓缓上升，最高处是高耸入云的伯尔尼主教堂，整个老城建筑层次分明，落错有致。老城历史底蕴浓厚，有文字记载的历史就有 800 多年。街道随处都能见到古香古色的欧式建筑，现代化高楼不多。城内的老建筑大多也有 800 多年历史，石材建筑经久耐用，至今不少建筑依然作为居家、商业及博物馆之用，给人一种厚重的历史感。伯尔尼老城于 1983 年被联合国教科文组织列入《世界遗产目录》。

老城的建筑、规划与景观设计，强调主题元素的广泛运用，层次丰富，构成伯尔尼老城生动活泼又和谐统一的风貌。老城街头有很多自中世纪以来保存下来的喷泉，多为 16 世纪建造。城内未通自来水以前，这些喷泉是人们生活中必不可少的水源，至今依然具备饮用功能。每个喷泉柱子上都刻有生动的人物雕像，讲述着伯尔尼中世纪流传的民间故事。老城里蜿蜒几千米的中世纪石拱廊，是一道独特的历史文化景观。它具有遮阳挡雨的功能，在伯尔尼连绵湿雨的秋冬季能发挥特别作用。拱廊后面，是琳琅满目的商铺橱窗，集聚了很多时装店、珠宝店、古董店、钟表店等。此外，还有一些公园坐落在老城中。图 4.6 展示的是伯尔尼老城天然公园“熊苑”中的棕熊。

从位于老城东南角 5 千米的古尔腾山（Gurten）的山顶俯瞰，城镇、乡村在地形分布上有良好的互补效果：小城周边稀疏的房屋与树林连为一体，全镇掩映在一片青山绿树之中；从平地仰望山上的小村庄，远处的小木屋若隐若现

图 4.6　伯尔尼老城天然公园“熊苑”中的棕熊

（来源：笔者摄）

地点缀在大山之中。站在玫瑰花园的最高处，可以看见整个伯尔尼老城的全景。夕阳西下，站在玫瑰花丛中，眺望着老城，别有一番滋味。

在瑞士的山地城镇建设中，坡屋顶作为建筑重要的“立面”，在设计上有严格的标准，大多为坡顶、灰瓦、浅棕色墙，立面风格统一，各栋建筑风格又不尽相同。坡顶造型变化丰富，有双坡、四坡和类似孔明帽的坡顶等[①]，墙角、窗檐处理也多式多样，这些正是瑞士民间烟火的深层色彩。

伯尔尼老城给人的印象，是既有历史的厚重感，也不断与时俱新。可以说，在适应现代又延续中世纪传统文化风格方面，伯尔尼的城市发展堪称城市发展的典范。

自中世纪以来，伯尔尼城市不断延续和发展，城市建筑的功能也随时代变化而不断更新改造。老城在尊重原有城市规划理念的同时，又不断展示建筑功能的实质。19 世纪，作为瑞士联邦首都，伯尔尼陆续兴建了欧洲文艺复兴时代风格的议会大厦，以及颇具欧洲古典主义风格的博物馆、图书馆、剧院等公共建筑。在持续现代化建设过程中，联邦政府对许多建筑和空间进行了改造，但都是在保护中世纪城市结构的原则下进行的，沿阿勒河建设的“三纵轴”形原始街道结构依旧保存下来，这也显示出伯尔尼人理性和睿智的一面。中世纪瑞士极为重要的一个场所——粮仓，也被保留下来并成为今日伯尔尼城市中高雅而又时尚的餐厅（图 4.7）。

① 陈文福．瑞士绿色山地城镇化的经验与启示［J］．当代贵州，2018（45）：42-43.

图 4.7　伯尔尼谷仓餐厅

（来源：瑞士国家旅游局官网）

不同历史时期的建筑，始终保持城市整体风格的统一，不断延续中世纪的城市规划理念，长久塑造这个城市和谐美丽的姿态。在建筑里延续历史，积淀在生活中文化，在稳定发展中成就高品质的城市生活环境。现如今，伯尔尼老城只保留联邦政府机构、教堂、商业店铺、图书馆等，还有周末才有的集市。在伯尔尼老城中漫步的时候，笔者常常感叹，伯尔尼老城今天的模样与伯尔尼档案馆中一百多年前照片中的情境几乎没有太大变化：还是当年的街道，还是当年的城市布局，也还是当年的人流场景。唯一不同的是，来往的人群，早已换作了不同年代的人。不过在人群中，似乎依然能够看到一个个充满激情而又睿智多才的青年，也许是下一个爱因斯坦，也许是下一个列宁……

伯尔尼的城市规划和发展战略明确清晰。在伯尔尼市中心外面，有若干卫星城，它们分解了大城市的人口压力，对城市的可持续发展大有裨益。白天，瑞士人到老城来工作、消费、参加宗教活动；晚上，他们回到周边的“卫星城”度过夜晚，留下静谧的老城，伴着教堂的午夜钟声，还有那静静流过钢铁拱桥与石板桥的阿勒河水。

事实上，瑞士大部分人口都是城镇居民。全国四分之三的人口都居住在城镇中，大多数生活在中部平原地区。2019 年瑞士的人口密度约 208 人每平方千米。全国将近 85％的人口都居住在城镇核心地带和城镇核心的辐射地区，只有将近 16％的人口居住在其余地区。仅在瑞士最大的五座城镇群中（苏黎世、日内瓦、巴塞尔、伯尔尼和洛桑），就聚集了全国几乎 40％的人口。从 20 世纪 60 年代开始，规模较小的城镇中心，以及城市群内中心城市的外围地带，成为人口增长最快的地方。在伯尔尼 10 多万的城市居民构成中，瑞士人占据 69％，外籍居住者占 31％，是一个典型的国际都市。

（二）阿勒河

伯尔尼人享受夏天的重要方式，就是下河游泳。

全长近 300 千米的阿勒河，是瑞士境内最长的河流，发端于瑞士中南部，是欧洲莱茵河的支流。阿勒河蜿蜒流淌，在瑞士中部的伯尔尼高地绕了个大回环（U 字形），在伯尔尼老城勾勒出一个三面临水的独特地形。阿勒河流经的路径，也是伯尔尼市中心的自然边界。

阿勒河不仅美丽多姿，而且非常洁净，是玩乐和享受的好地方。每逢夏天，人们到这里独木泛舟、游泳、烧烤、举办篝火晚会……对伯尔尼人来说，阿勒河是童年的一部分。

在阿勒河中漂流，是伯尔尼夏季傍晚的醉人时刻（图 4.8）。穿着泳装，沿着阿勒河河畔漫步，直到找到一个下水的好地方。无论从木桥上跳水，还是试探着从河滩下水，都是体验河水的好选择。在伯尔尼，人们可以放心大胆地顺着河水往下游漂，城市里设有固定的漂流路线。人们在这独特的都市漂流之旅中，能欣赏到河畔伯尔尼老城的旖旎风景。奔腾的河水，欣喜若狂的尖叫，河面上摇摇晃晃的小舟……伯尔尼人认为，在烈日炎炎、如蒸笼般闷热的夏日里，这是阿勒河赏赐给他们最佳的解暑方式。

图 4.8 瑞士当地民众夏季在阿勒河漂流

（来源：瑞士国家旅游局官网）

四季在变幻，阿勒河的水量、流速和河水的颜色都在变化。阿勒河承载了伯尔尼人最大的快乐，也是瑞士人对生命、对自然充满敬畏的最好体现。

（三）洋葱节

每年 11 月的第四个星期一，伯尔尼老城内都会隆重举办“伯尔尼洋葱节”。这是瑞士很有特色的一个传统节日，届时老城将有多达数百个摊位展示出售上百吨洋葱制品，还包括蔬果、手工艺品等。

根据民间记载，“伯尔尼洋葱节”起源于中世纪伯尔尼州与弗里堡州生死互助的一段友谊：15 世纪的伯尔尼老城，秋季的农贸市场热闹而繁荣，附近农民每周进城销售蔬菜。由于当时瑞士各州尚未统一，为保障本州农民的交易权益，伯尔尼当地法律不允许其他州农民进城交易。1405 年，伯尔尼老城突发大火，六百余座房屋被烧毁。在当地消防人员不足的情况下，邻近的弗里堡州农民闻讯赶来，与伯尔尼民众合力扑灭了大火。为感谢弗里堡州农民的帮助，伯尔尼州政府邀请他们每年 11 月第四个星期一来伯尔尼销售自家的洋葱等农产品。这一含有感恩之情的联合经商模式，后来逐渐演变成伯尔尼老城的传统。随着铁路的发展，瑞士其他州的农民也相继进城交易洋葱，洋葱集市从此发展为瑞士最大的农贸市集。

伯尔尼洋葱节场面十分壮观。节日当天，平日里一片祥和宁静的老城蜕变为一片热闹欢快的海洋，多达 100 吨的洋葱将在一天内完成交易。因洋葱节正好处于圣诞节的前一个月，除洋葱交易之外，还会销售一些圣诞用品和饰品。在洋葱节现场，可以看到瑞士当地很多种类的洋葱。民以食为天，洋葱是瑞士人最喜爱的食物之一。展示洋葱，也是展示瑞士生活最为鲜活的一面。在这里，可以看到红皮洋葱（也叫紫皮洋葱）、白皮洋葱，还有配火锅吃的珍珠洋葱、银洋葱等。洋葱被做成艺术品挂在摊位上，洋葱上面还插着各种色彩的花朵作为圣诞节的装饰品。

在瑞士期间，笔者曾 3 次参加“伯尔尼洋葱节”。近距离感受瑞士最大的传统节日，深为震撼。11 月下旬，伯尔尼老城已渐入初冬，寒风瑟瑟。但在节日的氛围里，却热闹非凡，欢声笑语响彻在联邦广场及周边的数条街道间。特别是节日当天的傍晚，欢乐的气氛迅速燃起，一场以游戏形式进行的“混战”将节日气氛推向高潮——大人、孩子们互相打“纸屑仗”，成袋的五彩纸屑被投掷到认识或不认识的人身上，整条街道被染成五颜六色。逛着洋葱集市，人们在寒夜里感受着温暖。图 4.9 展示的就是伯尔尼洋葱节现场。

对不同人群而言，洋葱节具有不同的意义：对孩子而言，这是他们欢乐的天堂；对年轻人而言，这是一个和朋友们聚会的好机会；对上了年纪的人而言，洋葱节承载了他们对童年的记忆。瑞士人一眼就能分辨洋葱种类，不同品种对应有不同吃法。通常瑞士法语区的人喜欢红皮的，德语区的人喜欢白皮的，各地口味不同。有一款被称作“珍珠洋葱”的白色小洋葱，腌制后用来佐餐当地特色美食——奶酪火锅。

图 4.9　伯尔尼洋葱节现场

（来源：瑞士国家旅游局官网）

随着时代发展，伯尔尼洋葱节的市场交易品种也在不断变化。以前，市场里只卖洋葱，而现在除了洋葱以外，还可以见到口味各异的奶酪、腊肠、腌橄榄和新鲜蔬菜、水果以及圣诞节装饰品等。以洋葱等为原料在现场制作的各色美食，飘香四溢。更不可或缺的是从煮沸的大锅里盛一勺冒着泡的热红酒。这是欧洲在冬季特别盛行的一款传统饮品，加入丁香、肉桂等香料，闻到它就嗅到了冬天的味道，仿佛在提醒着人们，与家人团聚的圣诞节已经不远了。

四、乐于挑战：瑞士人的运动

瑞士人对运动的热爱，体现了他们对生命的看法和态度。瑞士人认同“生命在于运动”，认为运动就是生活的一部分，而阿尔卑斯山也给了瑞士人良好的户外运动环境。瑞士人在运动中体会“竞争”的乐趣，很多瑞士人都积极参与竞技运动，在这些运动中体现出瑞士人顽强的斗争精神。值得注意的是，由于瑞士山川河流众多，有相当一部分瑞士人群体，热衷于非常规的户外运动，尽管这类运动具有一定危险性，他们也乐此不疲，甘愿去冒险。瑞士人认为，做一件自己认为值得的事，才是生命中最重要的。

瑞士人注重运动的生活习惯有时是令人惊奇的。一位中国留学生在网上论坛中留言：

> 说回到身体素质，那些瑞士人身材真的是太好了。在游泳池真的觉得很羞愧，因为别人都跟模特一样。很多人早上 7 点就从健身房出来了。每天如此，十年如一日，包括当时已经 50 多岁的导师，后来当

> 了ETHZ校长。此外,(他们)身体素质好,体现在参加各种活动上,比如:某“学霸”昨天上了一天课,在我纠结如何编程的时候,他晚上竟然还要去参加一个很重要的Party(或许是去跳舞),结束后还要赶第二场,基本上四五点才结束。早上八点的课开始时,他又正襟危坐在我边上。

在瑞士人日常生活中,运动扮演着重要角色。瑞士人热爱运动,尤其是户外运动。瑞士是欧洲运动最活跃的国家之一,政府在体育方面投入了大量资金,75%左右的瑞士人经常进行体育锻炼。

在高等教育阶段,学生的体育培养处于重要地位,这也是瑞士教育的一个显著特点。联邦委员会的官网数据显示,瑞士高校中,有20多门课程专门研究运动、健康、运动科学等。

在瑞士,最受欢迎的运动是足球、滑雪和冰球。足球是瑞士最受关注的运动之一,全年如此。而在冬季,滑雪则是瑞士的“国家运动”,几乎是全民参与。冰球运动也经常在瑞士上演场场爆满的场面。瑞士网球明星罗杰·费德勒(Roger Federer)是瑞士最具影响力的网球运动代表人物之一。摔跤、马术和射击等其他运动也同样在瑞士大受欢迎。

瑞士人对运动的热爱,源自他们的运动基因、家庭影响、学校教育、社会风气和自然景观。夏,有清澈的湖水河流可游;冬,有雪山小道可滑。四季之中,在这样优美适宜的自然环境里,瑞士遍地都是可作足球场的绿草葱葱的旷地。对瑞士人而言,体育运动不仅形式多样,还是随时随地、随性而为的一种生命仪式。

解读瑞士人的运动,有助于了解他们的生活态度和生命价值。瑞士人的运动可以分为三个层次:作为“休闲”的运动,作为“竞技”的运动和作为“冒险”的运动。

(一)作为“休闲”的运动

在瑞士,人们有多种多样的在户外活动享受大自然的机会。

滑雪,是瑞士人的“国民运动”,绝大多数居民都会参与这项运动。瑞士最早的滑雪俱乐部于1893年在格拉鲁斯成立,之后伯尔尼和苏黎世也相继成立滑雪俱乐部。20世纪初,达沃斯和圣莫里茨等地开始受到滑雪爱好者的青睐。从1950年起,各地滑雪雪道开始配备运输设施,之后滑雪运动成为瑞士最受欢迎的大众体育项目。

水上运动,也是瑞士人的所爱。瑞士河流湖泊星罗棋布,数不胜数。“近水楼台”的瑞士人,十分享受花样繁多的水上运动,如:帆船运动、风帆冲浪、水橇滑水、水上滑板运动和划艇等。

自行车运动，在瑞士也非常普遍。瑞士是骑行者的天堂，基本上每个家庭都有一辆自行车，有的家庭甚至有多辆。瑞士的交通管理制度也比较人性化，乘客可把自行车放在火车上，方便换乘。瑞士街道普遍设有专门的自行车道，覆盖了联邦境内90%以上的公共交通道路，即便是很窄的汽车道路，也会在道路边缘专门划出一条自行车道。甚至，在路面不够用的情况下，交通部门还会借用公交车专用车道，划出公共部分，作为自行车道。更贴心的设计是，在有较大坡面起伏或交叉路口等地段，交通部门专门在自行车道上铺设红色防滑橡胶带，以防止轮胎打滑。

笔者曾于2017年8月6日，参加了伯尔尼当地政府举办的“伯尔尼市自行车环城日”活动（图4.10）。该活动每年定期举办，环城路线从位于老城中心的联邦大厦广场开始，沿阿勒河河岸线，途经伯尔尼周边几座卫星小城，全程40千米（图4.11）。活动当天，市警察局派人到各路段维护治安，很多志愿者在各驻点为参与者提供茶水和咨询服务。活动不分名次，不分时间段，全天可参与；可从任意起点开始，也可中途离场。据笔者观察，参加活动的人员分布在各个阶层、各个年龄段，不少家庭全家出动，一些年轻的父母还用自行车牵引篷车，载上婴儿出来兜风。

图4.10　“伯尔尼市自行车环城日”活动海报

（来源：笔者摄）

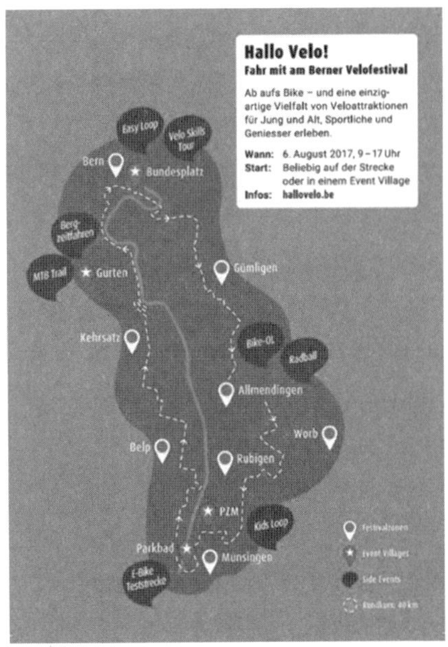

图4.11　“伯尔尼市自行车环城日”活动路线

（来源：笔者摄）

徒步在瑞士也颇受欢迎。瑞士是徒步者的天堂，徒步旅行是瑞士人接触大自然、放松身心的好方式。联邦境内规划了安全而又密集的徒步路线，总长达 68000 千米。徒步者可按体能和喜好选择不同徒步路线，沿线设有大量路标，不同颜色的路标都会标明距离下一个目的地的距离以及所需的步行时间。

值得一提的是，瑞士交通四通八达且安全准时。铁路、公路、邮政巴士、轮船以及高山缆车在瑞士形成了一个密集的交通运输网。有了便捷可达的交通网，瑞士山川河流的美景不再“可望不可及”，徒步旅行的路线也更加多样化。你可以在山区的任何一段风景优美之处下车，走上一段到下一站再上车。无论是在图书馆、书店还是在报亭，都可以找到各类介绍徒步旅行路线的小册子，这些路线一般按州或区域来划分。

（二）作为“竞技”的运动

联邦委员会官网显示，瑞士是冬奥会上获得奖牌最多的 10 个国家之一，也是夏季奥运会上获得奖牌最多的 25 个国家之一。瑞士人最喜爱的体育运动莫过于足球，每个周末都要举行活动，全年总共举行了大约一万场足球比赛。此外，全国有两万多个体育协会和大约 270 万张运动员证书，有大约 3.2 万座体育运动设施。40 多个国际体育协会和体育组织的总部也都设在瑞士。

瑞士主办了 1954 年世界杯足球赛，并与奥地利联合主办了 2008 年欧洲杯足球赛。从 1994 年起，瑞士国家足球队经常参加各种大型国际赛事。2006 年、2014 年和 2018 年三届世界杯瑞士均打入十六强。两家最为重要的国际足球组织的总部都设在瑞士，其中国际足球联合会（FIFA）总部位于苏黎世，欧洲足球联合会（UEFA）总部位于尼永。

冰球在瑞士也极受欢迎，每逢冰球比赛，体育馆中总是观众如潮。瑞士共有超过 1160 支冰球队，每年举行将近 1.6 万场比赛。全国甲级联赛平均每场比赛都会吸引超过 6000 名观众到场，如此高的上座率在全欧洲范围内都屈指可数。伯尔尼滑冰俱乐部体育馆平均每场比赛的观众高达 1.6 万人左右，为全欧洲之冠。国际冰球联合会总部也位于苏黎世。此外，瑞士人也喜爱曲棍球运动，夏季在户外运动，冬季在室内运动。国际曲棍球联合会（FIH）总部则在洛桑。

瑞士体操联合会有大约 36.5 万名成员，是全国成员人数最多的协会组织，体操也是瑞士获得奥运奖牌数第二多的项目。国际体操联合会总部位于洛桑。

网球协会则是瑞士第三大体育运动协会。瑞士有大约 50 万人在业余时间从事网球运动，瑞士网球协会的成员有 16 万人左右。每年都有超过四千支网球队和三万名球员参加国内的网球冠军赛，即“跨俱乐部”巡回赛。

可见运动也深受瑞士人的喜爱，并且已深入瑞士人的各种生活，如图 4.12 展示的是比尔市河流入湖口一对恋人正在进行皮划艇运动。

图 4.12　比尔市河流入湖口一对恋人进行皮划艇运动

（来源：笔者摄）

（三）作为“冒险”的运动

笔者去过瑞士境内阿尔卑斯山区不少著名山峰。坐缆车到达山峰最高处，会发现很多上山的瑞士人拿着滑雪板从缆车上直冲而下，很快就消失在茫茫雪道中。对中欧和北欧人而言，由于冬天户外比较寒冷，滑雪是一项非常适合在户外进行的活动。瑞士具有世界上海拔最高的雪场。在采尔马特地区，阿尔卑斯山脉上有一段长达 20 千米，海拔从 4300 米到 1800 米巨大落差的雪道。事实上，瑞士境内有很多类似这样优质条件的雪场。尽管德国人、奥地利人、法国人、挪威人、芬兰人等都很擅长滑雪，但不同的是，瑞士人赋予了滑雪这项运动更多的“冒险”。

在“冒险”方面，瑞士人还有比滑雪更热衷的运动，如攀岩。不少瑞士人以征服险峻山峰（如艾格峰的北壁、马特洪峰）为人生要事。

一位中国留学生对瑞士人擅长“冒险”运动的形容是：“很有可能，你身边的邻居就精通于此（各类冒险运动）。”他还讲述了这样一个故事。他在瑞士一个发动机工厂里实习时，某天，他指着工厂西南边区域最高的山峰说，“那边风景很好，周末想去那边爬山。”他的同事 Pascal 说，“恩，那边是很漂亮，不过得从空中看才更美，我上个月刚乘滑翔伞从它边上飞过去，不过那次风向没找好，飞了一个多小时就落地了。我一个朋友上周刚打破了瑞士境内滑翔伞飞行的最远距离纪录，从东北边的 Appenzell 一直飞到了瓦莱州，飞了两百多千米，差不多一天的时间。”

瑞士人不仅玩惊险刺激的滑翔伞运动，有人甚至还选择更富挑战的“翼装飞行（Cliff Jump）”。人们都幻想过自由飞行，瑞士人对此说到做到。

瑞士人不仅敢于“冒险”，他们甚至还在冒险过程中充分运用科学知识，并进一步研发技术，以“走得更远”。例如瑞士人会想，当进行翼装飞行时，如何能够一直保持飞行状态？

新闻媒体 Dogonews 记述了一位 60 多岁的瑞士人伊夫·罗西（Yves Rossy）将创新和运动结合的壮举。罗西是一名翼装飞行爱好者，曾获瑞士洛桑联邦理工大学生物机器人博士学位，在瑞士军队服役当过飞行员。他不仅爱好飞行，擅长飞行，也对飞行技术有着非常专业的理论素养。多年来，罗西以完成看似不可能的特技而闻名①。2019 年 12 月，罗西展现了一项新发明——他设计了一种垂直起飞和着陆的翼装飞行系统，先从湖中一条船上向空中发射，在水面上盘旋了几秒钟后，他用手触发控制装置，轻盈地飞到附近码头，完美着陆。罗西说，他从埃隆·马斯克的可重复使用的 SpaceX 火箭中获得灵感，设计了四个拥有 Jetcat P550 涡轮发动机的特殊喷嘴，使他能够以 180 千米/小时的速度垂直飞行。

五、化“简”为“精”：瑞士奶酪火锅

（一）瑞士奶酪的来历

对一个国家和一个社会的感知，从品尝当地食物入手，是一条较为直接的途径。在瑞士人心中，奶酪扮演了一个极为重要的角色。奶酪为何在瑞士这么重要，这么有魅力？

瑞士奶酪品种众多，口味风格多样，吃法也各异。但其原料其实十分简单易得，搭配食物的方法也比较简单。“简单”二字，似乎最能体现“奶酪”这个瑞士“国宝”级产品的可贵之处了。

瑞士国土的大部分属于阿尔卑斯山区和汝拉山区，不适合农作物耕种。中世纪以来，养牛业一直是瑞士农业生产的重要部分，牛奶是主要农产品。瑞士食品工业始于牛奶加工。起初，牛奶加工只能为当地市场提供黄油。后来，瑞士人意识到，通过不断积累的经验和技术，能生产另一种新的牛奶制品——奶酪。奶酪中浓缩牛奶转化变质后的新成分可以为人体提供度过漫长寒冬所需的大量热量。奶酪不仅易存储，而且存储时间越长，香味就越浓。奶酪生产，大

---

① 早些年，罗西一直使用喷气推进的翼装飞行设备飞越瑞士大峡谷、日本富士山等，也曾与世界上最大的商用飞机空客 A380 一起飞行过。这些“飞行”都是在乘坐直升机或飞机到一定高度后才开始的。他心中一直以来的梦想是身着翼装设备“从地面起飞”。

大提升了瑞士奶制品的市场价值，是瑞士乳制品打开全球市场的关键因素。瑞士较为著名的奶酪品种有 Gruyère 和 Emmental，它们既是瑞士当地的地名，也是奶酪品牌的名称。

（二）奶酪火锅的特点

以奶酪为主要原料的“奶酪火锅”，不仅是瑞士醇香美味、久负盛名的百姓美食，更是接待外国元首的“国菜”。据统计，2018 年瑞士人（总人口 850 多万）共消费 18.6 万吨奶酪——平均每人吃掉大约 22 千克。

事实上，奶酪火锅曾是瑞士山区的一道“穷人菜”。瑞士是一个高山国家，穷人通常在寒冷的冬季没什么东西可吃。瑞士人知道，在当地严寒的气候下，只有积攒热量，方可逾冬。那个时候，山民只得把家里所攒不多的奶酪倒进破旧的小锅里，再把快要过期的面包屑、接近烂掉的土豆一起下锅，裹着融化的奶酪当佐料，凑合着吃饱。

奶酪火锅有三个重要特点：简单、多变和兼容。

尽管现如今奶酪的做法有一些变化，但大同小异，总体上仍然十分简单。奶酪火锅的“简单性”体现在：任何人都可以在家里完成。只需在用蒜擦过的瓷锅中加入白葡萄酒加热，煮沸后放入奶酪条直至奶酪慢慢溶化，然后就可以整锅移上餐桌了。在桌上，把瓷锅架在一个小酒精炉上，小火保持瓷锅的温度，最后大家一起用面包蘸着奶酪就可以食用了。

奶酪火锅的“多变性”体现在：通常的吃法，是用长柄小叉子把撕成小块的面包放入滚烫融化的奶酪中搅拌，当面包块裹上厚厚一层的奶酪时即可入口品尝。也可在口味做一些变化，例如撒上一些黑胡椒粉或其他的调料粉来加强口感，或者加一碟酸黄瓜和酸大蒜来化解奶酪的油腻感。

奶酪火锅的“兼容性”体现在：做法可根据个人喜好做一点调整，有许多不同种类型的其他食材可以搭配。例如：不少人喜欢用土豆和肉来代替面包蘸奶酪吃。瑞士人还特别喜欢在吃奶酪火锅的同时配以瑞士自产的白葡萄酒小酌。

奶酪火锅的吃法可谓是西餐中比较少见的一种“中国式吃法”。因为传统西餐是“分餐制”，食客只吃自己碗里的食物。瑞士人吃奶酪火锅，有些像中国人吃火锅，大家一起围坐，然后一起享用。在品尝美食的过程中，体会这份团聚、分享的滋味。

何曾想到，曾经作为穷人凑合温饱的“边角料”，通过简单搭配，在“不以甜取胜”的奶酪液体的包裹下，竟然呈现出一种“苦中有乐”的美味。由于奶酪火锅做法的可变性，加上其口味的大众性，可谓是老少皆宜。随着时代发展，热爱这份味道的人越来越多，吃的花样也越来越多。“奶酪火锅”以瑞士当地相对简单而又常见的农产品——奶酪为主，进行烹饪，并最终成为国民美食，我想其原因正是在于它在食材方面的“简单性”与“适应性”。“简单”，很多时候代表着至高的价值追求。最美的味道其实正是来自最简单的搭配和做法。“国菜”来自民间，也恰恰反映出，一个社会的主旋律是百姓、是大众。

关于瑞士人对食材的极致追求，特别体现出他们对于化“简餐”为“神奇”的独特原则和态度。

瑞士超市里，食材看似不多。可瑞士人却能在这些看似不太丰富的食材中去挖掘美食的味道，在食品烹饪中体现丰富的层次，并赋予他们健康饮食的理念。下面，笔者将以瑞士最常见的食材——胡萝卜为例，介绍瑞士人制作“美食”的过程，分析瑞士人是如何化“简餐”为“神奇”的。

在许多中国人眼中，胡萝卜似乎更应该被作为一道配菜，而不会被单独作为主食。但瑞士人认为胡萝卜就是“美味”，他们倾向于“单纯地”烹制这道“美食”。

首先，在胡萝卜的选择上，瑞士人对胡萝卜的选择有严格的“瑞士标准”：一是要具备环保标准的生长环境，最好购买具有“BIO（有机）”标签的胡萝卜；二是要挑选个头足够大且通身均匀的；三是要挑选大小和个头基本一致的。

其次，在胡萝卜的加工上，瑞士人对每一道工序一丝不苟，特别是在加工工具使用方面非常严谨，会选用专门刀具：削皮时用削皮刀具，切丝时用切丝刀具。

再次，在胡萝卜的烹饪过程中，要依照严密的步骤：胡萝卜放在特定的锅具中煮，火候控制在固定的温度，起锅的时间精确到秒——这些操作都要求“精准”，以保证胡萝卜的营养不流失。

最后，在胡萝卜的摆盘方面，他们倾向于准备一个精美的白色盘子，并整齐摆放一样长、一样粗细的胡萝卜丝。虽然盘子颜色是最简单的白色色调，但他们在盘子的质地和盘子的设计上十分讲究——试图努力让盘子本身就成为“美食”的一部分，体现观赏性和艺术性。特别值得一提的是，瑞士人在摆盘时重质不重量，他们不会把食材堆满整个容器，而是会特别注重“留白”——往往在一个相对较大一点儿的白色精美盘子中央，“优雅地”摆放一堆相对紧凑的胡萝卜丝。经过这些烹饪工序后，这道菜显然不再是简单的“水煮胡萝卜丝”，而是在视觉、造型和营养方面充分体现瑞士人饮食理念的一道“精品菜肴”。瑞士人还会根据个人口味，在胡萝卜丝上撒点儿盐——这将是对他们口味最大满足了。可以看到，瑞士人在胡萝卜这道“美食”的挑选和制作过程中，将“精细”做到了何种程度。

瑞士人非常注重高质量的原材料以及精细的制作过程。他们偏向于直接感受食材的原本味道，强调营养的有效吸收。例如：他们偏向于水煮蔬菜，或者对牛排的烤制特别强调几分熟——大多数是五成熟或七成熟，绝不是全熟。瑞士人认为，无论是蔬菜还是肉类，都应该尽量地保持“原汁原味”，一定要将食材的“新鲜”保持到吃到嘴里的那一刻。在他们眼中，所谓的“高端烹饪”，就是保持新鲜食材的外在美观，这也形成了瑞士人对美食的特定思维。

瑞士人非常在乎食材怎么样，加工过程怎么样，而很少在乎味道的搭配，也不会追求味道的变化。他们非常“固执地”认为“原味”就是最好——哪怕是最没味的“水的味道”。

（三）味道之外的味“道”

似乎，品尝美食的美好体验中，更高一个层次的品“味”在于身处一个什么样的用餐环境，出于一种什么样的心情。

瑞士美食给人的印象不仅在于其“味”，更在于其“道”。

在瑞士，很多餐厅开在山顶或湖边甚至峡谷之中，胜景之处皆有餐厅。景区的餐厅也绝不张扬，非常低调，占地十分“克制”。为方便游客以更佳视角欣赏风景，餐桌椅一般摆在室外，摆放得也很整齐。和中国人熟知的“物以稀为贵”的收费原则不同，开在风景名胜中或人迹罕至处的餐厅，其收费标准也很“亲民”，绝不“坐地抬价”——价格一般处于同等商品在市场的平均价格而已。瑞士餐厅不卖不公道的“天价菜”。

例如：在瑞士城内普通餐厅，人均消费一般是30～50瑞郎；而在游客视为人间仙境一般的、海拔3000多米的少女峰餐厅，大致也是这个消费标准。因此，在这样的餐厅中吃饭，人们的心情是放松的，氛围是和谐的，仿佛有种“天下皆平等”的意境。

有一次，笔者在海拔2000多米的一个著名景点——格林德尔瓦尔德餐厅的露天餐桌旁遇到一个瑞士家庭。那天虽已是冬日，但天气很好，阳光明媚，蓝天白云，夫妇俩带着刚出生10天的小宝宝正在吃饭。通过与孩子父亲的交流，笔者得知他们一家今天早上专程从70千米外的首都伯尔尼开车而来，到少女峰山脚下后，再乘坐上山火车到这个餐厅吃一顿午饭。他们专程而来，仅仅只是为了到美丽的山间吃一顿饭。

在瑞士，人们素有在户外吃饭、喝咖啡、饮啤酒的传统。他们喜欢在户外面对面坐下来交谈，吃什么或喝什么不是重点，一把椅子、一张桌子外加一个挡太阳或挡雨的棚子就已足够。

瑞士餐厅很注重用餐环境与自然环境的有机融合。美景之处，必有餐厅。由于瑞士各地皆有严格法律限制及环境保护政策，各地餐厅的数量及规模都控制得比较好。很难想象，在商业经济利益驱动之下，作为经济发展和税收重要来源的餐饮业，瑞士居然能做到如此谨慎与克制。

惬意的餐厅与美丽的风景相辅相成，促成了瑞士特有的人文与自然的有机融合。清新的空气、蔚蓝的天空、灿烂的阳光、巍峨的远山，以及清澈的湖水，共同构成了瑞士人餐桌上的食物之外最美的味“道”。

六、自立为先：瑞士儿童的上学之路

在瑞士，尤其在德语区，孩子从小就要学会步行去学校，甚至上幼儿园的孩子也是自己走路去上学。数据显示，瑞士有75%的孩子走路上学，而英国和美国的这一项数据大约是30%到40%。

在德语区，家长在孩子们很小的时候就鼓励他们走路上学[①]，当地警察会给孩子们进行专门训练。上学途中的小学生，需要身着带有反光材料的服装和书包，以防止交通意外。一般情况下，步行路线只有几百米。再大一些的城市，父母轮流陪孩子走路去学校。据 Swissinfo 报道，苏黎世警察局对外公布了一张绘有安全上学路线的地图。而在法语区的洛桑市，“步行校车”也很受欢迎，参与的人数也不断增加。

一位中国留学生告诉笔者，有一次他在伯尔尼看到几个警察在马路上现场教小朋友们过马路。当时，学校正在进行社会课实践，小朋友们穿着反光背心，警察让小朋友一个接着一个地排队体验过马路。马路上车不是很多，警察通过现场示范，让小朋友们真正体验要如何注意与车辆保持安全距离，如何在确认安全后从斑马线慢慢通过——不能跑着过马路。据他的观察，过往司机也很配合。

孩子走路上学的背后因素是什么？

首先，与瑞士家庭重视儿童的传统有关。瑞士平均每个家庭有3个孩子，很多妈妈为了照顾孩子暂时会放弃工作，全职在家带孩子。这些全职带娃的妈妈们，则轮流负责带领本小区的孩子们一起走路上学，每次1人或2人。几十年来，这一传统在瑞士保留下来。尽管现在有更多妈妈们离开家庭去工作，但她们还是尽量克服工作困难，将轮值带领孩子走路上学的机制延续下来。

其次，政府部门鼓励并引导孩子从小学会独立。瑞士地方教育局认为，让孩子学会自己照顾自己，是联邦政治中应该坚持的重要内容。一些瑞士行业协会也在这一过程中发挥积极作用，例如：交通俱乐部（VCS）通过制作“步行上学”宣传片，展示了走路上学在运动、交友、体验和承担责任等方面的重要性。近年来，VCS 还积极推广“步行校车”（pedibus）活动：请一位成年人陪

---

① 总体上，走路上学在瑞士法语区及意大利语区不那么流行。对于那些上学路途遥远的乡村地区来说，学生普遍依赖的是校车。

同4岁到8岁的孩子走路上学，以鼓励更多孩子步行上学。他们呼吁加强更完善的交通管理并构建更多自行车道。德语区政府部门通过多年的社区治理和治安管理，使家长感到让孩子走路上学很安全，街道上也设有很多醒目的校区标志以及特别划定的“儿童斑马线”。学校附近还划定特别的区域，严格限制车速（低于30 km/h），超速即违法，违法者将受到严厉处罚[①]。

再次，学校也希望孩子通过走路上学，培养独立精神和意志。学会独立，在生活方式中体会“自由”的内涵，是学校教学的目的之一。不仅如此，还能增强孩子的自信心，提高社会技能。更为重要的是，运动有利于孩子们的健康，有助于抑制肥胖。学校不希望孩子坐着家长的车来到学校，成为“汽车后座上的一代”。学校鼓励孩子们从小学会独立走路上学，稍大一些再学会骑自行车上学，认为这是一种更合适、更自然的学习过程。

最后，家长也期待孩子更快成长，尽快承担起个人的责任，对自己负责。与西方其他国家的大城市相比，瑞士各地城市的车辆相对较少，尤其对于坐落在宁静小区的学校而言，走路上学是非常安全的。在家长看来，儿童有向往自主的天生欲望，应该放手让孩子学会独立。

七、瑞士人的性格

瑞士人给人的印象是准时的、开放的、多元的、精确的、保守的，等等。在笔者看来，瑞士人的性格底色中始终彰显着一种本真的特质，表现为“一根筋走到底”的倔强。这种“倔强”，促使瑞士人有一种独特的创新品质。瑞士人的“一根筋走到底”，体现在守时、认真、勤奋、诚信、守法、贴近自然和性格高冷这七个方面，这些方面分别对应着瑞士人在创新实践活动中的严谨、细致、工作态度、道德观念、规则意识、生活理念和处世品位。

（一）从守时看瑞士人的严谨

瑞士人的时间观念和对时间的掌控，很鲜明地体现在对公共交通时间的精确把控上。瑞士公共交通非常发达，所有站牌上都有电子显示牌清楚标明公交车会在几点几分到站，间隔多久能等到下一辆车。所以，如果选择坐公交去某个地方，到达时间可以精确到分钟。事实上，瑞士城际火车、城郊火车、有轨电车、无轨电车、公共汽车等各种交通方式均严格按照时刻表运营，不同运输方式之间相互协调，保证了公共交通的便捷、准时和高效。

---

① 相对而言，在瑞士法语区和意大利语区，这些保护措施就不那么常见了。

为了确保准时，瑞士在公共交通政策的制定上下了一番功夫——实施“定期”抵达和“定期”出发的时间控制机制。这种交通机制于1982年开始在瑞士推行。“定期时刻表”意味着火车每小时发车的时间节奏相同。列车遵照“未必最快，但尽量准时”的原则，同时铁路和其他公交方式衔接良好，形成了完整的交通网。以苏黎世为例，根据瑞士公共交通“定期时刻表”，只要沿用较大站15分钟间隔、普通站30分钟间隔的“定期时刻表”，多辆来自不同方向的列车在同一时刻抵达，那么数个站台可在某个同一时间集结即将开往下一个不同方向的列车——一般是10分钟后数辆车同时出发。这给乘客在火车站换乘提供了便利，也确保了各个方向的换乘能够顺利实现。这个循环1个小时内共有4次。这一“定期”的“抵达—出发”规则，在瑞士联邦所有铁路线上均被全面实施，成为瑞士的一大特色，提高了瑞士公民对公共交通的信赖。苏黎世中央火车站的“抵达—出发”时刻表准点率高达91.4%（允许3分钟以内的延误）[①]。

在人际交往上，瑞士人也以“准时”来体现对对方的尊重。“准时”，即不早也不晚，力求“刚刚好”。对此笔者深有体会。笔者和同事在去访问瑞士机构的时候，特别注意这一点。有一次，笔者陪同领导去苏黎世联邦理工大学访问。为了不迟到，我们决定比预定时间提前半个小时出发。眼看快要抵达苏黎世城区时，领导嘱咐司机放慢行车的节奏。他提议下车抽支烟，一边开玩笑对大家说，“瑞士人很讲究准时。我们不能迟到，这会被人‘骂’；但也不能去太早，去早了别人也不喜欢。我们正好都下车休整一下，拖延一下时间，就可以准点抵达了。”

瑞士人在履约方面十分务实。他们在作出承诺前，会认真评估自己是否达到了预期。对许多瑞士人而言，无法及时履约是一个很严重的过错，相当于失去了信誉。也许在其他国家，人们常常会预先对时间的安排设定“低期望值”，或者说“留有回旋空间”。例如：在承诺某个时间要做成什么事情的时候，如果无法达成预期设定，会找一堆理由。

瑞士民众计划于2020年5月15日举行集会以呼吁加强环境保护措施。然而，一场突如其来的新冠疫情打乱了民众的计划。不愿就此放弃集会计划的民众，选择将自己的鞋依序整齐地放在联邦大厦广场上以示参与。更妙的是，民众摆放的鞋按规定前后保持了相应的“隔离”距离。

瑞士人认为，如果不能“兑现”承诺，即便有再大的“雄心壮志”，还不如不作出当初的承诺。有这样一个例子：有一家由美国、瑞士两家公司合并的公司。在美国同事抵达瑞士后，一位瑞士经理带他们去徒步登山，美国人对此反

---

① 陈晓兰，周灵．瑞士低碳城市发展实践与经验研究［M］．成都：四川大学出版社，2020.

应积极。但当瑞士人到达约定的出发点时，他们发现美国人毫无登山准备——既没带登山鞋，也未做好远足的心理准备。瑞士人觉得美国人没有信守承诺；而美国人则认为，对于登山的准备，并非一定要那么“机械地”“认真地”准备。[①]

瑞士人对“不守时”难以接受，甚至是难以容忍的。有一位中国留学生在网络论坛上留言：

> 在社区里，我们这栋楼和小区主路的交叉口，有一位拄着拐杖、戴着帽子、衣服穿着特别正式的老头儿。我们问他，“您在这儿干吗呢?”他说，“我的报纸还没到。”我们说，“什么?”他说，“我是瑞士人（I am Swiss），我的报纸每天早上 7 点会准时送到报箱，但是今天已经晚了 5 分钟，我要来看一下是什么情况。”然后，他以一副“不可饶恕”且要穷追到底的架势，继续站在那里……

关于时间观念，再进一步看，更深层的因素其实是瑞士人注重程序和秩序。当然，瑞士人也注重人性化。但是，瑞士人坚持认为，人性化考虑是不能与社会公共秩序和办事程序相冲突的。

（二）从做事认真看瑞士人的细致

瑞士人在对待工作细节方面，特别坚持原则。“认真”是瑞士人深入骨髓的习惯。

有一个关于瑞士房东验房的例子。由于瑞士本地人购房的比例很低，大部分人选择租房。瑞士房屋租赁有着一套极为严格而又严谨的制度体系。在瑞士，搬家前的“交房检查”常常被外地人吐槽为“全世界最严”。按照瑞士人“交房检查”的程序，房东和中介会戴着白手套在将要交接的房屋中“到处摸”，包括：橱柜角落、门缝里、地板上、下水道、冰箱里、抽油烟机、马桶……如果“检查”后发现不合格，则要租客重新清洁房屋。有一个在瑞士的中国留学生，为了达到瑞士人的清洁标准，他“下血本”请了个专业清洁公司（一天时间支付 700 瑞郎）。在房东和中介人员一起检查期间，他突然想起地下室有一堆垃圾还没扔掉。正准备扔掉时，忽然中介人员“如有火眼金睛一般从那一大堆垃圾里挑出一节碱性电池，说这个不能一起扔，要分类……”尽管最后终于在交房检查环节“顺利过关”，但他表示“不得不服，敬佩之情油然而生”。

---

① Oertig-Davidson M. The New Beyond Chocolate：Understanding Swiss Culture［M］. Zurich：Bergli Books，2019.

还有一个例子，是关于在瑞士自驾超速罚款。在瑞士开车，超速的代价非常严重。瑞士对超速的判罚非常严谨[①]，高速公路上的测速摄像机不仅多、密，还十分灵敏。一旦超速，就会被处以罚单[②]。笔者本人曾收到过几张罚单，最重的一张罚单是 180 瑞郎，处罚原因是比当地 100 km/h 的限速超了 12 km/h 时。事实上，哪怕超速一点点，也会被监控摄像头拍到，绝不会“漏拍”。罚款标准按超速的具体数值进行精密划分。以苏黎世州的罚款标准为例：超速 1 km/h～5 km/h、6 km/h～10 km/h、10 km/h～15 km/h、15 km/h～20 km/h、21 km/h～22 km/h、23 km/h 分别对应不同的罚款级别，超过 23 km/h 可能就要进监狱。其他州略有不同，但限速政策基本类似。

瑞士当地的媒体记述了如下这样一个戏剧性的故事。

2010 年，一个富豪开着奔驰 SLS AMG 型顶级跑车，在从伯尔尼至洛桑的 A12 高速公路上一路狂飙，速度超过 300 km/h。当时，瑞士警察已测到他超速了。但戏剧性的是，警察没有立刻抓他——因为超速太多，警察一开始以为是自己搞错了。警察又测了一下超速画面，发现“真的没错”（可见他们对于“对和错”的标准非常认真和严格）。于是，这个警察立即通知下一路段的警察马上扣下富豪。最终，这个富豪被瑞士警察局罚了 100 万瑞郎（按 2010 年汇率折合人民币约 700 万元）。

据一个中国留学生说，他在 ETHZ 毕业回国后，学校校友杂志居然“非常精准地”通过瑞士邮政系统寄到了他在北京的住址——即使相隔了 8000 千米。这位学生这样说道：

> 瑞士人真的能把这本校友杂志寄给你。因为瑞士人非常执着，又非常自信。他们坚信瑞士邮政系统非常发达且投递精准——即便是千里之外。而且能寄到的不仅有杂志，还有欠费账单和你欠学校未还的钥匙的催还单。

瑞士人信赖并依靠自己的邮政系统与外界保持紧密连接。瑞士人就是这样用他们的方式把东西“执着地”寄给你，即便“远隔 8000 千米”，他们也能做到。

---

① 在欧洲其他国家，一般对于超速的罚款价格还是比较合理的。德国道路网整体不限速，以高速公路为主，开车速度超过 200 km/h 也不稀奇；意大利限速 130 km/h，但大家常常开到 180 km/h，如果开到 200 km/h 的话警察则会出动进行拦截；法国也类似，虽然限速 130 km/h，但超速不多一般不会被罚。

② 德国不是完全不限速——城市附近或者维修的路段也限速，而奥地利大多限速——只不过是罚款价格便宜一些。有人总结说，“奥地利可以理解为‘稀释过’的瑞士，德国就是‘稀释过’的奥地利，最极端的是瑞士。”

（三）从勤奋看瑞士人的工作态度

瑞士的自然资源并不丰富，其经济之所以非常发达，是瑞士人勤劳努力的结果。欧洲统计局的调研数据显示，瑞士在职全职员工的人均工作时间排名欧洲第二。这一点和法国形成鲜明对比：法国人秉承不可侵犯的一周 35 小时工作制的信念，而瑞士人不仅干满法定一周 40 小时的工作时间，而且他们的实际平均工时甚至达到 43 小时 36 分钟。

据笔者观察，很多瑞士人上午 7：30 甚至 7：00 就开始上班了。尤其在瑞士的秋冬季，这个时间段户外常常还是漆黑一片。但很多公司早已是灯火通明，如火如荼地开工了。

不仅如此，瑞士大量通勤者每天还要花 1 到 2 个小时在上班途中奔波。他们既懂得认真工作，又会自得其乐，通常不会抱怨工作之无趣。而到了周末或是假期，瑞士人会尽情地休息和游玩。

（四）从恪守诚信看瑞士人的道德观

正如本书前文在有关“瑞士雇佣军”一节中叙述的那样，瑞士人很看重诚信。瑞士社会是一个诚信社会。

笔者到瑞士工作之初，发现这里很多产品消费都是“先用后付”的模式，即：消费者先从店里把东西带回家，店家再把消费账单寄给消费者预留的联系邮箱，一个月以后消费者通过银行转账汇款的方式付费。一些很贵重的大件，也是以这样的方式先寄到消费者家里。如果家里恰好没人，大件包裹则被投递到楼栋门口——似乎也从未有（或极少有）包裹放在门外被盗的事件。尤其在德语区，这种现象最为明显。

诚信与低犯罪率互为因果，相互促进。得益于社会诚信与低犯罪率，瑞士居民楼房几乎看不到用铁丝网罩住的窗户。最为常见的是半开式大落地窗。有隐私保护需要的居民，则通过种植灌木来遮挡。不过，仍有相当多的瑞士家庭并不刻意遮挡居家隐私，一是他们觉得家内家外是一体，没必要遮住室内；二是在于，他们充分相信路人的眼睛会给予“尊重性的”回避。

在瑞士这样一个诚信社会出现“假货”本是十分罕见的事情。但前几年，在瑞士的确发生了一件罕见的“假酒门”事件。涉事人对“假酒”的处理，很能体现出瑞士人对诚信的追求与捍卫。

2017 年，中国网络作家张威在瑞士圣莫里茨瓦尔德豪斯酒店的威士忌酒吧，花 9999 瑞郎（当时约 7 万人民币）喝了一杯百年麦卡伦威士忌。瑞士和中国媒体纷纷报道了这杯“世界上最贵的威士忌”。不过，后来有传言说这杯酒其实是假酒。卖家老板 Sandro Bernasconi 非常重视媒体关于“假酒”的报道，表示一定要给顾客一个说法。后来，Bernasconi 请苏格兰威士忌专家来到瑞士取走了这瓶1878年的麦卡伦样品，并借助牛津大学的一种碳测年法（Carbon Dating Test）来测定威士忌的出产年代。经过严格鉴定，专家发现这瓶麦卡伦的确是1970—1972年生产的赝品。对于假酒这个结果，Bernasconi非常不安，也非常重视。他决定亲自前往中国，向张威致歉，并全额退回9999瑞郎。这个“负荆请罪”之路相当遥远，从圣莫里茨到张威的住地北京，跨越了8000多千米。然而，对Bernasconi来说，亲自登门致歉至关重要。他在接受瑞士媒体《一瞥报》的采访时说：“知错就改很重要。我想告诉中国客人的是，瑞士人是诚实的人，不会赚人家便宜。”令Bernasconi欣慰的是，因为他诚恳的态度，张威“没有生我们的气”。Bernasconi此前从未怀疑过这瓶在酒窖里藏了多年的麦卡伦居然是“假酒”。尽管他为这个检验结果感到失望，但知道真相对他而言更重要。[①]

（五）从守法看瑞士人的规则意识

瑞士人对法律之维护，对秩序之遵守，笔者颇有感触。

有一次，笔者到伯尔尼的花鸟市场去买鱼，负责接待的是一位小伙子。笔者对他说，要买4对金鱼。下面，是我们的对话。

> “你们家有池塘吗?”
>
> “有，在室外，还很大。”笔者随手向他比画了一下，意思是水池很大，露天，“原生态”。
>
> “有净水器（filter）吗?”
>
> “什么‘净水器’?”
>
> “就是过滤池水的装置。”
>
> “水池露天，‘纯天然’，不需要这个。”
>
> 小伙子一边用手摸着脑袋，一边很执着地摇头道：“没有净水器，就不能卖给你。”
>
> “为什么？我向你保证这些金鱼放在那个‘天然’的水池不会死。我以前养的鱼活得好好的。”
>
> 他面露难色，摇头说：“不可以卖给你，因为瑞士有法律规定养金鱼必须有净水器。因为没有净水器，鱼有死的可能。所以，我不能卖给你。”

笔者听了他的话，既无奈，又敬佩。后来，笔者一直把这个小故事作为一个经典案例讲给国内的朋友听。

---

① 更多信息见福布斯杂志（FORBES）。

事实上，瑞士人对动物生命的尊重，对于法律的敬畏可谓是彻头彻尾，成体系地展现了出来。笔者在瑞士先后经历了几次全民公投，其中 2 个有趣而严肃的议题是：

（1）宰杀虾蟹类动物不能直接蒸煮，必须用电击的形式快速结束其生命。因为动议者指出有研究表明虾蟹类动物在蒸煮过程中有痛苦的神经反应；

（2）农场主在用车辆运送猪马等牲畜时，必须保证车上有一定空间，不能让动物有拥挤之感。

事实上，瑞士人对生命的尊重、对法律的维护、对社会秩序的遵守，体现了瑞士社会一系列公共机制。这些社会机制的建立，既充分运用了现代科技，又充分调动了社会公共服务的联动性。有如下两则案例。

几个中国留学生结伴自驾在瑞士游玩，从晚上九点左右开始从 Martigny 爬山，准备翻过 San Bernardino 山口。结果，他们走到一半的时候，自驾的车在一个右弯道上拐弯速度过快，转向不足直接撞上了弯道外侧的护栏。当时已是晚上十点多钟，沿途一些经过的车辆司机好心地询问他们是否需要帮助。让这几个学生意外的是，事故发生 10 分钟后，警察居然赶到了这个“前不着村后不着店”的事故现场——阿尔卑斯山脉最核心地带，一个渺无人烟、接近山顶的地方。又过了 5 分钟，一辆救护车也来了。原来，在瑞士境内，山路上的很多护栏都装有传感器。一旦出现撞车事故，系统就会在第一时间将报警信息传到最近的派出所，并同时通知医院。

2020 年 5 月下旬，瑞士几个城市出现人群集会，人们声援被美国警察暴力执法致死的黑人弗洛伊德，以反对种族歧视。当地警察大概也有支持这个行动的立场，所以他们没有采取行动干涉集会人群——但他们仍然认为集会人群违反了疫情期间不能集会的规定。事后，警察局仍然给每位集会者寄出了相应罚单。瑞士警察执法注重人性化，但又坚持法律至上的作风。

（六）从贴近自然看瑞士人的生活理念

瑞士人崇尚至美但又至简的审美原则，追求简约、健康且环保的生活方式。他们对享受生命本身有着天然的执着。所以，瑞士人格外关注自身的生活环境，喝干净的水，吃健康的食物，呼吸洁净的空气。

瑞士人习惯于徜徉在被湖水环绕的乡间小路上，感受水天一色的壮美；安于夜晚依靠床头，借着皎洁的月光感受窗外那若隐若现的阿尔卑斯山的层峦叠嶂；也乐于清晨被涓涓溪水拍打岸边的声响叫醒。他们还很期待在乡间小路上遇到狐狸和小鹿，这些生活的小乐趣，正是他们日常岁月最温馨的点缀。

说到瑞士人的贴近自然，可以很直观地从瑞士房屋选址与房屋布局上看出这一点。整个瑞士的房屋规划几乎都没有“小区”的概念，他们的原则是不能影响当地生态环境的整体和谐，也不能侵占第三者的产权。众多依山势而建的小别墅，呈现“百花齐放”的风格。没有两栋房屋是一样风格的。每一座小房子，都会种满鲜花绿植，而且一年四季都保持着盎然的生机。门上的风铃、院里的秋千、廊下的桌布、窗边的摆台等，各种美妙的细节都隐示着主人家细腻的心思和对自然之美的追求。

（七）从性格高冷看瑞士人的处世品位

瑞士人的“高冷”不同于法国人的“冷漠”。

有位中国留学生在网络论坛留言，作了这样一段形象的描述：

> 作为顾客，你用英语向法国服务生要菜单，如果他不理你，说明他已经“鄙视”你了。你继续跟他说英语，他会给你“白眼儿”——法国人心底里对法语有一种天生自豪感。如果法国人“鄙视”你，那是真的“鄙视”。瑞士人的“高冷”与意大利人有些低效的“热情”形成对比。意大利人十分浪漫，对朋友也很热情，但他们在沟通交流中常常“天花乱坠”，甚至“迷失方向”。例如，在意大利银行办一个开户手续，柜台工作人员可能会在开户之前当着你的面先去喝杯咖啡，再和银行的女同事聊个天。好不容易等到他可以“办正事”了，他极有可能中间还要和你闲扯几句。可能只需要十分钟就可以搞定的事，在这里要花四十分钟——这是“热情过度”。
>
> 和欧洲其他国家不同，瑞士人的“高冷”显得“高贵”而又“高效”。这种“高贵”不在于他们想处于阶级地位之上的强势，而在于他们“自强”的人生态度。瑞士人的办事与处世，显得“干净利落”。例如，在瑞士银行开户，当你走到柜台，你会看见着装整齐、准备就绪的工作人员。他先问你办什么，然后会礼貌地对你说“稍等”。然后，他将在一系列紧凑、快速的机器操作和人工操作之后，“迅速地”帮你办好了。当然，剩下的潜台词是：开户办完了，你该走了。
>
> 瑞士人用高效和专业在他们和外来人之间划出一条难以逾越的“鸿沟”——很多外来人能明显察觉得到。

瑞士人秉承的生活哲学是：做人要低调，做事要中庸。两者相生相成。

瑞士少有宏伟古迹，也鲜见新兴国家宏大的现代建筑。瑞士房屋普遍外观平凡，内部实用整洁。也许这种房子看起来显得“无趣”，但这种风格本身就是协调和妥协的产物，它带来的坚实和安全更多体现的是一种功用性。在瑞士，很流行的一种说法是：斥资百万瑞郎修路，完工后外观一如从前，改观的只有看不见的坚固。

瑞士人低声说话，着装倾向于深色搭配。他们的行事风格倾向于内敛，很少冲动走极端。以开车为例——从开车风格可以很明显地看出人的性格，德国人开车比较急，如果前面车挡了路，很可能会被鸣笛催促。但瑞士人很少鸣笛催促，他们认为这样非常不礼貌——但这又不同于英国人的“绅士风格”，瑞士人发自内心地认为不应该冒犯地鸣笛。

第五章　瑞士创新主导的绿色发展战略

2016 年，笔者访问瑞士联邦教育、科研和创新国务秘书处（SERI）时，在办公大楼的前台旁看到一叠介绍联邦政府的宣传册，便随手挑了一本《瑞士联邦指南（2015）》翻阅。指南封面印的是一幅美丽的湿地风景画，上面同时还印刻着瑞士联邦大厦的图案（图 5.1）。

图 5.1　《瑞士联邦指南 2015》封面

（来源：笔者摄指南封面）

指南首页的背面，写着一段虽然简短但内涵深刻的话：

> 多年来，每年《瑞士联邦指南》的封面上都将联邦大厦的图案作为装饰。今年，我们以一种略有不同的方式来呈现瑞士联邦这个国家。我们挑选了伯尔尼高地（Berner Oberland）一个非常美丽的湿地地区——Tschingelsee。事实上，联邦境内共有283个类似这样的国家湿地保护区。在瑞士，湿地受到保护，正是源于联邦议会的决策。公共政策不是抽象的：它在各个方面都直接地影响到我们的生活。[①]

这段文字流畅精练，意义丰富。寥寥几句，再配上一幅精心挑选的图片，便能以小见大，将瑞士联邦发展的核心要义简明地阐释出来，那就是：瑞士联邦发展的每一个具体实践，都离不开联邦的制度背景，包括制度框架设计、立法和执法等。这段文字和这张封面，在后来的时间里持续地激发笔者对瑞士联邦的创新实践作更多思考。事实上，瑞士的绿色创新实践，也是在这样的背景下所孕育、萌发和发展的。有一个细节值得一提，瑞士联邦环境办公室（FOEN）在发布《瑞士环境报告2018》时，使用了碳中和工艺——用低VOC含量的再生纸印刷。可见，瑞士在推进联邦绿色发展转型方面做到了“细致入微”。

瑞士既是世界上最富裕的国家之一，又是生态环境最好的国家之一。瑞士具有得天独厚的绿色资源，这里的山和水，十分壮阔和美丽。瑞士的美景的确是世界上独一无二的，犹如人间仙境。更难能可贵的是，这些美景还是触“脚”可及的。瑞士人无比享受生活在这样的美景之中。

对于自然环境，瑞士人不仅懂得享受，更懂得有效加以利用。在瑞士，距离城镇中心不远的地带往往都有保护良好的自然生态系统。瑞士人与动物友善相处。由于联邦的环境保护效果明显，其生态多样性也十分显著。据统计，瑞士约30%的国土面积被森林覆盖，23%左右的面积属于国家级保护区，36%左右的面积为农业用地。2020年，耶鲁大学环境法律与政策中心、哥伦比亚大学国际地球科学信息网络中心（CIESIN）及世界经济论坛（WEF）联合发布了《2020年全球环境绩效指数（Environmental Performance Index，EPI）报告》[②][③]，瑞士名列第三

---

① Swiss Confederation. The Swiss Confederation：A Brief Guide 2015［R］. Bern：The Federal Authorities of the Swiss Confederation，2015.

② 2020年全球EPI在“环境健康”和“生态系统活力”两大目标下确定空气质量、卫生与饮用水、重金属、废物管理、生物多样性与栖息地、生态系统服务、渔业、气候变化、污染排放、水资源、农业11个政策领域共32个具体评估指标，以评估各个国家、地区在各方面的环境表现。

③ 这是自2006年以来，耶鲁大学等单位发布的第8次报告，报告以2009年为基准年，根据2020年搜集整理的数据开展评估。EPI是对国家政策中环保绩效的量化测度。

(2014 年、2018 年均排第一)[①]。

事实上，瑞士独特的地理环境曾对联邦的经济发展造成很多困扰：自然资源匮乏、山区众多、交通不便，等等。在一百多年前，瑞士还只是一个徒有绿水青山的欧洲内陆穷国。然而今天，瑞士被公认为全球最美丽的“花园国家”。瑞士正是通过实施绿色发展战略，推进产业转型，从一个贫穷的落后国家发展成为一个既拥有发达经济指标，同时还具有领先全球的绿色发展指标的国家。瑞士的绿色战略与国家创新，既是相互交织、相互影响的两个方面，同时也是互为一体的两个方面。

在开发绿色资源、生态环境保护方面，瑞士进行了系统性创新。特别是在绿色发展战略的抉择上，瑞士人大胆前行，有步骤地放弃旧有能源利用方式，通过技术革命不断开拓、利用新能源，在绿色发展和新能源技术方面走在世界前列。瑞士人在这些方面展现出来的智慧和决心，使瑞士的创新在 20 世纪、21 世纪甚至面向更加遥远的未来都保持在正确的方向上。

本章将结合瑞士在推进绿色发展方面的若干具体实践，揭示其绿色发展的理念创新、战略创新、举措创新和技术创新等方面。

一、瑞士绿色开发

（一）山

瑞士全国地势高耸，地形复杂，山地面积占国土面积六成以上，国土面积的三分之二都是山峦，西北部的汝拉山、南部的阿尔卑斯山和中部高原的三个自然地形区平均海拔 1350 米，适合居住的面积只有不到 1.2 万平方千米[②]（不到联邦领土总面积的 30)。欧洲没有任何一个国家，拥有像瑞士那样多的雄伟高峰。瑞士国家旅游局（Switzerland Tourism）官网的数据显示，瑞士境内有 48 座海拔在 4000 米以上的山峰，还拥有欧洲最长冰川——长达 23 千米的阿莱奇冰川。阿尔卑斯山区聚集了瑞士大部分旅游业，对当地经济发展产生了重要推动作用。

1. 荒蛮之地的蜕变

千百年来，横亘在联邦境内的阿尔卑斯山脉，一直阻碍着瑞士人的跨地区交往。当时，人们要想越过阿尔卑斯山脉向南或向北发展贸易，就不得不选择绕远道而行。

---

① 中国在此次评估中的得分为 37.3 分，在参与评估排名的 180 个国家和地区中位列第 120 位。

② 陈晓兰，周灵．瑞士低碳城市发展实践与经验研究［M］．成都：四川大学出版社，2020.

然而，从18世纪开始，瑞士这片荒蛮之地的美丽和壮阔，开始被欧洲人追捧。当时，欧洲青年贵族（特别是来自英国的青年）热衷“欧洲之旅”，尚未被开化的瑞士，成为旅游热门之地。18世纪90年代开始，一批富有探险精神的英国上流社会人士便以“游客身份”进入瑞士。滑铁卢战役后，大批英国探险家持续涌入瑞士。

早期，英国探险家热衷于到访瑞士中部重镇卢塞恩，那里有著名的皮拉图斯山（Pilatus）和瑞吉峰（Rigi）。奇特雄伟的山峦，对外来旅游者的吸引力特别大。后来，日内瓦湖地区、伯尔尼高原以及中部高原地区，陆续成为瑞士的主要旅游地。

对英国人而言，瑞士的自然环境与当地文化完美结合，颇为独特。1895年，旅游指南《瑞士两季游》（*Two Seasons In Switzerland*）在英国一经出版，就大受欧洲人欢迎。去瑞士旅游，开始成为欧洲人的一种生活时尚。瑞士也从此正式宣布了其山地旅游业繁盛时代的到来，并由此酝酿出瑞士特有的山地文化。

伴随瑞士阿尔卑斯山区“民间旅游热”的，还有一股阿尔卑斯山区“探险风”。

19世纪初，早期欧洲探险者就对攀登瑞士境内阿尔卑斯山脉的险峻山峰产生了浓厚兴趣。1811年，少女峰（Jungfrau）被征服。1865年，最具挑战性的马特洪峰（图5.2）被征服。

图5.2　瑞士的重要象征“马特洪峰”

（来源：瑞士国家旅游局官网）

瑞士大部分山峰探险者来自英国，其中还包括学者，他们大多富有并拥有较高社会地位。1857 年，英国阿尔卑斯探险者建立“英国阿尔卑斯俱乐部”。1863 年，瑞士也成立了民间探险团体——“瑞士阿尔卑斯俱乐部（SAC）”。对 SAC 来说，最重要的不是征服山峰，而是对阿尔卑斯山进行广泛研究，并发现山区民间旅店。

2.“靠山吃山”的山地经济

瑞士的早期山地经济兴起于山区旅店。

1815 年后，包括瑞吉峰等在内的山区旅店陆续出现。当时，瑞士大多数山区旅店的从业者是当地农民。在发展山地农业的同时，他们还将旅游业作为副业来经营。山地农民以跨这两个行业的生产方式，提高了经济收益，降低了人力成本。这一点和瑞士早期的制表业、纺织业的发展状况十分类似。

瑞士山地农民的一个显著优点是特别能吃苦。此外，瑞士山地农民还有另外一个优点，那就是尽管他们生活在封闭的山区，但思想却很开放。

早期的瑞士山区旅店经营者不仅热情接待英国旅行者，还在自家旅店营造出英语环境和英国文化氛围，甚至还要求服务员学习用英语与客人交流。

整个 19 世纪，瑞士山区旅店不断将当地传统文化特色与酒店行业有机结合。绝大多数旅店由家族经营，代代相传，他们非常强调以家族文化为核心的接待文化。截至 1914 年，大部分山区瑞士家庭，都同时在畜牧业、家庭手工业和旅游业三个领域从事生产。山区旅店的数量也开始骤增。

二战后，随着瑞士旅游业不断向大众化转型，小木屋、度假村、露营地、青年旅店等轻型酒店、创意旅店大量兴起。今日，瑞士在酒店管理领域已成为全球标杆。

瑞士山地经济的另一个表现形式，体现在其特有的“冰雪经济”。

19 世纪下半叶，山地滑雪项目在瑞士阿尔卑斯山区的高山小镇圣莫里茨（St. Moritz）被开发并开始流行。大约在 150 多年前，世界首个旅游局成立于圣莫里茨。

圣莫里茨还诞生了至今仍在全球冰雪运动中深有影响的“克雷斯塔滑道项目”（Cresta Run）。如图 5.3 所示。1884 年冬天，五个到圣莫里茨旅行的英国人组成了“圣莫里茨库尔姆酒店户外运动委员会”，并建造了一条滑雪道。他们的初衷是在圣莫里茨办一个能与“达沃斯国际雪橇比赛”类似的雪上运动，他们花费了近 9 周的筹备时间，才于 1885 年 1 月建成世界首个克雷斯塔滑道，以回报酒店对他们的热情招待。克雷斯塔滑道直到现在仍然是世界上最惊心动魄的冰上赛道之一。这个项目的精妙在于，滑行者在自身 4 倍重力的情况下滑行，使速度与惊险有机结合，并由此产生刺激感。这项简单、传统、时尚而又惊险刺激的运动项目，吸引了越来越多的游客们。

圣莫里茨从此也成为欧洲以及世界冬季运动的重要策源地。在这里举办了欧洲冰壶比赛、欧洲滑冰锦标赛、冰球比赛，第二届冬季奥运会（1928 年）也在圣莫里茨举办。

二战以后，阿尔卑斯山区滑雪成为广受大众热衷的运动和休闲方式。瑞士的格施塔德、采尔马特和达沃斯等地都成为冬季滑雪运动的胜地。

图 5.3　摄于 1921 年的圣莫里茨 Cresta Run 滑道

（来源：Cresta Run 国际俱乐部官网）

3. "天堑变通途"的山地交通

由于位处欧洲中心，在联结南欧、北欧重要商业区域方面，瑞士处于重要的战略地位。然而，境内多山的地形，加上没有通往海洋的直接通道，不仅对联邦交通运输构成巨大挑战，也使其与周边国家贸易往来受阻。与早期那些具有临海地理优势而迅速崛起的西方国家相比，瑞士在交通方面的劣势是十分明显的。

19 世纪，随着瑞士山区旅游探险及山地滑雪逐渐繁盛，运送游客上下山困难成为山地旅游产业发展的瓶颈。瑞士人用智慧与勇气，向山地交通难题发起挑战。

瑞士人首先想到要解决山区的道路问题——山口公路。1805 年，第一条通往辛普朗山口（Simplon Pass）的道路修通，这是阿尔卑斯山上第一座马车可以通行的山口。之后通过圣贝纳迪诺山口（San Bernardino Pass）和施普吕根山口（Splügen Pass）的邮递马车道路也修建成功。1842 年，首辆邮递马车驶过圣哥达山口（Saint Gotthard Pass）——这里曾被认为是人迹罕至难以企及但又不得不跨越的欧洲门户。

随着瑞士铁路的修建，瑞士人把目光转向了穿山隧道的修建上。1872 年，一条 9 英里（约 14.5 千米）长的铁路隧道开始修建，瑞士步入“阿尔卑斯山地火车时代”。

山区交通不仅要突破穿山隧道的难题，还要解决火车如何攀爬陡峭山峰的问题。瑞士工程师发明了一种新的轨道装置——齿条齿轮传动装置。这是一个关键性的技术突破。由于车上安装的齿轮和铁轨紧密结合在一起，火车可以在陡峭山坡上行驶，如果发生下滑则立即锁死。1871 年，瑞士工程师设计修建了欧洲首条齿条齿轮传动铁路——瑞吉峰上“菲茨瑙-瑞吉”（Vitznau-Rigi）铁道线，全程 5000 米，其间要攀爬 1115 米长、倾斜 25 度的大陡坡。到 19 世纪末期，瑞士所有山区的铁路已实现全部贯通，包括世界上最陡峭的皮拉图斯山齿轨铁路。

瑞士人的交通壮举，还集中体现在少女峰铁路的修建上。1896 年，瑞士开始修建从海拔 2000 米的克莱雪德（Kleine Scheidegg）到海拔 3454 米高的少女峰车站（Jungfraujoch）铁路线。如图 5.4 及图 5.5 所示。1912 年，少女峰铁路工程站竣工，成为欧洲最高的火车站。少女峰铁路建造工程难度十分巨大，在坚固花岗岩内的隧道有 7 千米，坡度达 25，有 3/4 的路段是在冰河底下的岩壁隧道里通过，前后总共花了 14 年才修建完成[①]。

图 5.4 两条抵达少女峰的上山火车线路

（来源：马蜂窝官网）

图 5.5 少女峰上山火车

（来源：马蜂窝官网）

瑞士人不仅把道路建在山口、高地和高峰，还把道路建在崇山峻岭之间的高空中。1934 年，达沃斯建成了世界第一条滑雪缆车。1944 年后，缆车在瑞士大多数山区已十分普及，成为瑞士境内必不可少的重要交通设施之一。

① 参见少女峰官方网站。

由于瑞士大力发展山区铁路建设，人们对瑞士境内阿尔卑斯山区旅游及山区滑雪运动的热爱与日俱增，促进了瑞士旅游业的发展。

从笔者的直观感受而言，瑞士的旅游产业，做到了哪里有景点，哪里就有公共交通。高效的公共运输网络系统，保证了瑞士人在家与山区景点之间穿行的便捷性。在瑞士，火车或汽车基本都能抵达大部分山谷或山口。常规交通难以企及之处，则建设有缆车线路，游客可换乘缆车抵达悬崖峭壁。

笔者的另一个深刻印象是，瑞士拥有非常发达的城市交通网络，城际之间铺设了“从不积雨水”的高速公路，路面也几乎没有坑洼。这是由于，瑞士的公路路面具有很高的科技含量，工程质量过硬。瑞士工程师采用了特殊材料来铺设路面，加上严格的铺设工艺，使瑞士公路的路面质量精良，既耐用又安全，可几十年不变形、不走样，下雨天路面可以保持不积水。

瑞士高速公路收费实行“年付费”制，每年 40 瑞郎，可全年通行任意高速路段。和瑞士当地普通消费比较起来，这是一笔近乎“免费”的开支。此外，瑞士人开车很讲规矩，基本都在限速内，不乱占超车道，车速也不快。瑞士车流量少，路况也比较好。

正是由于瑞士有着如此良好的条件，道路质量好，公共交通政策“利民”，在瑞士山区自驾游将是一个极佳的休闲体验。瑞士的风景，非常适合开车途中欣赏动态美景，开车可以看到坐火车看不到的风景，比坐火车旅行更灵活。尤其在山区穿行过程中，沿路的雪山风光美不胜收。

4. 圣哥达穿山隧道的奇迹

几百年来，瑞士人一直在为解决穿越阿尔卑斯山的交通问题而努力。尤其在冬季，穿越白雪覆盖、海拔几千米的阿尔卑斯山口，曾是一件非常困难的事。然而，瑞士人“穿山之心”矢志不渝。关于瑞士人修建山区隧道的奇迹，比较典型的一个例子是圣哥达隧道的修建历程。

早在 1707 年，为便于穿越横亘在瑞士中部的圣哥达山，瑞士人修建了第一条位于圣哥达山区的隧道——“投票箱之口”隧道。尽管它的长度只有 64 米，但和当时那个年代的工程条件比起来，这是十分了不起的成就。之后另一条长 15 千米的“圣哥达铁路隧道”部分路段建成（图 5.6）。20 世纪左右，阿尔卑斯山第一条公路隧道“大圣伯纳德隧道”也投入使用——这是连接瑞士与意大利两国的交通要道。

尽管这些隧道在交通运输上起着至关重要的作用，但隧道中逐渐增加的车辆和载重货车，也导致了很多安全问题——火灾、交通事故时有发生。特别是，1980 年以来，瑞士交通量增长了十几倍，现有的公路和铁路隧道已达到了使用极限。

图 5.6　1882 年通车的圣哥达隧道

（来源：阿尔卑斯圣哥达交通有限公司官网）

1994 年，瑞士公民发起了一项名为“阿尔卑斯提案”的全民投票，要求将圣哥达隧道的运输量限制在现有程度之下。为避免载重货车引起严重交通事故，圣哥达公路隧道实施了一项针对载重货车的“分散体系”措施：限制载重货车只能单方向（一般每 2 小时至 4 小时一次）通过隧道，并与前面车辆保持 150 米距离。为解决圣哥达隧道运力不足和时间效率的问题，瑞士民众通过公投提案，决定兴建一个更快、更平坦的隧道——圣哥达基线隧道（GBT）（图 5.7）。和以往隧道不同的是，GBT 的位置低于现有的铁路隧道，几乎接近地平线。1998 年 5 月，瑞士联邦铁路公司（SBB）的子公司 AlpTransit Gotthard 成立，正式接手修建 57 千米的圣哥达基线隧道项目。

GBT 位于海拔 3000 米的阿尔卑斯山区，北端连接瑞士小镇埃斯特费尔德（Erstfeld），南端连接瑞士小镇博迪奥（Bodio）。GBT 由两条平行隧道组成，每条隧道长达近 57 千米（加上其他通道总长达 151.84 千米），是当今世界最长、最深的隧道（含铁路隧道和公路隧道）。GBT 建设耗时 17 年，由瑞士政府斥资建成，共耗资近 120 亿瑞郎，设计使用年限为 100 年。

GBT 是欧洲南北轴线上穿越阿尔卑斯山最重要的通道之一，GBT 工程奇迹也被视为欧洲团结的象征。2016 年 12 月，客运列车商业运营服务正式启动，重达 4000 吨的标准货运列车可轻松穿过阿尔卑斯山这个天然屏障，而旅客列车能够以 250 千米/小时的速度通过。仅在 17 分钟内，列车就可穿越阿尔卑斯山心脏地带，将原穿越阿尔卑斯山列车的旅行时间减少约 50 分钟，使苏黎世与米兰之间的行程用时缩短约 1 个小时，从瓦莱州的南兰普（South Ramp）至提契诺（Ticino）的距离缩短了 40 千米。到 2020 年，圣哥达基线隧道日乘客量从 2015 年的约 9000 人次增至约 1.5 万人次。

图 5.7　2016 年 12 月正式运营的圣哥达基线隧道

（来源：阿尔卑斯圣哥达交通有限公司官网）

德国总理默克尔评价道："GBT 是一项技术上的惊人成就，一个登峰造极的建筑作品。它成功地提升了人员和物资横跨欧洲的速度。它还提升了欧洲各国彼此合作、同住一个屋檐下的生活节奏。"

5. 高山小镇的世界论坛

达沃斯（Davos）本是地处瑞士东部靠近奥地利边境的阿尔卑斯山区的一座高山小镇（图 5.8），海拔超过 1500 米，坐落在一条 17 千米长的山谷里，周围群山环抱，人口约 1.26 万，面积不足 300 平方千米。历史上，达沃斯是欧洲著名的温泉和滑雪胜地。

五十多年前，瑞士学者克劳斯·施瓦布（Klaus Schwab）在这个阿尔卑斯山区海拔最高的小镇上组织召开了一个国际论坛，将这座世界一隅的高山小镇，打造成了今天全球最为重要的论坛品牌——达沃斯"世界经济论坛"（World Economic Forum）。这正是瑞士人创新思维的一个重要体现。

1971年，33岁的施瓦布在达沃斯组织召开首届“欧洲管理研讨会”，并在会议闭幕次日注册了“欧洲管理论坛”。1987年，欧洲管理论坛更名为“世界经济论坛”。

每年1月，达沃斯举行世界经济论坛年会之际，世界各国政要、企业家、经济学家等各界人士欢聚一堂，共商世界经济发展大势。据世界经济论坛统计，每年年会可为达沃斯当地经济创造约4500万瑞郎效益，给瑞士整体经济带来的效益约为7500万瑞郎。达沃斯这个高山小镇举办的世界论坛，展现了瑞士面向全球、开放包容的治理理念。

图5.8　欧洲最高的小镇达沃斯

（来源：达沃斯世界经济论坛官网）

作为非官方的国际性机构，世界经济论坛素有“经济联合国”和“世界经济风向标”之称，以研究和探讨世界经济领域存在的问题、促进国际经济合作与交流为宗旨。

经过几十年的运营，达沃斯论坛的全球知名度和世界影响力不断提升。论坛成立50余年来，开放、团结的态度贯穿始终。目前，论坛拥有1000余名会员和100多家战略合作伙伴，包括众多的世界知名企业和公司。

（二）水

1. 水电

由于自身矿产资源匮乏，瑞士能源绝大部分依赖进口。根据瑞士联邦委员会官网的数据，2022 年瑞士 70.3%的能源依赖进口，29.7%的能源依靠国内生产。而在瑞士自产的能源中，有 62%来自水力发电厂发电，29%来自核电站发电，9%来自传统发电厂和可再生能源发电[①]。

独特的水力资源成为瑞士能源开发的首选。瑞士是欧洲两大主要河流莱茵河（Rhein）和罗纳河（Rhone）的发源地，具有十分丰富的水力资源。根据瑞士联邦委员会官网数据，瑞士目前拥有近 700 座水力发电站。

瑞士水电基础设施的建设历史比较悠久，水坝建设可追溯到 200 年前。根据《瑞士水电概览》一文的记载，瑞士水坝建设取得了很多壮举：1822 年，瑞士兴建了维尼格尔威赫尔大坝，坝高 14.5 米，至今仍在运行。1827 年，在萨林河上修建了麦格拉乌格混凝土重力坝，坝高 24 米，至今运行良好。20 世纪初，随着高压电网的发展，瑞士人在阿尔萨斯山区修建水利水电工程。1924 年，瑞士修建了什列赫混凝土重力坝，坝高 112 米，曾是世界上最高的坝。二战以后，瑞士进入大规模开发水利阶段，从 1947 年持续到 1970 年。在此期间，瑞士兴建了 86 座水坝工程，超过 200 米的就有 4 座。其中，坝高 285 米的大迪克森斯大坝（Grande-Dixence dam）（图 5.9）建于 1951 年—1965 年，是世界上第三高的重力坝。在水电开发的鼎盛时期，瑞士水力发电量几乎占到国内发电量的 90%。此后，这一数字逐年下降。1985 年，随着核电的投入运行，水电在联邦能源结构的比重降到了 60%左右。[②]

考虑到联邦水资源开发利用程度已经很高，而现有水利资源的开发空间有限，联邦政府决定不再规划新的大型水电建设。

2007 年，联邦政府通过一项进一步发展可再生能源的规划，以应对联邦气候变化、冰川融化和可供发电水源减少的情况。在规划中，水电仍然占主导地位。联邦政府希望通过各种措施，更大程度促进水能资源的利用，主要有两项举措：一是进一步挖掘大型水电工程的资源潜力；二是鼓励小型水电工程进一步提档升级。通过这两项举措，联邦政府进一步发挥水电在新型能源结构中的重要作用。

2017 年 5 月，瑞士全民公投通过新《能源法》后，水电得到更大重视，瑞士人将水电作为重要的可再生能源来发展。除河流和溪流上的小型水电站以外，瑞士还利用其他资源发电，如利用饮水系统中的水压发电。

---

① FDFA. Energy-Facts and Figures [EB/OL]. (2023-07-02) [2020-11-01]. https://www.eda.admin.ch/aboutswitzerland/en/home/wirtschaft/energie/energie-fakten-und-zahlen.html.

② 杜效鹄. 看世界 | 瑞士水电概览 [EB/OL]. (2018-12-16) [2023-11-01]. http://www.360doc.com/content/18/1216/07/37142037_802110364.shtml.

图 5.9　瑞士大迪克森斯大坝

（来源：瑞士联邦旅游局官网）

联邦政府把电作为具有公益属性的商品来监管，防止电网企业产生高额利润。

2. 水热供暖

瑞士除了利用水力发电之外，还从大量水资源中获得热能，一个典型的例子就是洛桑联邦理工大学（EPFL）的水泵站工程项目。

20 世纪 80 年代以前，EPFL 一直使用石油供暖。在经历了两次石油价格冲击之后，学校决定，利用校园临近日内瓦湖的地理优势，开发一个“替代能源”项目——基于热泵和燃气涡轮机开发水热能采暖。

1978 年，EPFL 建成一座水泵站，进水口深度为 68 米，以保证水泵站的热稳定性和极低的生物活性水平。1987 年，水泵站投入使用，加热功率为 9 兆瓦；涡轮机加热功率为 10 兆瓦。水泵站靠氨气（R717）运作，用温度约为 6℃的热源（湖水）将热力网络加热至 65℃。

实施水泵站项目后，能源效率有了明显提高。在热泵安装之前，EPFL 在冬季要消耗石油 10 万升/周；在热泵安装完成后，石油使用量下降到 10 万升/年。自建造以来，这套热泵系统已连续使用 40 多年，可满足学校约 97%的供暖需求。

在联邦《能源战略 2050》框架下，EPFL 制定了学校的可持续发展战略，目标是：到 2020 年 EPFL 实现“零碳排放”。基于这一战略目标，EPFL 在原有的热泵加热系统基础上进行扩建（二期工程），以增加校园的供暖和制冷需求。按照规划，EPFL 将新建一个拥有 4 兆瓦持续冷却需求的数据中心，以进行热能回收。而现有的供暖站将进行全面翻新，以便将热泵功率从 9 兆瓦增加到 24 兆瓦，实现在现行安全标准下的热能回收利用。新的扩建项目包括一个泵站（EPFL 和洛桑大学共有）、一个供暖站（仅 EPFL）和一个管道网络。图 5.10 是 EPFL 于 2021 年新扩建落成的湖水热泵加热系统。

从理论上讲，湖泊拥有大量可供热泵使用的热能。据估计，日内瓦湖的热能提取潜能约 84 亿千瓦时/年，这是 EPFL 未来能源预计需求量的 2000 倍。日内瓦湖还有一大优势，就是其水温基本保持长期稳定。

图 5.10　EPFL 于 2021 年新扩建落成的湖水热泵加热系统

（图片来源：EPFL 官网）

3. 比斯（Bisses）[①]

比斯是一种非常有瑞士特色的水利工程。它是一种在山坡或山岩间人工挖掘或垒砌的引水渠，被瑞士当地人称为“比斯”（Bisses）。比斯的发源地在瑞士瓦莱州。

1）灌溉工具

瑞士全境多山，农业灌溉面临着水源输送的问题。瓦莱州就是一个典型，它地处阿尔卑斯山脉腹地，历来以农牧业和葡萄种植业为主，加上这里气候非常干燥，对水源的需求量很大。几个世纪以来，瓦莱州农民通过修建“比斯”，引入雪山上冰川融化后的山泉水，以灌溉农田、葡萄园、果园，并供人畜饮用，极大地解决了当地水源输送的问题。

① 刘军．瑞士“比斯”滴水成金［N］．光明日报，2004-01-14.

位于瓦莱州的南达地区（Nendaz）是瑞士最重要的覆盆子和杏子产区之一，该地区拥有瑞士乃至整个欧洲最为密集的灌溉系统——比斯。南达地区是一个由 18 个村庄组成的高山市镇，最低的村庄海拔大约在 500 米，最高的村庄海拔高达 3340 米。南达地区总人口约为 6600 人，三分之一的常住居民住在南达高地——这里是瑞士著名的滑雪胜地。

1453 年至 1860 年之间，南达地区建造了近十条比斯。几个主要的比斯从南达高地（Haute-Nendaz）通往南达低地（Basse-Nendaz），为当地牧场和覆盆子种植地浇水。在这些历史悠久的水道中，有多个仍沿用至今，仍然可以为当地果园和农作物源源不断地输送水源，它们构成了近 100 千米的水道[①]。可以说，比斯是南达地区历史重要的组成部分。

南达地区最长的比斯在悬崖绝壁和山谷间绵延 32 千米，最短的则为 2 千米。比斯的宽度随地形而变，一般宽几十厘米至一二米，深不过膝。清澈见底的山泉水带着冰川的刺骨寒意从上向下流淌，流经山涧时被木槽承接，有些地段水通暗道，上铺青石板。在有些水势落差较大的地方，人们架起水轮磨坊，用来研磨粮食或为锯木厂提供能源。

2）*休闲旅游产品*

20 世纪初，南达地区安装了现代供水和灌溉设施。比斯也不再是当地果园和农作物灌溉的唯一工具。随着近代瑞士旅游业的发展，瓦莱州旅游业逐渐成为当地支柱性产业，一些农牧民开始转向从事旅游业。

20 世纪 30 年代，瓦莱州民众开始挖掘比斯的另一项重要功能——将其打造为休闲旅游的产品之一。瓦莱州当地旅游部门在维护现存比斯的同时，还斥资修复了一些已经淤塞的古老比斯。在南达地区，当地民众在比斯流经的渠道两边开辟出八条山区徒步旅行线路，特别适合家庭和休闲徒步旅行者。

徒步旅行的最好季节是春季、夏季和秋季。特别是在夏日，沿着比斯（图 5.11）徒步路径漫步是个好主意，因为小径大多会引导徒步者从阴凉处穿过森林。徒步者沿着比斯徒步路径翻山越岭，穿林过涧，听着比斯中不断流淌的水声，在欣赏远处阿尔卑斯山脉壮丽景色的同时，还可随时停歇，喝一口当地洁净的山泉水解渴，似乎没有比这更惬意的休闲之旅了。比斯已成为当地一项重要的旅游收入来源。

3）*矿泉水品牌*

除了开发比斯的旅游休闲功能之外，南达人还继续挖掘比斯的第三个价值——打造矿泉水品牌。

① 参见 Memin Encyclopedia 官网相关信息。

图 5.11 南达地区的比斯

（来源：瑞士国家旅游局官网）

南达地区的矿泉水以纯净、无污染和平衡的矿物质而闻名。1958 年，南达人从流经 Aproz 村的比斯附近，借势修建了一个矿泉水生产厂房。矿泉水以南达地区命名销售，直供瑞士最大的两家超市之一——Migros。

南达矿泉水堪与著名的法国“依云”矿泉水媲美。上市后便供不应求，盘活了当地经济，也为当地带来了良好的旅游宣传效应和颇丰的经济效应。

（三）地

瑞士素有未雨绸缪，提前做好人身防护的传统。

20 世纪 60 年代，世界正值冷战时期。为了保护国民，联邦出台公民保护法，规定要在居民住场所以及老人院、医院、学校等公共场所附近建设防空洞，并配备相关生活必需品。到 20 世纪 70 年代，瑞士防空洞覆盖率已达 114%。据 Swissinfo 报道，截至 2006 年，瑞士私人住宅、会所及医院等各类场所共计有约 30 万个防空洞，防空洞数量居全球之最。

然而，冷战早已结束，在长久的和平年代，在如何有效利用防空洞方面，瑞士人不断创新探索。例如瑞士人对一些闲置的山洞进行开发，打造旅游景点，向公众开放，还有一些地下防空掩体则用来训练新兵。近年来，一些地下掩体被开发成“地下数据中心”。

毫无疑问，将银行、高科技、医疗保险等大企业的重要数据，保存在瑞士的深山幽谷，是很好的选择。联邦宪法规定，瑞士政府只允许第三方在法庭批准的情况下查看他人存储在数据中心的信息。综合考虑诸如自然灾害、政治风险、网络连接、可持续性和能源安全等多方面因素，瑞士凭借其在社会稳定和数据安全保护领域的优势享有极高声誉，被业界公认为“数据信息存储最为安全可靠的国家之一”。各国大企业信赖瑞士地下数据中心的另一个重要原因还在于，瑞士众多私人银行十分擅长保管财富。事实上，瑞士的地下数据中心为保护委托人的数据信息安全，也会不惜一切代价。

据瑞士当地媒体 Swissinfo 报道，在伯尔尼高原地区，两个山洞被改建成一个现代化的大型地下数据库——Swiss Fort Knox 数据库，可存储各国机构或私人数字资料。如图 5.12 所示。数据库存有来自近 30 个国家的近 1 万家客户存放的机密数据，其中 5%的客户来自世界顶级企业，95%的客户中大部分为小型私人企业。有些客户会选择搭乘私人飞机前来存放数据，而飞机可在数据库外面的小空地上降落；而有些顾客则通过网络，利用远程数据服务完成数据存放。

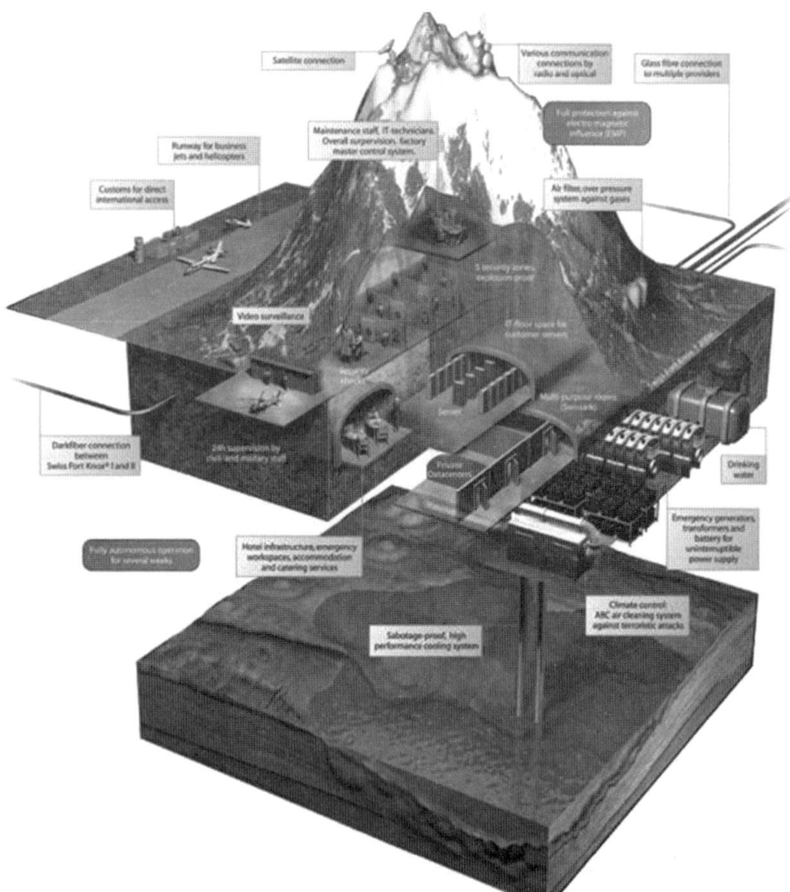

图 5.12　位于伯尔尼高地山体下的 Swiss Fort Knox 数据库三维立体图

（来源：MOUNT10 官网）

这里的保安全副武装，加上防火墙、报警系统和防暴防辐射大门等严密的措施——无论是自然灾害还是恐怖袭击，都无法攻破这里的保卫设施。这里除了能够避免水灾、火灾、地震和停电带来的后果，还可阻挡核能、生化武器的袭击。正是因为有如此高级别的安全保护措施，使得所有客户的数据信息得以安全地保存在岩石山体之下。

而事实上，只从外表看，常人难以想象 Swiss Fort Knox 数据库内部的完美结构，但在岩石大门之后，潜藏着极其现代的高科技和最严格的安全措施。Swiss Fort Knox 也被外界赞誉为“没有风险的信息安全基地”。

（四）旅游产业

总体来看，瑞士“山水”旅游产业有三个特点。

一是拥有多样化的旅游产品。瑞士善于开发本国优美的湖光山色，其旅游产品遍及水、陆、空。不仅如此，还拓展了许多文化与自然、历史与现代完美融合的旅游项目，全年都能吸引到不同年龄、不同爱好的旅游者。

二是不断提升旅游产品的人文内涵。瑞士旅游产业链做到了与其他行业有机结合，并充分发挥旅游产业的辐射功能，如会展旅游、林业旅游、农业旅游、商务旅游等。瑞士“三宝”（钟表、军刀、巧克力）世界闻名，瑞士不少景区都设有与“三宝”相关的店铺。在这些景区，无论是购物还是旅游本身，游客都能享受到优质、周全而人性化的服务，感受瑞士特有的人文内涵。瑞士联邦不遗余力地发掘旅游产业潜力，不断加强基础设施建设，丰富大众旅游的便捷性和体验感。

三是把环保理念融入旅游业产业链的各个环节。瑞士有完善的环保法规，许多景区都不允许旅游巴士靠近，停车场设在离景区较远的地方，游客只能步行一段路程进入景区。城市建设也有严格规定，在湖畔与山区，对新建筑高度、样式及屋顶倾斜度都有严格限制，山区限制建楼数量且楼高不允许超过 4 层。为保护环境，瑞士所有景区在游客限流方面经过了环境科学家精心考察论证，绝不为追逐经济效益而过量接待游客。在景区与民宅区均建有很多污水处理厂，生活污水必须经过多次沉淀再经处理后才允许排放。

二、瑞士绿色保护

（一）《环境保护法》（EPA）

1. 法律体系

在环境保护方面，瑞士联邦的法律实践起步较早，100 多年前就先后颁布了《狩猎法》《捕鱼法》《森林督查法》《水利工程督查法》等，这些法律后来又随着环境和形势的变化而不断修订，加上 20 世纪《水域保护法》《自然与文化遗产法》《二氧化碳法》等先后颁布，特别是 1983 年《环境保护法》的颁布，逐渐形成了完善的环保法律体系。相关的法律情况如下。

1875 年《狩猎法》（Hunting Act）（1904 年、1925 年和 1986 年先后修订）；

1875 年《捕鱼法》（Fishing Act）（1888 年、1973 年和 1991 年先后修订）；

1876 年《森林督查法》（Forests Inspectorate Act）（1991 年据此颁布《森林法》）；

1877 年《水利工程督查法》Hydraulic Engineering Inspectorate Act（1991 年据此颁布《水利工程法》）；

1955 年《水域保护法》（Waters Protection Act）（1971 年和 1991 年先后修订）；

1966 年《自然与文化遗产法》（Nature and Cultural Heritage Act）；

1983 年《环境保护法》（Environmental Protection Act）；

1998 年《联邦农业法》（Federal Act on Agriculture）；

1999 年《二氧化碳法》（CO_2 Act）（2012 年修订）；

2000 年《化学品法》（The Chemicals Act）；

2003 年《基因技术法》（Gene Technology Act）。

本文选择了其中几部法规进行简要介绍。

《森林法》：19 世纪下半叶，联邦出于保护森林的考虑，颁布了《森林督查法》，这是瑞士推进自然资源可持续利用的里程碑事件。《森林法》强调了森林在保护人们免受雪崩、山体滑坡、岩崩等自然灾害方面所发挥的关键作用，倡导森林可持续开发、利用和管理，有效应对各类自然风险，并确保木材这一富有瑞士特色的当地自然资源能够长期使用。今天，瑞士的森林立法因为成功的改革实践而得到国际社会的高度认可。

《水域保护法》：该法旨在保护瑞士的水资源，确保联邦的湖泊和河流免受有害影响。一方面，它确保向家庭、工业、商业和农业提供高质量的饮用水和加工用水；另一方面，它还确保水生或非水生动植物的自然栖息地得到保护。此外，该法还强调要发挥瑞士的河流和湖泊为人类提供娱乐和休闲的功能，呼吁使其成为联邦多样化景观的一部分。

《水利工程法》：该法规定了如何保护、开发和利用水资源，以及如何组织并应对洪水等自然灾害。

《联邦狩猎法》《联邦捕鱼法》《联邦自然和文化遗产保护法》：在过去的一百多年里，由于住宅和基础设施的建设，特别是交通建设、能源生产和传输，以及农业的发展（如集约化种植），瑞士的景观发生了根本性变化，动植物栖息地日益减少，动植物生存状况面临威胁。这三部法律的出台，就是为了保护联邦的生物多样性和自然景观的原生态，强调保存动物栖息地。

《化学品法》：1986 年 11 月 1 日，巴塞尔附近的化学品仓库发生火灾，导致污染物进入莱茵河，造成严重破坏。民众意识到，储存和处理化学物质会带来严重的环境风险。1991 年出台的《重大意外条例》（Major Accident Ordinance）旨在提高社会的风险意识，大幅降低化学品扩散和污染的风险。2000 年出台的《化学品法》则为联邦的整个化学工业引入了全面的新规定。2005 年出台的《化学品风险降低条例》（Chemicals Risk Reduction Ordinance）则为环境法注入了新的法律内涵。

《联邦农业法》：该法强调致力于确保农业部门可持续地面向市场生产。该法主要在 5 个方面作出了重大贡献：粮食供应（向瑞士社会稳定提供粮食）、保护自然资源、保护农村、鼓励分散结算以及保障动物福利。

《基因技术法》：联邦政府认为，随着生物技术在世界范围内越来越多地应用于农业、医药或食品工业等领域，转基因生物、病原生物或外来生物如果不受控制地进入环境，则可能危及人类、动物、植物或其他生物，联邦需要避免这种风险。联邦要主动出击，有计划地限制有害生物体。该法案规定了对这些生物的安全处理具体条款。

在过去 50 年中，环境空间的变化和自然灾害的发生，使瑞士民众的环保意识不断提高并达成了普遍的社会共识。图 5.13 展示的就是在环境保护下瑞士中部地区卢塞恩州丘陵地区的天然草场。此外，加上科学技术的进步，瑞士联邦在原有的环境立法基础上不断拓展和完善，将瑞士的环境立法发展成为一个全面而综合的法律体系。在相关法律制度的修订和起草过程中，瑞士社会对新技术和新发展有了更加理性的观察和判断。瑞士人已经普遍接受这样一种观点，即：在不久的将来，联邦还必须进一步堵住制度的漏洞，例如与保护生物多样性、发展纳米技术等有关的漏洞，此外，还需要在有效利用自然资源方面采取更加积极而主动的行动。

在联邦环境保护的法律体系中，1983 年制定的《环境保护法》（EPA）起核心和基础性作用，它涵盖了其他法律所涉及的范围，确立了瑞士联邦环境保护立法的基本原则，是一个纲领性的法律文件。下文将重点介绍和分析这部法律。

2. EPA 基本原则

EPA 所强调的几个基本原则，影响着立法行为和法律条例，并在法律执行层面发挥作用[①]。

---

① Federal Office for the Environment. Swiss Environmental Law：A Brief Guide [R]. Bern：FOEN，2013.

图 5.13 瑞士中部地区卢塞恩州丘陵天然草场

（来源：高惠摄）

1）预防原则

“防患于未然”既是传统智慧，也是瑞士环境法的基本理念。从长远来看，前瞻性的、无害环境的规划和行动具有更高的成本效益，对环境的影响也比污染以后进行改善或试图纠正的代价要更小。预防原则常应用于环境影响评估、限制性污染排放承诺和水资源保护等方面。

2）污染者付费原则

治理环境污染所产生的费用，不应由公众承担，而应由负直接责任的人员承担。民众已普遍接受废物处理和废水处理收费的社会管理实践，表明污染者付费原则已成为瑞士社会日常生活的一部分。这一原则还适用于其他领域，如垃圾填埋场和其他污染场所在净化时所产生的费用也由制造污染的主体承担。

3）源头治理原则

如果可能的话，人类活动应不对环境造成任何负面影响。因此，EPA 规定了污染排放的极限值，以限制设备产生的污染量。在采取环境保护措施时，应更加关注和预防污染源。例如，为减少铁路噪音，需要先投入使用较安静的车厢，然后再架设隔音屏障，以从源头上减少固有噪音。

4）整体治理原则

EPA 致力于减少环境污染的各个方面，从整体上防治。因此，环境污染的各个方面都应给予重视。要避免在一个领域采取防治措施，而导致在另一个领域产生较大负面影响。例如，噪声控制措施不应破坏对自然景观的保护。

5）多元合作原则

EPA 不是简单制定出来的结果，而是由相关多元主体广泛讨论、研究和博弈而作出的综合决策。各党派、各州以及多个企业、环保组织和相关行业都参与到条例和实施指南的起草过程中，这确保了在操作层面形成切实有效的解决办法。特别是同企业合作意味着环保实践可以在早期阶段开始，并尽可能地在自愿基础上采取措施。一些执法职责，如巡查和监察，可委托给有关第三方公司或机构执行。这些第三方公司或机构在从事废物回收或执行《空气污染管制条例》等有关举措方面发挥了积极作用。

在瑞士，国家任务在联邦或相关的州或市镇三个层面上具体落实。联邦确立的“辅助性原则”（principle of subsidiarity）在执行 EPA 时仍然适用。保护环境是一项共同的任务。联邦在各种法令和条例中，既规定了环境保护的目标，又规定了实现这些目标的手段和措施。各州都基本上有落实这些目标的具体任务。隶属于联邦政府的联邦环境办公室是专门负责立法的部门。此外，它还监督各州是否依法执行了环保任务。在立法阶段和执行阶段，联邦和各州都与私营部门密切合作。

3. EPA 主要内容

EPA 是瑞士环境保护法律体系的基石。它确定了环境保护的若干关键领域，并阐释了适用于环保各个方面的一般性规定。详细规定包含在 EPA 的具体条例中。环境保护的一个关键领域是防止排放对环境有害的物质、生物、废物等。有关的详细条文，如限制值等在有关条例中有具体界定。其他环保领域，如水域保护、气候保护、森林、自然和景观保护等，则在联邦其他专门的法案中具体规定。

EPA 阐释了瑞士环境法的若干基本法律原则，并列出了一般性法律条款，如环境影响评估、环境信息公开、激励税和相关组织的上诉权利等。EPA 不仅规定了预防性的保护措施，在改进的条款中，还对如果不遵守规定应给予什么处罚作出了规定。EPA 强调，污染治理的目的是保护环境免受有害影响或侵扰。EPA 不仅建立了一般性条件，还在具体条款中详细规定了目标，特别是设置污染的上限值。

EPA 的主要内容主要包括以下几条。

1）预防措施

EPA 要求尽可能防止空气污染物、噪声、非电离辐射和振动的传播，并在它们发生的源头加以防治。EPA 强调采取预防性排放限制和前瞻性规划的措施，避免在污染水平已经很高的地方继续建造建筑。这些措施将从源头上直接减少污染排放或防止污染扩散。 例如，加热系统和发动机的设计应尽量减少向空气中排放有毒废气，并尽可能保持安静。这些条例规定了一系列装置要求和装置的最高准许排放量。

一方面，科学技术的进步为减少排放提供了机会。例如：联邦鼓励研发高效发动机或具有低污染物排放标准的燃料，建造绝缘良好的房屋可减少用于取暖的燃料，消声器的应用可有效减少机器噪声等。另一方面，EPA 中对污染上限值的确立，则在很大程度上推动了技术进步和创新。汽油发动机上的催化转化器、发动机上的颗粒过滤器，以及更安静的铁路车厢等都是创新的产物。此外，当土地被指定用于建设和发展时，社区必须考虑噪声污染和非电离辐射水平。

2）制定严格标准

制定预防性排放限额是不够的，并不能保证对人类和环境的影响保持在可接受水平。例如，高速公路和铁路沿线的噪声污染需要以更加严格的污染标准加以考虑。因此，需要由条例规定环境噪声污染的极限值，在特定地方设定所允许的最大噪声污染程度。如果超过了设定的环境噪声极限值，则必须采取进一步措施。当然，可能还包括额外的预防措施，如设置隔音屏障等。此外，在空气污染超过地区所设定的污染极限值时，各州的任务是实施应急计划，协调额外的预防措施。

3）处理垃圾和保护土壤

垃圾如果处理不当就会以各种方式严重破坏环境。这就是为什么废物处理会作为一个关键性举措出现在 EPA 中，与之密切相关的另外两个问题是土地污染和土壤保护。联邦政府倡导避免资源浪费，并积极促进绿色资源的循环再造。EPA 制定了如何处理废物的原则，倡导社会尽量避免浪费资源。EPA 规定，产生的废物，要尽可能进行回收再利用，用以生产新材料。经调查评估，瑞士可回收废物约占所有家居废物的一半，因此 EPA 规定可回收废品应与其他形式的废品分开收集。《饮料瓶条例》规定了饮料瓶包装的回收标准。此外，EPA 还要求消费者主动将电器和电子废弃物以及使用过的电池送到指定地点回收，而零售商有义务接受它们。

4. EPA 的执行

1）授权

EPA 在执行过程中，政府部门批准可能产生环境影响的项目时，除评估所有法律方面明确禁止的内容之外，还必须评估项目对环境可能产生的潜在影响。特别是涉及可能对环境产生重大影响的重大项目时，评估将依据环境影响报告进行。此外，空间规划也应考虑环境影响。

为建设项目颁发授权的当局，无论是地方议会还是州或联邦环境办公室，都要检查项目是否符合法定要求。当局不仅需要考虑建筑物和其他结构对环境的影响，还需要考虑化学品等方面的威胁。生命健康和环境的保护往往都必须得到考虑。

某个单一的项目，通常需要多个部门的多次授权。为避免部门之间做出相互矛盾的决定，上一级政府必须协调这些部门的决定。联邦一级政府机构发布授权项目清单。联邦政府机构会根据下一级机构部门的所有报告综合作出决定，或以其他方式协调决策。例如，为了建造一条天然气管道，必须清除 1.4 万平方米的森林，并清除河岸上的植被。瑞士联邦能源办公室（SFOE）批准了建造这条新的天然气管道。与此同时，联邦环境办公室也批准了清除森林和河边植被行动。

2）空间规划

联邦非常注重加强空间的规划，以预防破坏性建设。空间规划规定了如何使用特定的区域，特别是建筑区域。例如：当土地被用于建设购物中心或体育和活动中心时，会增加交通、噪声和空气污染，政府会确保住宅区和娱乐区的环境质量不受到太大影响。

3）环境影响评估

发电厂、高速公路和铁路、工厂或购物中心等大型项目，会对环境产生相当大的影响。规划许可当局在作出决定前，就规划项目的环境影响进行调查，并在环境影响报告中说明调查结果，并表明计划采取什么措施来减少对环境的影响。作为环境影响评估的一部分，当局会在报告上阐明计划中的项目是否符合环境法规。例如：苏黎世州当局对一家建筑公司在苏黎世州建造的仓库进行环境影响评估。该公司计划使用以前开放的一个院子建造仓库。这片土地毗邻一处受保护的高地沼泽，该地被用作缓冲区，对当地环境有重要意义。由于主要道路附近安装了排水系统，导致沼泽地区十分缺水。环境影响报告表明，新仓库的建设可以使沼泽受益——干净的雨水将汇聚在屋顶上，并流入沼泽。此外，连接新建筑和沼泽的地面可以种植合适的湿地植被。所以，环境影响评估认为这个仓库的建设对于当地环境的影响是正面的。

4）明确的规则和禁令

规则和禁令使环境质量有了相当大的改善。例如：污染物排放必须每两年测量一次，以确保没有超过允许的限度；建筑物的供暖系统也必须不超过设定的污染物水平；禁止使用某些取暖燃料，特别是高污染燃油或含硫量高的取暖燃油；自然保护区受到特定条例的保护；在仍然允许农业开发的地区，对于一年中的什么时候可以割草也有明确规定；禁止砍伐森林的条款，意味着森林所覆盖的面积得以维持，甚至从长期看可能增加；加热系统和车辆的污染物上限，则促进了新熔炉、催化转换器和粒子过滤器等技术的发展；由于禁止使用含氯氟烃（CFCs）的产品，臭氧层也得到了保护。

5）垃圾填埋场的严格要求

必须填埋的废物不得回收，以避免对环境构成威胁。在实践中，这意味着废物不应对环境造成二次污染，而且必须尽量避免有害物质溶于水。根据废物性质，废物必须经过物理或化学处理后才能被放入垃圾填埋区。例如，生活废物在垃圾焚化厂焚烧后，其残余物才可以放在有许可证的填埋区。根据所储存废物的状况，垃圾填埋必须满足预先确定的技术设备要求和事后处理的技术要求。

6）污染场地修复

旧填埋区、前工业区或发生环境事故的地点，均被列为受污染的地点。如果对环境有特定危险，如对地下水构成威胁，那么各州必须对该地点进行补救或至少要进行监测。对污染地点的调查、监测和修复可能会有不少开销。但在某些情况下，如无法查明责任人或污染者没有足够的资金支付费用时，本地区环保联合会也会在资金上提供帮助。联合会将负担污染场地所需的费用——该资金来源于向废物存放和将废物输出到国外所征收的费用。

7）确保土壤保持肥沃

土壤保护的目的是长期保持土壤肥力。土壤肥力会受到诸多方面的不利影响，如不可降解或持久的化学物质、转基因生物或病原生物，以及土壤侵蚀和土壤压实等变化。保护土壤免受化学和生物污染的措施在很大程度上受到各种法律和条例的管制，如《水域保护法》和《空气污染控制条例》。EPA 制定了标准值、触发值和修复值以评估土壤污染，并决定是否需要采取措施以及采取哪些措施。

8）经济刺激

以市场为基础的手段是运用自由市场经济的机制来进行奖励和鼓励对环境无害的行为。EPA 的理念是，不顾及环境影响的人应比那些爱护环境的人付出更多，有必要通过免税或税收的方式来加以刺激。例如，对消毒溶剂的税收机制是：在该税收政策实施的开始阶段就逐步增加税收，以促进企业更大程度地减少消毒溶剂的使用。税收的运用，也意味着在化学工业的一些生产过程中，溶剂可以完全回收或不再需要。环境管理体系鼓励企业不仅在特定领域保护环境，而且在其所做的每个环节中都要考虑环境问题，并不断改善。引入环境管理系统的企业利用这一点来获得竞争优势，他们的环境表现受到定期监测。

一些情况下，靠激励本身足以鼓励人们以特定方式行动，例如，可通过国家养老金系统或医疗保险公司将废物回收的奖励资金拨付给公众和相关企业。二氧化碳税也是类似这样的一种激励方式。

9）行业承诺

为考虑个别企业的特殊情况，EPA 允许各企业在协议中规定它们自己的环境应对措施。环境协议意味着可以考虑企业的特殊要求，它们为企业提供了改进的机会，但同时也要求企业承担更大的独立责任。各企业承诺按特定时间进度和特定程序进行改进。相应地，允许他们不受其他规定的约束。例如，政府与加油站企业达成此类协议，以改善加油站内的空气质量。能源密集型的水泥工业，由于其生产过程的特殊性质，意味着这类工业节约能源的范围是有限的，因此他们也可以签订这类协议。《二氧化碳法》允许为个别工厂制定具体的解决方案。一些企业如果同意采取措施限制其碳排放，就可以免除二氧化碳税。

10）信息公开

信息公开在环保中至关重要。与此同时，积极传播有关如何保护和消除环境污染的信息，有助于当局实施环境措施。信息公开还将使企业和个人意识到他们的行动对环境的影响，并在工作和家庭中采取负责任的行动。联邦政府不断促进公民的环境意识，大力宣传社会个体如何友好对待环境的做法，特别是在废物处理、废气排放和噪声控制等方面。积极传播环保信息有助于达到较好的环保效果，并维持环境的动态平衡。

11）有前瞻性的环境规划

联邦政府认为，在面对环境问题的多样性时，政府不能只是被动反应，积极的环境设计和环境规划应发挥关键作用。环境规划明确了相关地区在特定的区域可以开展的活动，以及该地可能受到的影响，如：噪声或空气污染物的影响。为防止噪声污染，联邦当局在公用土地上明确标注“具有高敏感度”的建筑区域，以量化的方式显示噪声对该地区的影响程度。对于具有不同功能的区域划分为不同的保护区，进行专门保护，如：水保护区的目的是保护地下水井不受化肥、农药等的污染，自然保护区是为了保护沼泽地、草甸或洪泛区等脆弱的栖息地而设立的。

（二）《瑞士生物多样性战略》及其行动计划

1. SBS 及 BAP 出台的背景

为积极应对保护生物多样性面临的挑战以及国际社会的有关倡议，瑞士联邦议会于 2008 年 9 月 18 日作出决定，将制定《瑞士生物多样性战略》（Swiss Biodiversity Strategy，SBS）纳入联邦 2007—2011 年立法计划。2009 年 7 月 1 日，联邦委员会授权联邦环境、交通、能源与通信部（DETEC）负责制定该战略。2012 年 4 月 25 日，联邦委员会通过了 SBS 正式文本。

SBS 的总体目标是：对环境变化作出积极反应，保护生物多样性及其生态系统，促进经济社会可持续发展。SBS 包含短期和长期促进生物多样性的十项战略目标，以期在联邦层面提供行动方向，促进协同、取得实效。十个战略目标以联合国《2030 年可持续发展议程》中生物多样性有关目标为基础，相互协调、相互影响并相互促进[①]。

联邦委员会授权 DETEC 制定配套的行动计划——《瑞士生物多样性行动计划》(Biodiversity Action Plan，BAP)，提出实现 SBS 目标的一揽子措施，以落实 SBS 的目标。BAP 的制定，是瑞士 2011—2015 年立法规划和 2015—2019 年立法规划的重要目标之一。

联邦委员会特别关切的是，BAP 各项措施的制定，需要以各行动主体的共同参与为基础，以便让这些措施在执行过程中被各利益相关者广泛接受。联邦委员会还倡议搭建更多“联邦—行动主体”的对话平台，以查明措施在执行过程中可能存在的利益冲突。

在联邦环境局（FOEN）的主持下，联邦 250 个协会和 650 名专家共同参与 BAP 的调研、起草和协商，制定了初步的一揽子措施。截至 2013 年底，BAP 初稿基本完成，由 110 项措施组成。2015 年 2 月 18 日，FOEN 就 BAP 的所列措施向各州征求意见，以供各州在区域层面组织各行动主体和利益相关方进行预先协商。大多数州都基本同意这些措施和实施措施的时限。根据各州提交的报告，FOEN 从整体上进一步审议 BAP 的所列措施。在预协商进程之后，FOEN 结合各州报告和已经实施的情况，进一步修订 BAP，根据措施的执行效果、紧迫性和可融资性，对有关措施进行合并或明确设定实施阶段。

瑞士在解决生物多样性问题的同时，也面临着紧迫的财政问题，但联邦和各州的决心是巨大的。2016 年 5 月 18 日，联邦委员会决定在自然保护和森林生物多样性领域额外拨款 5500 万瑞郎。此外，FOEN 在预算中为“立即措施”(the immediate measures) 单独分配了 8000 万瑞郎。这意味着联邦总共花费 1.35 亿瑞郎用于国家重要生态群落的紧急补救和升级措施、森林生物多样性领域的促进措施，以及 2017 年至 2020 年期间根除外来入侵物种措施。各州也为采取立即措施提供了等额的财政拨款。《保护自然和文化遗产法》(Protection of Nature and Cultural Heritage Act) 和《森林法》(Forest Act) 为执行立即措施提供了法律依据。资金分配以环境相关方案所载的目标和措施为基础。

BAP 包含 27 项措施，这些措施以国家生物多样性的目标为基础，并要求所有政府部门对保护生物多样性作出承诺。在联邦委员会就 BAP 作出正式决定后，FOEN 与其他相关联邦当局、执行机构一起进一步细化了这些措施，并特别补充了绩效监测的关键指标。利益相关者在行动计划制定期间或之后沟通达

---

① Swiss Federal Council. Action Plan for the Swiss Biodiversity Strategy [R]. Bern: FOEN, 2017.

成的共识，被编制为有关条款纳入“行动指南”。推进这些措施的详细“行动指南”由联邦记录和出版。[①]

2. BAP 制定的三个考虑

BAP 的制定主要基于三个方面的考虑。

一是长期性。建立、发展和维护联邦范围的生态基础设施，是瑞士生物多样性战略的核心之一。通过促进生物多样性并使其得到长期保护，主动积极地应对环境变化带来的挑战，这要求瑞士生态价值地区在整体上具有连通性，从而形成生物多样性的空间基础和功能基础。这是一项任重而道远的长期性工作。当野生动物走廊和生态保护区确保生物之间的个体、基因和生态过程（例如迁徙）的交换和移动时，生态空间的功能连通性就会发挥作用。因此，必须“下真功夫”切实改善现有保护区的生物质量，确保应该得到保护的生态环境之间的空间连通性和功能连通性。必要时，还应扩大保护区域或采取措施具体促进指定区域的保护——这尤其有利于濒危物种（国家优先物种）。事实上，保护濒危物种也是瑞士的国际责任。

二是可持续性。联邦的生物多样性政策不是孤立存在的，也不是一时兴起的。一方面，在发挥 SBS 作用的同时，需要整体考虑联邦已有的政策体系，积极发挥政策的协同效应。事实上，联邦生物多样性政策在现有的其他政策领域已有所涉及，并在保护生物多样性方面发挥了积极作用。这些战略包括：《联邦国防民防和体育财产战略》《旅游业增长战略》《农业政策》《减少风险和可持续利用植物保护产品行动计划》《瑞士空间战略》《2020 年森林政策》《适应气候变化行动计划》《集聚政策》《运输部门计划》《可持续发展战略行动计划》《外交政策》《航空污染控制》和《化学品政策》等。现在，从联邦层面制定战略以及行动计划的目的，一方面就是要以促进生物多样性为导向，提出更加明确的举措，潜在地发挥联邦政策体系的协同作用。另一方面，保护和促进生物多样性对经济社会的繁荣发展具有积极意义。通过当地实证研究发现，保护和利用生物多样性与经济社会发展并不一定相互排斥。例如，在生物多样性受到威胁的空间中，通过促进生物多样性，会对当地居民的居住体验产生直接的积极影响。如可以保护和改善土壤质量、调节空气质量和小气候、降低噪声、将原生态资源作为建筑材料的替代品等。

三是公共性。改善环境状况需要社会采取集体行动，这一理念充分植根于瑞士经济社会的思想和行动基础。因此，提高瑞士社会公众对生物多样性保护的意识及其对促进社会经济发展的认识显得尤为必要。此外，还应更加重视对

① Swiss Federal Council. Action Plan for the Swiss Biodiversity Strategy [R]. Bern: FOEN, 2017.

公众的专门教育和专题培训，以促进公众对自然过程、生态依存关系和物种信息的深入认识。在联邦的研究项目和优先事项的安排上，要侧重于与生物多样性有关的方面。

3. BAP 实施的两个阶段

BAP 的实施主要分为两个阶段：2017—2023 年初始执行阶段以及 2024—2027 年实施阶段。第一阶段侧重于探索，第二阶段侧重评估检验。

第一阶段的措施按照类别主要分为三个部分，即立即措施、协同措施和试点项目。

第一阶段（2017—2023 年）的措施包括如下几点。

（1）立即措施。维护和修复现有保护区；建立和维护森林保护区；确保足够数量和质量的旧木生长，储备更多有可用价值的枯木；保护国家优先物种。

（2）协同措施。制定联邦生态基础设施规划；制定联邦土壤战略；使农业生产适应当地自然条件；评估联邦补贴的影响；在空间相关决策中考虑生态系统服务；将生物多样性因素纳入现有的可持续性标准；在基本建设条例中列入生物多样性要求；开展促进生物多样性国际合作，并在生物多样性筹资领域加大宣传力度；吸纳国际经验制定联邦生物多样性政策。

（3）试点项目。制定区域连通性的生态价值栖息地规划；优化跨部门促进生态环境保护的机制；单列开发用地保护国家优先物种；提高公众对生物多样性的认识；积极发挥联邦保护区的示范效应、树立典范。

第二阶段（2024—2027 年）措施包括：对有特别价值的生物多样性地区进行约束性保护；拟定特定部门的法律文书以避免特定物种基因遗传断代；建立遗传资源库和濒危物种优先保护资源库；加强瑞士生物多样性研究；加强涉及生物多样性主题的普通教育和职业教育；实施特定部门研究提升计划（在继续教育和咨询中广泛开展生物多样性专题研究）；严厉打击动植物非法贸易；进一步优化和升级联邦生物多样性信息管理系统。

在第二阶段中，将对瑞士生物多样性战略及其执行情况进行全面评估。具体而言，联邦计划在 2026 年，对 BAP 两个阶段的实施情况进行总体评价；2027 年以后，将继续执行评估通过的 BAP 各项政策措施。事实上，2026 年评估将有效检验各州所做工作的实际结果以及联邦的财政支持计划的有效性，这也将作为 2027 年后继续执行 BAP 的决策依据。BAP 提出，在 2027 年后继续推进保护和促进生物多样性的工作，仍将是为了瑞士人口利益和社会经济发展而开展的一项极其重要的任务。

（三）环境保护实践

1. 水的保护

瑞士湖泊和河流中的水清澈见底，纯净无瑕。

瑞士国土面积仅占欧洲面积的0.4%左右，但集中了欧洲约6%的淡水资源。瑞士的淡水资源相对是比较丰富的，其国土面积的约4%被河流湖泊覆盖。瑞士具有优质的地下水——近80%的饮水和用水都采自地下水，约40%的地下水源可以完全不需任何处理就可以直接饮用。

然而，瑞士水源也曾遭到大面积人为污染和破坏。20世纪60年代，污水处理设施只覆盖瑞士15%人口，大多数污水都直接排入了自然水域，甚至其中还包括有毒的工业用水。由于湖水受到污染已不适合人们游泳，当时很多湖边都竖着“游泳后果自负”的警示牌，如果游泳时不小心呛了湖水，甚至有引发腹泻的可能。

一次突发的公共卫生事件，促使瑞士联邦政府开始重视水源污染防治。1963年，采尔马特小镇爆发一场由于水源污染导致的伤寒病，造成3人死亡、450人患病。联邦和各州着手资助各地修建污水处理系统。20世纪60年代以后，瑞士民众的环保意识日益增强，成为推动水源保护的一股重要力量。1967年，瑞士民众发起“保护水源 反对污染”的全民公投动议，引发了社会强烈反响。这一动议也直接促使联邦政府于1971年将污水处理写入了联邦法律。

水源污染防治汇聚了瑞士几代人的共同期望，是一个超级工程。而联邦政府和各州政府在防治水源污染方面也下了很大决心，投入大笔资金。瑞士媒体报道，整个基础建设（包括污水清洁、扩建管道、铺设地下水处理站等）共耗资500亿瑞郎。其中，联邦出资53亿瑞郎。事实证明，瑞士在应对水源污染防治方面的效果是明显的。截至2005年，瑞士的污水处理范围已覆盖97%的人口，下水道管道网长达13万千米，与800个污水处理站相连。

近年来，一些区域性的污水处理厂相继建立，以期通过技术革新进一步提高污水治理的能力。例如：成立于1935年的伯尔尼ARA污水处理厂，经过1967年扩建以后，已具备较强能力和较大范围处理污水的能力，可以处理和净化周边13个地区28万个家庭及企业排放的污水，相当于每天处理9000万升污水。ARA污水处理厂不仅可以清洁地下水，还能从污泥中提取沼气，并将其注入伯尔尼州各地的天然气网，为伯尔尼市内公共交通设施提供能源。近年来，ARA致力于更加绿色、更具环保价值的微尘污染水源处理。该厂斥资2300万瑞郎，于2022年完成四级污水处理升级工程①。传统的污水处理由三部分组成，

---

① 参见ARA污水处理厂官网。

包括了机械处理、生物处理和过滤处理。而四级处理则是在生物处理之后、在沉淀过滤之前去除污水中的微污染物，这是一道更加精细的防污工序。图 5.14 和图 5.15 分别展示的是摄于 20 世纪 70 年代和 2021 年的伯尔尼 ARA 污水处理厂俯瞰图。

图 5.14　摄于 20 世纪 70 年代的伯尔尼 ARA 污水处理厂俯瞰图

（来源：ARA 污水处理厂官网）

图 5.15　摄于 2021 年的伯尔尼 ARA 污水处理厂俯瞰图

（来源：ARA 污水处理厂官网）

尽管成功治理了污水，但瑞士人非常清楚依然有新的挑战，这些挑战来自非传统领域的污染。例如：药物残余物、农药等对动植物生长发育影响很大，现有的污水处理装置无法过滤这些微观有害物质。近年来，联邦政府日益重视这一新的问题，联邦层面将发起一个总共耗资 10 亿瑞郎的国家项目，用以扩建现有几个大型污水处理站。预计到 2040 年，这些大型污水处理站的核心装置将具备深度清除污水中的微观有毒物质的能力。

2. 空气保护

瑞士拥有极佳的空气质量。据瑞士媒体 Le News 报道，在世界卫生组织公布的 2020 年全球空气质量排名中，瑞士空气质量居全球第 18 位，瑞士人均空气污染物排放量远低于西欧其他人口密度与其相当的国家。如果考虑工业化发达程度的因素，瑞士空气质量在全球的排名可跻身前十。图 5.16 展示的是成立于 2016 年的瑞士企业 Swissbreeze 出售的瑞士阿尔卑斯山区的空气。

图 5.16　瑞士企业 Swissbreeze 出售的瑞士阿尔卑斯山区的空气

（来源：Trade India 交易平台）

事实上，瑞士在快速发展工业的同时，还能继续保持优质的空气，其根本原因在于联邦采取了有力的保护措施。自 20 世纪 80 年代以来，联邦采取了更加严格的管控措施，各州和各市镇也都相应采取了空气质量保护政策。这些政策基于 1986 年生效的《空气保护规定》而施行。该规定以联邦《环境保护法》为依据，制订了针对交通、农业和工业的一揽子措施，以减少空气污染物的排放量。这些政策的实施，有力地减少了大规模气体污染事件的发生，在改善空气质量方面取得了明显进展。据统计，从 1990 年开始，瑞士多种空气污染物排放量显著减少，其中：二氧化硫（SO_2）减少了 80%；颗粒物（PM10）减少了 40%；氮氧化合物（NOx）减少了 50%；挥发性有机化合物（VOC）减少了 70%。为持续不断地监测并分析空气质量，瑞士还在全国范围内设立了 16 个观测站，它们共同组成了“联邦空气污染物观察网”。

瑞士还积极加入国际社会抵抗全球气候变暖的倡议。2012 年 11 月 30 日，联邦政府发布一则温室气体排放的新法令——《二氧化碳排放法》。法令规定，到 2020 年瑞士温室气体的排放量要比 1990 年减少至少 20%。

3. 森林保护

1）森林保护的初衷

与山脉一样，瑞士秋天五颜六色的森林和冬天被雪覆盖的松树林，是瑞士景观的重要组成部分。瑞士森林覆盖了联邦三分之一以上的面积，且每年都在增长。瑞士森林法规定，林地必须在区域范围内得到充分保护。瑞士的主要树种是松树。图 5.17 展示的是瑞士阿尔卑斯山区的森林。

图 5.17　瑞士阿尔卑斯山区的森林

（来源：瑞士之家官网）

瑞士人认为，森林主要有四大功能——提供免受自然灾害的保护功能、原材料供应功能、作为动物栖息地功能和作为人们享受的娱乐区功能。森林可以保护村庄和道路免受雪崩、泥石流和落石的影响，而联邦 50%的林区具有这种保护功能。

瑞士的软木需求量很大，占伐木量的三分之二，由于本地木材相对柔韧，便于随时供应和使用，因而被大量用于建筑和能源生产。瑞士森林提供了高质量建筑材料。

瑞士森林法确保林地在不使用化肥或种植园的情况下可再生，这使得联邦的森林成为了许多动植物的重要自然栖息地。瑞士超过三分之一的物种生活在瑞士的林地。

森林是娱乐休闲的好去处。对今天的许多人来说，在森林徒步旅行、骑自行车、骑马、慢跑或采摘蘑菇都很相宜。

2）森林保护的历史

瑞士拥有比较悠久的利用本土木材建造房屋的历史。即便是现在，瑞士“小木屋”也是瑞士村落常见的一道风景。施维茨州（Schwyz）的“伯利恒之家”（Bethlehem House）被认为是欧洲最古老的木屋（timber house）（图 5.18）。它建于 1287 年，比联邦建立的 1291 年还早三年。有关资料显示，当时用来建造它的木材正是来自它周围的森林。

图 5.18　位于施维茨州的“伯利恒之家”木屋

（来源：瑞士之家官网）

19 世纪末期以前，瑞士曾经历了大规模森林砍伐。后来，联邦政府逐渐认识到森林的重要作用。1876 年，联邦出台《森林督查法》，以法律形式规定了与森林有关的事务，从而防止了瑞士森林面积进一步萎缩。随着联邦和各州负责监督森林的保护行为，瑞士森林面积在 20 世纪稳步扩大。根据联合国粮食及农业组织的数据，1990 年以后的近 20 年瑞士森林覆盖率增长 7.7%。

3）森林保护的现状

Mongabay 官网数据显示，目前瑞士森林覆盖率为 31%左右，联邦森林总面积的 28%为私人财产，其余为公共财产。和部分国家比较起来，瑞士森林覆盖率不算高，主要原因在于瑞士有近 2/3 的地带是丘陵，很多地区是长年雪山冰峰。但令人羡慕的是，联邦境内处处皆是风景。

在过去的一个半世纪里，瑞士森林覆盖率有所提高。时至今日，覆盖率仍在继续提高，特别是在阿尔卑斯山地带的山区，那里的废弃农田正在重建为天然森林。瑞士大约 2.5%的森林被划为联邦保护区而受到特别保护。即便一些森林为当地私人所有，但联邦立法赋予每个公民都拥有自由进入森林的权利。

联邦森林法将砍伐面积限制在最大 1 万平方米。而在瑞士阿尔卑斯山区，森林砍伐的限制面积要小得多，这有助于在过度陡峭的斜坡上稳定土壤。而管理这些陡峭地区的主要目标是保护森林。

4）促进森林保护的可持续性

木材是一种可再生、可持续的资源。使用本地木材可减少运输和所涉及的成本。木材工具有碳中和的性质。如果其他用于建筑和生产能源的常规材料被木材取代，瑞士可将其年度二氧化碳排放量减少200万吨～300万吨。瑞士木材行业雇佣了8.2万多名员工，生产高质量的木材成品和半成品。此外，还有与森林开发利用的其他相关领域的诸多工作岗位。

瑞士木材不仅仅是用于建筑和艺术品，它还用于制作实用的日常物品，如铅笔等。闻名世界的瑞士文具公司CARAN D'ACHE就使用不同地区典型的木材，如来自格劳宾登的瑞士松树、汝拉的山毛榉和阿尔卑斯山的松树，为其生产的书写工具增添了个性化的本土风格。

近年来，瑞士政府积极鼓励社会使用本地树木作为生活和生产木材来源。2014年，弗里堡州成为第一个以法律形式倡导和支持在本地公共建筑中使用木材的州。在弗里堡州的小镇上，许多学校建筑由当地的松木和山毛榉木材建造。

2016年，施维茨州的戈尔道（Goldau）自然保护区和野生动物园建造了一座颇具创意的木塔（图5.19）。该塔高9层，由来自戈尔道地区的木材建

图5.19　戈尔道自然保护区和野生动物园内的创意木塔

（来源：瑞士之家官网，由Prix Lignum提供）

造，主要是冷杉，共计 350 立方米。木塔的建造一方面加强了区域创新价值，另一方面也有助于宣传森林保护。该塔希望传递的理念是“30 米高的木材空间是人和动物共存的地方”——鸟类可以在外墙找到生存空间，甚至鹳可在塔顶上筑巢，松鼠也能爬上塔。该塔独特的设计和其传递的绿色理念使其获得了“瑞士木材作品特别奖”。该奖项每三年颁发一次，以表彰瑞士最具创新性的木材作品。

2017 年，联邦环境办公室与瑞士林业和木材协会共同发起了“WOODVETIA 运动”。该活动的最大亮点是，以瑞士著名公众人物为原型，用不同类型的瑞士本土木材雕刻 20 座真人大小的雕像，以促进瑞士社会对本土木材的认可，提高公众环保意识，鼓励民众购买更多由瑞士本土木材制成的产品。如图 5.20 所示。

图 5.20　“WOODVETIA 运动”木雕作品现场展示

（来源：UNECE 官网）

近年来，瑞士林业当局还大力宣传用于制作圣诞树的本土冷杉，以促进瑞士林业的可持续发展。瑞士每年砍伐大约 15 万棵本土冷杉以制作圣诞树，共计价值约 500 万瑞郎。

4. 生物多样性保护

得益于丰富多变的自然景观和各地迥然不同的气候，瑞士具有丰富的生物多样性，拥有大约 5 万种植物、真菌和动物种类。其中，有近 3700 种位列“濒危或灭绝物种红名单”。瑞士物种最丰富的地方，集中在阿尔卑斯山区和森林地带[①]。

瑞士是全球首批投身于监测物种多样性的国家之一。联邦政府高度重视保护这笔得天独厚的物种财富，委托专业人员定期调查记录全国各地动植物的现状。2012 年，联邦政府还制订了一份旨在保护并促进生物多样性的战略，明确了瑞士到 2020 年在保护生物多样性领域的具体目标。作为联合国 1992 年《生物多样性公约》的签署国之一，联邦政府的目标就是扭转动植物和其他生物的多样性日益减少的趋势。2012 年 3 月 2 日，瑞士联邦政府颁布了全球第一个《适应环境变化战略》。2013 年底，瑞士的第二个相关战略应运而生，更加细化了政府将为此采取的具体应对措施。

瑞士联邦环境办公室（Federal Office for the Environment，FOEN）通过生物多样性现状监测项目来追踪本国的生物多样性。2009 年，FOEN 发布了第二份瑞士生物多样性现状报告，报告说明了通过 8 年来的监测所取得的成果，以及今后生物多样性保护的侧重点。

得益于适宜的气候条件、肥沃的土壤和密集型农耕方式，瑞士的景观和物种的多样性在过去 50 年，发生了很大变化。瑞士农业产量一直居世界前列。在中部高原，土壤养分水平相对较高，但耕地和草地的物种多样性较低。由于单一植物的大量栽种增强了草场和牧场经营的集约程度，不利于保持物种的多样性，因此联邦政府通过推动生态补偿机制、有机农耕及农作物和牲畜基因工程等方式，对这种农耕进行了干预。

瑞士草地和牧场有着特别丰富的物种，但对于某些种群（如蜗牛等软体动物和苔藓）而言，在森林中比在草地和牧场中有更高的多样性。目前，亚高山地区森林的物种非常丰富。为保持森林物种多样性，既需要经过间伐后的疏林，也需要能够进行自然演替的大面积天然未利用林地。

瑞士生物多样性现状监测数据显示，瑞士的居民定居点与自然环境不是对立的。有些维管植物、鸟类和苔藓更喜欢生活在居民定居点这样的环境中。另外，定居点还经常有许多非本土植物（外来物种）。实施生物多样性现状监测项目后，瑞士当局加深了对苔藓、软体动物和蝴蝶分布情况的了解。在瑞士，濒危物种中除了 4 种鸟类已灭绝，其他还存活着。此外，一些稀有生态环境的保护和发展也是瑞士人关注的重点，特别是泥炭地和一些较干燥环境。[②]

---

① Swiss Federal Council. Environment Switzerland 2018 [R]. Bern: The Federal Authorities of the Swiss Confederation, 2018.

② 陈洁 . 瑞士生物多样性现状 [J]. 世界林业动态，2009 (34): 3.

因为有严格的动物保护法律，加上瑞士人从小就受到了保护动物的教育，所以瑞士人几乎对所有的动物都表现出了非凡的友爱，他们认为动物和人一样，具有生存的权利，理应得到保护。当然，这里并不是指瑞士人不吃猪、牛、鸡等牲畜类的肉食。瑞士人认为养殖食用类的牲畜与保护动物的价值立场并不冲突。瑞士人把肉食的种类限定在一定范围之内，且尽量减少待食用动物的宰杀疼痛。近年来，瑞士食品协会更多地提出人造肉或者以昆虫代替肉食蛋白的倡议，既有出于保护动物的考量，也有减少碳排放的环保考量。

本书前面的章节中提到过一些事例，如：金鱼应该在有足够氧气的池塘生存，烹饪虾蟹时应尽可能避免它们感受到长时间的疼痛，运输猪、马等牲畜要有足够空间，等等。不仅如此，瑞士人对待狗、猫等宠物也是给予很多宽容和爱护。例如：宠物狗不仅可以进入餐厅，还可以乘坐公交车，甚至还能和主人一起乘坐火车。当然，宠物狗享受这些权利的前提是，狗主人要自觉地让狗在领养时接受当地社区 2 周左右的专门培训。据统计，瑞士有宠物猫 400 多万只，平均每个家庭会养 1 只猫。

瑞士湖泊众多，鱼类繁多，但在瑞士钓鱼却有严格的限制，钓鱼者须参加钓鱼考试拿到“钓鱼证”才能在限定数量范围内钓鱼——绝不能超过当地限定的数量，否则会受到行政处罚。瑞士的河流湖泊为许多生物创造了栖息地。笔者在瑞士阿勒河岸和很多湖区经常看到天鹅在水边休憩，野鸭从水面划过，仙鹤在芦苇中穿梭，甚至有一次在不太有光线的傍晚看到一个黑影从水中爬到阿勒河岸的草丛中去——当地人说那是生活在河里的“水獭”。

在 Guemligen 社区，笔者多次在夜间散步时偶遇在路边捡拾果子的刺猬。它们吃完果子，就“利索”地钻到某个庭院的枯叶堆里去了——也许枯叶下的某个地洞中有它们的家。有一次，笔者把发现刺猬的惊喜，告诉了一位同样发现了刺猬的老太太。她很平静地微笑着，指着这个胖嘟嘟的刺猬说：“它们在秋天要拼命吃果子，好让身体长胖，以迎接伯尔尼寒冷的冬天。”

后来，笔者在伯尔尼郊区散步的时候，发现街头立起了很多呼吁行驶车辆要避让刺猬的公益广告（图 5.21）。原来这是“瑞士刺猬保护协会”发起的宣传，该协会建立了专门的刺猬保护网站，里面还提供了保护刺猬的若干技巧，以及救济受伤刺猬的志愿者的联系方式。事实上，“瑞士刺猬保护协会”[①] 只是瑞士千万个动物保护协会中的一个。

① 关于这个协会的更多信息可浏览 Pro Igel 官网。

图 5.21　伯尔尼城内呼吁车辆避让刺猬的公益宣传海报

（来源：笔者摄）

5. 空间保护

瑞士全国大约 3/4 的人口居住在城镇中，4/5 的就业岗位集中在城镇地区，而城镇地区仅占国土总面积的 1/4。在空间发展方面，瑞士的一个重要目标就是提高既有建成区内部密度，以保护农业用地和其他未曾开发建设的土地。为达到这一目标，联邦各州和各市镇开展合作，共同制订了一份全国城镇发展规划。

6. 垃圾回收

1）背景

废品的产生，反映了社会的消费模式。瑞士是世界上人均城市固体废物量最高的国家之一。随着经济的增长，瑞士产生的垃圾数量也在增加。1970 年之后，废品产量翻了一番多，从 1970 年每人 309 千克增加到 2016 年每人 715 千克。由于废品愈来愈多，也带来很多社会问题。20 世纪 80 年代以前，垃圾回收和处理在瑞士还没有形成法律制度。在很多地方，由于垃圾倾倒，导致水体污染和空气质量的恶化。确保以无害环境的方式处理废物，是工业化国家长治久安、走可持续发展道路的必要条件之一。

作为一个原材料稀缺的国家，瑞士的原材料是昂贵的。废物其实也是一种资源。各种材料的回收，对瑞士经济社会的快速发展极其重要。例如，从焚化炉的残留物中回收铝、铜和锌等金属材料，对瑞士工业发展的意义重大。通过有效的拆解，废旧电器及电子设备的可回收部分也能有相应的回收渠道。从20世纪80年代中期开始，瑞士就试图为废物管理带来创新的解决方案，大力推行“循环经济”的各项举措。图5.22展示的是瑞士废物回收宣传画。

图5.22　瑞士废物回收宣传画

（来源：瑞士回收协会官网）

2）成效

近四十年来，随着瑞士不断加大废品回收、循环利用和妥善处理的力度，瑞士已成为全球“废品回收冠军”。瑞士联邦委员会官网数据显示，2019年瑞士全国产生的废品中，94％的玻璃瓶、86％的铝罐、83％的PET塑料瓶和67％的废电池都得到了回收。在可回收再利用废品中，一半以上是废旧纸张，每年人均回收148千克废纸；每年产生的170万吨有机废物中，有一半被降解和发酵并作为了堆肥；12.3万吨电气、电子设备和5.4万吨衣服和鞋子被回收。城镇垃圾中，52％被回收，48％被焚烧转化为能源，没有城镇垃圾被填埋处理。尽管瑞士消费水平高于世界平均水平，但由于其高效的废物收集、分离和回收系统，瑞士也被认为是全球循环利用的典范。

3）实践

在推进废品回收方面，联邦政府下了很大决心。

首先，联邦政府大力构建相关法律体系以保障措施实施到位。基于“预防原则”和“污染者付费原则”，联邦政府制定了一项全国废品处理战略，并在修订后的《环境保护法》和《废物技术条例》中进一步制定了全面处理废物的相关法规。根据法规，废物必须经过处理后回收，或以不破坏环境的方式集中到指定垃圾填埋场并要尽快处理废弃物避免对场地的污染。2000 年，联邦政府颁布的《饮料瓶条例》(Beverage Container Ordinance) 规定，玻璃、聚酯及铝制成的饮料瓶的回收水平必须至少达到 75%。如未能达到这一目标，联邦当局将向经销商、制造商和进口商收取有关保证金。同时，联邦政府还出台一项禁止填埋可燃废物的规定，使瑞士在废物处理方面达到一个新的里程碑。为达到无污染的最终目标，联邦规定所有可燃不可回收的废物必须焚化。到 2002 年底，这一目标已达到 97%。近年来，联邦政府还出台法律，从生物废料和建筑废料中回收重要资源①。

其次，联邦政府在协同多元治理主体方面发挥了主导作用。废品回收被认为是一种高度专业化的行为，循环利用的工业流程高度依赖科技进步和技术创新，需要在联邦层面推进综合性举措，包括材料或产品从产生直到回收和循环利用阶段的整个生命周期。在这一过程中，政府与民众以及民间组织、工业界和教育界等各个方面展开广泛合作，使得公共和私人利益相关者都参与到联邦废物管理系统。而这个系统正是联邦全面资源管理和可持续发展政策的重要组成部分。现在，联邦和各州废物处理管理部门已广泛采用了废品回收的“循环模式”。此外，联邦环境办公室与促进循环经济协会合作开展“废品生命周期评估”，这是环保政策实践过程中一项必不可少的工具，它评估与循环经济相关的措施与其潜在环境影响的相关性，关注某种商品或服务在其整个生命周期中可能对环境产生的影响。评估不仅有利于环境保护，也有利于促进经济发展。在联邦政府的主导下，瑞士逐步建立起功能强大的垃圾处理基础设施体系，联邦政府还通过公益广告等手段，积极鼓励人们尽可能多地回收利用垃圾，促进各种废品妥善回收和处理。

最后，联邦政府对废品回收处理的资金投入力度非常大。联邦政府认为，从长远来看，一项有效的资源管理政策必须拥有包括经济奖励在内的措施，以便在生产的源头和设计阶段就采取行动确定生产阶段物资流动的方向。瑞士联邦政府官网数据显示，每年瑞士全国 GDP 的约 1.8%被用于环境保护，而其中开支最大的就是废品和废水处理。

废品回收是瑞士处理垃圾的普遍做法。但事实上，处理废品的方法有很多。可以对使用过的产品直接再利用，也可以对原材料和次生材料进行回收，还可以进行热回收——生活垃圾被送往焚烧厂，在那里被转化为能源。如果材料回收或热处理在技术上或经济上都不是可行的选择，则废品在填埋前首先要进行

---

① Chardonnens D，Newlands M，Dyer T，Waste and Resource Strategies in Switzerland [J]．Sustainable Waste Management，2003 (1)：125-134.

预处理。纸张、玻璃和有机物是城市固体垃圾的最大来源，有一半可以被收集和回收。瑞士有广泛的收集纸张、纸板、玻璃、PET 瓶、锡和铝罐的系统。

在瑞士，扔垃圾是一件非常讲究的事。例如：废纸不能随便扔掉，而应积攒起来定期回收。对于初来乍到的外国人，很难做到"精确地"分类处理垃圾。也许，你认为自己已将垃圾"分类处理"了，但具有"敏锐眼光"的邻居也许会提醒你：你的垃圾袋里有一个看似塑料包装的东西，其实它是纸，应单独回收而不是被当作塑料垃圾扔掉。

以笔者居住的 Guemligen 小镇为例，每年年末，社区会将第二年不同垃圾回收的具体日期制成一张 A3 纸张大小的日历表，投放到各家邮箱。日历上清楚地标记了每个月每种垃圾回收的计划安排以及当地特殊垃圾回收站的地图，如：哪里回收家具，哪里回收电池，哪里回收建筑材料，等等。当地社区回收垃圾的频率是：生活垃圾每周 2 次，废纸每 2 周 1 次；金属每 3 周 1 次；玻璃每 3 周 1 次。特殊垃圾由个人送往指定的垃圾处理站进行专门回收利用或集中处理，主要包括：旧冰箱、光碟、木制品、废油、医疗废品、化工产品、服装和鞋子等。图 5.23 是瑞士民众集中摆放在社区街头等待当局回收的废弃纸张。

图 5.23　瑞士民众将废弃纸张集中摆放在社区街头等待当局回收

（来源：瑞士留学网）

4）协会

在瑞士，除了政府部门在废品回收处理方面发挥了重要作用之外，民间协会也是一支不可忽视的力量。下面，笔者以比较有代表性的"瑞士回收协会"为例，分析它的工作理念、主要职责以及发挥的作用。

"瑞士回收协会"（Swiss Recycle）作为一个独立的非营利民间组织，旨在保障联邦废品回收领域所有组织的利益。它促进其组织成员之间的经验交流，并支持实现其成员或合作伙伴之间的协同合作。协会通过沟通和宣传，提高民众对废品回收的认识。例如：让公众认识到废品回收可以节省资源、节约能源、减少温室气体排放、创造次生原材料等。协会成员承诺实施瑞士废品回收相关规定中所定义的标准，包括废品种类、回收资金透明度、回收的流程优化和可持续发展等方面。协会运行资金来自其成员的年度捐款、项目收益以及服务收入。协会与联邦政府和各州进行广泛的非正式合作，但不接受任何公共资金。①

目前，瑞士回收协会已与 50 余家民间组织签署了一项协议，旨在到 2030 年，在全瑞士范围内，为塑料包装和饮料纸盒建立一套成本效益高且对消费者友好的统一回收管理体系。签署方承诺，会遵循循环利用原则，尽快实现联邦塑料包装和饮料纸盒的循环回收体系改革。瑞士回收协会与提供可持续发展评估服务的公司 REDILO GmbH 合作，将制造商、回收方、零售商和消费者联系到一起，对废弃物进行精准地分类和收集。研究显示，清晰的政策和便利的配套设施，是促使消费者保持回收的关键。对于消费者而言，这项改革意味着一个全国统一的回收体系正在瑞士联邦全面建立起来。目前，消费者对于废弃物的押金回收体系逐渐达成共识。在接下来的几年时间里，瑞士人将在全国范围内退回使用后的塑料包装和饮料纸盒，而这些包装将被回收利用。② 2014 年，瑞士回收协会在宣传片中说："我们的未来始于今天。"2022 年 3 月 18 日，为庆祝瑞士"回收日"，瑞士回收协会与"清洁世界"社区合作，为瑞士当地小学组织了一场"回收艺术比赛"。每次比赛将选出一个获胜班级（图 5.24）。

图 5.24　2022 年"回收艺术比赛"获胜班级合影

（来源：瑞士回收协会官网）

在瑞士，还有很多类似的民间协会从事环保工作。

---

① 参见瑞士回收协会官网。

② 参见瑞士回收协会官网。

7. “有机”至上

1）有机食品

瑞士有机产品人均消费的水平很高，国内有机食品的市场占有率约 6.3%，也高于很多欧洲其他国家。

笔者的瑞士邻居告诉笔者，他们全家从不吃德国的鸡。后来，笔者发现很多瑞士人只吃瑞士本地产的肉类和鱼类，主要原因是，他们认为德国养殖的鸡是“工业化产品”，不够绿色健康。他们宁愿花高于德国食品 2～3 倍的价格吃“瑞士产品”。在他们看来，瑞士产品更加“有机”健康。

事实上，瑞士有不少家庭是“有机（BIO）”迷。他们认为，有机产品虽然价格昂贵，但是安全标准高，没有农药残留。为了健康，他们选择吃有机产品。尽管瑞士的有机产品普遍较贵，平均是普通菜品的 2～3 倍，但瑞士人仍然坚持购买，如果资金有限，他们会控制购买有机产品的数量来减少开支，这也是瑞士人“重质不重量”的又一个生动体现。

在瑞士，有机生活并不只是个人的事，整个国家都在积极推广有机生活理念。瑞士人消费有机产品，还在于他们倡导环保的理念，他们认为这样的消费行为，本身也是保护地球的一种行动实践。近年来，瑞士有机食品的销量一直保持上涨的趋势。瑞士人相信，如果每个人都以“BIO”的方式消费和生活，那么有机产品也不会那么贵了。在超市中，绿色醒目的“BIO”标志在菜品货架上频繁出现，有机食品也经常打折促销，广告宣传的力度也很大。瑞士两大超市 Coop 和 Migros 经常给小朋友们派发小册子，以生动有趣的图文让孩子们了解有机产品及其产业链。

以笔者所居住的伯尔尼城区为例，每逢周六，周边地区的农民就会到伯尔尼老城的露天有机市场售卖当地的当季有机蔬菜。比起超市的有机蔬菜，这些直接来自田地里的蔬菜更新鲜，价格也公道。

2）有机产品

瑞士人一般只购买瑞士或西欧国家制造的产品。瑞士人对“有机”的鉴定标准远高于其他欧洲国家。拥有百年历史的瑞士休闲运动品牌“猛犸象”（MAMMUT）就倡导绿色发展理念，坚持“有机”生产流程，推出高质量的绿色产品。

在世界自然基金会（WWF）最新公布的 2017 环境保护与创新报告中，MAMMUT 因其在环保方面的贡献，被评定为服装与纺织品行业的领导品牌之一。WWF 在报告中写到，作为瑞士传统的中型企业，MAMMUT 始终致力于减少环境足迹。在与环境管理相关的 11 项评比中，MAMMUT 在供应链、原材料、生产过程中的有害物质防护和用水、消费者和产品责任、股东管理、传送和运输等 6 项评比中居于前列。

MAMMUT 秉承这样一种理念，即从设计到制造的过程中，注重对环境保护的服装会更受欢迎。“绿色”的环保服装应包括三个方面内容：一是生产生态学，即生产上的环保；二是用户生态学，即使用者层面的环保，不会对用户带来任何毒害；三是处理生态学，即织物或服装使用后的处理层面的环保。对MAMMUT 公司来说，环境保护是一个需要持续负责的过程，需要沿着这条路不断前行。

在企业发展战略上，MAMMUT 实施“WE CARE 战略”。该战略旨在生产“可持续”的产品，其目标是通过不断增加更具环保性的原材料和组件的比例，如使用不含任何化肥和农药的有机棉或再生织物，来确保清洁生产，减少公司的环境足迹。

除了 WWF 呼吁的清洁生产和减少环境足迹，MAMMUT 还开始将“道德生产”和“动物福利”作为额外的重要环保举措。此外，通过对衣物进行回收，MAMMUT 也在帮助消费者进行更具“可持续性”的选择，让其参与其中。回收再利用更深层的意义在于：不再产生越来越多的垃圾，而是将已使用过的产品重新回收并且利用（如塑料水瓶），赋予旧物新的生命。

MAMMUT 开发了可以满足消费者对质量、性能、功能性和耐久性有高要求的再生材料。因此，在一些产品的生产过程中，MAMMUT 选择使用再生材料进行织物制作，来代替使用新的原材料。

为最大程度减少对环境造成的负担，MAMMUT 还致力于另一种经营策略：提供维修服务，以延长一件衣物的使用寿命。MAMMUT 官网这样写道：“确保我们的产品能在很长一段时间内继续使用，并尽可能晚地到达使用寿命的终点。即使在某一时间，产品迎来了它使用寿命的终点，我们也将尽可能保证将有价值的原材料进行回收利用。”

3）有机农业

1940 年，有机农业的概念就已经开始在瑞士农户们之间推广。1973 年，国际有机运动联盟成立后，有机农业研究所（FiBL）在瑞士成立，成为全球针对有机农业技术发展和推广的重要机构。

1992 年，瑞士联邦政府农业局针对农业发展存在的政府支出增长过快、国内农产品市场占有率下降、农业环境和生物多样性遭到破坏、加入 WTO 等问题，颁布了第七个农业发展报告，决定对农业进行重大改革。政府制定了四项改革目标，即增强瑞士农业的市场竞争力、放开农产品市场、建立更有效的生产结构、促进农业可持续发展。瑞士政府在制定政策和规划时，首先考虑的是环境问题，通过农业改革，增加生态农业的补贴数量，不仅提高了农产品的自给率，而且促进了环境的改善。国民的环境意识逐渐增强，发展生态农业已成为当地农民的自觉行动。

瑞士联邦非常注重借助技术进步来推动有机农业的发展。因 FiBL 总部在瑞士，联邦认证机构便利用这种便利条件对农户进行技术培训。瑞士的有机农场内各种机械设备十分齐全，这为发展生态农业创造了良好的条件。作物轮作、生物防治、草药防治、微滴灌溉等多种有机农业生产技术得到大面积推广。瑞士在发展生态农业方面实现了基础研究、实用技术创新、科技推广、配套支持的良性循环。2014 年瑞士农业局数据显示，瑞士有机农业产值达 152 亿欧元。瑞士的农业发展在欧洲国家中排名靠前，在欧洲有机认证面积排名中排行前 6 位，共计 1260 平方千米，约占瑞士全国农业耕种面积的 12.2%。瑞士 78%的有机认证面积为牧场，17.4%的认证面积为农业耕种，1%为果树种植。

为了让农业的生产方式更加环保、绿色，瑞士的经验是给予生态农业大量政府补贴，联邦政府展开了有针对性的农民再培训工作，希望农民在种植时少使用化学肥料，在喂养牲畜时少使用非天然饲料。

为促使禽类产品真正做到“有机”，联邦政府于 1992 年正式宣布取消笼架式养鸡场，鼓励农民开办有机养鸡场。1998 年，联邦政府进一步全面禁止在家畜饲料中添加抗生素和激素类药物，以使家畜按照发育规律进行自然生长。

前些年，有民众提议让政府承担更多责任，全链条监管食品生产和加工过程，该提议最终进入全民公投环节。2018 年 9 月，瑞士围绕上述议题进行全民公投，最终 31.6%赞成，68.4%反对，提案未获通过。大部分公众认为，让政府全链条监管食品生产和加工过程在实际操作上难度很大，不切合实际。可见瑞士人在看待社会公共问题方面具有比较成熟的政治理性。

三、瑞士湖区开发与保护

瑞士地理的核心是山水。作为西欧第一大河流莱茵河的发源地，瑞士还是欧洲另外两个重要运输河流——罗纳河和因河的发源地。

瑞士最动人的风景在湖，有近 1500 个湖泊。一些美丽的小众湖泊，更是深藏在人迹罕至的高山深处。瑞士的大城小镇大多伴湖而兴，湖泊是瑞士人繁衍生息的福地。有人形容瑞士的湖水色调如翡翠，湖岸风情像童话。

瑞士湖区之美，美在自然纯净，美在精心呵护，也美在科学可持续开发。

下面将讨论瑞士三个代表性湖区，分析瑞士湖区开发与保护的智慧与经验。

（一）案例一：布里恩茨湖区木雕产业

布里恩茨湖（Brienzersee）是阿勒河沿线的第一个湖泊（图 5.25），下游紧邻图恩湖。布里恩茨湖长 14 千米，宽 2.8 千米，深 261 米。布里恩茨湖水是瑞士最洁净的水之一，晶莹剔透，如翡翠一般。湖边森林众多，山崖陡峭，瀑布雄浑。湖岸颇为陡峭，整个湖几乎没有浅水区域。湖的南岸有著名的 Giessbach 瀑布和 Iseltwald 岛。在湖边徒步是惬意的，湖面开阔，湖水静谧。湖边零星分布着花园和小木屋，湖的两岸是巍峨的山脉，远处是郁郁葱葱的树木。

图 5.25　瑞士布里恩茨湖区

（来源：因特拉肯官网）

布里恩茨湖得名于东北侧的布里恩茨（Brienz）小镇。小镇在木材加工方面有着悠久的历史，是瑞士的木雕中心。近 200 年前，布里恩茨小镇的木雕产业开始兴起，历久不衰。

早在 1830 年，伯尔尼州不断增长的旅游业、廉价劳动力和布里恩茨小镇当地的手工艺有机结合起来，使布里恩茨作为一个商业地点越来越有吸引力。今天，布里恩茨小镇依然林立着许多木雕门店（小作坊），并拥有瑞士唯一的木雕学校。木雕学校录取条件十分苛刻，每年仅从 200 个报考学生中录取 8 名。在经过 4 年的专业训练之后，毕业生在木雕工艺上都有相当高的水准。在众多木雕门店（小作坊）中，比较著名的是 Jobin 木雕公司。Jobin 木雕公司是一个家族企业，至今已经传到了第五代家族成员手中，是瑞士传统手工业坚守民间艺术、不断创新的企业发展模式代表。

1835 年，Jobin 木雕公司在布里恩茨成立，作为一家木雕手工艺品生产和销售的公司，仅五年后，公司就开始扩建，并建造起一座新的住宅和商业建筑。甚至在木雕技术变革之前，公司就取得了国际成功。企业在巴黎世界博览会和伦敦世界展览会获得奖项后，公司生产的木雕产品开始销售到欧洲各地，海外出口渠道不断开放。

进入20世纪，由于受到两次世界大战的冲击，欧洲经济陷入低迷，布里恩茨木雕业在欧洲市场失去了昔日繁荣的地位，开始发展另一项与木雕产业有关的产品——音乐盒。音乐盒的制作技术最早由日内瓦工匠 Antoine Favre 于1796年左右发明。200多年后，这项技术仍在布里恩茨被运用。音乐盒靠振动钢板发声，它由1000多个组件组成。单个音乐盒的制作一直在不断发展和改进。通过使用传统和现代材料，音乐盒的生产和制作工艺不断改进，它的音质和音量也在不断完善。20世纪50年代后，Jobin 木雕公司进行现代化生产和销售业务的转型。特别是近几十年来，公司专注于将音乐盒打造为自身的核心业务。今天，布里恩茨小镇制作的音乐盒体现了这个产品的最新技术，保证了木质雕刻与精密力学和金属工艺的完美结合，具有卓越的声学和美学审美标准。由于早期在出口和打造音乐盒品牌方面的努力，Jobin 木雕公司成功地转型为高品质和传统音乐盒的制造商，手工打造木质音乐盒成为公司的核心竞争力。

2000年以后，Jobin 木雕公司将自身定位为“唯一一家在同一屋檐下生产由木材、玻璃和贵金属构成的机械制品和音乐盒的瑞士公司”。经过这次转型，Jobin 木雕公司发展为一家集开发、生产、销售和展示木雕音乐盒产品于一体的瑞士创新公司，着力打造富有自身品牌特色的木雕音乐盒，并不断提升产品的附加值。Jobin 木雕公司从成立最初仅能生产具有简单弧度的雕刻产品，到现在已发展到能够生产惟妙惟肖、具有高度工艺美术价值的木质工艺品，如人像、动物、小家具、珠宝盒、音乐盒等。公司还不断扩大销售市场，在因特拉肯、卢塞恩等地开设销售商店。

如今，Jobin 木雕公司在生产和管理方面大力进行第三次现代化转型升级——信息化[①]。通过运用计算机集成制造（CIM）技术，在手工表现基础上进一步深化制造技术，并大力拓展客户订制产品的生产线。公司两次扩建厂房，专门开辟“现场博物馆”（Living Museum）展示区，将公司的对外销售、展示与宣传融为一体。通过打造“Hands on Events”活动品牌，将公司几代工匠打造的500余样古董木雕收藏品对外展示，为游客休闲和度假提供一种全新体验。现场博物馆中有木雕师傅现场进行手工木雕，他们大多毕业于镇上的木雕学校。图5.26展示的是 Jobin 公司工匠正在车间制作木雕。

（二）案例二：楚格湖区创新城市发展

楚格湖（Zug Lake）位于瑞士中部，坐落于楚格州、卢塞恩州和苏黎世州之间（大部分坐落于楚格州），是瑞士第十大湖泊，被誉为“瑞士最安逸的湖泊”之一（图5.27）。

① 前两次现代化转型分别为机械化和电气化。

图 5.26　Jobin 公司工匠在车间制作木雕

（来源：Jobin 官网）

图 5.27　楚格湖边的楚格城

（来源：瑞士国家旅游局官网）

楚格湖湖身狭长，周围被宁静的山脉包围。在不同季节，楚格湖呈现出不同风采。夏可划船、冬可滑冰，是瑞士当地最受欢迎的湖泊之一。楚格湖鱼类资源丰富，包括狗鱼和鲤鱼，其特有的鳟鱼十分出名。

楚格州紧邻楚格湖，是瑞士联邦中人口规模相对较小的一个州——仅 10 万人口。楚格州首府城市是楚格市，它坐落在楚格湖东北岸，人口仅 2.6 万人左右。楚格市建于 1242 年，至今仍完好保存着始建于 1480 年的古钟楼和始建于 1505 年的市政厅等古迹。

楚格州早期以发展渔业为主，“Zug”一词正是来源于瑞士德语方言中“拉网”的意思。后来，楚格州逐渐发展农牧业，但规模也不大，仅有两家工厂和一些小型农场。所以，楚格州曾经一直是瑞士最穷的州。

楚格湖安静平和地躺在瑞士联邦的心脏地带，在它的美丽之下涌动着低调奋进的创新气质。

第二次世界大战后，楚格州大幅削减税收，吸引本国和外国企业来此投资，经济开始走上繁荣之路。

如今，享有“避税天堂”美誉的楚格州，是瑞士税率最低的州，个人所得税只有3%——这种情况在瑞士其他地区是不常见的，因为瑞士人无论是否已婚或是否有孩子，个人所得税通常是10%～20%，一些地区更是高达27%。因为低税政策，楚格州吸引了来自世界各地的许多名人和著名跨国企业，如德国网球冠军鲍里斯·贝克尔（Boris Becker），以及能源巨头和商业大亨，如Xstrata、Transocean、Siemens Building Technologies和V-Zug等公司。

作为楚格州的首府，楚格市紧靠楚格湖，坐落在阿尔卑斯山的边缘，是一座有着近800年历史的小城，人口仅有3万。而令人惊叹的是，楚格市拥有几乎与人口等同数量的商业注册公司数量——有31000多家国际公司在楚格注册，包括来自美国的世界著名医疗行业巨头强生公司（Jonson & Jonson）。楚格市的官方语言是标准德语的瑞士变体，主要口语是阿勒曼尼斯威尔德语（Alemannic Swill German）方言的变体，城市里还有很多来自其他国家讲英语的人口。

现在，楚格市已经成为瑞士乃至欧洲最具创新精神的城市。2018年的数据显示，欧洲城市中与科技相关的会议活动年增长率最高的城市是瑞士的楚格市，与上一年相比增长率高达177%。伦敦全球技术投资公司Atomico的年度“欧洲技术状况”报告显示，楚格市成为国家加密货币和区块链开发中心“加密谷”（Crypto Valley）的所在地，被评为“欧洲增长最快的科技地区”。①

楚格市也是瑞士“最富裕的城市”。2016年的统计数据显示，楚格的人均购买力约6.5万欧元，是瑞士人均购买力的1.5倍，而苏黎世和日内瓦的人均购买力则分别为4.8万欧元和4.75万欧元。②

楚格市的创新底蕴来自它高度发达的教育体系。随着该城提供的工作机会

---

① Bitcoin Exchange Guide News Team. Atomico reports ‘Crypto Valley’ in Zug, Switzerland as the Leading European FinTech Hub [EB/OL]. (2018-09-12) [2023-11-01]. https://www.bitcoininsider.org/article/50961/atomico-reports-crypto-valley-zug-switzerland-leading-european-fintech-hub.

② The Local. Revealed: the richest regions in Switzerland [EB/OL]. (2016-04-12) [2023-11-01]. https://www.thelocal.ch/20160412/revealed-the-richest-regions-in-switzerland-gfk-switzerland.

越来越多，城市越来越有魅力，迁入这里的家庭数量也日益增加。对很多家庭而言，子女教育是第一重要的事，而楚格在教育方面有着巨大优势。

由于靠近苏黎世、伯尔尼和卢塞恩，楚格市周边不仅有不少优质的学前教育机构，也有很多国际学校和知名大学。国际学校主要分布在瑞士中部地区，尤其是楚格州和卢塞恩州地区，包括四森林双语国际学校（FOUR-FOREST Bilingual International School）和世界顶级国际寄宿学校蒙塔纳学院（Institut Montana）等。

蒙塔纳学院创办于1926年，位于美丽的楚格伯格（Zugerberg）山顶（图5.28）。历史悠久的蒙塔纳学院提供给学生均衡且全面的教育。蒙塔纳学院有近一半的走读生，以本地学生居多，而另一半寄宿生则来自其他40多个国家。蒙塔纳的学生从世界各地汇集到此，共同的传统、理念和目标把来自不同文化和国家的孩子们凝结在一起。蒙塔纳学院倡导合作、中立和民主精神，在方方面面，它都更像是瑞士联邦的缩影。

图5.28　位于楚格伯格山顶的蒙塔纳学院

（来源：蒙塔纳学院官网）

楚格市区位优势明显，地处瑞士联邦心脏地带，地理位置优越；城市内人文与自然景观有机结合，步行即可到达城市的各个人文和自然景观；城市规划既凸显了现代都市的便利，同时也保留了中世纪欧洲小镇的原貌；楚格湖码头有美食，湖上风景秀色可餐，更有楚格伯格山绝佳的徒步路线；更重要的是，这里有大量创新企业提供的高薪岗位，此外还有优质教育资源。

楚格市代表了典型的瑞士城市发展理念。城市发展不在于追求规模和速度，而要在历史延续和现代化发展之间找到平衡。楚格市也代表了典型的瑞士城市发展模式。通过改革，以创新为第一发展动能，奋发图强，走绿色可持续发展道路，让人们享受高质量的城市生活方式。楚格小城正是通过这样的创新实现了从“贫穷”走向了“富裕”。

（三）案例三：蓝湖地区文化传承

“蓝湖”（Blausee）位于瑞士中部地区的伯尔尼高地。“蓝湖”湖水呈深蓝色，晶莹剔透，是阿尔卑斯山上一颗闪耀的明珠。

一万五千年前，由于山体滑坡以及冰川消融，坎德山谷（Kander Valley）的地面上留下一个大坑。来自坎德河的地下水填充了大坑，形成了今天的蓝湖。由于湖水拥有水晶一般的清澈水质，使水体呈现出非比寻常的深蓝色。

蓝湖的动人之处不仅在于它保持了原生态的自然环境，还在于有关它的一个美丽传说。

据瑞士地方志记载，伯尔尼高地流传这样一个故事：很多年前，有一位少女和一个牧羊人住在坎德山谷。每到夜晚，他们偷偷来到蓝湖，坐在船上并肩说话，一坐就是几个小时，任凭小船在蓝湖上静静漂流。月光下，银色的湖面让这对恋人如痴如醉。然而有一天，牧羊人不幸在事故中丧生。少女悲痛不已，整天以泪洗面。为哀悼逝去的灵魂伴侣，她仍像以前一样，每天晚上独自一人悄悄来到蓝湖边，划起她和恋人曾经划过的那只小船。在宁静的夜色中，在同样的月光下，蓝湖产生了某种未知力量，逐渐驱散了她心中的悲伤。在蓝湖上独处的每一个夜晚，都会让她的悲痛减少一点。突然在某一天的早上，人们在蓝湖发现了少女漂浮的尸体和那条空悠悠的小船。而那一刻，湖水瞬间变成了深蓝色。瑞士人一直认为，这份“蓝色”正是来自少女蓝色眼睛里流出的泪水。

19 世纪下半叶，伯尔尼州当地政府开始以蓝湖及周边地区为基础开发“蓝湖国家公园”。当地政府的考虑是，要尽量保持蓝湖湖区自然景观的“原汁原味”，同时要凸显蓝湖水质的“蓝”。开发者非常注重对蓝湖传说的宣传，他们认为这个关于“忠贞”“坚守”和“执着”的当地传说正是瑞士人精神的生动写照。于是，人们在蓝湖的湖底立了一尊少女雕塑，她的面容充满悲伤，她的眼睛深情地望向天空。在她的身边，人们还放置了一艘破损的小木船，静静地在水底陪伴着她。在瑞士蓝湖官网上，关于这个传说的文字记载被官方以专栏的形式加以记述，该专栏是蓝湖公园各部分介绍中文字记载量最多的一部分。

今天，蓝湖成为瑞士联邦的一座自然景观公园，占地 0.2 平方千米，内设有儿童游乐场所、烤肉区、一家旅馆、两间餐厅，还有森林漫步小径、迷你历史博物馆等。蓝湖也被作为瑞士联邦境内唯一的有机鳟鱼养殖场。走进蓝湖公园，里面非常宁静，空气格外清新，周围绿树成荫，小溪在高山间奔流而下，墨绿青苔铺满树桩和山石之上，一条崎岖的小径通往湖边。

当人们走近蓝湖，可见森林寂静之中树影婆娑，深蓝色的湖水清澈透明。从不同角度看，湖水能呈现出不同的蓝色。透过清澈的蓝色湖水，人们能找到沉在湖底的少女雕像和一艘小船（图 5.29）。瑞士人愿意相信，是那位少女为逝去恋人流下的泪水，将这片湖水染成了今天动人的蓝色。

瑞士人珍惜这片土地，以及这片土地赋予他们的精神。

图 5.29　瑞士蓝湖湖底的少女雕塑

（来源：瑞士蓝湖官网）

四、瑞士绿色战略抉择

（一）《能源战略 2050》及新《能源法》

瑞士是最早使用核电的国家之一，目前拥有 5 座核反应堆，其中位于阿尔高州的贝兹瑙 1 号核电站于 1969 年开始投入使用，是世界上迄今投入使用时间最长的核电站。

根据瑞士联邦委员会官网的数据，在 2017—2022 年，瑞士每年平均消耗约 225 太瓦时，其中约 70%依赖进口。瑞士常用的能源有石油、水电、核电和天然气。近年来，以太阳能为代表的可再生能源在瑞士稳步发展。[①] 瑞士能源结构中，消耗最大的是石油，占 36.3%；核电占比 19.9%；水电占比 14%；天然气占比 12.8%；其他能源占比 17%。可以看到，不可再生的化石能源，如石油、天然气约占总能源消耗的一半，占 49.1%。[②] 多年来，瑞士人均能源消耗一直呈下降趋势。1990 年至 2020 年期间，瑞士人口增长了 28.7%，但瑞士同期的能源消耗却下降了 5.9%。在用电量方面，瑞士自 2015 年以来也一直呈下降趋势。[③]

① 参见 FDFA 发布的关于“Energy-Facts and Figures”的信息。

② 参见 FDFA 发布的关于“Energy-Facts and Figures”的信息。

③ 参见 FDFA 发布的关于“Energy-Facts and Figures”的信息。

2007 年，联邦委员会的能源战略基于四大内容：能源效率、可再生能源、更换或建造新的大规模发电设施（包括核电站）和外国能源政策。

然而，2011 年福岛反应堆灾难发生后不久，联邦内部关于在瑞士境内停止使用核能的呼声越来越大。另外，国际能源的供给也面临很多不确定的深刻变化。这些因素的叠加，意味着瑞士整体能源供给体系必须重组。于是，联邦委员会要求联邦环境、交通、能源与通信部（Federal Department of the Environment，Transport，Energy and Communications，DETEC）审查当前能源战略——“能源展望 2035”（Energy Outlook 2035）的合理性，并启动修订。自 20 世纪 70 年代以来，联邦政府已形成定期修订联邦能源战略的工作机制，其目的是为规划长期、可持续的能源政策提供备选方案。

2011 年 5 月 25 日，联邦委员会作出支持联邦逐步退出核能发电的决定——现行核电站在技术上安全运行到期后将被关闭，并不再新建任何核电站。该项决定对瑞士当时现行的能源法和能源系统进行了重大的修改。

在 2011 年联邦议会冬季会议中，联邦议会也支持逐步退出核能发电，并向联邦委员会提交了三项有关动议，要求联邦委员会制定一项全面的能源战略，以保证联邦在没有核能的情况下供应充足电力，并尽可能不依赖外国能源供应。

为此，联邦委员会制定了面向 2050 年的能源战略——《能源战略 2050》（Energy Strategy 2050）。依据《能源战略 2050》，联邦委员会向联邦议会提出修订后的《能源法》（Energy Act）草案——该法案曾于 1999 年颁布执行[①]。

针对新《能源法》草案，联邦议会两院举行多轮辩论和听证会。在 2016 年联邦议会秋季闭门会议中，国民院和联邦议会就新《能源法》草案举行第三次辩论。2016 年 9 月 30 日，联邦议会在最后的投票中批准同意了该草案。按照联邦宪法规定，2016 年 10 月 11 日至 2017 年 1 月 19 日期间，瑞士公民可就是否同意修订《能源法》提出全民公投的动议。在此期间，有部分瑞士公民提出了反对意见，并提出举行全民公投的动议。

瑞士联邦委员会官网显示，2017 年 1 月 19 日，联邦全民公投委员会向联邦政府正式提交了 68755 个公民签名，有效签名是 68390 个，符合全民公投条件，联邦委员会批准同意在当年举行全民公投。2017 年 5 月 21 日，联邦举行全国公投，民众就是否同意修订新《能源法》及其条款进行投票。结果显示，58.2% 的民众赞成，41%的民众反对。最终，新《能源法》草案获得通过，得以在联

① Swiss Federal Office of Energy. Energy Strategy 2050：Once The New Energy Act is in Force［R］. Bern：SFOE，2018.

邦立法层面最终确立。[①] 新《能源法》于2018年1月1日正式生效[②]。自此，瑞士能源改革开始进入实施阶段，瑞士进入能源“新时代”[③]。

在联邦能源办公室（Swiss Federal Office of Energy，SFOE）2018年1月对外发布的《能源战略2050：大事记》（Energy Strategy 2050：Chronology）中，当局对《能源战略2050》的制定过程，以及联邦委员会和联邦议会两院针对新《能源法》所进行的多轮论证、咨询、辩论、修改和信息公开等环节进行了详细记述，感兴趣读者可从中读到联邦制定战略和立法程序的更多细节[④]。

（二）新《能源法》的主要目标

新《能源法》主要实现三个战略目标。

一是降低能耗并提高能效，主要针对建筑、交通运输、工业生产、电器设施四个领域。

二是大力发展可再生能源，一方面出台激励措施，另一方面加大法律体系的完善。

三是逐步退出核能，明确不再新建任何核电站，现有核电站在运营符合安全标准的前提下逐步关闭。

瑞士能源改革为这三个方面设计了一系列措施，对原有的政策扶持手段进行了深化或改革，并加入了不少新的支持措施。

在落实具体目标上，新《能源法》明确，与2000年相比，2020年人均能源消耗量要降低16%，2035年人均能源消耗量降低43%；2020年人均电量消耗量降低3%，2035年人均电量消耗量降低13%。[⑤]

新《能源法》明确了瑞士未来改革方向，将基于建筑、电器、工业及交通领域对能源效率进行持续的开发，并加建可再生能源设施。与此同时，继续使用化学能源发电，以此作为过渡之策，通过瑞士现有或可预见的技术充分发挥

---

① Swiss Federal Office of Energy. Energy Strategy 2050：Chronology［R］. Bern：SFOE，2018.

② Swiss Federal Office of Energy. Energy Strategy 2050：Once The New Energy Act is in Force［R］. Bern：SFOE，2018.

③ 驻瑞士经商参处．瑞士“能源战略2050”［EB/OL］．（2017-12-21）［2023-11-01］. http：//ch. mofcom. gov. cn/article/ztdy/201712/20171202688634. shtml.

④ Swiss Federal Office of Energy . Energy Strategy 2050：Chronology［R］. Bern：SFOE，2018.

⑤ Swiss Federal Office of Energy. Energy Strategy 2050：Once The New Energy Act is in Force［R］. Bern：SFOE，2018.

能源潜能，避免过度依赖欧盟或其他国家的进口能源，从而保证能源供给的安全性。

（三）配套立法

实施《能源战略 2050》还需要修订其他配套法律和政策文书，主要有两个方面。

一是气候政策的调整。在《巴黎气候变化协定》中，瑞士承诺到 2030 年将其温室气体排放量从 1990 年的水平减半。为了实现这一目标，现有的《联邦二氧化碳法》必须在 2020 年以后修订，联邦议会、两院就相应的法案进行了多轮辩论。2019 年，联邦委员会决定，到 2050 年，瑞士将其温室气体净排放量降至零（净排放目标），实现“碳中和”。这也意味着，瑞士将通过法律形式确保自身实现国际商定的目标。

二是电力供应政策的调整。联邦现有核电站将在达到安全使用寿命后关闭，并不再新建核电站，瑞士电力供应行业面临重大变化。为与长期气候目标保持一致，同时确保安全的电力供应，在《能源战略 2050》指导思想下，联邦委员会提出提高能源效率、促进可再生能源使用和扩大并升级电网的政策意见，并促进能源研究和国际能源部门的合作。[①] 此外，电网还必须适应新的能源要求。根据《能源战略 2050》，瑞士联邦政府制定了《电网战略》(Electricity Grid Strategy)，明确提出了优化和发展瑞士电网的指导方针，进一步优化供电线路项目的审批程序，进一步明确地下电缆或架空线路的决策标准和准则，以及提高电网铺设项目的验收标准和项目透明度，战略的主要目标是在规定的时间内建成满足联邦能源需求的电力网络。

为促进电网进一步发展，联邦议会于 2017 年 12 月通过《联邦电力法》和《联邦电力供应法》的修正案。

（四）“烧钱”的新《能源法》为何得以通过?

联邦委员会和联邦议会推动新立法的立场是坚定的：要让瑞士联邦逐步退出核能，确保瑞士减少能源消耗和对国外化石能源的依赖，提高当地可再生能源的使用比例。这将为瑞士带来投资和就业机会，造福瑞士人民和繁荣瑞士经济。

基于《能源战略 2050》的新《能源法》，联邦提出了一揽子措施和实施方案，包括逐步关闭现有的 5 座核电站，针对现有难以负担生产成本的大型水电厂给予临时补贴等，以推动联邦能源在未来几十年实现转型并保障联邦能源的绝对安全。

---

① SFOE. Electricity supply [EB/OL]. (2022-05-18) [2023-11-01]. https://www.bfe.admin.ch/bfe/en/home/supply/electricity-supply.htm.

尽管新法案最终在瑞士全民公投中获得通过，但其修订及立法过程并非一帆风顺。

反对意见主要集中在以下四个方面。

一是新法案改革的成本太高。不仅意味着联邦政府和州政府要对现有相关企业给予大量临时补贴，也意味着家庭财政支出大量增加——一个四口家庭每年将为此多支出 3200 瑞郎。

二是联邦能源供给面临风险。完全丢弃核能，联邦现有的其他能源供应会出现较大缺口，将使联邦的能源供应置于危险的境地。

三是新法案将导致更多官僚主义和行政限制。如文书手续增多，会使行政成本增加。并且禁令增多不利于瑞士经济的国际竞争力。

四是新建的风能和太阳能设备损害自然风光，不利于旅游产业。

尽管新《能源法》在联邦政治和社会层面都面临争议和反对，但该议题最终在全民公投中仍然获得较大支持率，其通过的原因主要有以下四个方面。

1. 联邦政府推出了有力的促进措施

联邦政府用科学的指导思想推动能源改革。联邦政府认为，能源政策在实施过程中，促进经济发展和环境保护这两个方面并不矛盾，而是相互促进的。推进绿色能源政策，需要在经济发展和节能减排之间取得平衡。从中长期来看，即便环保政策在一开始可能以昂贵的成本为代价，但对企业的长远发展而言，是一种良性投资。联邦机构通过调研和评估发现，应用了环保科技的工厂在中长期能获得良好效益。在统筹生态环境保护和经济发展之间，联邦政府做到了平衡，实施了有作为、有效的治理。既要发展经济，又要保护环境，两者齐头并进方为可持续发展的长远之计。

联邦政府肩负宏观调控的责任，注重在环境政策的制定中以科学研究为依据，对环境保护研发投入了大量人力、物力和财力，建立了有利于生态环境的市场经济体系，努力探索市场经济调节机制，促进企业积极参与到生态环境保护中，如出台生态环境价格体系，建立为生态保护项目提供融资的专业金融机构等。1988 年，索洛图恩州的多尔纳赫（Dornach）市建立了联邦第一家“生态银行”，专门为环境生态项目提供金融服务。目前，瑞士有多家州银行和私人银行设立了相应的环保项目专项贷款。[①]

联邦政府广泛宣传新的能源政策，提高公众对绿色能源的认知。环保是一个专业性很强的议题，普通民众很难摸清脉络。因此，联邦政府促进民众树立绿色能源的理念，通过组织权威的科学研究，开展科普宣传，进一步提高公众

---

① 陈晓兰，周灵．瑞士低碳城市发展实践与经验研究［M］．成都：四川大学出版社，2020.

的认识。随着公众对能源问题关注的提高，倒逼大公司主动节能减排——消费者会拒绝购买能耗太高且又污染环境的产品，瑞士产业界已开始适应并遵守新的能源规则。

联邦政府推动多个公共服务机构在具体的公共事业中节能减排。例如联邦邮政公司增大承担邮政投递业务的小型电动摩托车比例；联邦铁路公司改善铁路交通信号系统，尽可能减少火车因红灯出现而停止和再启动所消耗的能源；联邦电信公司鼓励国民使用能源消耗少的电视机顶盒；号召公共机构和私营机构增加电视会议比例，减少异地飞行来往。

2. 瑞士拥有先进的绿色能源技术并进行了广泛应用

长期以来，瑞士在能源发展和利用方面的主要做法是：一方面，提高能源利用效率，降低能源消耗；另一方面，尽最大可能发展可再生能源、有利环保的能源。瑞士通过以上两种方式满足能源需求，在这个过程中，联邦发展出很多先进的环保科技和建筑科技，如“零耗能建筑”。新能源、新材料等绿色技术的发展，也令商界兴致盎然。在绿色能源技术创新方面，瑞士走在了世界前列，研究项目也非常多，如水坝、太阳能电池板、风力发电机以及地热发电站，都是目前已经投入使用且具有无限潜力的科技成果。

在建筑工程方面，瑞士大力研发节能环保的材料。在建筑的能源、通风、采光、雨水回收利用上，大多都采用了高新技术与新材料，包括光伏能源、隔热纤维夹层材料、幕墙玻璃、水再生循环系统等。特别是在新建居民和商业小区中，充分利用节能环保的建筑材料。例如：小区的屋顶均由太阳能光伏板覆盖；建筑物外墙一般都采用复合纤维夹层保温材料或玻璃幕墙材料，混凝土材料均是预制件，大大降低了施工现场的杂乱与扬尘；建筑物都安装了雨水收集与水再生循环处理装置；针对老旧建筑或设施进行的改造也均是最大限度地沿用原来的基础结构及建筑材料。[①] 在景观植物的选择上，充分考虑物种的原生性和生物多样性原则，在丰富不同季节景观的同时，也可防止植物病虫害的蔓延。

在构建绿色城市方面，瑞士也走在世界前列。苏黎世拥有世界上最好的公共交通之一。在过去的20年里，该市的温室气体排放量大幅减少，从1990年的人均6吨降至2010年的人均5吨，而欧洲其他城市，如苏格兰的人均温室气体排放量则高达10吨，远超苏黎世的排放量。2008年，苏黎世公民通过投票，将“2000瓦社会”这一原则纳入苏黎世州宪法，即到2050年，苏黎世州要实现人均年能源消耗量降至2000瓦及以下，人均二氧化碳排放量降至1吨。[②]

① 陈文福．瑞士绿色山地城镇化的经验与启示［J］．当代贵州，2018（45）：42-43．

② 陈晓兰，周灵．瑞士低碳城市发展实践与经验研究［M］．成都：四川大学出版社，2020．

此外，瑞士还有一些具体的绿色科技研究项目。

在研究冰川对气候的影响方面，由于瑞士以雪山和冰川著称，未来，阿尔卑斯山的高原冰雪水变成湖泊是一个大趋势。联邦当局把气候变化对冰川的影响作为一项重要的研究项目给予支持，联邦有关基金会已启动相关研究项目。

在研究如何更加经济地存储新能源方面，洛桑联邦理工大学的一个项目组力图把光能有效转化为氢。这样，人们利用太阳能就不再局限于白天的时间了。由于使用的基本原料是水，所以这种能源转换也实现了低成本，前景可观。这种技术为“氢太阳能”的转换打开了一扇大门。

在研究城市碳排放处理方面，由于碳排放的重要来源是城市生活，如何让城市生活变得更加绿色、经济，成为瑞士科学家研究的重要课题。瑞士西部应用科学大学目前正在进行的一项叫“智慧城市”的研究，希望让城市生活本身就能生产出清洁能源。其中，一个具体项目就是研究如何在城市里将二氧化碳转变为甲醇并对废水处理模式进行革新。①

在研究太阳能动力方面，2014 年阳光动力核心技术团队和 80 家技术合作伙伴、100 多名外部专家共同努力，历时 13 年，耗资 1.6 亿瑞郎，先后建成太阳能飞机的原型测试机“阳光动力号”（Solar Impulse 1）和正式产品“阳光动力 2 号”（Solar Impulse 2）。如图 5.30 所示。“阳光动力 2 号”安装了超过 1.7 万块太阳能电池板，每天可以产生 340 千瓦时的电量，覆盖面积达 269.5 平方米。

图 5.30　瑞士“阳光动力号”太阳能飞机

（来源：美国国家太空博物馆官网）

① 李盛明．生态文明：瑞士的启示［J］．决策探索（下半月），2014（7）：8.

机翼、机身和水平尾翼上共安装有17248个厚度仅为135微米的单晶硅电池，从而在轻盈度、柔韧性和效率中实现最佳平衡。为了实现空气动力性能最大化，“阳光动力2号”的机翼长度甚至超过了波音747，长达72米。2015年，“阳光动力2号”太阳能飞机实现了环球之旅，也向世界各地彰显了瑞士人对自身技术的自豪。[①]

3. 瑞士民众对造福后代子孙有长远考虑

瑞士人看重未来。多年来，在全民公投中，但凡一项议题涉及对后代是否公正合理时，瑞士人总会流露出他们的理性思考和前瞻性谋划。

核能是现当代人享用其成果，而未来数代人必须为之偿付的电力来源。瑞士一直致力于为核废料寻找适宜的储存地。2011年日本福岛灾难性核泄漏事件的发生，让瑞士民众更关心该如何妥善处理核废料。瑞士民众认为，这是一项关系到联邦下一代人发展的大事。

瑞士人对科技创新和本国自身技术优势抱有坚定不移的信心，他们对新《能源法》的推进实施持乐观态度。他们相信，能够依赖联邦现有以及正在开发的绿色能源技术，从水力、地热、太阳能或风能中获取充足的电力，从而确保本国未来的能源发展和能源安全。

4. 瑞士领导人的独特执政魅力

时任瑞士联邦主席兼能源部长多丽丝·洛伊特哈德（Doris Leuthard），在推动新能源战略的制定和新能源立法过程中显示了独特的政治领导人魅力。洛伊特哈德于2009年12月当选2010年度瑞士联邦主席，成为1934年以来瑞士最年轻的联邦主席，也是瑞士历史上第三位女性国家元首。她又于2011年和2015年两次连任瑞士联邦委员。2017年1月，她再次就任瑞士联邦主席，是瑞士联邦非常资深同时也非常有领导魅力的女性领导人。

瑞士民意调查显示，在推动新能源政策立法过程中，洛伊特哈德在民众中拥有相当高的信任度——三分之二的公民非常信任这位女性联邦委员。在涉及新《能源法》的全民公投中，由她牵头并力主推广的《能源战略2050》的核心内涵获得了大部分选民的赞成。洛伊特哈德本人也素来对自己制定的能源政策持乐观态度，对自己提出的议题获批始终满怀希望。由于联邦领导人的个人魅力和乐观自信的执政心态，在一定程度上影响了投票结果。这也反映出，瑞士优秀的政治领导人对联邦公共政策的制定具有重要的推动作用。

---

① ①MYSUN. The Story of Solar Powered Aircraft：Solar Impulse 1 and Solar Impulse 2［EB/OL］.（2017-03-22）［2023-11-01］. https：//www. itsmysun. com/story-solar-powered-aircraft-solar-impulse/.

第六章 瑞士创新的世界格局形成及其战略

瑞士持续创新的动力，正是由于其不断与欧洲邻国以及其他国家相互竞争、加强交流的结果。今天，瑞士成为高度国际化的国家，同时也是“全球最具创新竞争力”的国家。

2020 年瑞士官方统计数据显示，瑞士联邦 864 万人口中 25%是外国人，大多数外国人口来自欧盟国家，主要包括：意大利（15%）、德国（15%）、葡萄牙（13%）；另有 15%的外籍人口来自非欧盟国家。[①] 瑞士公司一半的高层职位由外籍商业领袖担任。这些统计数据，或许能够从一个侧面解释，为什么瑞士是目前世界上最具创新竞争力的经济体。

事实上，瑞士宗教改革打开了联邦创新的窗口，它深远地影响了瑞士今天在政治、经济和社会的方方面面，对瑞士形成全球的创新优势起到了重要推动作用。

在宗教改革进程中，瑞士钟表业从兴起走向繁荣，瑞士联邦由“革命之地”发展为“开放之地”“创新之地”。

瑞士钟表业的发展，迅速带动了本国其他行业的发展，激活了联邦创新的内生动力。瑞士 19 世纪工业的发展，为联邦今天的持续创新打下了坚实基础。我们将在本章看到，瑞士 19 世纪工业的发展，正是联邦不断利用、转化和发展国际先进技术的过程。

当瑞士转向开放和国际化、不断参与全球的创新竞争之时，瑞士人开始更加关注人的价值，这样的一种创新价值理念开始在瑞士社会扎根。创新在带来技术进步和社会变革的同时，也应推动和保障人的全面发展。瑞士人开创了国际红十字会，并在全球推行国际人道主义精神。

---

① Swiss Confederation. The Swiss Confederation: A Brief Guide 2020 [R]. Bern: The Federal Authorities of the Swiss Confederation, 2020.

国际红十字会是集聚在瑞士的众多国际组织中的一个。在讨论国际组织在瑞士云集的成因方面，本章将对促成瑞士成为“万国之国”的若干重要因素进行分析。

瑞士的外交政策，既体现了中立的原则，也彰显出其积极参与国际事务的姿态。瑞士的全球创新优势，得益于其积极融入全球发展的对外政策，这些政策让瑞士在国际舞台上扮演重要角色，进一步巩固了瑞士的全球创新优势。

本章的最后，笔者将结合实地调研进行一些思考，从瑞士教育、科研与创新的国际化战略及多语言政策这两个方面，具体分析瑞士的全球化战略如何推动并巩固其全球创新优势。

一、瑞士宗教改革打开的创新先机[①]

富有瑞士特色的宗教改革，造就了瑞士特有的近代发展模式。瑞士闻名世界的钟表业，其发展正是得益于瑞士宗教改革。

事实上，瑞士宗教改革是一个以接纳“异端分子”为开端又不断扩大的革命过程。几个关键人物在瑞士宗教改革过程中发挥了核心作用，为瑞士最终走向创新国家打下了坚实基础。

2016 年，笔者专程到访日内瓦，考察这里的“宗教改革者墙”（Reformation Wall），如图 6.1 所示。这个巨大的花岗岩石墙高 7 米，长 100 多米。墙的上方，用拉丁文写道：“黑暗过去是光明”。墙中间，是四尊高大的人物雕像，从左到右分别是威廉·法雷尔（William Farel）、约翰·加尔文（John Calvin）、西奥多·贝萨（Theodore Beza）和约翰·诺克斯（John Knox）。两边另有六尊稍小一点的人物雕像，都是 16 世纪在欧洲各地积极推动宗教改革的著名人物。除了大型的浮雕像外，墙的下部分另有八幅小型浮雕图案和文字说明。这面宗教改革的纪念墙再现了 16 世纪欧洲宗教改革运动的场面，也生动记述了日内瓦成为“新教的罗马”的由来。纪念墙的修建，缘起于 1909 年日内瓦州政府纪念加尔文诞辰 400 周年的初衷。修建工程历时 8 年，于 1917 年建成。

宗教改革占据了几乎所有瑞士史文献的重点章节，特别是加尔文在日内瓦进行的新教改革，更是欧洲史和世界史绕不过的篇章。

瑞士宗教改革的历史大致可以分为两个阶段。

第一阶段：于 16 世纪 20 年代至 16 世纪 30 年代在苏黎世进行的宗教改革。

第二阶段：于 16 世纪 30 年代末至 16 世纪 60 年代初在日内瓦进行的宗教改革。

---

① 盛世同．宗教改革 500 周年｜瑞士是如何成为新教高地的［EB/OL］．（2017-10-31）［2023-10-01］．https：//www.thepaper.cn/newsDetail_forward_1836217.

图 6.1 瑞士“宗教改革者墙”

（来源：瑞士联邦旅游局官网）

对于这段宏大而繁复的历史，这里将避繁就简，着重讨论三位在瑞士宗教改革中起核心作用的关键人物——伊拉斯谟、茨温利和加尔文，他们分别代表了当时欧洲、瑞士德语区和瑞士法语区主要的社会思潮。从宗教改革立场看，三人的思想既有相似，也有不同；从历史阶段看，三人之间既有传承，也有发展。

如果说，伊拉斯谟是欧洲人文主义的先锋，开启了德国和瑞士的宗教改革，茨温利是瑞士宗教改革的里程碑人物，掀开了瑞士宗教改革的序幕；那么，加尔文则是瑞士宗教改革高潮的领袖人物，他将宗教改革的圣火传递到整个欧洲，乃至全世界。

伊拉斯谟、茨温利和加尔文从事革命活动的据点，分别位于瑞士巴塞尔、苏黎世和日内瓦——这是瑞士三个非常重要城市。三个城市因其特定的地理、历史、政治、经济、文化和社会等综合因素，造就了三位革命领袖；而这三位革命领袖，又因他们的革命思想和革命实践，深刻影响了瑞士这三个重要城市。

事实上，这三个重要城市，正是瑞士联邦繁荣、创新的重要核心组成部分。

（一）伊拉斯谟与巴塞尔

1. 伊拉斯谟

1500 年左右，欧洲著名人文学者德西德里乌斯·伊拉斯谟（Desiderius Erasmus）在比利时鲁汶大学编订希腊文版的《圣经·新约》。这一时期，巴塞尔逐渐成为欧洲出版印刷中心。由于地域政策开放包容，当时吸引了很多欧洲人文思想家，其中就包括一些“异见分子”，他们共同构成了推动欧洲新知识和新观念传播的思想洪流。

后来，伊拉斯谟发现瑞士巴塞尔有一位叫约翰·弗洛本（Johann Froben）的书商盗印他的著作。然而，这些盗版的书印刷质量精良，让伊拉斯谟不禁好奇，便专程来到巴塞尔一看究竟。与弗洛本见面后，伊拉斯谟便对这个做事非常认真同时学识也很渊博的印刷商产生了良好印象。当时，伊拉斯谟计划重新翻译希腊文版《圣经·新约全书》，他想借助弗洛本精湛的印刷术尽快将书稿印刷出来，便迁居巴塞尔。事实上，伊拉斯谟之所以来到巴塞尔开展宗教革命事业，与巴塞尔当时的人文主义发展和造纸印刷技术的繁荣有密切关系。

当时，弗洛本常请画家汉斯·霍尔拜因（Hans Holbein）为他的出版物装帧和设计插图。于是，伊拉斯谟、弗洛本、霍尔拜因三人合作编辑出书，成为了欧洲文化界的“出版铁三角”。

得益于弗洛本的帮助，伊拉斯谟终于在1516年在巴塞尔将希腊文版《圣经·新约全书》出版。在书中，伊拉斯谟对罗马教廷的批判，影响了德国教士马丁·路德。马丁·路德在瓦尔特堡避难时，将伊拉斯谟翻译的《圣经·新约全书》译成德文。伊拉斯谟对旧版圣经的重新翻译和诠释，影响了欧洲宗教改革者对圣经的解读与应用。这些人除德国的宗教改革者路德之外，还包括瑞士的茨温利以及加尔文等人。他们在诠释《圣经·新约》时，都直接参照了伊拉斯谟的译本[①]。

伊拉斯谟在巴塞尔居住了八年。巴塞尔是他十分眷恋的城邦，直到辞世也不肯离开。伊拉斯谟死后葬在巴塞尔大教堂（Basler Münster）[②]。

距离莱茵河堤岸几步之遥处，便是巴塞尔老城中著名的巴塞尔大教堂（图6.2）。笔者曾于2016年秋天专门到访此地，这是一座典型的哥特式建筑，赭石色的外墙很有特点，双箭矢尖塔耸立冲天。院内一个大理石柱下安葬着伊拉斯谟。他的墓简单而朴素。

从教堂出来的不远处，便是“伊拉斯谟博物馆”。这栋楼曾是弗洛本的宅邸。在这里，伊拉斯谟度过了生命的最后时刻。1930年，巴塞尔政府将这栋楼修缮一新，辟为“伊拉斯谟博物馆”，以纪念这位欧洲宗教改革的思想先驱。

伊拉斯谟在瑞士的宗教和学术活动，深刻影响了两位在世界有重要影响的瑞士宗教改革者——茨温利与加尔文，他们共同推进了瑞士的宗教改革，使之向欧洲、全世界推广，并影响了人类历史进程。

---

① 田海华．伊拉斯谟的新约翻译与诠释［J］．宗教学研究，2019（3）：186-193.

② 沈大力．欧洲一代文宗伊拉斯谟［N］．光明日报，2020-05-14（13）．

图 6.2　巴塞尔大教堂

（来源：巴塞尔城市官网）

2. 巴塞尔

作为瑞士仅次苏黎世和日内瓦的第三大城市，巴塞尔是巴塞尔城市半州的首府。它坐落于瑞士西北边与邻国交界之地，西北毗邻法国阿尔萨斯，东北与德国南北走向的黑森林山脉接壤。莱茵河从东北方向穿城而去，将巴塞尔一分为二。巴塞尔城市人口约 16 万，是联邦的主要航运口岸，也是一个国际化程度非常高的城市。巴塞尔有不少德国人和法国人。

笔者曾多次到访巴塞尔，很喜欢这个联邦边境城市的开放和国际化。巴塞尔是一个古老、传统而又充满文化气息的城市（图 6.3）。进入市中心，除有轨电车外，没有其他机动交通工具。狭窄的街道及小路，以及跨越莱茵河的桥梁，都是巴塞尔独有的城市特色。一位曾在日内瓦读研究生的中国留学生告诉笔者，在文化氛围方面，瑞士最打动她的城市是巴塞尔——尤其是巴塞尔老城的那些中世纪建筑和街道。对此，笔者也深有同感。

巴塞尔市中心，坐落着市政大厅及古老的巴塞尔大学。1460 年，巴塞尔建立了瑞士第一所大学——巴塞尔大学。巴塞尔大学的成立，极大促进了当地出版与印刷业的发展。据统计，当时云集了 50 多个知名的大出版家，使巴塞尔逐渐成为欧洲的人文主义中心及造纸印刷中心。

现如今，巴塞尔城市地区是瑞士最具经济活力的地区，也是世界最具生产力和创新力的地区之一。2022 年数据显示，约 57 万瑞士及外国居民在这里工作。巴塞尔肩负着扛起瑞士经济实力的重任，特别是在医疗化工和精密仪器领域。巴塞尔是瑞士医疗产业与全球精密工业龙头企业总部的所在地。以诺华集团（Novartis）和罗氏集团（Roche）为首的瑞士最大两家医药公司总部都设在巴塞尔。全球知名《制药经理人》杂志发布的“2021 年全球 TOP50 制药企业排行榜”显示，以全球各大企业 2020 年处方药销售额进行综合排序，罗氏以 474.92 亿美元销售额蝉联榜单榜首，诺华以 472.02 亿美元保住了榜单第二名，美国的艾伯维以 443.41 亿美元超过强生和辉瑞位列第三名。

巴塞尔还设有国际清算银行（Bank for International Settlements，BIS）。BIS 于 1930 年成立。根据海牙国际协定，BIS 最初处理第一次世界大战后德国战争赔款问题。后来，BIS 演变为一家由各国中央银行合作的国际金融机构，是世界上历史最悠久的国际金融组织，其成员现已发展至 60 多家中央银行或货币当局。

图 6.3　巴塞尔城市一瞥

（来源：瑞士联邦旅游局官网）

巴塞尔拥有全球最为著名的两个展会：一是巴塞尔钟表暨珠宝展，另一个则是巴塞尔艺术展。特别是每年举办的世界钟表珠宝博览会，前来参观的世界各地游客超过百万人。距巴塞尔举办首届手表展，已过去一百余年。多年来，该展会一直在巴塞尔举行，可见钟表是巴塞尔这座城市造就出的历史性硕果。

巴塞尔城市官网记述了这样一件有趣的事件。1967 年，西班牙著名画家毕加索的两幅画作将在国际市场上出售。然而，当时这两幅画已事先约定永久租借给巴塞尔艺术博物馆。为阻止这两幅画作流失瑞士，巴塞尔的一批年轻人组织了一场大规模示威活动，并就巴塞尔城市半州是否应该以公共的名义买下这两幅画而发起州内公投动议，该运动得到了巴塞尔青年群体和当地足球俱乐部 FC Basel 的大力支持。1967 年 12 月 17 日，巴塞尔城市半州举行公投。最终，巴塞尔城市半州的大多数选民赞同从本州预算中出资 600 万瑞郎购买这两幅画作，并由巴塞尔艺术博物馆收藏。毕加索被巴塞尔的公投行动和巴塞尔人对他画作的热爱深深感动，他向这座城市捐赠了自己另外的四件作品①。

不同于伯尔尼的内秀，也不同于苏黎世的华丽，巴塞尔具有厚重的历史文化底蕴，同时又充满着朝气与活力；它有着鲜明的德国文化痕迹，但又有着独具瑞士特征的包容和开放。巴塞尔始终保持与时俱进，在持续创新中赢得繁荣。

（二）茨温利与苏黎世

1. 茨温利

茨温利领导的改革，比德国人马丁·路德更为激进。

1516 年，茨温利在瑞士艾因西德伦修道院（Einsiedeln）担任神父，对那里教会剥削百姓和教士生活的腐化愤慨不已。他开始研究伊拉斯谟译出的希腊文版《圣经·新约全书》。他发现，这些文献中并没有为死者代祷以及对圣人和圣像崇拜作任何规定，他决心重建符合圣经教义的信仰，主张废除赎罪券、雇佣兵和神职人员的特权。

1518 年底，茨温利担任苏黎世大教堂②（Grossmünster）（图 6.4）的神父。他厌恶罗马教廷的腐败，反对赎罪券和圣像崇拜。在六年时间内，茨温利主张《圣经》为唯一权威，以《新约》传教，发表著作公开反对脱离《圣经》的天主教教义和做法，提出改革纲领《六十七条论纲》，并赢得了苏黎世议会举行的三次公开辩论。

茨温利还反对斋戒，主张教士可以结婚。1523 年，受茨温利鼓动，苏黎世议会决定与罗马教会断绝关系（当时苏黎世属康斯坦茨教区）。苏黎世开始进行激进的宗教改革：教堂的祭坛和圣像都被拆除，甚至连保存圣人的墓穴及遗骨也被挖出毁坏；修女和修士被遣散；修道院被关闭，或拆除或改作他用，只留下修道院的教堂。在此期间，苏黎世和附近的伯尔尼州的镇议会通过投票决定接受新教。尽管茨温利在苏黎世和周边地区的宗教改革中取得了成功，但当时瑞士联邦的 13 个州中，反对宗教改革的州依然占多数。因此，主张新教的州和主张天主教的州之间发生了多次战争。1531 年，茨温利作为随军牧师，在与天主教州的一次作战中战死。

---

① 巴塞尔艺术博物馆官网对这一事件的背后细节作了更多披露。

② 一些地方也翻译为“格罗斯大教堂”。

图 6.4　苏黎世大教堂

（来源：苏黎世大教堂官网）

茨温利在瑞士推进的宗教改革的时间前后加起来只有十几年——与德国的路德和日内瓦的加尔文长达几十年的宗教改革历程相比，其改革生涯较短。但这位充满活力的宗教改革家，同样掀开了瑞士宗教改革波澜壮阔的一页。

改革可能会面临复辟，但改革最终会在曲折中前进。被宗教禁锢思想的苏黎世在茨温利的改革思想影响下不断走向开放，走向革新。尽管茨温利本人一直遭到天主教无情打压，甚至最后被天主教军队肢解并焚烧，但其改革思想最终在瑞士得以“燎原”。

瑞士德语区另一位宗教改革先锋人物海因里希·布林格（Heinrich Bullinger）继承了茨温利的宗教改革事业，随后担任苏黎世大教堂首席牧师长达40多年。他进一步发展了茨温利的教义，接纳英国和南方的流亡者，维持瑞士新教的团结。布林格推动了欧洲的宗教改革运动[①]。在布林格之后，瑞士的宗教改革中心开始逐渐转移到日内瓦。

2. 苏黎世

苏黎世是笔者在瑞士除伯尔尼之外到访最多的城市。

很难想象，这个人口和面积占有绝对优势的瑞士第一大城市，其主要城市

① 克莱夫·H. 彻奇，伦道夫·C. 海德．瑞士史［M］．周玮，郑保国，译．上海：中国出版集团东方出版中心，2018.

格局几百年来几乎没有发生太大改变。作为瑞士的交通枢纽、欧洲民航中转中心、世界金融中心，这个城市拥有比肩美国硅谷的教育机构和创新研发中心，拥有苏黎世联邦理工大学、苏黎世大学两所跻身世界排名前五十名的顶尖一流大学。瑞士领先世界的初创企业在苏黎世云集。近年来苏黎世日益成为世界区块链初创中心与金融科技的中心，许多在数字货币领域领先的初创企业及组织如 Xapo、ETHZereum、Metaco 以及 Lykke 等相继在此落户。

苏黎世是一个典型的结合了现代化特征与中世纪风格的国际都市。苏黎世的繁荣与开放，令人惊奇，而它的人口在 2019 年只有大约 40 万。

美丽的苏黎世，一边连着苏黎世湖，一边连着玉特利山（Uetliberg），清澈的利马特河（Limmat）穿城而过（图 6.5）。市内有中世纪时期的尖塔、古堡、喷泉；利马特河两岸有许多现代化住宅、旅馆和饭店。苏黎世湖犹如一弯新月，倚在市区东南端，蔚蓝的天空倒映在碧绿的苏黎世湖水中。

图 6.5　苏黎世城市一瞥

（来源：苏黎世城市官网）

在苏黎世，能见到很多来自世界各地说着各种语言的人。每年这里都会举办很多大型的演唱会、音乐会、歌剧表演。每年 8 月的第二个星期天，会举办苏黎世“街头狂欢节”（Street Parade）。很难想象，一个几十万的“小城”，将在这一天聚集数十万来自全球的参与者，其中以青年人居多。

苏黎世市有四座主要教堂，其中比较著名的教堂有两座。一座是圣彼得教堂（St. Peter Church）。它是苏黎世最古老的教堂，其历史可以追溯到公元 900 年之前，在过去的几个世纪里，它被多次修整和扩建。虽然这座建筑早于宗教改革运动（16 世纪至 17 世纪），但它是苏黎世第一个被用作新教礼拜场所的教堂。几个世纪以来，塔尖被作为了瞭望台，是苏黎世老城的地标。另一座是苏黎世大教堂（Grossmünster），建于 12 至 13 世纪。它建立在更早的一座教堂的基础之上——该教堂由神圣罗马帝国的查理曼大帝建立。该教堂还保留了一些珍宝，茨温利使用过的《圣经》就珍藏在教堂中，他的坟墓就在教堂圣所的下面。在中世纪瑞士德语区宗教禁锢最为严重的地方，茨温利在苏黎世大教堂领导了德语区宗教改革，掀起了瑞士宗教改革的浪潮。

谁能想到，中世纪极为保守的教区苏黎世，如今已成为一个如此开放包容的国际著名都市。

（三）加尔文与日内瓦

1. 加尔文

1528—1531 年，加尔文在法国巴黎学习法律期间，受伊拉斯谟等人的影响颇深，他参加了当时激进的学生运动。1533 年，法国皇室对异教徒施压，加尔文从法国的斯特拉斯堡（Strasbourg）逃到瑞士巴塞尔。当时，瑞士以苏黎世为中心的德语区正如火如荼地开展宗教改革事业，法国人威廉·法雷尔（William Farel）则在瑞士法语区推进宗教改革，新教逐渐在法语区扎下根基。

1536 年，加尔文在巴塞尔出版了个人的第一部著作《基督教要义》。同年，加尔文在日内瓦遇到了法雷尔，之后加入了法雷尔的宗教改革事业中。在日内瓦，加尔文以严格的教规管理公共和私人活动，但遇到较大阻力。1538 年，他被反对派驱逐，回到了法国斯特拉斯堡，在那里结了婚，在马丁·布塞尔（Martin Bucer）的影响下，不断改进和完善了他的学说。1541 年 9 月，他被改革派重新请回了日内瓦。

在接下来几十年中，加尔文始终在对抗宗教和政治，以求建立他在《基督教要义》一书中所主张的教会①。1541 年 11 月，日内瓦议会通过了由加尔文主导的《教会法令》。他要求，所有居民按规定参加礼拜和讲道，简朴生活，谨守道德，抑制享乐，禁止舞蹈、华丽的服饰和夸张举止。他主张政教各司其职，将教会职位精简为牧师、长老、教师和执事，由宗教法庭监督居民的行为，有罪者被逐出教会或诉至世俗法庭。但这些措施在日内瓦当地引起了相当一部分人的不满，特别是随着越来越多的法国宗教难民抵达日内瓦后，日内瓦人对加尔文的政策更加不满。直到 1555 年 5 月，加尔文的宗教改革思想终于在日内瓦获得大多数民众支持，《基督教要义》成为日内瓦宗教改革中的指导性纲领。此

① 克莱夫·H. 彻奇，伦道夫·C. 海德. 瑞士史［M］. 周玮，郑保国，译. 上海：中国出版集团东方出版中心，2018.

后，加尔文时刻关注国际局势并保持新教盟友在统一战线。他与整个欧洲新教的政治和宗教领袖进行了大量通信。同时他继续对《圣经》进行评论，许多评论很快在欧洲得到了发表。

1549 年，加尔文和布林格达成《苏黎世信纲》。《苏黎世信纲》融合了两派的观点，使茨温利的教义被加尔文派吸收（归正宗），统称为“改革宗”。加尔文去世后，他的门徒西奥多·贝萨（Theodore Beza）成为新的领袖，将改革推向新的高潮。

加尔文不仅是瑞士极为重要的一位宗教改革家，还是一位伟大的教育家。他发展了瑞士的公共教育和福利制度，编写《教义问答》用于启蒙教育，并于 1559 年创办日内瓦神学院，致力于培养牧师。日内瓦神学院主要教授修辞学、辩证法、希伯来语和古典希腊语，该学院在欧洲宗教改革期间获得很高声誉。经过启蒙时代，其学科领域逐渐扩展，1873 年建立医学系后，正式更名为日内瓦大学。

十年树木，百年树人，数百年成就一所大学。加尔文缔造了日内瓦大学的办学基础与办学精神。从这一点看，加尔文对日内瓦的教育影响是非常大的。

如果说茨温利的宗教改革核心部分是在基督教社团与地方行政官的职责上共建人间基督教王国的话，那么，加尔文则在日内瓦创建了一种政教人员相互交叉、互相渗透的“政教合作”的具体方式，使宗教改革在日内瓦得以执行并取得最后的胜利。

值得注意的是，由加尔文倡导的宗教纪律所产生出来的精神实质，从法国传到荷兰，又从荷兰延伸到苏格兰，影响了当时的英国议会，激发了英国资产阶级革命的浪潮，并最终将创新的种子第一次播撒在了美洲的新大陆——美国的国土上。

2. 日内瓦

日内瓦在全球久负盛名。开放与包容是日内瓦城市最鲜明的底色。加尔文在日内瓦推进宗教改革所带来的城市面貌和城市活力，时至今日仍然能够看到。

日内瓦是瑞士主要的制造业中心、商业中心和文化中心。日内瓦还有一些知名的轻工业，如瑞士手表、珠宝和许多其他工艺产品（搪瓷制品等），这些产品是在小作坊而不是工厂生产的。日内瓦的其他轻工业还包括印刷和出版业、服装制造业以及食品加工等。长期以来，银行业一直是日内瓦的重要经济支柱之一。作为全球领先的金融中心，日内瓦是瑞士联合银行、瑞士信贷银行和世界银行集团等主要银行的总部所在地。日内瓦云集了宝洁（Procter & Gamble）、劳力士（Rolex）、IBM、安永（Ernst & Young）和摩根大通（J. P. Morgan）等大型国际公司的总部或办事处。

众多历史名人在日内瓦留下过足迹。除了加尔文、卢梭，还有法国启蒙思想家伏尔泰、苏联缔造者列宁、俄国作家陀思妥耶夫斯基、作曲家李斯特和斯特拉文斯基等，也都曾在日内瓦工作或生活过。许多社会名流，也选择将日内瓦作为个人晚年的归宿之地。

作为瑞士第二大城市，日内瓦（图 6.6）是一个名副其实的“国际城”，其 40%的人口是外国人，有近 200 个国家的人生活在日内瓦。瑞士官方数据显示，日内瓦在 2020 年全球金融中心指数中排名第 14 位。在日内瓦工作的国际组织官员超过 2.5 万名，这里云集了众多国际组织。日内瓦还是国际贸易的重要据点，世界石油贸易的 1/3 由位于日内瓦的贡沃尔、维托尔和摩科瑞等公司完成；全球几乎 1/3 的粮食、菜籽油和糖类等贸易由总部设在日内瓦的公司负责。

图 6.6　日内瓦城市一瞥

（来源：瑞士国家旅游局官网）

日内瓦是瑞士乃至欧洲的重要交通中心，城市的大部分被法国包围，位于通往法国重镇里昂的十字路口。随着勃朗峰隧道的开通，从日内瓦到意大利奥斯塔的道路成为西部阿尔卑斯山脉系统中最便捷和最常用的通道。

日内瓦是全球著名的“外交之都”。历史上，全球很多重大谈判在日内瓦举行，如 1871 年，美国和英国在日内瓦就美国南北战争期间发生的“阿拉巴马号”战舰事件进行谈判。20 世纪 20 年代至 20 世纪 40 年代，日内瓦作为全球外交中心，经历了一段辉煌时期。尽管国际联盟在二战后不存在了，但日内瓦却成为联合国在欧洲的业务中心，几个联合国分支机构也在这里建立，日内瓦继续作为国际外交会议的重要地点。如以日内瓦地名命名的国际协议——“日内瓦协议”（Geneva Agreement），就包括 1954 年的“关于印度支那地区停战的协议”，2003年的“巴以民间和平协议”，2014年的“解决乌克兰危机和关于克里米亚归属的协议”等。也正因为如此，日内瓦赢得了“和平之都”的美誉①。

日内瓦城如同一座美丽的大花园，这里以众多美丽的公园和绿地而闻名。在阿利亚纳公园（Ariana Park）的中央，是“万国宫”。碧波荡漾的日内瓦湖（也称“莱蒙湖”）将日内瓦市区分成两部分，右岸是以“万国宫”和众多国际组织为主的新城区，左岸是老城区。日内瓦湖在西部尽头流入罗纳河。150米高的喷泉是日内瓦的地标，直径5米、由大约6500株鲜花和绿色植物装饰的“花钟”是日内瓦“钟表之都”的象征。

日内瓦老城中心位于罗纳河离开日内瓦湖后流向左岸的一座小山上。老城最高处是圣皮埃尔大教堂（Cathedrale St-Pierre）的尖顶。这座教堂始建于12世纪，中世纪后期部分重建，于18世纪进行了彻底改造。该教堂原是一座罗马天主教大教堂，在宗教改革期间作为日内瓦的新教教堂，加尔文曾在这里进行了对世界影响深远的宗教改革。加尔文死后被葬在这里。时至今日，圣皮埃尔大教堂依然珍藏着当年加尔文用过的一张木椅。

老城的南面是建于1873年的日内瓦大学的主体建筑，附近是宗教改革的纪念墙。在离“宗教改革墙”不远的草坪上，有一尊留着胡须、面容慈祥的铜雕头像，竖立在白色底座上——这就是瑞士著名的慈善家、国际红十字会创始人亨利·杜南的雕像，本书后文将对其进行介绍。

老城的东面是艺术和历史博物馆。在老城北部以及罗纳河的右岸是日内瓦的现代城市部分。

（四）瑞士宗教改革对联邦创新产生的影响

16世纪，瑞士先后产生了以茨温利和加尔文为代表的两位宗教改革先锋人物。论及对宗教改革的影响，加尔文与马丁·路德同等重要。而茨温利的影响也不容忽视，一些学者认为他是除路德和加尔文之外的“宗教改革第三人”。在瑞士德语区和法语区展开的宗教改革，对联邦走上创新国家的道路产生了深远影响，可以从政治、经济和思想三个方面来看。

1. 政治方面

瑞士宗教改革的根本结果，导致了瑞士的民族独立，促进了联邦进一步走向统一。由于改革主要集中在城市，其所造成的影响也首先发生在瑞士工商业发达的城市。在加尔文时代，一批主要从法国来的新教流亡者进一步推动了日内瓦脱离罗马教廷的趋势，使日内瓦开始作为一个独立的地区实体成为可能。特别是1685年，法国颁布《枫丹白露诏令》后，导致法国大量新教徒逃亡，日

① 舒畅．日内瓦，一枚钱币有两面［N］．光明日报，2012-12-03（12）．

内瓦真正开始脱离罗马主教的控制，并成为当时欧洲新教的中心[①]。加尔文所推动的宗教改革和社会传统至今仍是这座城市遗产中宝贵的一部分。此外，加尔文倡导国家不仅要维护公共秩序，还应积极关注社会的普遍福利。这些政治遗产后来在瑞士联邦的其他州发扬光大。

宗教改革还进一步巩固了瑞士联邦的独立与安全。加尔文去世后，日内瓦扩大了其作为新教徒据点的作用。1602 年，萨沃伊（Savoy）军队短暂地包围了日内瓦，试图为天主教夺回这座城市。然而，包围战争很快就中止了，其主要原因就是日内瓦新教教徒近乎狂热地保卫这座城市。在后来的几年里，除拿破仑战争期间被法国暂时吞并外，日内瓦一直是欧洲中部新教和瑞士的坚定捍卫者。瑞士人认为，今天日内瓦以和平与中立闻名于世的很大部分原因在于“加尔文主义”传统[②]。

2. 经济方面

宗教改革不仅导致瑞士联邦的政治生活发生了巨大变化，对联邦的经济发展也产生了深刻影响。手工业、畜牧业、轻工业、重工业等发展，给瑞士城镇和农村经济带来发展契机。从 1648 年欧洲结束“三十年战争”到 1789 年法国大革命，瑞士农村成为当时欧洲最富裕的地区，城乡发展差距缩小[③]。瑞士宗教改革与瑞士近代工业的崛起紧密关联，造就了瑞士特有的近代工业发展模式。

1）制表业

从外部看：15 世纪中叶，钟表业首先在法国蓬勃兴盛。随着瑞士宗教改革运动席卷欧洲，法国基督教新教——“胡格诺派”（Huguenots）和天主教之间爆发了宗教斗争，遭到迫害的胡格诺派教徒纷纷逃离法国，投奔到以瑞士日内瓦为中心的法语区城镇。这群逃难的胡格诺派教徒中有很多是原来的法国钟表工匠。相比天主教，加尔文提倡的制度和社会规则更适合钟表产业发展的需要。

一方面，由于当时加尔文教义提倡节俭，反对奢侈，加上日内瓦地区推行的改革法令，导致人们佩戴珠宝首饰变得“不合时宜”，钟表成为人们象征地位和品位的新宠，那些从事首饰业的工匠也改行成为钟表业的潜在技术人员；另一方面，从法国逃难而来的胡格诺派为日内瓦带来了大量技术人才、资金和先进制表技术。在以日内瓦为中心的法语地区，法国钟表制造技术和瑞士首饰加工技艺有机结合，促使钟表业率先在以日内瓦为中心的瑞士法语区出现和发展。

---

① 马丁．欧洲宗教改革与瑞士钟表业的崛起［J］．世界历史，2020（2）：45-60，161.

② 参见不列颠百科全书。

③ 刘军．瑞士［M］．北京：世界知识出版社，2002.

2）纺织业

宗教改革时期，从意大利来的宗教移民在苏黎世建立了瑞士最早的丝织业；而从法国逃到日内瓦等法语地区的胡格诺派教徒，除带来钟表工艺技术之外，还带来了制造花边饰带的技术。瑞士人将丝织业技术与花边饰带技术进行有机结合，推进了早期纺织工业的起步。随着纺织工业技术不断进步，瑞士纺织品以其高品质风靡欧洲。时至今日，瑞士纺织品中仍有40%的产品出口，面向全球高端服装市场。

3）机械工业

早在中世纪末期，瑞士东部就已是纺织品生产的重要中心。而在15世纪的圣加仑，已经引入了生产分工的机制以及城市管理和市场交易制度。① 为进一步发展当地纺织业，圣加仑于1801年从英国进口第一台机械纺纱机（第三代机器）②，苏黎世的一家纺织厂模仿制造了这些产品，其产品质量甚至超过英国，受到国内同行的高度评价，瑞士的机械工业也由此诞生。

4）化学与制药工业

因纺织品印染需要大量染料，由此促进了瑞士染料业的出现，而染料的生产又依赖于化学工业的发展。于是，瑞士化工产品以及医疗药品也得到长足发展。

第一批化工厂和制药厂出现在19世纪，它们为纺织业制造染料。近代以来，瑞士制药工业把精力集中在高附加值产品上，如血清、疫苗和药品等。

3. 思想方面

宗教改革从根本上解除了禁锢瑞士社会思想的“紧箍咒”，瑞士社会开始从封闭走向开放。以茨温利、加尔文为代表的瑞士宗教改革先锋，为瑞士新教同封建王权的斗争和欧洲资产阶级革命提供了理论武器③。瑞士宗教改革思想迎合了当时瑞士新兴资产阶级追逐财富的要求，使瑞士较早地产生了资本主义思想，促进了瑞士近代工业的发展。宗教改革还使宗教伦理与资本主义思想有机结合起来，促使瑞士社会对时间观念产生了非常深刻的认识。无论在劳动力输出还是在产品输出方面，瑞士都是最早转型并面向全球的西方国家之一，这也是今天其能够成为全球最具创新力国家的关键因素④。

---

① 参见GESCHICHTE-SCHWEIZ官网。

② 英国于1764年建成第一台工业机器。

③ 马克思，恩格斯．马克思恩格斯全集：第21卷［M］．北京：人民出版社，2007.

④ 瑞士宗教改革中提出的诸多革命思想，为欧洲资产阶级革命提供了理论武器。恩格斯将加尔文和路德的宗教改革称为欧洲“第一号的资产阶级革命”。

宗教改革同时还影响了瑞士人的思想观念，例如节俭、勤勉、细致等工作和生活态度被高度强调。此外，宗教改革也孕育了瑞士人特有的“匠人”精神。瑞士“匠人”精神以钟表为代表，广泛渗透到瑞士的各个创新行业中。

二、瑞士钟表技术崛起与全球竞争

瑞士钟表体现了瑞士持久创新以打造商品的最高品质的不懈追求。瑞士钟表不仅有吸引力，且持久可靠。在瑞士近代工业发展史上，钟表业占有举足轻重的地位。瑞士钟表业的崛起并非偶然，而是瑞士人抓住历史机遇、长期探索、因地制宜并持续创新的结果。

（一）“巧借”他国技术优势

通过考察瑞士钟表业发展史，可以发现，瑞士钟表的起步和发展时期与欧洲和瑞士国内的宗教改革进程基本重合。换句话说，瑞士能够成为今天的“钟表王国”，与宗教改革的历史背景有密切关联。

机械计时器于 14 世纪在欧洲投入使用。第一个制造出小到可随身携带的时钟的国家是德国。1530 年，德国人彼得·亨莱因（Peter Henlein）在纽伦堡制作出首个可以被称为“手表”的微型钟表。由于这种表极其稀有和昂贵，当时只有贵族才买得起[①]。

随着马丁·路德和加尔文先后在德国和瑞士发起改革运动，欧洲逐步推进宗教改革。法国宗教战争导致了对“胡格诺派”的广泛迫害，许多新教徒从法国逃离进入瑞士日内瓦，他们的钟表制作技术也随之带到这里。16 世纪下半叶，随着制表技术熟练的难民大量涌入，使日内瓦成为一个以高质量制表而闻名的城市，瑞士也正式开启了制表业大发展的序幕。

前文已述，由于加尔文在日内瓦的改革对当地社会生活有了更严格监管，导致日内瓦原先的金匠和搪瓷匠等手工艺人逐步转向制表行业。他们与“胡格诺派”制表匠进行“强强联合”，使日内瓦在短时间内积累了数量可观的钟表设计人才和制作人才。17 世纪末，随着瑞士宗教改革的结束，日内瓦严格的社会监管被解除，这座城市开始以其制表技术而逐渐闻名欧洲——日内瓦生产的瑞士手表不仅以其技术和质量而受人青睐，还以其精美设计而闻名于世。

瑞士钟表业起步的初期，制表创新和生产主要集中在日内瓦。然而，制表作坊很快就向瑞士汝拉山脉蔓延，并最终发展到瑞士其他地区。在 17 世纪，纳沙泰尔州的几乎所有家庭的劳动力人口都受雇于制表工业，他们主要是制造怀表

① 参见 First Class Watches 官网。

和精密仪器。19 世纪，纳沙泰尔开始生产摆钟，其摆钟可与巴黎制造的摆钟相媲美。

（二）扩“数量”参与国际竞争

尽管这时瑞士手表已有了名气，但它在欧洲其他国家还没有获得完全认可。事实上，18 世纪，英国生产的手表仍然是欧洲翘楚，其在手表工业上的开拓式创新，为今天机械手表的设计与制作铺平了道路。当时，英国制表工匠研发出怀表这一新式的钟表样式。随着英国制造业的发展，一系列钟表装置也随之被发明出来：切齿机的发明促进了英国手表的产量，而平衡弹簧、天文钟和杠杆擒纵装置的发明则进一步提高了英国手表的精度和质量[①]。虽然英国当时处于技术领先地位，但瑞士迎头赶上，推进了多方面改革。在瑞士汝拉山脉一带，制表业大面积铺开，瑞士钟表进入蓬勃发展时期。瑞士不仅对打造高质量手表的工艺进行创新，同时也对手表的生产方式进行创新。

1. 劳动分工应用于制表行业

瑞士金匠丹尼尔·尚维沙（Daniel Jeanrichard）在汝拉山脉一带开启了早期的创新。1665 年，尚维沙出生在纳沙泰尔州的山谷区，少年时期就对机械表现出极大的热情与天赋。1705 年，他在纳沙泰尔州的一座小城力洛克（Le Locle）建立了自己的制表工厂。在实践中，他逐渐意识到，即便是最能干的工匠，也不可能以一人掌握所有的制表工艺。于是，他雇佣能够制作表盘、表壳以及熟悉其他相关手工技艺的各类匠人，在当地形成了钟表制造业的最初分工。在尚维沙和他的儿子的推动下，当地制表业快速发展。几十年间，制表从业人员从几百人增加到两千多人。尚维沙将劳动分工应用于制表行业，通过使用这种方法来提高效率和标准化。他主导的制表工厂既能提高产量，也能提高质量。尚维沙家族及其生产的钟表成为纳沙泰尔地区的传奇。而尚维沙本人，作为世界钟表史上第一位倡导传统手工钟表技艺分工协作的人，被欧洲钟表界尊称为“瑞士钟表工业之父”。到 1790 年底，日内瓦出口了 6 万多块手表。[②]

2. 关键核心部件的研发

瑞士人在制表技术上还进行了多项重要创新。

1729 年，亚伯拉罕-路易·伯特莱（Abraham-Louis Perrelet）出生于纳沙泰尔力洛克小镇的一个农民家庭。当时，瑞士制表业还不普遍。伯特莱的父亲在冬闲时，做些制作手表零件的工作。伯特莱从小耳濡目染，逐渐掌握了制表的原理。20 岁后，他拜师学艺。伯特莱日益发现，要达成制表理想，首先要

---

① 参见 First Class Watches 官网。

② 参见 First Class Watches 官网。

“利其器”——如果缺乏生产手表零组件的工具，就不可能制造出精密复杂的手表。于是，他决定自行制作制表工具和制表机器。他在力洛克创建了个人的制表工作室，先后制成了直线仪、偏心机和生产工字轮的工具。他所研发创新的各式制表工具及精密手表零件，备受瑞士制造商青睐。在力洛克，伯特莱最先制成了工字轮，完成了日历、平均时间以及蟹爪轮等功能装置。他用粗铜做基板，再装上自制的组件、传动齿轮、轴轮、齿轮、擒纵装置和动力装置，实现了“从 0 到 1”的跨越，完成整只手表制作的整个生产流程。

18 世纪 70 年代，伯特莱决定尝试完成一项新的革命性目标——发明让手表“一劳永逸”地自动上弦装置。1777 年，他发明出利用手肘的运动作为动能的“中心式自动盘”，生产出了世界上首只自动手表。时至今日，世界上所有的自动手表仍无一例外地运用着伯特莱发明的自动机制。图 6.7 展示的就是伯特莱设计制作的首个自动手表机芯。

图 6.7 伯特莱设计制作的首个自动手表机芯

（来源：伯特莱品牌官网）

伯特莱还培养了许多影响后世的泰斗级制表人物，如宝玑表的创始人——亚伯拉罕-路易·宝玑（Abraham-Louis Brequet），伯特莱之孙、法国国王钦命的制表大师——路易-弗雷德里克·伯特莱（Louis-Frederic Perrelet）等。

在这一时期，著名品牌百达翡丽（Patek Philippe）的创始人之一阿德里安·菲利普（Adrien Philippe）发明了吊坠上弦手表。飞回指针也是这个时期在汝拉山脉发展起来的。瑞士制表师宝玑于 1795 年发明陀飞轮（1801 年获得专利），这是一种令人难以置信的尖端制表工艺。

1785 年前后，瑞士的手表产量开始有较大提升。当时，日内瓦的制表业约有 2 万人，每年手表产量约 8.5 万只；纳沙泰尔地区手表产量约为 5 万只。[①]

① 参见 GESCHICHTE-SCHWEIZ 官网。

3. 法国“Lépine 口径”的成功运用

然而，让瑞士手表在欧洲市场占据上风的发明，实际上并非源自瑞士。18 世纪 60 年代，担任了路易十五、路易十六和拿破仑·波拿巴三朝国王钦命的法国制表大师让-安东尼·列品（Jean-Antoine Lépine）发明了一种简化的平面口径——“Lépine 口径”。“Lépine 口径”使更小、更薄的怀表得以发展。这种发明迎合了当时欧洲人喜爱的薄裤和马甲的穿戴风格。

尽管在 19 世纪早期，Lépine 口径被法国钟表制造商 Frédéric Japy 用于工厂生产，但这种生产模式在法国效果不佳。而当时领先欧洲制表工业的英国人，也没有很好地利用法国的这项重要发明。因为英国人对使手表变薄不够上心，这使得英国丧失了在钟表行业的主导地位[①]。

瑞士人成功地抓住了机会。在引入“Lépine 口径”后，瑞士人以一种全新的生产模式加以运用，使得瑞士制表商大获成功。

4. “分布式作坊”（Établissage System）的生产模式

瑞士手表的研发和生产方式与欧洲其他国家的生产非常不同。在瑞士流行的“分布式”生产方式，在法国完全行不通。其原因在于，瑞士钟表业的发展方式是其作为联邦国家自然延伸的结果。作为一个联邦制国家，瑞士的权力结构非常分散，具有“多中心”的特点。例如在以瑞士“汝拉山谷”为代表的钟表城市集群中，活跃着大量有持续创新力的制表机构和组织。这构成了瑞士传统的制表方式，一些学者也将其称为“瑞士制表模式”[②]。

英国、德国或法国的情况则完全不同，这些国家都具有相对集中的权利结构，并且这些国家的人口也往往集中在大城市。

瑞士钟表制造商，采用了一种名为“分布式作坊”（Établissage System）[③]的钟表生产模式，这使瑞士人开发手表的速度比任何竞争对手都快得多。在这种生产模式下，仅依靠组装各种部件，就能快速制造出一个手表机芯或一块手表，涉及的操作包括：验收、检查和储存原始机芯、调节涉及外观和走时的各部件、组装、对时、安装表盘和指针、封装、在包装和发运前进行最后检验等。这意味着手表的不同部分将在不同的地方生产，然后由制造商组装，形成最终的手表。通过运用这种生产模式，瑞士钟表制造以一种令人难以置信的速度增长。

---

① 参见 First Class Watches 官网。

② 参见 First Class Watches 官网。

③ 国内学者对“Établissage System”的翻译有多种，如：“独立工厂”“工匠作坊”等，笔者认为都不够准确，这里建议翻译为“分布式作坊”更为贴切。

瑞士能够广泛实施“分布式作坊”的钟表生产方式，还与瑞士独特的气候和瑞士人独特的工作态度——“匠人”精神有重要关系。瑞士冬天十分寒冷，在冬天几个月的时间里，当地农民由于无法农耕创收，为增加工作收入，他们会在室内专心为钟表公司制造手表零件。

Lépine 口径的发明，促成了瑞士走向制表强国。随着先进制表技术进一步应用于大规模生产，瑞士钟表制造商能生产出比国外竞争对手更高产量的手表。

英国和法国的制表商已无法与批量生产的瑞士手表生产商在数量和价格上竞争。

1800 年，瑞士和英国的手表生产规模均达到近 20 万块；1850 年，瑞士的产量达 220 万块，而英国的生产仍只有 20 余万块。到 19 世纪中叶，瑞士人已经超过英国人，成为世界上最重要的钟表制造商。到 19 世纪末期，法国制表业几乎被摧毁，只有少数人可以创造出质量上乘的法国钟表；英国钟表业几乎崩溃。

这一时期，瑞士钟表工业拥有“高产量”，并不意味着拥有了“高质量”。以“分布式作坊”模式生产的瑞士手表，看起来像法国或英国制造的手表，只是价格更低，供应范围更广罢了，其质量仍然无法与瑞士纯手工制作的手表相比。但在一段时间内，瑞士人的这种生产模式是比较奏效的。

随着瑞士人进一步拓展全球市场，特别是试图打破利润丰厚的美国市场时，他们发现此法不奏效了。此时，美国制表业正蓬勃发展。特别是 19 世纪下半叶，当美国钟表制造商开始大规模生产手表部件时，美国成为瑞士真正的竞争对手。美国手表非常精确，且机芯可应用于各种各样的手表款式。这给瑞士钟表业带来了巨大挑战和打击。当瑞士人向美国市场倾销廉价的瑞士手表时，美国人普遍认为这些手表是“垃圾”。10 年内，瑞士手表对美国的出口下降了 75%①。

5. 脱胎于瑞士制表业的八音盒产业

随着这一时期制表业的不断发展，另一个重要产业——八音盒产业也同步发展起来。

制造复杂计时器一直是瑞士工匠的梦想，他们希望将机器打造成为人类的自动助手。在 1770 年，Jaquet-Droz 兄弟及其助手制造出三个类似于“机器人”的装置，并于 1774 年向公众展示。随后的一个多世纪，这些能做出简单动作的“机器人”经常被搬到欧洲的舞台演出。1796 年初，日内瓦制表工匠安东尼·法夫尔（Antoine Favre）在日内瓦艺术协会展示了他制作的音乐盒——一种新型的音乐装置，这种如烟盒大小的装置可播放两首曲子，并模仿曼陀林

① 参见 First Class Watches 官网。

（Mandolin）的声音。这种声音是基于带有销钉的旋转滚轮拨动薄钢板时产生的振动而发声的[①]。

八音盒的出现，对瑞士市场和欧洲市场而言十分重要。八音盒产业开始逐渐从日内瓦制表行业和珠宝行业发展中剥离出来，成为一个独立的行业，广泛分布于日内瓦以及汝拉山谷地带。瑞士工匠开发出复杂的外壳、贴面、镶嵌和雕刻，以赋予八音盒高贵的品质[②]。

19 世纪下半叶，日内瓦、“汝拉山谷”以及整个汝拉地区的八音盒产业达到巅峰。八音盒制造商迅速获得成功，成为该地区的主要雇主。八音盒逐渐发展成为瑞士的一种特殊产品并成功出口。八音盒的成功进一步塑造了瑞士持续推进技术进步的创新精神。

（三）提“质量”赢得国际市场

在实施钟表“质量革命”的过程中，瑞士主要有四点重要创新：一是生产方式的再次创新；二是生产技术的进一步创新；三是逐步形成联邦制表产业集群；四是打上有瑞士印记的特定标签。

1. “集成式工厂”生产模式

瑞士较早起步的一流制表商，如百达翡丽、伯爵、宝玑等，始终定位在生产高质量的瑞士手表上，由于它们坚持在家庭作坊中手工打造全部零配件，必然导致这类手表产量是很少的。在 19 世纪中期，走高端路线的高品质瑞士手表，被淹没在大量以廉价充斥欧洲市场但性能低下的手表浪潮中。

而在美国，由于采用了优化的机械生产流程，不仅提高了手表产量，还确保所有生产出来的手表都具有可靠性能。但是美国手表缺乏像瑞士手表那样的传统制表工艺和设计上的美感。

对瑞士而言，关键的问题不是缺乏高质量的手表品牌，而是缺乏能在市场上占据较大份额的高质量手表品牌。换句话说，瑞士制表业面临的转型问题，就是如何在“数量”和“质量”两个方面取得平衡。

通过上文的分析我们看到，瑞士制表业在前一次转型中，实现了在保障质量的前提下（应对英国和法国的竞争）提高产量。在接下来的讨论中，我们将看到，瑞士制表业这一次将要面对的转型，需要在提高产量的情况下（应对美国的竞争）中保障质量。

1868 年，美国人佛罗伦萨·琼斯（Florentine A. Jones）来到瑞士，创立了“万国表业”这一钟表品牌。这是一家将美国生产方式和瑞士制表工艺成功结合的早期公司。在“万国表业”的带动下，一些瑞士制表企业从“分布式作坊”

---

① 参见瑞士国家旅游局官网。

② 参见瑞士国家旅游局官网。

的生产方式，逐步向“集成式工厂”生产模式转型，实现将生产完全整合到一个综合性工厂中。浪琴就是一个典型代表[①]。

1876 年，当瑞士人在费城国际博览会上发现美国人可以用机械化装置生产手表时，他们感到了恐慌。越来越多的瑞士制表商开始投资制表机械工业，以使手表生产实现机械化。

前文提及过，瑞士“分布式作坊”的生产方式是各手表部件在联邦各地生产，然后由制表商再快速组装。现在，瑞士制表商转向了“一体化”、集中式的生产模式，即在一个综合性大工厂内集中负责各类手表配件的工人，在这里完成设计、研发、测试、装配、调试、封装等各个环节，以实现在保持较高产量的同时也保证手表的高质量。“集成式工厂”生产模式的应用，大大提升了瑞士制表商和手表品牌在欧洲市场的声誉。以浪琴为例，1866 年，浪琴公司将所有制表业务转移到一个综合性工厂，在 45 年内雇佣了 1100 多名工人。[②]

2. 生产工具的机械化

瑞士人决心通过制造精密的机械部件来应对不断变化的市场。两个重要的瑞士制表匠的出现——皮埃尔-弗雷德里克·英戈尔德（Pierre-Frédéric Ingold）和乔治-奥古斯特·莱绍特（George-Auguste Léschot），帮助瑞士手表生产方式实现了转型。他们的主要贡献在于发明出能规模化生产钟表零件的专门机械。

莱绍特发明了全球第一台可以制造各种手表零件的机器。这种机器生产的零件具有通用性，可以在不同手表上互换，这无疑为大规模生产和保障部件质量奠定了基础。

英戈尔德对全球制表工业产生了更为重要的影响。19 世纪初，英戈尔德曾担任亚伯拉罕-路易·宝玑的学徒，参与了许多高质量的法国手表的研发，他在研发大规模生产手表的机器上持续推进创新。19 世纪 30 年代，英戈尔德逐渐意识到，如果制表业不能真正实现机械化，制表工业将在 19 世纪走到尽头。英戈尔德决定自己造一台这样的机器。他先是开发出一种能生产表盘的机器，这种机器可在表盘上打出凹槽和宝石底座。后来，他又陆续开发出一种可以生产手表发条甚至更多其他部件的机器。他将基于机械制造的瑞士手表带到英国销售，结果受到英国权势集团的排斥。之后他又去了美国，其发明的设备对波士顿地区制表工业产生了巨大影响。英戈尔德在美国的影响，对改变瑞士制表业起到了至关重要的作用。他回国后，继续进行发明创造。他的许多发明和技术都得

---

① 参见 First Class Watches 官网。

② 参见 First Class Watches 官网。

到了应用，如他发明的“整形铣刀”技术被用于修正齿轮齿形。1852 年，他又发明一种新型擒纵机制。英戈尔德的发明，对瑞士制表业向“集成式工厂”生产模式转型至关重要。

3. 制表业集群的形成

到 19 世纪中期，瑞士的制表商已渗透到索罗图恩州和伯尔尼州。1890 年，瑞士出口的手表和机芯大约有一半是在伯尔尼州、汝拉州附近的圣米尔（Saint-Imier）、弗朗什-蒙塔涅斯（Franches-Montagnes）、阿霍伊（Ajoie）和比尔（Biel）等地生产的。到 20 世纪初，瑞士制表业的触角延伸到了巴塞尔和沙夫豪森（Schaffhausen）。

1）“汝拉山谷”

在瑞士钟表业集群的诸多区域中，有一个地区非常重要，它就是闻名全球的“汝拉山谷”(Jura Valley)，也被誉为瑞士的“钟表山谷”。

19 世纪中期以后，瑞士汝拉山脉地区形成了成体系的钟表作坊集群，这一地区被称为“汝拉山谷”。一个多世纪以来，瑞士 90%的手表生产都集中在“汝拉山谷”。这个地区形成了其鲜明的品牌特征，也被外界誉为“精密之地”(Land of Precision)。

“汝拉山谷”不仅拥有众多先进的制表中心，还发展出许多著名的机床工厂，它们配合钟表工业的生产链条推出配套的加工设备和器件，时至今日仍然如此。其中，有相当一些工厂是专业利基产品（niche products）生产的世界领导者。位于沃州的瓦洛布（Vallorbe）被誉为“世界精密锉刀之都”，而位于汝拉州的穆捷（Moutier）自 1880 年以来就以制造可调节主轴头的自动车床而闻名——这项发明彻底改变了制表业。

“汝拉山谷”同时也以秀美的自然风光闻名于世。2001 年，“汝拉山谷”向外界推出长达 200 千米的“制表之路”，这条景观路线有 38 个路段，沿途集中展示了瑞士制表工艺和技术，以及瑞士独特的钟表杰作，包括手表、怀表、报时器等——充满自信的瑞士制表技术和工艺展示是这段旅途的中心主题。在这里，人们将对瑞士这个集深厚钟表文化传统和美丽风景于一身的独特区域形成深刻印象。在这个“时空”场景里，由于田园诗般的湖、山、葡萄园和村庄的存在，人们反而会“忘记了时间”。

2）拉绍德封

拉绍德封（La Chaux-de-Fonds）是“汝拉山谷”(Jura Valley) 中最为核心的制表中心。

1740 年以来，纳沙泰尔州的工匠们，就在位于小城拉绍德封（La Chaux-de-Fonds）和力洛克（Le Locle）小镇周边的钟表作坊中寻找工作机会。这个镇上的钟表作坊，如雨后春笋般一个一个冒出来，形成了较大规模的集群。随着瑞士钟表业从以日内瓦为中心逐渐转移到以拉绍德封为中心，众多钟表公司和大量优秀的钟表工匠也纷纷来到这座寒冷的山间小城。就这样，拉绍德封不仅成为瑞士新的钟表制造中心，同时也成为世界的钟表贸易中心。

拉绍德封，也被誉为“世界钟表之都”。许多享誉世界的瑞士名表总部或工厂都位于这座城市，许多钟表品牌也发源于此。2017 年，笔者专程来到拉绍德封，考察这里的钟表博物馆和城市格局。这个钟表博物馆是瑞士规模最大、馆藏最齐全的钟表博物馆。从古老的日晷到先进的现代钟表，博物馆收藏了共计 4500 多件展品，记录了钟表发展的历史。

拉绍德封地处偏远山区，是瑞士最寒冷的地方之一。与欧洲其他城市不同，拉绍德封的街道非常宽阔笔直，建筑很讲究朝向和间距，注重自然光线能否直射入室内，同时重视预防火灾。在电力还没有普及的时代，房屋采光对制表工匠尤为重要，而对于工厂和作坊来说，防火的重要性不言而喻。拉绍德封的城市布局完全以钟表制造工业的生产为核心进行规整布局。工厂和居民住宅相互交错，沿着与轴线垂直的平行街道向两侧展开，反映了 17 世纪以来瑞士钟表制造业的文化需求，是单一制造产业城镇的杰出典范。也正因为如此，2009 年拉绍德封和毗邻的小镇力洛克一起被联合国教育、科学及文化组织世界遗产中心（UNESCO）评选为世界文化遗产。

4. 刻上“瑞士印记”

19 世纪末，瑞士手表因其品质赢得了国际市场的口碑。但随着好名声的到来，走捷径、赚快钱的制表商也多了起来，瑞士手表造假事件屡见不鲜。

这一时期，日内瓦制表商在欧洲钟表市场享有良好声誉。为了“打假”，瑞士钟表制造商协会推动联邦议会和日内瓦州通过一项法律，为真正由日内瓦制造的手表设定条件。

于是，“日内瓦印记”（Geneva Seal）被用作标明手表真正由日内瓦制造——任何标有这个印记的手表都有一个由日内瓦工匠在日内瓦州打造的手表机芯。“日内瓦印记”现在仍然是瑞士日内瓦手表制造商亮明身份的重要名片①。

19 世纪末，瑞士实施的防伪措施还包括使用另一个享誉全球的印记——“瑞士制造”（Swiss Made）标志。它在 1880 年左右开始出现，当时瑞士联邦还没有出台法律正式确立其防伪作用和地位②。

由于有了标明产地和质量标准的“日内瓦印记”（也包括“瑞士制造”），瑞士一流的钟表制造商开始引领全球钟表行业。图 6.8 展示的是瑞士制表师正在打造高质量的机械手表。

---

① 参见 First Class Watches 官网。

② 参见 First Class Watches 官网。

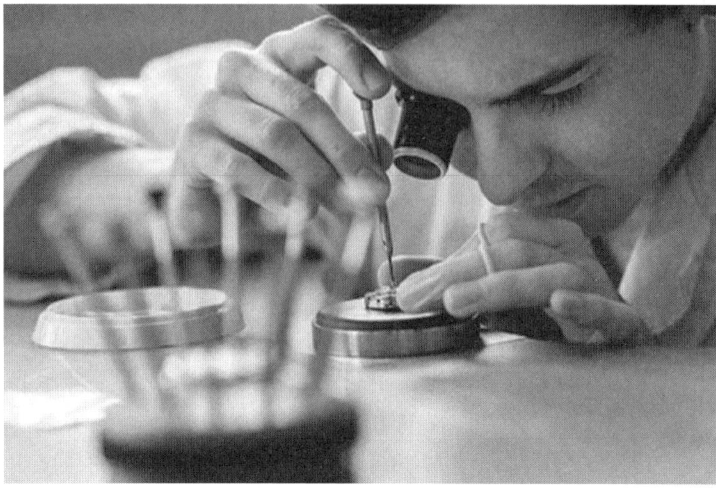

图 6.8　瑞士制表师打造高质量的机械手表

（来源：全球文化之旅官网）

（四）打造“腕表传奇”占领国际市场

1. 腕表何以成为一种世界需求

尽管腕表的概念伴随着 16 世纪全球手表工业的发展，始终盘旋在制表师的脑海，但包括瑞士、英国、美国、德国等在内的主要钟表制造国都没有成功制作出真正意义上的腕表。

在 19 世纪末、20 世纪初，世界对于腕表的需求愈来愈倾向于便携型和轻巧型腕表。尤其对军人而言更是如此，便携轻巧型腕表对作战有重要作用，而军队对腕表在数量上的需求，往往是巨大的。

第一次世界大战（简称一战）后，很多从战场上回来的军人都戴着腕表，而且很多人还选择继续佩戴。突然之间，欧洲人的审美标准也发生了改变，腕表不再被视为脆弱或缺乏阳刚的饰品，由于曾经参战的军队人员佩戴过腕表，这一形象被社会日益接受和认可。20 世纪上半叶，世界手表行业面临着新的需求市场。

然而，瑞士的两个主要对手——英国和美国，此时都无法满足这个新的市场需求。英国在制造腕表方面缺乏技术。在制作适合腕表的小机芯方面，英国钟表制造商远远落后于潮流，其使用的手工工艺也不容易生产出较小尺寸的机芯。英国制造商基本上把小型手表的市场留给了瑞士，他们还做不出可以量产的腕表机芯。美国对腕表没有太大需求。美国直到 1917 年才参加一战，参战的人数所占比例远低于欧洲国家。因此，回国的美国士兵并没有对美国的手表需求市场产生欧洲那样的影响。直到 20 世纪 20 年代，腕表在美国仍然是一种不流行的物品。尽管美国在当时已经具备了造出小尺寸机芯的制表技术，但由于国内市场需求太小，制造商研发和生产的动力不足[①]。

当对手表的需求在第一次世界大战中突然飙升时，英国制造商无法满足该需求，瑞士和美国的手表则席卷了整个市场。瑞士人开始尝试打造真正的腕表——这将重新定义“手表”的概念，并最终刻画近一百年来以及当代所见到的手表的最终形象。瑞士钟表业也从作为现代真正意义上的“手表”的市场新需求中受益。

2. 腕表的技术难题

为让腕表（以下统一称为“手表”）获得大众认可，需克服一些技术难题。

首先，在基于19世纪的制表工艺条件下，保持手表的精准性与缩小手表外观尺寸是矛盾的。换句话说，在保持走时精度的同时，要进一步缩小手表外观，将变得非常困难。

其次，手表由于佩戴位置暴露，更容易受到损坏。相较于怀表，手表不容易得到衣物的保护。例如：当怀表放在口袋时，它不太可能被水溅到或被灰尘覆盖。如果把表戴在手腕上，则很可能被水溅到。被水溅到或被灰尘覆盖，都很容易损坏手表内部的组件。

最后，和怀表相比，手表对机械制造的技术和工艺的要求都要高得多。这是因为手表上所需的机芯部件尺寸更小。所以，需要在特殊机械加工的机器上投入大量资金。20世纪初，由于英国钟表行业多年来持续走向衰落，大的制表企业被分割成许多小公司，除了少数大企业以外，英国钟表制造商根本没有组织能力或资本来投资于更加一体化和高度机械化的现代化制表工厂。相较而言，瑞士制表商的组织能力和融资能力都更强，在某些方面采用了美国的制造方法，使它们有能力在新的手表研发和生产上实施开拓性创新。

随着制表师开始专注于制造戴在腕上的手表，这种情况逐渐发生了变化。1903年，Dimier Frères公司申请了手表设计专利——带把手的手表。1904年，飞行员阿尔贝托·桑托斯-杜蒙（Alberto Santos-Dumont）请路易斯·卡地亚（Louis Cartier）设计出一款可以在飞行中佩戴的手表。

3. 劳力士的开创性贡献

1905年，德国人汉斯·威尔斯多夫（Hans Wilsdorf）搬到伦敦，和他的姐夫阿尔弗雷德·戴维斯（Alfred Davis）创办了一家钟表公司，名为威尔斯多夫和戴维斯（Wilsdorf and Davis）。威尔斯多夫很快对手表产生了兴趣，并决定生产自己的生产线。

---

① 参见First Class Watches官网。

威尔斯多夫联系到瑞士手表公司艾格勒（Aegler），并下了当时最大的手表订单——1000块表。当威尔斯多夫发现手表在英国销售大获成功时，这进一步坚定了他创建属于自己的全新手表品牌的决心。威尔斯多夫想要在自己的制表企业中打造出有别于其他制表企业的手表。1907年，威尔斯多夫在瑞士纳沙泰尔州的拉绍德封市（La Chaux-de-Fonds）开设了企业办事处。1908年，他在瑞士注册了“劳力士”品牌。此后，劳力士手表很快成为受人追捧的手表品牌，开辟了制表行业的新天地。1910年，劳力士手表成为第一个在瑞士获得精密计时器认证的手表。

1926年，劳力士生产了第一款防水腕表——“蚝式”腕表。这是劳力士对世界制表工业重要的开创性贡献。因为，尽管在20世纪20年代防水怀表面世已久，但防水技术还没有被应用到手表上。本书在第二章中详细介绍了劳力士在这一时期的两大关键技术创新：一个是防水技术；另一个是自动上链技术。此处不再赘述。

由于劳力士在其“蚝式”手表上融入了防水和自动上链技术，使其在国际市场大受欢迎，成为稳定可靠的高端手表代名词。

4. 占领全球市场

到1930年，怀表和手表的比例几乎逆转，达到1∶50。这些手表大多由瑞士公司生产，通常是劳力士或欧米茄[①]。在第二次世界大战中，手表成为各国军队人员的必备物品。成立于瑞士的腕表品牌劳特莱（Rotary），在第二次世界大战期间专为英国军队生产手表。当时，英国几乎每个家庭都有一块这样的腕表。

然而，当时几乎所有的美国钟表制造商被政府征召制造战需物资。由于瑞士在战争期间采取中立政策，瑞士的制造业不像其主要竞争对手日本和美国那样，没有被迫生产支持战争的产品。瑞士制造商抓住机会，迅速占领美国市场缺口——这个巨大市场是瑞士钟表制造商之前一直想要占领的。随着美、英、日、德等国制表商将注意力集中在炸弹引信和船用计时器上，瑞士手表得以进入美国市场[②]。

这一次，瑞士制表商吸取了上一次打入美国市场的教训，向美国大量销售质量极高的瑞士手表——质量高到令美国人难以置信，其主要原因在于，当时瑞士的制表技术已经处于全球钟表技术的前沿。20世纪初，瑞士钟表制造商为了恢复竞争力，在手表上增加了日历、秒表等功能。在20世纪20年代，劳力士制造了第一块防水手表，于1926年制造了第一块自动手表。这些在机械和生产

① 参见 First Class Watches 官网。

② 参见 First Class Watches 官网。

领域的卓越创新，推动了瑞士钟表业的发展，使其在接下来的几十年里占据了世界钟表市场的绝对领先位置。

对瑞士手表制造商来说，最大的成功一方面就是在战争期间将瑞士手表引入美国市场。到第二次世界大战结束时，瑞士手表在全球的需求量巨大，而美国制表业错过了黄金时间，以至于难以在短时间内恢复之前的生产能力和水平。另一方面，由于瑞士钟表制造商实现了高度资本化，在几乎没有任何竞争的情况下，瑞士制造商已完全控制了全球手表市场，处于绝对优势地位——占有量几乎遍及英国的每一个家庭，并成功席卷了美国市场，使瑞士成为之后二十年世界钟表技术的领头羊。到 20 世纪 60 年代末，瑞士制造商占据了全球 50%的手表市场，成就了瑞士手表一统世界的霸业。①

三、瑞士十九世纪末主要行业的全球崛起

从上面的讨论中可以清晰地看到，自宗教改革以来，以钟表业为代表的手工业，带动相关行业的发展，在经历西方近代工业革命的洗礼之后，瑞士逐渐形成了自己的工业体系、农业体系、金融体系和服务业体系，造就了瑞士今日创新体系的繁荣。

在瑞士工作期间，笔者非常关注 19 世纪瑞士的社会发展状况，包括工业化、农业、旅游业、银行业、移民潮等情况。

19 世纪和 20 世纪之交的瑞士，社会已经非常发达：教育体系已臻成熟和健全，国家也已完成工业化，铁路交通已经十分发达，社会法治早已深入民心。对比这一时期英国的空前繁荣发达，以及德国现代工业体系的迅速崛起，我们会发现，瑞士不仅丝毫不逊色于这些西方发达资本主义国家。事实上，19 世纪末，瑞士的社会发展无论在物质方面还是在精神生活方面，都呈现出相对发达与繁荣的状况。

从很多历史照片中可以看到，一百多年前瑞士的城市、乡村生活方式与今天的状况变化不大，人们依然能清晰感受到 19 世纪末瑞士各个领域发展所取得的成就对今天造成的积极影响。可以说，19 世纪下半叶，瑞士在各个领域的快速发展，奠定了其作为今天"创新之国"的重要基础。

因此，有必要分析 19 世纪末瑞士在几个重点领域的发展状况，这将有助于我们理解这个国家今天创新的基础。

（一）农业

在农业方面，随着铁路的大规模建设，到 19 世纪下半叶，粮食得以廉价进

① 参见 First Class Watches 官网。

口，越来越多的农民转向利润更丰厚的奶制品业。许多农场工人离开农场，或者搬到工业城镇，或者移民，从而寻找新的工作。

1865 年，年轻的美国人查尔斯·佩奇（Charles Page）作为本国贸易副领事抵达瑞士苏黎世。他发现，纯净的新鲜牛奶在当时是欧洲城镇的珍贵商品。因为冷藏不便，而且很快就会变质，牛奶常常成为疾病的主要载体。当时牛奶掺假也很普遍，非常容易致命。此外，他发现在瑞士乡村，到处都是奶牛自由自在地在新鲜的绿草地上吃草。这让他想到了一种颇受美国人欢迎的新食品——罐装牛奶。当时，美国人盖尔·波登（Gail Borden）于 19 世纪 50 年代初发明了罐装炼乳技术，并于 19 世纪 60 年代广泛用于美国的军事配给。这种技术的主要原理是加热牛奶以蒸发水分，然后加入糖作为防腐剂。罐装牛奶的优势十分明显，营养丰富、便携、保质期长，而且至关重要的是食品安全。此后，罐装牛奶在美国城镇的销售额开始激增。

雄心勃勃的查尔斯·佩奇希望在欧洲也取得类似成功。此时，他的兄弟乔治·佩奇（George Page）在美国学习盖尔·波登的罐装炼乳工艺。1866 年，佩奇兄弟在瑞士楚格州的查姆（Cham）小镇创立了欧洲第一家炼乳工厂——瑞士“英瑞炼乳公司”（Anglo-Swiss），并推出其炼乳品牌 Milkmaid，高质量、高标准和安全性，加上现代化工厂、高效营销模式确保了产品的成功。1868 年，英瑞炼乳公司就销售了超过 37 万多箱炼乳，主要销往英国及其殖民地。1873 年，查尔斯去世，由乔治掌管企业。到 1891 年，英瑞炼乳公司在欧洲和美国有 12 家工厂，这些工厂向全世界出口其产品。

当时，英瑞炼乳公司刊登的广告词颇具雄心和自信：“我们的炼乳是原始的瑞士炼乳，也是最好的炼乳，任何其他的炼乳都不及我们。”如图 6.9 所示。

图 6.9　十九世纪末英瑞炼乳公司的产品广告向全球市场强调其是“瑞士牛奶”

（来源：雀巢集团官网）

乔治通过形成独特的瑞士企业制度和瑞士企业文化，成功地领导了英瑞炼乳公司的商业发展。乔治是一个开明的人，他明白，要想商业保持长期成功，就要负责任地对待供应商、员工和社会。他制定的生产制作标准是：英瑞炼乳公司只使用瑞士当地奶牛的新鲜牛奶，同时保证奶制品合理的出售价格。他还大力提倡先进生产工具的运用。当时，英瑞炼乳公司已经实现了让牛奶通过蒸汽清洁搅拌器送到工厂，并在实验室测试其脂肪含量和纯度。图 6.10 展示的是 19 世纪末英瑞炼乳公司的产品由马车运往到海外市场的现场。

图 6.10　十九世纪末英瑞炼乳公司的产品由马车运往海外市场

（来源：雀巢集团官网）

乔治·佩奇推行的饲养和喂养牛的先进方法，使当地农民获得了提高牛奶质量和数量的技术帮助，这种科学奶牛养殖方法在 19 世纪 60 年代极其罕见，这也是现代雀巢"牛奶区模式"（milk district model）的早期模式。乔治·佩奇对劳动力的处理在那个时代也同样具有革命性意义。例如：公司对生病的员工在生病或遭遇工伤事故时给予抚恤金，而不是不负责任地解雇他们。员工可自愿加入公司的健康保险计划。乔治·佩奇还为员工建造住房，并为他们的子女建造专门的幼儿园。

1878 年后，雀巢公司和英瑞公司成为直接竞争对手。这是因为两家公司开始生产对方公司的核心产品，而客户则经常喜欢同时购买这两家公司的产品。尽管有这种竞争，但两家公司依旧蓬勃发展，而欧洲其他的竞争对手则失败了，这是由于两家公司通过极高的质量标准赢得了全球市场的信任。[①]

到 1900 年为止，瑞士 45%的劳动人口从事制造业（包括外籍工人），只有

---

① 参见 Nestlé 官网。

31%的人口务农。[①] 19 世纪 50 年代初，全国约 60%人口仍然从事农业。然而，到了 1888 年，全国农业人口的比例下降到 36%，到 1914 年下降到 25%。近些年，瑞士人口中只有不到 20 万人从事农业生产，不到总人口的 2%，农业产值仅占瑞士国内生产总值的 0.7%左右。

（二）工业

瑞士是欧洲第二个开展工业化的国家，仅次于英国。

事实上，自 19 世纪初以来，瑞士工业部门出现了不少具有全球竞争力的企业。在 19 世纪，瑞士的工业化水平已远远领先于世界上许多其他国家，拥有当时仅次于英国的第二大棉花产业。

1. 纺织业

在中世纪末期，瑞士东部已经是重要的纺织生产中心。

15 世纪，瑞士圣加仑地区就已实行了工作分工，如在城市分别进行生产和销售。

1764 年，英国制造出第一台现代机器。为实现工业化转型，瑞士在随后几十年积极从英国进口机器（第三代机器），开始学习、模仿和研制瑞士自己的机器。

19 世纪初，瑞士家族手工业兴起。棉花纺织工业是最早实现机械化的部门之一。1801 年，瑞士圣加仑地区生产出第一台机器，用于机械纺纱。与此同时，第一台纺纱机在瑞士东部和其他地方投入运行。1814 年，瑞士制造的机器已完全取代了手工纺织。到 19 世纪 30 年代初，机械织机已非常普遍[②]。

这一时期，瑞士逐步发展水力发电，以代替蒸汽机。因为，在山区和丘陵地带，水力发电相对容易获得，而瑞士没有大量煤炭储量供蒸汽机作为能量来源。随着纺织业使用的水驱动机器不断发展，工厂开始在水资源丰富的地区建设，如高山山麓和格拉鲁斯、苏黎世高地地区。

2. 机械制造业

拿破仑战争期间，由于大陆封锁，使瑞士从英国进口和维修纺织机器变得困难。

因此，瑞士东部的各种纺织厂开始自己制造机器。如：1805 年，苏黎世的 Escher Wyss 公司；1810 年，温特图尔的 Johann Jacob Rieter 公司；1834 年，苏尔泽（Sulzer）柴油发动机工厂和温特图尔（Winterthur）的机车工厂 SLM 技术也从铸造厂中分离出来。

---

① 克莱夫·H. 彻奇，伦道夫·C. 海德. 瑞士史［M］. 周玮，郑保国，译. 上海：中国出版集团东方出版中心，2018.

② 参见 GESCHICHTE-SCHWEIZ 官网。

纺织工业的工业化和制表业的专业化推动了机器和金属工业的发展，这些行业于1830年开始生产机械织机和蒸汽机。

1853年，图尔高州（Thurgau）阿尔邦（Arbon）小镇成立了苏拉（Saurer）工厂，该厂以生产纺织机器起家。自成立以来，在苏拉工厂先后诞生了纺织机、汽油发动机，为瑞士和欧洲的工业制造提供了动力。

后来，工厂逐渐扩大业务范围，开始生产汽车。1896年，苏拉工厂推出第一辆汽车。1903年，苏拉工厂开始制造卡车。尤其是在两次世界大战之间，由于瑞士中立国的优势地位，该公司获得了高速发展，在奥地利、法国、英国、德国和意大利均有子公司。苏拉的子公司不但遍布欧洲，还将其业务拓展到美洲大陆，在全球广受欢迎。这些子公司及技术后来被斯太尔-戴姆勒-普赫（Steyr-Daimler-Puch）、尤尼克（UNIC）、阿姆斯特朗·惠特沃斯（Armstrong Whitworth）、曼恩（MAN）和意大利OM公司收购。1911年，苏拉公司在美国新泽西州建立工厂，与宾夕法尼亚州的马克兄弟汽车公司（Mack）合并成立了国际汽车卡车公司（IMTC），公司继续使用Saurer品牌对外销售。1922年，IMTC更名为马克卡车公司（Mack）。如今，马克卡车公司已成为北美颇具实力的重型卡车制造商。

今天，随着业务范围的不断扩展，苏拉公司已改组成苏拉集团，专注于纤维和纱线加工的创新，包括机械、组件和软件。作为一家具有悠久传统的公司，苏拉集团致力于成为全球创新的领导者。该集团的纺丝部门提供高品质、技术先进和可定制的短纤维加工自动化解决方案；该集团的技术部门则专注于为轮胎帘子线、地毯、短纤维、玻璃长丝和工业纱线等提供智能和经济的捻线机。苏拉集团进一步通过智能解决方案、自动化、数据分析和数字化转型来推动创新和创造。

苏拉集团官网上这样写下自己的使命：如果我们不存在，就不可能有无数的创造。我们所做的一切，都有一个目的——创造。我们帮助客户加工纤维和工业纱线，使创新成为可能；从纺织到轮胎再到电动汽车，创造了无限的可能性。通过对我们行业和客户业务需求的深入了解，再加上我们的技术专长、创造性智慧和企业家精神，使我们能够看到别人看不到的机会，并推动它们走向成功。

3. 化工医药业

瑞士第一批化工厂和制药厂出现在19世纪，为纺织工业生产染料。之后，瑞士的化工和制药厂把精力集中在血清、疫苗和药品等高附加值产品上[①]。

---

① 在经历了20世纪90年代的金融危机和重大重组之后，瑞士的制药业自2000年以来增长强劲，表现明显优于化工行业。药品出口从1990年的80亿瑞郎增加到2020年的990亿瑞郎。

1804年，瑞士第一家化工厂在阿尔高州的阿劳小城建立。然而，直到50年后，瑞士的化学工业大时代才正式开始。

1858年，瑞士人约翰·鲁道夫·盖吉-梅里安（Johann Rudolf Geigy-Merian）在巴塞尔提取了能够染色的物质。

1859年，三位法国人亚历山大·克拉维尔（Alexandre Clavel）、路易斯·杜兰德（Louis Durand）和艾蒂安·马尔纳斯（Etienne Marnas）来到巴塞尔，在这里生产合成染料。1884年，他们成立化工公司“巴塞尔化学工业（简称汽巴，CIBA）”。

1864年，法国人约翰·戈贝尔-凯勒（Johann Gerber- keller）和阿尔芒·格伯（Armand Gerber），因无法在本国成功获得专利权，来到巴塞尔，在这里研制出生产染料“杜鹃素”。

1885年，前山德士化工厂生产出第一种合成药物——退热止痛剂安替比林。1886年，两名CIBA的雇员，化学家阿尔弗雷德·克恩（Alfred Kern）和经理爱德华·山德士（Edouard Sandoz）在巴塞尔成立了山德士公司。山德士公司后来成为全球非专利药领域的领导者，目前已成为瑞士诺华集团的子公司。山德士一直以生产质量出众的药品而闻名于世，凭借其全球网络，药品销往覆盖世界90%人口的地区。山德士公司不仅生产传统非专利药，还开发、生产了各种“难以制造”的产品，包括复杂的非专利药给药系统、现代生物制剂（生物仿制药）等。

1896年，瑞士人弗里茨·霍夫曼-拉·罗氏（Fritz Hoffmann-La Roche）在巴塞尔创立了自己的公司“罗氏”（Roche），从一开始就专攻制药。罗氏公司是在国际健康事业领域居世界领先地位的，以研发为基础、以创新为驱动的健康医疗公司，也是致力于药品和诊断两大领域，以科研开发为基础的跨国公司。罗氏集团已连续多年位列世界500强企业，成为继强生、辉瑞和诺华之后的全球第四大医疗制药企业。经过百年发展，罗氏集团业务已遍布世界100多个国家，共拥有近6.6万名员工，业务范围主要涉及药品、医疗诊断、维生素和精细化工、香精香料等四个领域，还在一些重要的医学领域如神经系统、病毒学、传染病学、肿瘤学、心血管疾病、炎症免疫、皮肤病学、新陈代谢紊乱及骨科疾病等领域从事研究、开发和产品销售。罗氏的科学家三次获得诺贝尔生理学奖。如今，罗氏集团的巴塞尔中枢神经系统和心血管疾病研究中心以及美国的基因研究中心在国际医药界享有很高的声誉。

值得一提的是，1996年瑞士三大巨头汽巴（CIBA）、嘉基（Geigy）和山德士（Sandoz）合并重组为诺华集团，这三家公司都是瑞士在19世纪成立或发展起来的，它们最初都是生产合成纤维织物染料，后来将生产范围扩展到化学品和药品。例如汽巴公司于1859年在巴塞尔开始生产染料；嘉基公司于18世纪中期在巴塞尔开始经营化学品和染料贸易；山德士于1886年在巴塞尔成立化学公司。今天，诺华已成为全球第三药企，在开发创新型产品方面拥有丰富的经验。这三家公司拥有一个共同的特质，即借助于科技发展开发和销售为人类进步做贡献的创新产品。诺华继承并发扬了这种精神，专注于通过创新能力来解决世界各地患者的健康需求。图6.11展示的是1900年汽巴公司生产第一批药物防腐剂Vioform和抗风湿剂Salen的现场。

图6.11　1900年汽巴公司生产了第一批药物防腐剂Vioform和抗风湿剂Salen

（来源：诺华官网）

到19世纪末和20世纪初，瑞士的化工医药业在全球占据领先地位，数据显示，1894年，世界上的142种工业染料专利中，德国占据116个，瑞士占据15个，而英国和法国一共才占据11个。

1914年一战爆发后，占据了纺织染料业85%份额的德国，突然停止了对英国及其盟友国的染料出口。短短两三年时间染料价格涨了十几倍，却依然供不应求。瑞士迅速占据了德国丢掉的市场。第一次世界大战后，瑞士化工染料商赚得盆满钵满。

4. 食品加工业

19世纪下半叶，瑞士出现了新的经济部门。这些行业往往是从当时现有行业的附属品衍生而来。

例如：对织物染料的需求导致了化学工业的发展，一座座化学工厂沿莱茵河在重镇巴塞尔陆续建立，进而又促进了集约化农业（人工肥料）的发展和造纸工业。食品工业也在工业化过程中成为主要参与者。

1866年，由德国侨民和药剂师亨利·内斯特（Henri Nestle）在瑞士法语区沃韦（Vevey）成立了当今闻名全球的雀巢公司，他在当年发明了一种由牛奶、甜味剂和面粉制作的婴儿营养品。

1880年，意大利移民之子朱利叶斯·马吉（Julius Maggi）创立了马吉公司（Maggi，今天是雀巢食品公司的一部分），它以豌豆、小扁豆等豆类制成的速溶汤而闻名。

1905年，亨利·内斯特在沃韦的工厂与英瑞炼乳公司合并，取名雀巢英瑞炼乳公司；1949年，改为现名雀巢食品公司。进入20世纪初，公司开始实行多样化生产，主要产品为速溶咖啡、炼乳、奶粉、婴儿食品、乳酪、巧克力制品、糖果、速饮茶等数十种，目前已成为全球规模最大的食品制造商，在全球拥有工厂500多家，位列世界500强企业名单中。

瑞士巧克力工业也在19世纪得到蓬勃发展。早在1803年，瑞士提契诺州和日内瓦湖地区的当地人就开始用手工方法制作巧克力。1819年，瑞士人弗朗索瓦-路易·凯勒（François-Louis Cailler）在沃州的沃韦小镇（Vevey）建立了他的巧克力工厂。1824年，瑞士人菲利普·苏查德（Philippe Suchard）在纳沙泰尔开了一家糖果店。1826年，苏查德在纳沙泰尔的塞里耶尔（Serrières）开设巧克力工厂，他的广告让“瑞士巧克力”（Swiss Chocolate）闻名世界。1875年，瑞士巧克力制造商丹尼尔·彼得尝试将亨利·内斯特开发的奶粉和可可混合在一起，生产出牛奶巧克力，也就是今天最受全球大众欢迎的香甜型巧克力。另一个对巧克力生产有重大意义的机器——“研拌机（conching machine）”发明于1879年，发明者是瑞士人鲁道夫·莲（Rodopfe Lindt），瑞士莲品牌的创始者。搅拌机发明前的巧克力口感粗糙坚硬。而搅拌机将可可脂加进可可粉中，通过长达几小时的搅拌和“抛光”，让生产出的巧克力口感更加细腻柔和，味道也更好。1899年，瑞士人塔布莱尔创造性地将太妃糖和杏仁加入巧克力中，生产出了一种特别美味的巧克力。他又将巧克力用模型塑造为一个个独特的三角形，由此，“三角牌”（Toblerone）巧克力诞生了。

（三）银行业

19世纪的瑞士经济和社会发展，导致了国内银行体系的快速增长。在此之前，瑞士只有少数私人银行从事管理城市贵族和商人的财务业务。最初，私人银行是为了适应产业界发展的需要。今天，瑞士的私人银行业受益于它的传统和信誉以及其国际化的发展路线。国际化意味着激烈竞争，意味着自身要保持竞争力，意味着精进的专业能力和高质量的私人服务能力——这些都是瑞士私人银行业发展的关键。

由于铁路网、电网建设以及其他工业扩张都需要大量投资，19世纪下半叶，瑞士信贷银行、瑞士联合银行和瑞士银行公司等商业银行相继出现。这些银行从私人股东那里筹集资金，因此有充足的资金提供给企业。由于大型商业银行只涉及管理大量资金，为工业和农业而专门设立的储蓄银行和合作银行应运而生。

事实上，工业化以后，瑞士有了很多资本，但国内地方太小，本地银行规模也太小。于是，瑞士产业向外发展，遍布世界各地，如拉丁美洲、亚洲等。瑞士产业在国外的发展需要资金，于是银行业不断进行自我完善，跟随产业的脚步并支持产业发展，瑞士银行业的国际化就这样形成了。

当然，在这期间，银行业得益于瑞士国内政治和社会的稳定运行以及国内良好的经济环境。与此同时，在民主运动的倡导下，州立银行也相继建立，以确保中小型企业也能获得资本。1907 年，瑞士国家银行成立，负责发行钞票并为瑞士的国家利益执行货币和外汇市场政策。

（四）工程建设

1. 铁路建设

联邦第一条铁路线于 1847 年开通，相对较晚。一开始，联邦负责监管全国铁路网。19 世纪中叶，金属和机械行业的快速增长为铁路网建设提供了施工材料。1854 年至 1864 年间，铁路网从 38 千米增加到 1300 千米。

1852 年，联邦议会投票通过了联邦铁路网的私有化。来自苏黎世的国民院议员阿尔弗雷德·埃舍（Alfred Escher），担任瑞士东北铁路的建筑师。他以苏黎世为枢纽，于 1882 年推动了哥特哈德铁路线和哥特哈德隧道开通，他也因此赢得了“铁路之王”的称号。1856 年，埃舍创办了瑞士第一家大型银行：瑞士信贷银行（Credit Suisse），进一步在铁路建设融资方面发挥了关键作用。[①]

铁路的发展使外国游客更容易在全国范围内旅行，欣赏其风景名胜。到 19 世纪末，每年约有 35 万名外国游客到访瑞士。瑞士夏季和冬季运动度假村的发展也得益于这些外宾。瑞士中产阶级成员，也得以在联邦境内自由旅行。

瑞士旅游业发展开始与铁路齐头并进。在铁路建设方面，1900 年，瑞士铁路覆盖了 3789 千米，这个覆盖率是相当惊人的。因为，直到 2007 年，瑞士全国的铁路总覆盖长度才达 5107 千米。1888 年修建的通向布尔根斯托克酒店（Bürgenstock Hotel）的铁路，十年后便实现了电气化[②]。铁路对于旅游业的价值，随着山区铁路的建设而越来越明显。

2. 桥梁建设

由于境内河流众多，瑞士众多桥梁，包括石桥、木桥、钢铁桥等，给笔者留下深刻印象。

瑞士有不少重要的钢铁大桥建于 19 世纪下半叶。当时全球顶尖的造桥技术

---

① 1857 年，埃舍又创立了瑞士人寿（Swiss Life）。

② 克莱夫·H. 彻奇，伦道夫·C. 海德. 瑞士史［M］. 周玮，郑保国，译. 上海：中国出版集团东方出版中心，2018.

在英国，瑞士从英国引进造桥技术，为瑞士联邦交通的现代化进程打下坚实基础。

在瑞士首都伯尔尼，有几座巨大的钢铁拱形桥，就建于这一时期。其中修建最早的一座桥是“教堂区之桥”（德文：Kirchenfeldbrücke），如图 6.12 所示。这座桥连接伯尔尼老城与周边小镇，建于 1881 年。建筑商是英国伦敦的伯尔尼土地开发有限公司。桥梁修建的一个重要目的，是建立水上通道，连接伯尔尼市中心，通过阿勒河水路，通往海上运输线路。这座大桥当时也被视作是 19 世纪“英国的桥梁”。

桥梁由焊接钢板组成，建造历时 21 个月。1883 年 9 月，桥梁正式通车，是当时瑞士联邦修建的第三座桥。桥梁正身部分全长 229 米，有两座大型拱门，各有 78 米长，高 32 米。整座桥梁的架构投入了约 1300 吨钢，桥身据估计由 20 万至 25 万根铆钉铆合而成。1901 年该桥梁上建成首条铁路轨道，这条火车轨道由电力供电。

图 6.12　摄于 1893 年的“教堂区之桥”

（来源：维基百科）

（五）行业立法

瑞士人意识到，没有监管的资本主义将不可避免地给社会带来巨大问题，因此有必要制定工作法规。

1815 年，苏黎世出台首个工厂法，禁止 10 岁以下儿童在工厂工作，否则雇主将受到处罚。可以通过教会证明（洗礼记录）来核实孩子的年龄。工作的最长时间限制为每天 12 小时，夏天早上 5 点以后开始工作，冬天早上 6 点以后开始工作。

1815 年，图尔高限制儿童工作。

1837 年，苏黎世推行新的工作方式。

1842 年，阿尔高议会决定不限制儿童的工作时间。

1846 年，格拉鲁斯已实现高度工业化，当地推行工作时间立法，每天成人工作 15 个小时，14 岁以下儿童工作 14 个小时。

1864 年，格拉鲁斯把工作时间缩短到 12 小时，禁止夜间工作（晚上 8 点至凌晨 5 点）和 12 岁以下儿童的工作，妇女在孩子出生后实行康复假期。

1877 年，联邦出台立法，规定每天最多工作 11 小时，限制夜间工作和星期日工作，采取措施防止职业病和事故。禁止 14 岁以下儿童工作。

（六）经济影响

19 世纪 90 年代，瑞士经济增长速度越来越快。随着国家向电力化转型，新的工业浪潮开始出现。电力成为一个主要投资领域，开始拥有国内市场和公司。化学药品和工程也开始扩张①。

到 1900 年，服务业解决的就业人口所占的比例从以前的 16%提高到 24%，这在很大程度上归功于旅游业、银行业和铁路业的发展。当时，瑞士的人均出口额已经很高了，1905 年创立的雀巢公司开始进入日本市场，纺织品和钟表已经在国外销量颇丰②。

到 1900 年，瑞士已成为欧洲一个重要的经济强国，人均 GDP 几乎与英国持平。人均出口和对外投资额也在增长，在对外投资方面甚至已经超过了英国。

瑞士经济增长在城镇的迅速发展上体现得更为明显。这一时期，瑞士城镇大兴土木，图书馆、剧院、学校等新设施如火如荼地修建。

经济增长还促进了人口增长。数据显示，1890 年至 1913 年，瑞士平均每年人口增长 1.2%，到 1900 年瑞士人口总数已经超过了 330 万，1914 年超过了 380 万。随着人口的增长，农业的收缩为新的工厂释放出更多的劳动力。但是，仍然有更多工作需要劳动力，越来越多的工作岗位被外籍工人占去，特别是意大利和德国移民。由此，瑞士也从一个输出移民的国家转型为输入移民的国家。到 1900 年，瑞士共有 38 万外来人口③。

---

① 克莱夫·H. 彻奇，伦道夫·C. 海德. 瑞士史［M］. 周玮，郑保国，译. 上海：中国出版集团东方出版中心，2018.

② 克莱夫·H. 彻奇，伦道夫·C. 海德. 瑞士史［M］. 周玮，郑保国，译. 上海：中国出版集团东方出版中心，2018.

③ 克莱夫·H. 彻奇，伦道夫·C. 海德. 瑞士史［M］. 周玮，郑保国，译. 上海：中国出版集团东方出版中心，2018.

四、国际红十字会的开创及全球影响

笔者在实地考察瑞士联邦议会大厦的时候，对其走廊穹顶的一幅壁画（图 6.13）产生深刻印象。据工作人员介绍，这幅画表达了瑞士联邦国际人道主义的价值倾向。特意画在联邦大厦议会大厅穹顶最为显著的地方，正是要彰显联邦的这一价值倾向。

图 6.13　瑞士联邦议会大厦议会大厅走廊穹顶象征国际人道主义主题的油画

（来源：笔者摄）

自 17 世纪以来，随着瑞士钟表技术的发展，其他行业也不断被带动起来，瑞士人在创新技术和创新产品方面取得了诸多进展，很多创新技术和创新产品也走向了全球。自 18 世纪下半叶开始，以亨利·杜南（Henri Dunant）为代表的一批瑞士人，更加关注对人的生命价值的尊重和保护。他们认为，创新技术和创新产品应该带来人类社会的和平，而不是战争造成的创伤，应该让创新带来人的发展。此后，瑞士联邦对内和对外政策的一个很重要方面，是国际人道主义政策，这也体现了瑞士创新的价值取向和最高的价值追求。

对外方面，《日内瓦公约》所体现的人道主义精神在国际上早已家喻户晓。尽管作为中立国，但瑞士仍然积极参与国际维和，在斡旋紧张的国际关系中扮演关键角色。

对内方面，联邦对安乐死、同性恋婚姻等，采取包容态度。瑞士人对人道主义精神的捍卫甚至还由人及“物”，对动物给予充分的保护和关爱。

瑞士的人道主义，带动了国际人道主义。150余年前，国际红十字会（ICRC）为致敬将毕生精力献给国际人道主义的战士——瑞士人亨利·杜南，特意效仿瑞士国旗，把瑞士国旗的颜色对调，将国际红十字旗帜设计成白底红十字的标志。ICRC的七项基本原则——人道性、公正性、中立性、独立性、志愿服务、统一性、普遍性，代表了人道、博爱、奉献的红十字精神。而红十字精神，正是国际人道主义的重要体现。

（一）亨利·杜南和他的倡议

1828年，亨利·杜南（Henry Dunant）出生于日内瓦。杜南身处的时代，正值欧洲文艺复兴后人道主义的盛行时期，人道主义思潮已逐渐在瑞士社会显现。

受家庭影响，杜南在很小就学会关心穷人和病人。18岁时，杜南加入当地赈灾协会，期间深受弗罗伦斯·南丁格尔（Florence Nightingale）女士慈善精神的感染。

1859年，杜南途经位于意大利北部的索弗利诺（Solferino）镇，这里的战争伤亡让他触目惊心，激发了他内心深处强烈的人道主义情感。1862年，他出版《索弗利诺的回忆》一书，并赠送给朋友及欧洲君主和政治家。书中记述了他在索弗利诺的见闻，并提出了两点重要主张①。

第一，要在各国设立全国性的志愿伤兵救护组织，平时进行救护训练，战时支援军队医疗工作；

第二，签订一份国际公约，给予军事医务人员、医疗机构以及各国志愿伤兵救护组织中立地位。②

（二）国际红十字会（ICRC）

1. 伤兵救护国际委员会

杜南的倡议，迅速得到了欧洲各国的积极响应。南丁格尔女士给他回信，积极支持他。日内瓦公共福利会的成员也支持杜南。

1863年2月9日，在多方的共同努力下，“伤兵救护国际委员会”（International Committee for Relief to the Wounded）在日内瓦正式成立，瑞士陆军总司

① Langfeldt B. Henri Dunant，Genève-Convention and Red Cross：A historical view［J］. Dansk Medicinhistorisk Årbog，2001，71-83.

② Brooks J. Red Cross only positive result of horrifying 1859 bloodbath［J］. CMAJ，1996，155（8）：1180-1182.

令亨利·杜福尔（Henri Dufour）将军担任主席，杜南担任秘书。委员会成立后，为研究保护战地伤兵的方法，杜南走了3000多千米。为争取各国同意在日内瓦召开有关救助伤员的国际会议，他四处奔走。杜南的努力，为国际人道主义事业奠定了基础。

1863年10月26日至29日，16个国家的36名代表如期在日内瓦召开“日内瓦国际会议”。会议通过了三个决议①。

第一，督促各国建立伤兵救护委员会；

第二，不仅救护伤兵的机构和人员应该中立化，就是伤兵本人也应中立化；

第三，为了对发起国瑞士表示敬意，将瑞士的国旗红底白十字反转，采用白底红十字作为志愿救护人员的保护性标志。

1864年8月8日至22日，瑞士联邦委员会和法国政府联合召开“日内瓦外交会议”，经过辩论，会议通过了《关于改善战地武装部队伤者境遇的日内瓦公约》（《日内瓦第一公约》）。《日内瓦第一公约》共有10项条款，规定救护车、军队医院和医务人员，包括志愿人员和随军牧师都应被视为中立而受到保护和尊重，提出“受伤或患病的战斗员，不论属何国籍，都应得到收容和保护”的重要原则，宣布使用白底红十字标志的旗帜和臂章以区别军队医院和医务人员，呼吁各国政府批准加入这一公约。从此，国际红十字运动不断发展，逐渐成为在以人道、公正、中立、独立、统一、普遍、志愿服务为基本原则指导下的最重要的国际群众救护运动。

2. ICRC 及其发展

1876年，“伤兵救护国际委员会”采用了新的名称——“国际红十字委员会”（ICRC），这一名称一直沿用至今。越来越多的国家签署日内瓦公约并在实际武装冲突中予以遵守。在相对较短的时间内，红十字运动在国际上广受尊重并获得了巨大的发展，而国家红十字会日益成为志愿工作的场所。1863年德国成立红十字会；1881年美国红十字会成立。

ICRC的主要作用是协调，逐渐多地参与到战争的实际行动中。在接下来的几十年里，ICRC扩大了其工作范围，并于1906年修订了《日内瓦第一公约》，将海上战争纳入其中，成员国签署了《改善海上武装部队伤者病者及遇船难者境遇的日内瓦公约》（《日内瓦第二公约》）。同时，ICRC还在一些国家先后建立起国家红十字会。

1929年，ICRC说服各国政府通过一项新的公约——《关于战俘待遇的日内瓦公约》（《日内瓦第三公约》），为战俘提供更大的保护。

---

① 王斌全，赵晓云．杜南与国际红十字运动[J]．护理研究（中旬版），2006（20）：1879.

第二次世界大战期间，ICRC 的活动领域和范围急剧扩大，尽最大限度帮助和保护各国战争受害者。ICRC 和各国红十字会联盟一起，向全球运送救援物资，为战俘和平民提供援助。1945 年以来，ICRC 一直敦促各国政府加强并尊重国际人道主义，试图解决 20 世纪下半叶的冲突所带来的人道主义后果。

1949 年，在 ICRC 的倡议下，各国同意修订现有的三项《日内瓦公约》（包括战场上的伤病员、海上战争受害者和战俘），并增加了第四项公约——《关于战时保护平民的日内瓦公约》（《日内瓦第四公约》），以保护生活在敌人控制下的平民。这四项日内瓦公约于 1949 年 8 月 12 日由中国、苏联、美国、英国、法国等 61 个国家在日内瓦签订，并于 1950 年 10 月 21 日生效。截至 2013 年 12 月，世界上已有 195 个国家签订了四项日内瓦公约。

1977 年，ICRC 通过了两项《公约议定书》，第一项适用于国际武装冲突，第二项适用于国内冲突，这是一个重大突破。《公约议定书》还规定了有关进行敌对行动的规则[①]。

3. 杜南对 ICRC 的意义

杜南为国际慈善救护事业倾注了一生心血，奉献了全部个人财产。晚年，他贫病交加，在日内瓦湖边的一个小医院度过了生命最后的时刻。1901 年，为表彰杜南创建了 ICRC，挪威政府授予他首届诺贝尔和平奖。杜南逝世后，人们从他的遗嘱中发现，他决定将获得的大部分遗产捐赠给慈善团体。

1948 年，ICRC 理事会决定把每年的 5 月 8 日即杜南的生日定为“世界红十字日”。此后，每年的 5 月 8 日，ICRC 和各国红十字会都要举行隆重活动纪念这位国际红十字运动的伟大创始人。图 6.14 是国际红十字会对外的宣传图片。

经过近 160 年的发展，作为一个帮助过世界上数百万战争受害者的中立组织，ICRC 参与了人类历史上的多次重大危机，成为世界上最大规模的人道主义救援组织，全球会员超过 2.5 亿。

（三）国际人道主义

1. 历史沿革

瑞士以参与国际人道主义事业而闻名全球。瑞士以官方身份参与国际人道主义事业，始于 1863 年“伤兵救护国际委员会”（后更名为“ICRC”）的成立。20 世纪，受两次世界大战和 1945 年后非洲发展的影响，瑞士的国际人道主义事业得到进一步发展。

---

① 更多信息参见 ICRC 官网。

图 6.14　国际红十字会对外宣传图片

（来源：国际红十字会官网）

基于二战造成的大规模破坏和瑞士在国际舞台的中立政策，瑞士联邦于 1944 年建立了“瑞士捐赠组织”（Swiss Donation Organisation）。20 世纪 40 年代后半期，该组织与瑞士各州和私人援助组织合作，通过提供救济、专家帮助和贷款等方式向欧洲国家提供支持。1948 年，“瑞士援助组织”欧洲基金会（Swiss Aid for Europe）逐渐取代了瑞士捐赠组织的地位。

1960 年，瑞士联邦成立了技术合作处，通过部署瑞士专家以及技术转移的形式，向国际提供人道主义援助。自此之后，瑞士联邦一直与相关国际组织和民间救援组织密切合作。

20 世纪 70 年代，瑞士的人道主义在瑞士社会共识中获得了更广泛的支持。1976 年，瑞士联邦法律就国际发展合作、人道主义援助与联邦外交政策的密切联系进行了重新定义。

近几十年来，瑞士的国际人道主义坚持以“助人自助”（helping others to help themselves）为原则，旨在实现各国经济和社会的发展。

2. 瑞士的国际人道主义贡献

以杜南为代表的瑞士慈善事业先锋人物，奠定了瑞士近代以来的国际人道主义传统。这个传统，不仅影响了瑞士，也影响了世界。

一直以来，瑞士通过援助发展中国家实现长期发展，来实现其人道主义的价值理念。作为 1949 年《日内瓦公约》的受托国和 ICRC 东道国，当国际上出现人道主义灾难时，瑞士总是积极提供救援。在发生自然灾害或冲突时，瑞士曾派遣拥有 700 多名志愿者的人道主义救助团（SKH）前去救援。2011 年日本发生海啸、2013 年菲律宾遭受台风“海燕”袭击、2015 年尼泊尔地震以及叙利亚战争，等等，瑞士的 SKH 都参与了救援。

瑞士不仅积极参与世界范围内的人道主义救助，还通过实施发展援助计划，致力于长期改善不发达地区人们的生活条件。瑞士的这一发展援助计划包含九大方面，重点关注分布于非洲、亚洲和拉丁美洲的20个南部国家和地区。在发展合作项目中，还包含针对东欧、巴尔干和中亚地区的援助计划，其目标是帮助这些国家成功实现向民主制度和市场经济的过渡。除传统意义上的发展援助之外，瑞士还致力于促进和平、人权、国际人道法和法治。瑞士联邦委员会官网数据显示，2012年瑞士在国际人道主义事业上耗资约28亿瑞郎，相当于其国内GDP的0.45%。

3. 瑞士国际人道主义吸引的全球人才

笔者曾在参观伯尔尼历史博物馆时，了解到青年时期的列宁流亡瑞士的一段经历。由于受到当时沙皇政府的迫害，列宁到瑞士“避难”。他先后在伯尔尼、苏黎世等地从事革命活动。在瑞士期间，列宁生活稳定，自由从事革命实践和理论研究，基本不受瑞士政府干预。当时，由于瑞士国内政治比较开明，19世纪、20世纪曾接纳了大批来自俄国、波兰等地的流亡革命者。

随着对瑞士了解的不断深入，笔者发现有很多世界名人都因不同原因来到瑞士，比较典型的例子有下面几个。

法国思想家、哲学家、政治理论家和作曲家让-雅克·卢梭（Jean-Jacques Rousseau），因小说《爱弥儿》的出版，遭到法国及整个欧洲的非议和打压。在卢森堡公爵及狄康德亲王的协助下，卢梭逃往瑞士纳沙泰尔。

德国著名古典音乐大师威廉·理查德·瓦格纳（Wilhelm Richard Wagner），年轻时参加资产阶级革命，事败后流亡瑞士。他在苏黎世、卢塞恩等地生活居住的时间长达十几年，《纽伦堡的诗人》和《诸神的黄昏》等名作都诞生于卢塞恩湖畔的米黄色小别墅[①]。

美国影视演员、导演、编剧查理·卓别林（Charles Chaplin），因其主演的电影《舞台生涯》上映，而被卷入麦卡锡主义的迫害。1949年，他移居到瑞士沃韦，直至1977年去世[②]。

奥地利皇后茜茜公主（Elisabeth Amalie Eugenie），因为感情挫折，选择到瑞士日内瓦“散心”；美国著名的女演员奥黛丽·赫本（Audrey Hepburn）厌倦了演艺界的喧嚣，选择到瑞士小村庄享受世外桃源一般的宁静。

德国著名哲学家尼采与瑞士也有一段特殊缘分，瑞士这片土地对促发他哲学创作产生过积极影响，他于1879年的夏天来到了格劳宾登州的小村庄锡尔斯-

---

① 现在这里作为瓦格纳纪念馆。

② 卓别林纪念雕像如今就矗立于沃韦的湖滨，其在沃韦的故居已开辟为卓别林博物馆。

玛利亚（Sils-Maria），这里不仅是他哲学灵感的源泉，也是他逃避枯燥学院生活的“避风港”。他在写给自己妹妹的一封信里提到，这里是世界上让他感到最舒适的地方。他在这里写下了世界名著《查拉图斯特拉如是说》。

纵观瑞士近代史，可以发现，作为国际人道主义的“避风港”，瑞士国内一度出现“移民潮”。

自瑞士宗教改革开始，大量欧洲异教徒来到日内瓦、巴塞尔和苏黎世等地，这些异教徒中有很多都是手工行业和钟表技术方面的人才。

19 世纪 30 年代初，包括朱塞佩·马兹尼（Giuseppe Mazzini）在内的一批难民，在邻国革命运动失败后流亡瑞士。一些难民，特别是德国人，在瑞士当地找到了担任教师的工作。当时刚刚成立不久的苏黎世大学（1833 年成立）的许多教席由德国难民担任。事实上，19 世纪末瑞士经济走向繁荣的背后，其中一个很重要的推动力，正是这些流入瑞士的移民，他们将专业知识和自由主义经济理念带到瑞士。例如英国人查尔斯·布朗（Charles Brown）和来自德国的沃尔特·博维（Walter Boveri），创建了布朗勃法瑞公司（Brown Boveri）。1988 年，布朗勃法瑞公司与瑞典公司阿西亚（ASEA）合并组建为 ABB 公司。ABB 现在是世界 500 强企业之一，是电力和自动化技术领域的领导企业。今天，ABB 在瑞士的历史已有 120 多年。除瑞士外，ABB 也在其他约 100 个国家开展业务。

移民潮中主要有两股移民流，一股是来自意大利的移民，许多意大利移民在瑞士从事大型项目建设，如 1882 年开通的戈特哈德铁路隧道建设项目。另一股是德国人。19 世纪末，来到瑞士工业中心地带的移民主要是德国人。在这些城镇中，外国出生人口的比例高达 40%。

在避难移民潮中，还有一股特别值得注意的移民流是犹太人的流入。由于受到他国的压力，特别是来自法国的压力，瑞士犹太人在 1866 年获得了完全的公民权利。1874 年《瑞士联邦宪法》增加了犹太移民的有关规定。

五、瑞士国际组织

（一）概况

尽管瑞士国土面积小、人口少，但它却是众多国际组织总部的所在地。总部设在瑞士的国际组织数量全球第一。瑞士联邦委员会官网最新数据，目前有 44 个国际组织驻扎在联邦境内。其中，41 个国际组织位于日内瓦湖地区，2 个位于伯尔尼，1 个位于巴塞尔。约有 750 个非政府组织（NGO）驻扎在日内瓦，30 多个国际体育联合会驻扎在沃州。

日内瓦是全球合作的中心，这里有接待国际组织和非政府组织、科学和学术研究者、民间社会和私营部门的悠久传统。这些组织一直在共同努力，为全球社会面临的共同挑战寻找解决方案。这就是为什么日内瓦经常被称为“国际日内瓦”（International Geneva）的原因。日内瓦不仅在国际合作方面发挥了关键作用，在多边外交前沿也居于重要的地位。日内瓦拥有大约 3.2 万名国际雇员、外交官和民间社会代表，约 179 个联合国会员国在日内瓦设有办事处。联合国总部所在地——纽约和日内瓦是世界上主要的多边外交中心。然而，日内瓦是全球治理最活跃的中心。每年有 4000 多场面对面交流、电话会议或混合会议，以及全球约 37 万名代表参加；每年约有 4700 名知名人士，包括国家元首和政府首脑、部长和其他政要前往日内瓦。

国际组织驻扎瑞士的历史可以追溯到 150 多年前。自 1863 年红十字会成立以来，日内瓦发展成为现在最重要的全球治理中心之一。日内瓦体现了瑞士联邦国际人道主义。150 多年来，瑞士一直是国际组织和国际会议的东道国。东道国的这一作用深深植根于瑞士的人道主义传统和政策之中。

积极制定并不断适应国际组织、各成员国代表和国际社会需求的政策，使瑞士成为相关领域专业知识的中心，如和平、安全和裁军；人道主义行动和人道主义法；人权和移民；劳工、经济、贸易、科学和电信；公共健康、环境与可持续发展，等等。

“国际日内瓦”是瑞士外交政策的宝贵工具和重要平台。瑞士悠久的人道主义传统，是绝大多数瑞士人支持的观念。“国际日内瓦”也是日内瓦身份的重要组成部分，是整个日内瓦湖地区的主要经济驱动力。

云集在瑞士的国际组织中，有世界贸易组织（WTO）、世界经济论坛等在当今世界政治经济上有重大影响的机构，也有如世界气象组织、国际电信联盟、世界知识产权组织、万国邮联等专门性机构，还有如联合国难民署、联合国儿童基金会、国际移民组织、人道主义事务协调办公室等重要的慈善机构。此外，还有国际奥委会、国际足联、欧洲足联、国际篮协、国际体育仲裁法院（有近 65 家世界体育组织）等重要的体育组织。瑞士也因此被誉为是一个“万国之国”。许多国际组织在瑞士设有办事处（图 6.15）。

表 6.1 展示了驻扎在瑞士的部分联合国组织及其他国际组织。

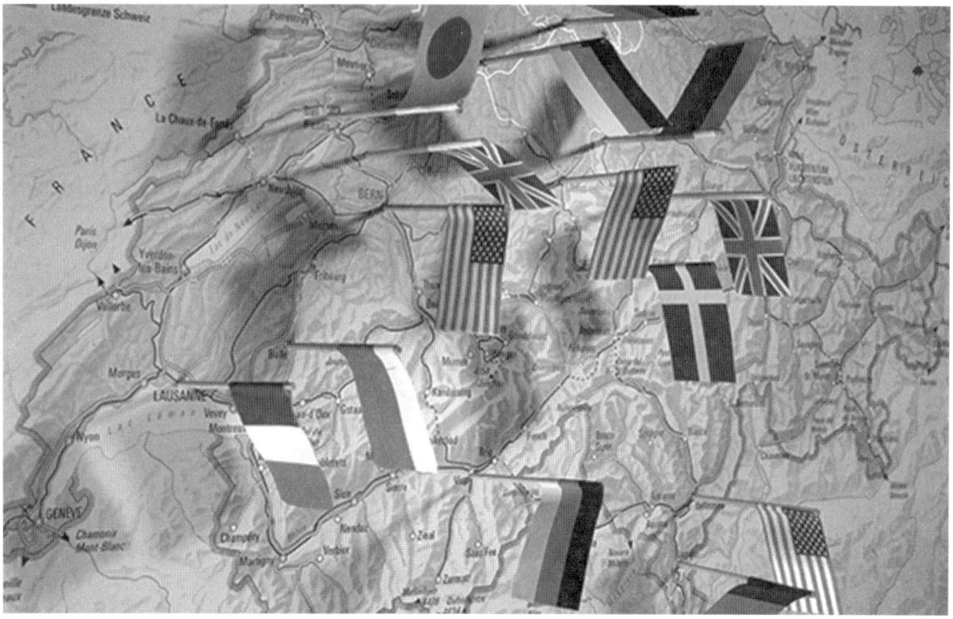

图 6.15　许多国际组织在瑞士设有办事处

（来源：瑞士联邦委员会官网）

表 6.1　驻扎在瑞士的国际组织名单（不完全统计）[①]

英文缩写	英文	中文
ACI	Airports Council International	国际机场协会
AITIC	Agency for International Trade Information and Cooperation	国际贸易信息合作署
EFTA	European Free Trade Association	欧洲自由贸易联盟
ALIPH	Alliance for the Protection of Heritage in Conflict Areas	保护冲突地区遗产联盟
WADA	World Anti-Doping Agency	世界反兴奋剂机构
APEF	Association of Iron Ore Exporting Countries	铁矿石出口国协会

① 详见 FDFA 官网发布的题为“List of The Organizations with which Switzerland has Concluded an Agreement on Privileges，Immunities and Facilities”的组织名单。

续表

英文缩写	英文	中文
ATT	Secretariat of the Arms Trade Treaty	《武器贸易条约》秘书处
UNESCO	International Bureau of Education / United Nations Educational, Scientific and Cultural Organization	联合国教科文组织（日内瓦办事处）
BIS	Bank for International Settlements	国际清算银行
IEC	International Electrotechnical Commission	国际电工委员会
CENTRE SUD	South Center	南半球中心
CERN	European Organization for Nuclear Research	欧洲核研究组织
ICRC	International Committee of the Red Cross	国际红十字会
IOC	International Olympic Committee	国际奥委会
COUR OSCE	Court of Conciliation and Arbitration within the OSCE	欧安组织调解和仲裁法院
DNDi	Drugs for Neglected Diseases initiative	被忽视疾病药物倡议组织
FIND	Foundation for Innovative New Diagnostics	创新诊断基金会
GAIN	Global Alliance for Improved Nutrition	全球改善营养联盟
GARDP	GARDP Foundation	GARDP 基金会
GAVI	Global Alliance for Vaccines and Immunization	全球疫苗和免疫联盟
GCERF	Global Community Engagement and Resilience Fund	全球社区参与和复原力基金会
GFATM	Global Fund to Fight Aids, Tuberculosis and Malaria	全球抗击艾滋病、结核病和疟疾基金会

续表

英文缩写	英文	中文
GICHD	Geneva International Centre for Humanitarian Demining	日内瓦国际人道主义排雷中心
HD Centre	Centre for Humanitarian Dialogue	人道主义对话中心
IATA	International Air Transport Association	国际航空运输协会
ICoCA	Code of Conduct for Private Security Service Providers' Association	私人保安服务供应商行为守则协会
INTERPEACE	Interpeace	国际和平组织
ISO	International Organization for Standardization	国际标准化组织
MMV	Medicines for Malaria Venture	抗疟疾药物项目
MPP	Medicines Patent Pool	药品专利智库
IOM	International Organization for Migration	国际移民组织
ILO	International Labour Organization	国际劳工组织
WTO	World Trade Organization	世界贸易组织
WMO	World Meteorological Organization	世界气象组织
WIPO	World Intellectual Property Organization	世界知识产权组织
WHO	World Health Organization	世界卫生组织
UNO	United Nations Organization (for United Nations Office in Geneva)	联合国组织（驻日内瓦办事处）
OTIF	Intergovernmental Organization for International Carriage by Rail	国际铁路运输政府间组织
SITA	Airlines Worldwide Telecommunications and Information Services	航空公司全球电信和信息服务组织
IUCN	International Union for Conservation of Nature and Natural Resources	国际自然及自然资源保护联盟
IPU	Inter-Parliamentary Union	国际议会联盟
ITU	International Telecommunications Union	国际电信联盟

续表

英文缩写	英文	中文
UPOV	International Union for the Protection of New Varieties of Plants	国际植物新品种保护联盟
UPU	Universal Postal Union	万国邮政联盟
WEF	World Economic Forum	（瑞士达沃斯）世界经济论坛
ICDO	International Civil Defence Organization，Geneva	国际民防组织
FISCR	International Federation of Red Cross and Red Crescent Societies，Geneva	红十字会与红新月会国际联合会
CENTRE CONSULTATIF	Advisory Centre on WTO Law，Geneva	世贸组织法咨询中心

（二）分析

正是由于国际组织的大量存在，使这个瑞士“小国”立足于国际舞台的中心。作为一个“弹丸小国”，为何会受到这么多国际组织的青睐？笔者认为，主要有两方面原因。

1. 中立国

中立是瑞士外交政策中的一大基石，它禁止瑞士参与武装冲突和军事同盟。中立，使瑞士既可避免战火困扰，保证国际组织有一个安定环境，也可作为中间地带调节国家间的矛盾和冲突。瑞士的中立传统、中立国地位的确立，使其在协调国际关系上更加自如，也使其成为大国之间协商的重要场所，为其成为众多国际组织的总部提供了基础。

此外，瑞士一直实行“武装中立”的政策。近一百年来，“武装中立”不断巩固瑞士中立国的地位，使其免于 20 世纪两次世界大战的战火，为国家赢得了一个连续安定的发展环境，这也是众多国际组织所看重的。

近些年，瑞士成为国际谈判地的热门选择。例如：1985 年，时任美国总统里根与苏联领导人戈尔巴乔夫在瑞士日内瓦举行峰会，这次会议被视为冷战走向结束的转折点。俄罗斯不仅看重瑞士是中立国，更看重其没有加入北约。2021 年，俄罗斯总统普京和美国总统拜登在瑞士日内瓦会面并举行会谈，会谈地点安排在日内瓦湖畔的拉格朗热别墅（Villa La Grange）。这次会谈的背景，正值俄美关系紧张加剧时期，两国关系处于近 20 年来的“最低点”。

每年，在日内瓦都要举行几十次国际大会和各种会晤。当某国与其他国家中断外交关系时，瑞士担任这些国的中立保护国。

2. 社会环境

凭借重要的地理区位优势和稳定的社会环境，瑞士是全球理想的资本存放地和金融避风港。瑞士积极发展金融业，建立了完备的金融体系。大量科学家参与到瑞士的国际化科研项目中，产生了众多先进科学技术。瑞士跻身世界二十大经济体之列，人均 GDP 长期位居世界前列。瑞士拥有完善的基础设施和交通网络，具备承办国际会议的能力。此外，瑞士政府还出台多项支持国际组织的有力政策，每年为众多国际组织提供财政补贴，对众多国际组织的成员收入实行免税或减税政策。这些国际组织在瑞士扎根，利用瑞士安定的办公环境，在国际舞台的各个领域发挥作用。

（三）联合国欧洲总部

联合国驻日内瓦办事处（联合国欧洲总部，UNOG）位于日内瓦的“万国宫”（法文：Palais des Nations）。“万国宫”又名“国联大厦”，其前身是“国际联盟”的总部，位于日内瓦东北郊的日内瓦湖畔，与巍峨的阿尔卑斯山遥遥相望，周围绿树环抱，环境优美，其主体建筑建于 1929 年。

1. 作为联合国前身的国际联盟

作为“联合国的前身”，国际联盟（1920—1946 年）是一个世界政府之间沟通、协作的组织，其宗旨是“促进国际合作，实现国际和平与安全”。

20 世纪 10 年代到 20 世纪 20 年代，世界迫切需要一种除诉诸武力之外的解决争端的不同方法。1919 年，第一次世界大战的战胜国在巴黎会面，谈判达成全面和平协议——《凡尔赛条约》，正式结束了同盟国和联盟国之间的战争状态。《凡尔赛条约》的第一部分是《国际联盟盟约》（以下简称《盟约》），该文件构成了国际联盟的法律框架，规定了联盟的宗旨和运作形式。1920 年 1 月 10 日，国际联盟正式成立，有 42 个国家加入了联盟。国际联盟的成立，标志着国际关系进入了一个新时代——世界各国政府坐在一张桌子旁，以和平方式解决政治问题和争端。

《盟约》规定，国际联盟由三个主要机构组成：国际联盟大会，所有成员国都有代表，地位平等；安理会，由常任理事国和非常任理事国组成；秘书处，在瑞士日内瓦联盟总部进行日常工作。

国际联盟还另外设立了两个独立机构：一是在荷兰的海牙设立的国际法院，以和平方式解决国家间的争端；二是设立了国际劳工组织（ILO），以改善世界各国人民的工作条件。

在国际合作领域，国际联盟也取得了显著成就。在日内瓦举行了各种会议、政府间委员会和专家会议，涉及卫生和社会事务、运输和通信事务、经济和金融事务以及知识合作等不同领域。会员国批准了一百多项公约。实践证明，国际联盟的工作富有成效。图 6.16 展示的是 20 世纪 40 年代国际联盟召开会议的现场实况。

图 6.16　20 世纪 40 年代国际联盟召开会议的现场实况

（来源：万国宫官网）

二战结束时，43 个国家仍然是国际联盟的成员国，但这个组织已名存实亡。当时，国际社会普遍的共识是，全球要加强伙伴关系的构建，保护各国人民免受未来可能发生的战争的威胁和迫害。

1945 年，50 个国家的政府共同组建了联合国，它与国际联盟有着惊人的相似之处，但建立在更有弹性的结构上，拥有更多作出承诺的成员国，制定了更有效的措施来预防或遏制地区冲突。

1946 年，国际联盟正式废止，其所有资产和文件都被移交给联合国，包括它的建筑物和场地以及重要的档案和历史收藏。联合国总部设在纽约，联合国欧洲总部设在国际联盟总部的旧址——万国宫。万国宫里面还设有联合国人权理事会以及联合国人权事务高级专员办事处等机构。

今天，国际联盟的遗产仍然存在。位于日内瓦的联合国欧洲总部工作人员，继续在万国宫工作。在这栋历史悠久的建筑里，直到今天，仍然完好地保存着国际联盟的历史文件。

2. 联合国欧洲总部的使命

日内瓦根深蒂固的传统和和平精神，使其成为便利的国际多方利益相关者集会的首选场所。在具有历史意义的万国宫，联合国欧洲总部（UNOG）致力于将个人、组织和国家汇聚在一起，确保所有人拥有更美好的未来（图 6.17）。作为一个外交中心和多边协调中心，万国宫几乎拥有全球所有国家的普遍代表权。万国宫官网数据显示，这里有 1600 多名工作人员和 3900 名他国常驻的国际官员，是开展国际合作的理想场所。每年在万国宫举办的会议超过 1.2 万次，有口译的会议超过 3200 次，是世界上最繁忙的会议中心之一。在万国宫举行的多边会议和活动涉及范围广泛，都以不同方式触及世界各地民众的生活。

图 6.17 联合国欧洲总部——“万国宫”

（来源：万国宫官网）

UNOG 积极落实可持续发展目标，推进裁军，保护和促进人权，鼓励性别平等，消除贫困，并在紧急情况下提供快速有效的人道主义救援；促进相互尊重和理解、文化交流和讨论，保护和保存联合国的机构记忆和文化遗产。通过政府、民间社会、研究机构、学术界和其他国际行为体之间的伙伴关系，UNOG 致力于在 2030 年之前实现可持续发展目标。UNOG 与常驻代表团、东道国政府和其他国家政府、政府间组织和非政府组织、日内瓦的研究和学术机构等共同促进机构间合作和与区域组织的合作。

3. “万国宫”

“万国宫”以其收藏的艺术品数量之丰富、题材之广泛和使用材料之多样，成为欧洲最重要的文化中心。

在“万国宫”中，有一件来自中国政府的赠品。它是一件 1984 年中国政府赠送给联合国的“天坛”羊毛挂毯，长 3.65 米，宽 2.75 米。据介绍，参观者无论从什么角度看，天坛的大门总是朝向观看者——具有“开放包容”的象征意义。

1996 年，一些非政府组织在万国宫外的联合国广场上竖起一把十几米高的“断腿长椅”（图 6.18），以呼吁全社会关注地雷对平民的伤害。此后，“断腿长椅”成为“万国宫”广场的标志，它深深地震撼着人们的心灵。

笔者曾在这个巨型“断腿长椅”下伫立良久。世界总有残缺，常有伤痛，我们是否有责任让残缺和伤痛更少一些呢？这个时代在呼唤国际人道主义，这也正是万国宫、日内瓦以及瑞士联邦的精神所在。

图 6.18　“万国宫”门前的巨型断椅雕塑

（来源：瑞士国家旅游局官网）

（四）世界知识产权组织

瑞士是一个专利大国，也是一个专利强国。一个很有趣的事实是，一百多年前，年轻的爱因斯坦曾经的第一份工作就是在位于瑞士首都伯尔尼的联邦专利局工作，他在那里见到了瑞士当时乃至欧洲一流的专利技术申请材料，促进了他对物理学基本问题的思考。本书将在第七章专门讨论这部分内容。

瑞士从很早就开始重视知识产权的保护，世界知识产权组织的成立和发展与瑞士有很深的关联。

1883 年，法国巴黎诞生了一部旨在使一国国民的智力创造能在他国得到保护的重要国际条约——《保护工业产权巴黎公约》。这也是全世界第一部保护智力创造的国际公约。公约保护的范围涵盖发明（专利）、商标、工业品、外观设计。该公约于 1884 年生效，当时有 14 个成员国成立了国际局来执行行政管理任务，诸如举办成员国会议等。

瑞士很快跟进了保护智力创造的行动。1886 年，在由法国作家维克多·雨果在 1878 年组织创立的国际文学与艺术协会发起的一场运动之后，瑞士伯尔尼诞生了《伯尔尼保护文学与艺术作品公约》，该公约旨在国际层面上给予创作者控制其创意作品并收取报酬的权利，版权保护从此走上了国际舞台，受保护的范围包括：小说、短篇故事、诗歌、戏剧；歌曲、歌剧、音乐剧、奏鸣曲；素描、油画、雕塑、建筑作品。同《保护工业产权巴黎公约》一样，《保护文学和艺术作品公约》也成立了国际局来执行行政管理任务。

1893 年，上述两个国际局合并，成立为“保护知识产权联合国际局”（法文缩略语：BIRPI）。这一规模很小的组织设在瑞士伯尔尼，当时只有 7 名工作人员，是世界知识产权组织的前身。随着知识产权变得日益重要，这一组织的结构和形式也发生了变化。

1960 年，BIRPI 从伯尔尼搬到日内瓦，以便与联合国及该城市中的其他国际组织更加邻近。

1967 年 7 月 14 日，“国际保护工业产权联盟”（巴黎联盟）和“国际保护文学艺术作品联盟”（伯尔尼联盟）的 51 个成员在瑞典首都斯德哥尔摩共同建立了世界知识产权组织，以便进一步促进全世界对知识产权的保护，加强各国和各知识产权组织间的合作。

1970 年后，《成立世界知识产权组织公约》生效；经历了机构和行政改革并成立了对成员国负责的秘书处之后，世界知识产权组织正式成立。

1974 年，世界知识产权组织成为联合国组织系统的一个专门机构，肩负着管理知识产权事务的任务，这一任务得到了联合国会员国的承认。

1978 年，世界知识产权组织秘书处搬入联合国总部大楼。

1996 年，世界知识产权组织同世界贸易组织（WTO）签订了合作协定，从而扩大了其在全球化贸易管理中的作用，并进一步证明了知识产权的重要性。

2007 年，世界知识产权组织发展议程获得通过，其目的是确保世界知识产权组织在整个工作中考虑到发展问题。

2018 年 7 月 10 日，世界知识产权组织和美国康奈尔大学等机构发布《2018 全球创新指数报告》。

今天，世界知识产权组织（World Intellectual Property Organization，WIPO）是联合国保护知识产权的一个专门机构，根据《成立世界知识产权组织公约》而设立。图 6.19 展示的正是 WIPO 的主楼。世界知识产权组织致力于利用知识产权（专利、版权、商标等）激励创新，对瑞士乃至全球创新都发挥了巨大作用。

图 6.19　位于瑞士日内瓦的 WIPO 主楼

（来源：WIPO 官网）

六、瑞士对外政策

一方面，瑞士人是谨慎保守的，在很多国家重大政策和原则方面秉承“宁愿保守”的倾向；但另一方面，瑞士人又极具包容开放的胸怀，在瑞士社会的多元化方面尤为明显。瑞士的国际化发展进程，以及联邦的对外战略，正是基于瑞士联邦这一看似矛盾却又能变通转化的立场。在处理重大国际问题方面，瑞士很少缺席，甚至发挥着不可或缺的作用。在开放包容方面，瑞士比很多国家都走得更远。

（一）外交政策

瑞士外交政策的目标在于维护联邦的独立、富裕和安全。同时，瑞士还非常注重向外展示他们在人权、民主、和平、缓解危难和贫困以及保护环境等方面取得的成果。

在采取积极主动外交政策的同时，瑞士还不断扩大与邻国和欧盟的关系，为欧洲和世界的稳定积极开展工作。瑞士的各种战略合作伙伴关系和多边政策日益得到强化，并呈现多元化趋势。

在对外政策方面，瑞士特别强调与欧洲的关系。从地理位置上看，瑞士位于欧洲大陆的中心，几乎被全部欧盟成员国所包围。据瑞士联邦委员会官方数据统计，每天有超过 28.7 万欧盟居民跨境到瑞士来上班。瑞士与世界 120 个国家签署了合作协议，而欧盟以及世界其他任何国家都没有签署如此众多的协议。2014 年，瑞士对欧盟的出口占全国出口总值的 55%，而瑞士 73%的进口也来自欧盟。

瑞士积极巩固与欧盟的关系，确保与欧盟的关系是可以升级拓展的。瑞士与欧盟针对不同领域签署的双边协议，包括第一批双边协议（1999 年）和第二批双边协议（2004 年），构成了瑞士与欧盟关系的基础。事实上，瑞士与欧盟一直基于 1972 年签署的自由贸易协定展开经济交流。

虽然瑞士不是欧盟成员，但近些年来，瑞士的政治、经济、文化都在逐步接近欧洲其他国家，而不再是欧洲的一个“特例”，比如瑞士女性就业的比率呈不断上升趋势，基本已达到欧洲中等水平。在对待欧洲移民的问题上，瑞士的政策很早就将此考虑在内。而当时在欧洲，移民问题还只是个苗头而已，大多数国家并未想得太长远。现在，很多欧洲国家渐渐发现了瑞士对外政策的谨慎和周全之处。事实证明，瑞士“不瘟不火”的对外政策，似乎更能“行稳致远”。

中立是瑞士在危机和冲突地区发挥调解作用的基石之一。瑞士既非欧盟和北约成员国，亦非二十国集团成员。由于全球权力的转移，瑞士注重加强与全球伙伴深化关系网络，以维护其利益，解决具体问题。瑞士认为这一点至关重要。鉴于各种区域性组织的政治和经济影响力，瑞士还在这些机构内部活动。

在面对外来文化和经济冲突时，瑞士人并未感到“威胁”。在这一点上，瑞士与德国、法国、英国、瑞典、西班牙和美国等国的外交立场不同。事实上，瑞士人在面对外国经济和文化“侵入”的问题上并不介意。这或许与其直接民主有关，瑞士在 1960—1970 年间就针对“过分异化”的问题进行过全民公投，其结果不言而喻。

（二）中立国政策

从历史上来看，瑞士并非始终保持着和平。欧洲历史上的多个重大历史事件，瑞士都有参与。

瑞士地理位置处于欧洲中心。在文化上，瑞士的不同地域受邻国影响较大，如德国、奥地利、意大利、法国等。瑞士参与了欧洲历史上的许多重大事件，这对联邦的外交政策产生了重要影响，中立国地位正是在这样的影响下产生的。

1815 年的维也纳会议，使得瑞士成为最早得到国际社会认可的永久中立国。当时欧洲的法国、奥地利、德国、意大利等一致认为，瑞士地处欧洲大陆中部，与几个当时欧洲的强国接壤，如果让其保持中立，则有利于提供一个缓冲带，最大限度减少欧洲的战争。自 1848 年瑞士制定宪法成为统一的联邦制国家以来，瑞士始终严守中立的国家政策。在中立传统基础上，瑞士的中立地位逐渐得到了世界大国的确认。1907 年，在荷兰海牙签订《海牙公约》时，瑞士的中立国地位得到正式确立。

中立国地位为瑞士在对内和对外两方面都提供了政治稳定的基础，确保了和平稳定的总基调。对内，促进了联邦经济的发展；对外，避免了受邻国局势的影响。当然，还有非常关键的一点是，中立国地位使瑞士这个小国避免了在政治上与邻国绑在一起，本国在制定内政、外交政策方面有完全的战略自主权。在外交上，瑞士采取不站边的对外政策，作为一个欧洲国家，瑞士既不属于北约，也不属于欧盟。从欧洲局势看，瑞士的中立也符合邻国的利益需求。历史上，德、法、意、奥等国都不愿他国控制瑞士这一地理中心——瑞士的中立对所有国家都有好处。

今天，瑞士一方面积极参与国际事务；另一方面，又始终坚持自身的中立国地位，保持对外政策的独立自主性。一个非常明显的例子是，尽管作为全球国际组织的云集之地，瑞士对参与国际组织的态度却是审慎和保守的。目前，瑞士仅是 7 个国际组织的成员国——欧洲自由贸易组织、欧洲委员会、欧洲安全与合作组织、经济发展与合作组织、世界银行、国际货币基金组织以及联合国。

自联合国建立以来，瑞士国内一直有提出加入联合国的声音。但在加入联合国之前的几十年间，这个议题每次都会在全民公投中遭到否决。直到 2002 年，瑞士才正式加入联合国，但其至今仍然不是欧盟成员国，仅加入了申根国家协议以确保边境流通。

瑞士至今对加入国际组织仍然不是那么“热衷”的一个很重要原因在于，瑞士人宁愿保持相对“中立”（或者说“独立”），而不愿被“还没看清楚”的各个国际组织协议所牵累。

（三）对外经济政策

由于瑞士国内市场很小，许多瑞士本土企业积极探索国际化发展路线，以适应外国企业的文化和思维方式，促使企业不断向“外向型”转型。有相当数量的瑞士企业和商人在他国获得了巨大成功。例如恺撒·里兹（César Ritz）将瑞士酒店管理技术推广到国外，并制定了豪华酒店的标准，这些标准得以在其后世继续发展，而他的名字也成为“奢华酒店”的代名词。再如瑞士人路易斯·雪佛兰与人合建了雪佛兰汽车公司，该公司后来成为美国汽车巨头之一[①]。

瑞士员工在企业的国际化发展趋势下，已熟练学习和运用多国语言，具备了对外经济交往的语言和文化基础，这对瑞士经济的国际化产生了很大优势。

---

① R. 詹姆斯·布雷丁．创新的国度：瑞士制造的成功基因［M］．徐国柱，龚贻，译．北京：中信出版社，2014.

瑞士的外向型经济策略，决定了瑞士产品和服务要走向国外，向海外发展。要卖出产品和服务，就要求有高质量、高技术和经久耐用的产品和服务作为保障。因此，瑞士大力发展高科技。瑞士认识到，其经济发展的核心必须有创新，而研究和教育是创新的前提。

为促进和鼓励民众的创新精神，联邦政府致力于提供高水平、高质量的高等教育，并保障研发和市场之间的密切关系。联邦当局认识到，要保持瑞士科技的持久创新，就需要基础研究作为重要支撑，但同时也需要根据市场需求精准地将研究成果加以应用。当有了一流的研发成果之后，还需要良好的知识产权保护体系予以保障。高科技企业对于人力资源和研究投入了大量的资金和精力，知识产权保护是企业发展的关键——唯有如此才能保障获得利润。

联邦政府还致力于提升和维护良好的国际营商环境。多年来，通过联邦政府和地方政府的共同努力，使瑞士银行业和保险业在国际上获得了专业化、高质量的口碑，为外界提供了良好的金融环境。

外国公司看重瑞士的地理优势，到瑞士投资，意味着在欧洲的心脏设立中心；他们更看重瑞士在经济、财政和融资上的稳定。此外，瑞士还具有一流的高科技发展环境，完善的公共交通可以通达欧洲各地。这些优势的叠加，让许多国际公司选择到瑞士安家落户，将国际中心或者欧洲中心设在这里。

事实上，瑞士的商业成本不算很高——尽管瑞士生活成本相对较高，但如果外国企业生产出有高附加值的高科技产品和服务，就能弥补这一点。

（四）参与国际事务

中立并不意味着脱离于世界发展之外。

作为一个面向全球化的国家，同时也是一个出口导向型的经济体，瑞士致力于作出综合全面而又富有创造性的努力，参与打造其所处的外部大环境。例如在处理危机和冲突方面，瑞士致力于加强在调解领域所做的努力，以确保自身安全所需要的大环境和国际秩序。基于这样的出发点，瑞士积极参与国际事务。如参与联合国的各种行动，以及欧洲安全与合作组织的行动。

现在，瑞士在巴尔干地区，包括塞尔维亚以及科索沃都有他们的身影，积极参与维和活动。瑞士也积极参与世界各地的发展援助，包括非洲、亚洲和南美洲等地区。瑞士是联合国中的积极成员，积极参与提供和平解决方案的活动以及完善国际法制的活动。瑞士对外派出有限数量的军队仅限于参与经联合国授权的行动。自从 2002 年加入联合国后，瑞士在联合国的相关事务中日益活跃，参与了人权理事会的创建、安理会的改革、国际环境政策、发展与人道主义援助合作、推进法治等工作，以及联合国的财务和行政管理工作。此外，瑞士还参选了 2023 至 2024 年安理会非常任理事国。

迄今为止，瑞士已受 30 多个国家委托，以中立保护国身份代理一些国家的外交。其中最著名的就是1979—1980年间，在伊朗发生劫持人质事件后，瑞士代理美国在伊朗的外交，至今仍然如此。此外，瑞士还曾多年持续推动伊朗核问题谈判，2015年谈判终于随着协议的签署而结束。

瑞士联邦委员会的官网数据显示，2015年瑞士将国内生产总值的0.52%用于发展援助。通过开展调解斡旋活动，瑞士为解决大量国际冲突做出了积极贡献。此外，瑞士还在某国与其他国家中断外交关系时，担任该国的中立保护国。作为一个拥有长期联邦制传统的中立国，瑞士经常为冲突中的双方提供善意服务。有时，这种善意服务仅限于为双方提供一个谈判地点；而有时，瑞士则在冲突双方之间主动建立联系、提供调解服务，以使双方相互理解，甚至达成和平协议。此外，瑞士还积极向一些国家国内的敌对团体提供善意服务，而不仅限于向一国政府代表提供这种服务。

瑞士经常参与由多国或联合国、欧盟、欧洲安全与合作组织等国际组织协调开展的行动。例如在旷日持久的叙利亚内战中，瑞士向联合国提供专业知识，并于2016年4月在日内瓦提供谈判场所。瑞士积极参与由联合国主导的可持续发展目标《2030年可持续发展议程》，将其作为国际合作的内容之一。瑞士还积极设立国际研究重点课题，主要围绕那些能为本国创造增值的领域，如国际职业教育或国际社区发展等。除此之外，研究课题还包括人道主义援助、发展合作中的经济政策措施和贸易政策措施、转型合作，以及促进和平和人类安全的措施等。

瑞士致力于在国际规则和国际标准的制定上发挥更大作用。同时，瑞士还继续巩固和加强其作为全球经济、知识和科研重地的地位。

（五）民间国际合作

瑞士不仅积极参与国际事务，还积极开展民间国际合作。

多年来，瑞士民间组织致力于在世界其他山区小国开展各种合作项目，这得益于瑞士对位处山区的社会、经济及环境问题拥有一定实际经验。近年来，瑞士发展与合作机构（DEZA）积极促进国际山脉保护。为使合作项目顺利开展，DEZA克服各种困难，在原有结构及发展基础上与各国之间达成共识。例如在尼泊尔、安第斯山脉（位于拉丁美洲）和莱索托山区（位于非洲），DEZA帮助山民优化当地耕种方法，这种方法同样涉及如何更好地节约利用水资源。

在森林保护方面，瑞士也有着丰富的经验值得国际社会借鉴。瑞士将其成功经验积极向全球推广。近年来，在吉尔吉斯斯坦、不丹和尼泊尔，瑞士森林专家与当地民众一起，共同协作禁止乱伐森林并建立持久的森林经济计划。

其他民间国际合作还包括解决如何提高山区人民基本经济收入的问题，其中一项计划是指导山地妇女如何将她们的手工作品转换为盈利产品。

七、瑞士教育、科研与创新国际化战略①②

瑞士教育体系对外国留学生有着极大的吸引力。根据最新数据，在瑞士高等学府（包括大学、应用科学大学、职业培训院校）深造的学生中，每四名学生中就有一名外国人。联邦统计局的数据显示，2016 年所有大学在校学生当中近三分之一为外国公民，博士研究生中外国学生人数甚至超过本地人（占到 54%），职业教育项目中 24%的学员为外国人。瑞士通讯社报道，超过 5.9 万名外国学生在瑞士高等学府就读，其中 75%的学生是“慕名而来”。

近些年来，不断有国家寻求与瑞士建立合作关系，希望建立持久而巩固的双边和多边关系。事实上，瑞士教育成功的一个关键因素正是在于其国际化战略的制定与实施。驱动瑞士教育国际化战略的动因是多方面的。瑞士的成功经验在于：实施国家创新驱动发展战略，将“请进来”与“走出去”统筹推进，深化双边与多边合作。

（一）动因分析

从欧洲高等教育改革的层面来看，“博洛尼亚改革计划”（Bologna Reform）要求欧洲在高等教育领域提高学生的流动性，其目标是到 2020 年欧洲高等教育领域的毕业生中至少有 20%在本国以外的其他国家接受培训或教育。从现有统计数据来看，瑞士在综合性大学层面尚未实现这一目标。因此，瑞士的高等教育机构致力于走向国际化，从而让各个层级的人才更具流动性。此外，由于瑞士企业的吸引力以及其他国家高素质就业者的缺乏，更多的他国从业者将进入瑞士劳动力市场，这也在客观上要求瑞士的教育相关机构做好国际化的应对策略。

随着新兴国家向成熟经济体发展，以及人口发展差异的进一步加剧，全球对于高素质人才的竞争日益激烈。在全球劳动力日益短缺、竞争不断加剧的局面下，瑞士需要不断地调整其教育国际化政策，以保持其在国际劳动力市场的人才优势和吸引力。

尽管瑞士近年来根据国际教育分类标准（ISCED）不断调整自身的高等教育政策，但其高等教育体系和英国国家相比却不占优势，尤其是非学历的三级认证机制在 ISCED 中并未获得充分认可。在职业教育学历方面，瑞士并未在国际层面获得同等的认可度。因此，教育改革的呼声主要来自两个方面：一方面，

---

① 骆毅．瑞士鼓励教育融入世界发展［N］．中国教育报，2019-11-29（5）．

② 骆毅．试论瑞士教育的国际化战略及对中国的启示［J］．华北电力大学学报（社会科学版），2019（6）：125-134.

不断巩固和提高瑞士高等教育人群在国际社会的认可度；另一方面，应不断改善瑞士职业教育和培训的相关学历不被他国熟悉和认可的现状。

尽管瑞士显著的创新能力让经济受益，但瑞士国内的经济规模太小，难以支撑高度创新的产品。因此，瑞士企业常常直接在国外市场研发产品，与消费者保持近距离关系，让产品适应当地市场的需求。然而，瑞士要在各行各业获得高素质从业者是不容易的。在新兴国家，瑞士企业很难在当地找到高素质从业者以满足瑞士的产业标准和生产标准。在很多情况下，当地法律要求瑞士企业只能招聘本国从业者，而本国从业者往往又难以达到瑞士企业要求的高素质和高标准，这预示着瑞士的职业教育模式需要出口到其他国家，以满足高素质从业者的海外培育。

全球变暖、资源消耗、老龄社会医保、经济衰退、技术变革等带来的诸多挑战，正在加速新兴经济行业的出现。包括医保、信息和通信技术以及其他衍生行业在内的服务业，正变得日益重要。瑞士认识到，要应对这些问题，就必须超脱国家的界限来制定应对策略，通过不断增进与其他国家的合作，形成全球范围内的“协同效应”，以应对新常态下的全球挑战。

（二）战略重点及优先国家

瑞士教育、科研与创新的国家化战略的重点具体表现在以下三个方面，同时，针对不同类型的国家，有不同的合作重点。[①]

1. 战略的重点和举措

1）巩固和拓展国际网络

瑞士的教育利益相关者有充分机会引领科研基础设施的建设，尤其在欧洲范围内，其在国外的科研基础设施联合基金会，致力于为本国科研基础设施提供有力补充。瑞士的教育利益相关者不断参与，致力于解决全球挑战的多边倡议、国际组织项目。瑞士鼓励这些利益相关者积极参与欧洲现有的相关项目。

基于互惠的原则，瑞士积极地与相关欧盟等国家开展双边合作。与发达的工业国家和新兴国家合作，为瑞士教育增加了附加值。

联邦政府充分尊重，并引导不同的教育机构根据自身实际情况和需求制定适合自身的国际化战略和发展路径。通过政策引导和资金支持，政府从联邦层面和州级层面引导各类教育机构实现各自的国际化发展，使之协同解决瑞士的全球挑战。

2）输出教育和引进人才

瑞士不断加大对外教育出口的力度，持续巩固瑞士教育体系的优势。例如，

① 参见瑞士联邦委员会官网相关信息。

瑞士有众多私营的职业教育培训学校和大专层次的专业教育和培训机构，它们不断地扩大在当地市场的渗透力度，满足当地学生的教育需求。

瑞士科研人员、学生和学徒具有充分的流动性，国际劳动力市场和科研市场对他们的需求较大。瑞士的科研人才市场充满竞争性，高等教育机构和科研机构从全世界招募优秀的学生以及人才。瑞士联邦通过奖学金和助学金的拨付，进一步促进瑞士与相关国家的学徒、学生和科研人员的流动性。

定向的科研资助政策，使得瑞士建立起众多一流的科研基础设施，不断巩固了瑞士成为一流科研胜地的位置，不断吸引一流科研人员前来从事科学研究工作，向科研人员提供一流的科研设备。

海外经历被作为正式教育的一部分，瑞士学生可以获得机会就读瑞士以外的一流高等院校。如有必要，瑞士的学徒也将在他们的职业教育培训项目课程中到国外去研修。同时，国外的学徒也有机会到瑞士接受培训。针对培训的相关协议中明确了要提升学生的国际流动性，并鼓励这些交流活动。

3）提升教育体系的国际认可度

联邦政府充分尊重瑞士高等院校自主决定各自的国际化发展战略，引导和鼓励它们积极开展国际交流活动，帮助瑞士高等院校巩固在高等教育领域的良好国际声誉。

瑞士联邦政府认为，学术型教育和职业/专业教育与培训的教育体系应该在国家层面和国际层面获得同样的社会认可度。因此，应充分发挥双轨职业教育与培训模式的作用，不断提升瑞士教育质量的国际认可度。瑞士的海外企业与职业教育机构一道，在海外目标国家市场中不断建立和扩充瑞士双轨职业教育项目，不断确立和完善双轨制职业教育培训体系。

2. 优先合作的国家

教育的国际化政策与对外经济政策是相辅相成的。这两种政策促进人员实现流动性，保护知识产权，是促进社会进步的基本条件。那些与瑞士保持着密切经济合作关系的国家，同时也在教育政策领域保持了密切的合作关系。

总体而言，瑞士将那些教育体系发达的国家作为优先合作的对象，欧盟是瑞士最重要的伙伴。在欧盟框架内，瑞士还极为重视与周边国家的合作，不断发展双边关系。2005 年，瑞士联邦委员会决定在欧盟范围以外与一些特定国家展开双边关系。

虽然身处欧洲内陆，但瑞士在经济、外交、人道主义等多个层面都与世界各国保持频繁接触和交往[①]。瑞士不断挖掘与那些在教育领域具有潜力国家合作的可能性，在双赢的原则下签订教育合作协议。已签订的合作协议国家包括许

① 值得注意的是，瑞士积极参与国际事务，但在很多国际组织中只充当观察员。

多金砖国家、经合组织国家、海湾合作委员会成员国、东盟国家等。《瑞士联邦委员会教育、科研和创新规划纲要（2008—2011）》致力于与那些有科技发展潜力的国家建立合作、促进交流。随着瑞士教育国际合作的推进，一些国家再一次成为瑞士关注的焦点，包括中国、印度、日本、俄罗斯、南非、韩国、巴西、智利等。

（三）战略实施的主要措施

1. 广泛参与国际教育组织

瑞士认识到，要从国际化合作中获得积极影响，不仅要积极参与国际组织，同时还应善于从国际组织相应的委员会中汲取相应资源。

当前，瑞士并未在众多的国际组织中占据强有力的位置，例如：经合组织中还没有瑞士籍雇员。因此，需要采取相应措施加强瑞士的教育体系被国际组织的认可度及其在国际组织中的话语权。近年来，瑞士开始积极与若干国际组织的教育机构互动，如欧洲理事会、经合组织、联合国教科文组织等。

2. 深度融入欧洲教育机构

瑞士积极参与欧盟框架下的一系列科研和教育项目，如终身学习项目、青年行动项目等。瑞士还成为欧洲空间署（ESA）的成员之一、泛欧洲尤里卡（Eureka）研发倡议的成员国之一。除此之外，瑞士还积极参与欧洲的其他研究机构和科研框架体系中，并使用有关科研设备，包括欧洲核子研究中心（CERN）、欧洲自由电子激光器科学研究设施（European XFEL）、欧洲同步辐射装置（ESRF）等。

在欧洲科学与技术合作组织（COST）项目框架内，瑞士不断加大与其他欧洲国家教育机构在科学和技术研究网络中的合作。例如：2014 年，瑞士在 COST 框架下参加了 71 个项目；截至 2014 年底，COST 框架下的 368 个正在实施的项目中，261 个项目有瑞士参与。

瑞士积极参加欧盟框架下的诸多项目对国内的研究和创新体系产生了积极的财政影响。自欧盟第三期研究框架项目启动以来，研究人员从欧盟研究框架项目中获得超过 21 亿瑞郎的研究经费。仅考虑完成的欧盟研究框架计划，瑞士的研究人员就获得了数百亿瑞郎。

当然，瑞士融入欧盟的科研框架项目带来的积极效应远不止财政资金方面。接受教育和培训学生的流动性不断增强，科研人员的流动性日益提高，瑞士在欧盟科研项目委员会作代表的机会日益增多，在欧洲研究领域的话语权逐渐增强。这些积极的变化，又进一步促进了欧盟教育政策的不断完善，使瑞士科研人员不断融入国际科研的最新潮流。

3. 积极开展双边教育活动

近年来，瑞士与欧盟以及其他国家签署了 20 多个双边协议，在科技合作方面进一步加大力度。一些双边合作协议为特定领域的科技项目合作奠定了基础，并吸引其他协议方为项目提供资助。这些协议主要致力于鼓励和促进瑞士与他国的教育相关机构在相关领域展开直接合作，如合作建立基本框架保护知识产权，与欧盟国家建立高等教育合作等。

此外，瑞士通过制定《瑞士联邦委员会教育、科研和创新规划纲要(2008—2011)》，进一步加强与非欧盟特定国家的合作与交流（如金砖国家、日本、韩国等)，自2008年开始与这些国家陆续签订了双边合作协议。

2009年至2013年间的数据显示，瑞士发表的科研文章中有78%是源自国际合作，其中有15.4%的合作是与美国，9.7%是与意大利，8.2%是与德国，7.2%是与法国。欧盟是瑞士的主要合作伙伴，瑞士发表的文章中有44.7%是与欧盟合作的。

4. 大力扩充教育国际网络

《瑞士2004—2007年教育、科研和技术促进规划纲要》发布后，联邦委员会和联邦议会开始致力于扩大现存其在海外的教育、科学与技术网络规模。

在2008—2011年期间，联邦委员会和议会决定进一步扩大海外网络。瑞士大使馆、领事馆、联邦政府科技文化中心等，分别在不同的职责范围内处理相应事务，共同构成促进教育国际化发展的协同网络，

瑞士大使馆在17个国家中设置科技处，专门负责与高等教育、基础研究与技术方面有关的事务。第一个瑞士联邦政府科技文化中心（Swissnex）于2000年在美国波士顿设立。之后又相继在美国洛杉矶、新加坡、中国上海、印度班加罗尔、巴西里约热内卢等地设立科技文化中心。这些中心的设立，提升了瑞士作为科学和技术重地的国家形象，他们建立并共享联系网络，与合作伙伴一道为科技文化中心提供资金，支持其相关活动。

科学与技术中心及科学中心与其他科技强国或地区建立合作（尤其是北美国家和新加坡)，现在，这些地方已经有很多积极的、直接的，以及良好架构的国际交流活动。此外，瑞士还在上述国家之外的其他国家支持两个高质量的研究机构（分别位于科特迪瓦和坦桑尼亚)，收集诸如区域疾病的数据，并针对其他的相关研究领域（例如兽医学和农学）开展研究工作。

瑞士还设立了17个海外学校，专门提供基于瑞士标准的教育，这些学校向外传播瑞士文化和理念，由瑞士相应的州负责教学质量并提供资助。这些学校在各个所在国以其高质量的教学而深得好评。

5. 大力推进职业教育国际化合作

为进一步加强和巩固瑞士职业教育的国际领先地位，瑞士联邦委员会(SERI）于2015年对联邦职业教育法进行修订。联邦政府将对国际职业教育合作（IBBZ）项目和措施进行支持，SERI将针对具体措施提供资助。这项立法修

订，进一步明确了瑞士职业教育国际化战略发展的方向，创造了坚实的法律基础。

近年来，瑞士成功的职教经验在全球范围内被推广和借鉴。2015 年 9 月，美国劳工部与瑞士签署职业教育合作备忘录。2017 年 9 月，中瑞两国共同签署《中瑞职业教育与培训合作备忘录》，致力于促进中瑞职教合作。国际经合组织（OECD）也开始对瑞士的“双轨制”产生浓厚兴趣。2015 年，SERI 协调各州应用科学大学和职业培训学校，积极参与由 OECD 主导的调查研究项目“面向实践的 VET 教育”，其目的是在全球范围内改进双轨制职业教育，鼓励学校借鉴“双轨制”职业教育。SERI 通过宣传、对话与交流，增进 OECD 和国际社会对瑞士职教经验的理解和认同。

6. 充分尊重各级教育机构自主权

由联邦资助的各级教育机构为瑞士的国际化发展提供了源源不断的强劲动力。

其一是由联邦政府资助的基金会。例如，由瑞士联邦政府资助的国家科学基金会（SNSF），通过积极开展海外科学活动，不断建立和扩大国际合作网络，为瑞士教育机构和国际协会的外籍研究者提供支持。SNSF 代表瑞士联邦积极地在海外执行瑞士的教育政策，与欧盟科研机构保持关系，与转型国家、发展中国家以及特定的非欧盟国家一道共同提供特别的研究资源，其设立的项目活动推动了诸多国际交往。SNSF 还与一些伙伴机构创立了“欧洲机制框架”，使参与国研究者获得不受限的资助。还有其他诸如瑞士技术创新基金会（FIT）、瑞士州级教育部长联席会（EDK）、瑞士技术和创新委员会（CTI）等机构作为教育的重要支柱力量，它们独立自主地发展和践行着各自的国际化战略。

其二是高等教育机构。尤其是两所联邦理工大学（苏黎世联邦理工大学、洛桑联邦理工大学）和其他的州立大学，独立地发展着自身的国际化战略，不断扩大国际交往、建立国际合作、推进交流项目，积极招收其他国家学生。外国研究者、教师和学生对瑞士的高等教育和劳动力市场尤为青睐，这进一步使得瑞士的高等教育机构和研究机构长期维持国际化的态势。有数据显示，瑞士高等教育机构的外籍教师和研究人员的比例近些年来显著攀升。2020 年的数据显示，瑞士 12 所综合性大学中有 50%的教授来自国外，9 所应用科学大学中有 28%的教师来自国外。[①] 综合型大学和应用科学大学中有 25%的学

① SERI. Switzerland-The place for education, research and innovation [R/OL]. [2023-11-01]. https://www.sbfi.admin.ch/dam/sbfi/en/dokumente/2016/08/ch-bfi-en.pdf.download.pdf/ Factsheet _ Switzerland _ en.pdf.

生来自国外①。

八、瑞士多语言政策

瑞士的开放包容和面向全球的积极姿态，离不开一个重要前提，那就是瑞士人整体上都具有多语言能力。

（一）瑞士人的多语言能力

瑞士有四种官方语言，德语、法语、意大利语和罗曼什语，前三种语言是瑞士主要的官方语言。

从人口数量的分布上看，约63.5%的瑞士人口母语为德语或“瑞士德语”，22.5%为法语，8.1%为意大利语，0.5%为罗曼什语。英语和葡萄牙语是瑞士人使用最多的外语。瑞士还有21%的外来人口或异族后裔，他们的母语不属于四种官方语言中的任何一种。“瑞士德语”是一个总名称，其中包括了形形色色的各种阿拉曼方言。“罗曼什语”是列托罗曼语中的一种，它起源于拉丁语和意大利语。

由于语言的相对独立分布，瑞士联邦在地理上也相应分为德语区、法语区和意大利语区。

德语区的学生从小学习标准德语，从高中开始学习英语和法语；法语区的学生则是学习德语和英语；意大利语区的学生需要学习法语、德语和英语。

从笔者的考察情况来看，欧洲非英语国家中，德国、法国、意大利、西班牙等国民众的英语娴熟程度远不及瑞士人。德国人和法国人的情况相对好一些，他们大多能听懂英语。

德国人普遍“直来直去”，他们尽量在自己能力范围内以英语交流；法国人对自身语言文化上有一定的优势认同，可能会“故意”装作没听懂，他们经常直接以法语应答；西班牙人和意大利人不太会说英语，差一些的甚至听不太懂英语。

相比较于其他非英语的欧洲国家，瑞士人的英语水平令人叹服。这与瑞士的语言教育政策有很大关系。瑞士学生在接受了学校的英语教育后，是“真正地”会说这个语言。瑞士人对“会”的定义是“精通”，即完全娴熟地掌握这门语言，并且有较为深厚的文化积淀。笔者和很多来瑞士的中国留学生都深有同感，来到苏黎世或日内瓦就仿佛是来到了一个英语国家，似乎与当地瑞士人用英语交流毫无障碍。

---

① SERI. Switzerland-The place for education，research and innovation [R/OL]. [2023-11-01]. https：//www. sbfi. admin. ch/dam/sbfi/en/dokumente/2016/08/ch-bfi-en. pdf. download. pdf/ Factsheet _ Switzerland _ en. pdf.

近年来，英语在瑞士受到越来越多的重视。德语区 92%的人认为英语是最重要的外语，法语区和意大利语区的这一比例分别为 88%和 77%。这是因为瑞士人日益认识到在度假时需要更多地运用到英语。此外，由于互联网上许多信息是英文信息，因此上网也需要英语。当然，还有相当多的瑞士人认为掌握好英语有利于更好理解外国文化。

瑞士人精湛的英语水平给很多外国人都留下了深刻印象。然而，瑞士人厉害的语言水平还不仅于此，更令人叹服的是，他们还拥有对不同语言的熟练运用能力。

与欧洲其他国家相比，瑞士人有明显的语言优势。瑞士联邦委员会官网数据显示，瑞士人在工作和生活中最普遍使用的语言是瑞士德语（66%），其次依次是标准德语（33.4%）、法语（29.1%）、英语（18.2%）和意大利语（8.7%）。在 15 岁以上的人口中，超过 42.6%的人都经常使用至少两种语言。在德语区和意大利语区，瑞士人平均能讲 2.2 门外语，法语区的人平均掌握 1.7 门外语。在德语区，71%的人能娴熟掌握法语，67%的人娴熟掌握英语；在法语区，47%的人会讲标准德语或瑞士德语，43%的人掌握英语；在意大利语区，掌握法语、德语和英语的人分别占 74%、65%和 42%。

多语言性是瑞士社会文化的主要特征。联邦有部分州拥有多种官方语言，如伯尔尼州（德语和法语）、弗里堡州（法语和德语）、瓦莱州（法语和德语）及格劳宾登州（德语、罗曼什语和意大利语）等。

生活在瑞士的外籍人，则进一步丰富了瑞士的语言多样性。英语和葡萄牙语是在瑞士最经常使用的外语。其他还有西班牙语、塞尔维亚语、克罗地亚语和阿尔巴尼亚语等。

有个在瑞士读书的中国留学生在网络论坛上讲述了如下一段经历。

他实习的地方是瑞士德、法两个语区交界的地方。

实习小组里的人如下。

瑞士德语区人 Pascal，精通瑞士德语、德语、英语，法语初级；

瑞士德语区人小 Pascal，精通瑞士德语、德语、英语，法语初级；

瑞士意大利语区人 Alex（小组长），精通德语、法语、意大利语、瑞士德语和英语；

瑞士意大利语区的某员工，精通德语、法语、意大利语、瑞士德语和英语；

法国人 Giulie，精通法语和英语；

他本人，只精通英语、意大利语，德语初级。

他们开会以及平时交流的语言使用规则是：Pascal、小 Pascal 与中国留学生在一起的时候，为尊重他，大家都用英语交流。开会布置任务时，Pascal、小 Pascal 分在第一组，意大利语区的某员工和 Giulie 分在第二组。Alex 先用瑞士德语跟第一组布置任务；然后，Alex 再用法语与第二组布置任务。随后，Alex 再用意大利语和那个意大利语区的某员工开一会儿玩笑。最后，Alex 再用英语说，“今天就到这里吧”。这位中国留学生形容整个过程“没有任何犹豫和结巴，完全就像是 5 种语言长在他身上一样，随便切换没有任何障碍”。有趣的是，在去食堂的路上，这几个瑞士人出于对他的尊重，轮流陪他聊天。他们“快速地”从法语或瑞士德语切换到他擅长的英语。一旦确认聊天结束，他们又“快速地”切换到他们之前聊天的某种语言。由于他们都会法语和德语，于是就出现“上半句用德语开玩笑，下半句用法语接话或者解释”。瑞士年轻人非常擅长这种跨文化的语言交流。

（二）联邦多语言政策

在联邦层面上，德语、法语和意大利语是正式的官方语言。有一个特例是，当联邦政府涉及与使用罗曼什语的人员进行交流时，则使用罗曼什语。

联邦的所有官方文件，包括法律文本、报告、网页、手册、建筑物的标识等，都必须用德语、法语和意大利语书写。联邦文化总局的职责就是支持和推广联邦的多语言性。

联邦的《语言法》特别规定了联邦如何使用官方语言，行政管理部门如何促进多语言性，如何支持多语言州，以及如何促进罗曼什语和意大利语，包括罗曼什语文化和意大利语文化。

当然，兼顾国家官方语言与英语，一向是让联邦政府为难的问题。瑞士联邦委员会官网数据显示，目前联邦政府每年出资 25 亿瑞郎（相当于 8.5%的教育经费），专门用来支付语言教学。

1. 基础教育阶段的语言教育

瑞士基础教育包括学前教育、小学教育与中学教育。各州根据当地具体情况实行有差异的语言教育[①]。各州将主要的官方语言作为第一语言，在基础教育阶段向学生普及语言教育。双语州设有分别以两种官方语言为主的中小学，公民可自主选择某类学校接受教育。此外，瑞士各州往往会在基础教育中加入第二官方语言的教育。

各州的小学教育中，第二语言课程（德语、法语、意大利语或英语）有不同规范，有的课程直到中学才开设。1960 年以后，有些州从小学四年级以后才开始教授联邦的官方语言。

一般而言，法语区各州优先以德语作为第二门语言课程；德语区各州则以法语作为第二门语言课程；意大利语区各州及用罗曼什语（Romansh）的人群以德语作为第二门语言课程，法语作为第三门语言课程。

---

① 瑞士教育事务主要由 26 个州自主管理，各州教育文化自主性较强，联邦政府仅设由各州教育厅厅长组成的教育委员会，即瑞士州级教育部长联席会（EDK）予以宏观监督。

2004年，各州教育部门一致同意，在小学阶段实行同时教授两门外语的政策。即英语和该州第一官方语言之外的另一门官方语言。

事实上，近年来，有关在义务教育阶段更加突出以英语作为外语教学课程的呼声，日益成为瑞士语言教育的政策热点。但与此同时，这也是社会争论的焦点所在。瑞士人担心，重视英语教学会导致联邦四门官方语言（德语、法语、意大利语和罗曼什语）的地位被削弱。

但无论如何，瑞士几个关键大州——尤其是国际化程度很高的几个州，对小学阶段加大英语教学的政策立场十分坚定。例如：苏黎世州的一项提案建议，将英语列为州立小学教授的主要外语。这个提案得到许多教师和政治团体的支持。目前，苏黎世州的小学生从二年级起开始学习英语；五年级后，他们将上法语课。事实上，一些德语区的其他州也纷纷提出类似提案，希望在小学教育阶段进一步加大英语的教育力度。

然而，不得不承认的是，对在讲瑞士德语方言的环境下长大的很多小学生而言，要掌握两门外语是很困难的，部分原因是他们还需要努力学习标准德语。

2. 高等教育阶段的语言教育

瑞士大学坚持国际化发展战略。在向外国学生敞开大门的同时，也将本国学生送往国外。因而，英语在瑞士大学的地位越来越重要。

通常来瑞士上大学的外国学生以邻国的学生为主，如德国和法国学生。但是现在来自其他国家的学生也在逐渐增多。因此，吸引外国学生最好的方法无疑就是在课堂上用英语授课。当然，瑞士大学用英文授课并非新鲜事。近些年来，瑞士大学中英文授课的比例也在大幅增加。

德国博洛尼亚改革开始之后，增加英文教学是瑞士大学对该改革的一种响应。瑞士在硕士教育阶段率先开始了英文教学。在苏黎世联邦理工大学，硕士生英文教学计划增加了三分之二。

瑞士大学中英文授课堂的增多，还与教授的更迭有关。上一代教授已基本退休，新一代海外引进的教授不断增多——他们大多都有在美国的工作经历。

在科研领域，瑞士大学和联邦研究所很多研究人员从事新生科学领域的科研工作，如生物医药工程、纳米系统或者计算机生物等学科等，他们普遍使用英语。而这些高科技领域的教学计划也是面向全世界博士生开放的。

（三）多语言产生的效益

因其语言的多样性，瑞士成为欧洲经济异常活跃的地区。与其他国家相比，这是瑞士的一大优势。

瑞士人认识到，多语言性对经济运行有好处。据日内瓦大学《语言的多样性和功能》研究项目的统计，得益于瑞士语言的多样性，瑞士每年GDP由此增加了 500 亿瑞郎（约占国内 GDP 的 10%）。无论是对国家来说，还是对个人而言，多语言在整体经济的运行中都是非常好的一种投资。

瑞士公司的职员一般会讲三种、四种甚至五种语言，这有益于提高生产价值。在很多情况下，英文是不够用的，想要经得起挑战，广泛的语言能力非常必要。调查显示，经理阶层和采购部门人员的多语言能力最好。瑞士大公司中，讲英文的职员多于讲德文和法文的职员，而中小企业则恰恰相反。

近些年，随着外来移民的涌入，瑞士多了一些其他国家的语言，大约 9%的瑞士人口的母语是四种官方语言之外的语言。因此，瑞士人不仅需要学习英语，还要主动掌握其他语言。

第七章　瑞士成就了科学巨匠爱因斯坦

爱因斯坦是近代全球创新力的代表性人物。

爱因斯坦的神妙直觉、极度专注能力以及坚持不懈，早已获得世人的广泛认可，而这些正是他作为天才与生俱来的优势。然而，我们应该承认的是，天才的种子要生根、发芽并最终长成参天大树，需要“系统性”呵护——适宜的土壤、空气、温度和阳光。

瑞士是爱因斯坦的“福地”，成就了爱因斯坦这个创新天才。爱因斯坦对人类科学贡献的主要部分都是在瑞士完成的。从 1895 到 1914 年，他在瑞士生活了近 20 年。爱因斯坦乐于自己的瑞士人身份，也终生保留着瑞士国籍。瑞士见证了爱因斯坦从一个“叛逆少年”到“科学巨匠”的转变；也见证了爱因斯坦一段曲折而又辉煌的个人奋斗史和成名史。如果爱因斯坦没有来到瑞士，或许他那些改变世界的科学成就也不会产生，他的人生轨迹以及人类科学的进程也都会改写。

瑞士如何成就了爱因斯坦？

随着深入了解，我们会发现爱因斯坦在瑞士经历了很多“幸运”之事。很多“幸运”是偶然的，同时也是必然的。我们不得不赞叹，一百多年前的瑞士，为何有如此之多的机遇成就爱因斯坦的“幸运”？

在瑞士，爱因斯坦“幸运地”找到了非比寻常的理想学校，“幸运地”遇到了助推他科学梦想的青年朋友们，“幸运地”在可以提供创新灵感的多维城市空间里生活，并“幸运地”得到了瑞士人两次“例外”的关键援助。

这些“幸运”，为何都集中在瑞士这个小国？我们更要追问，为何一百多年前瑞士就有了“非比寻常的学校”“有科学梦想的青年小圈子”“提供创新灵感的城市空间”和“对天才的例外援助”？

如果把一百多年前瑞士成就爱因斯坦的故事作为一个案例进行分析的话，我们便能“以小见大”，通过观察瑞士成就爱因斯坦的一些事例，进一步理解瑞士19世纪末期和20世纪早期的教育及社会情况。一百多年前爱因斯坦所处的瑞士"大环境"，正是今日瑞士创新和繁荣的基础和延续。

瑞士成就的创新天才，不止爱因斯坦一人。事实上，瑞士教育体系和创新氛围的形成，正是其近几百年来不断变革和发展的结果。

只有创新的国度，才能成就创新的天才。本章将为读者进一步理解当今瑞士的创新密码提供一个更为直观的视角。

一、非同寻常的求学之所

2013年，一个来自韩国KBS电视台的考察团来到瑞士小城阿劳，以调查是什么原因导致了少年爱因斯坦从德国辍学，却能在瑞士阿尔高州立中学顺利毕业？事实上，无论从研究爱因斯坦个人发展的历史分析角度，还是从探寻教育本质的角度来看，这都是一个十分深刻的命题[①]。

爱因斯坦十分欣赏瑞士的社会制度和民主，欣赏这个国家对个人隐私的尊重。他在1948年对一位朋友回忆他在瑞士的经历的时候说，"我之所以喜欢瑞士人，是因为他们比我平日里接触的那些人更有人情味。"

爱因斯坦是一位德国人，16岁以前，他一直在德国接受教育。然而，高中阶段以后，他开始感到自己向往自由、不受拘束的个性，与德国当时的教育理念和教育氛围不相符。他作出决定，从慕尼黑卢伊特波尔德中学（Luitpold Gymnasium）辍学，希望到邻国瑞士读苏黎世联邦理工大学（以下简称ETHZ）读书。16岁的爱因斯坦来到瑞士苏黎世，参加ETHZ入学考试。他的理科取得了高分，但文科考试却不合格，最终未能入学。他接受了ETHZ校长赫佐格的建议，来到位于瑞士小城阿劳（Aarau）的阿尔高州立中学（Alte Kantonschule Aarau）念高中，并在这里就读一年。对爱因斯坦而言，赫佐格的建议极为明智，令其终生充满感激。自从到瑞士读高中以后，爱因斯坦一直渴望加入瑞士国籍。

（一）阿尔高州立中学的影响

爱因斯坦非常"幸运"地在瑞士发现了自己心仪的学校。

一开始他是奔着ETHZ去的，尽管第一次没有去成，但他在大学校长的建议下选择到阿尔高州立中学过渡一年。在这所看似名气不大但十分有内涵的中学里，他感受到了自由探索式学习的快乐，接触到了多位优秀的中学教师。其中，好几位教师都毕业于ETHZ，不仅有着深厚的学识，更有着卓越的教育理

① 骆毅．爱因斯坦在瑞士：三位中学老师的印记与影响［EB/OL］．(2019-02-20)［2023-11-01］．https：//www.thepaper.cn/newsDetail_forward_2836803.

念和教育方法，对爱因斯坦创新性思维的形成产生了非常积极的影响。事实上，阿尔高州立中学是瑞士当时众多优秀中学的典型代表——低调、卓越，理念超前，师资一流。一百多年前瑞士优秀的学前教育、初级教育和中等教育一直延续至今，瑞士今日有非常发达的公立教育体系和私立教育体系，两者各具特色，都是高质量教育水平的代表。

1. 阿尔高州立中学超前的办学理念

在爱因斯坦看来，阿尔高州立中学是教育机构的完美范本。1952 年，时任阿尔高州州立艺术收藏馆馆长 Guido Fischer 先生致信爱因斯坦，请他为即将筹建的阿尔高艺术博物馆捐款。爱因斯坦愉快地回信，追忆在阿尔高州立中学经历的同时，也对教育所应遵循的原则发表了深刻见解。

> 对我来说，这所学校堪称该类教育机构中最令人满意的典范。我少年时代在这所学校的亲身经历让我清楚地认识到：教育体系的扁平化以及教师在选择教学素材和教学方法方面的充分自由度，将引导教师和学生以责而行，作出令人满意的工作。事实上，无论一个教育体系设计多么看似完美、教学内容的安排看似多么巧妙，只要给予老师和学生充分的自由而不加以束缚，他们都能取得非常优秀的成绩，做出有成效的工作。在我看来，人不是机器。如果一个人被剥夺了与生俱来的创造力以及他独立判断的自由，那么他也就一无是处，成为一个废物一般了……①

阿尔高州立中学的诞生和发展颇具代表性，反映了瑞士超前而又民主的教育理念。

1802 年，阿尔高州立中学通过私人募捐方式成立。1813 年，学校被当地州政府接管，正式成为公办性质的州立中学。接下来的半个多世纪，学校关于教育理念的核心原则，呈现出两种截然不同的发展方向，分别由学校前后两任校长所倡导和推广，使该校成为当时以及今后一段时期瑞士中学改革的标杆。

一位校长叫 Ernst August Evers（1779—1823 年），来自德国北部，是一位精通拉丁语和古希腊语的语言学家，于 1804 年被任命为学校校长。他的教育哲学理念与阿劳土生土长、擅长伐木的当地人截然不同。他不赞同学校当时的世俗化科目，认为这是非常局限的功利主义倾向。他坚持推崇古典希腊哲学。Evers 认为，任何教育的核心，都应是培育人的价值观。他倡导“文理中学”（Gymnasium）

---

① Weinstein G. Albert Einstein at the Zürich Polytechnic：a rare mastery of Maxwell’s electromagnetic theory［R/OL］.（2012-05-19）［2023-11-01］. https：//arxiv. org/abs/1205. 4335.

的发展模式，认为学校的中心工作应该是传授希腊语和拉丁语，并将古典语言教学与普及基本知识和培养实际技能融会贯通起来。然而，这一教育哲学成为制约瑞士教育改革的束缚。欧洲的工业化，带来新的教育需求。阿尔高州（Aargau）民众倾向于实用主义，他们反对并抵制将州立中学变为一个如 Evers 所倡导的、脱离时代的古典文理学校。1826 年，阿尔高州成立了一所定位于面向贸易和商业教育需求的商贸学校。1835 年，阿尔高州立中学与商贸学校合并，学校课程更加突出了“技术-科学”。

另一位校长叫 August Tuchschmid（1855—1939 年），他担任校长多年，并担任爱因斯坦的物理教师。在他治理下，阿尔高州立中学顺应了工业化兴起所带来的新的教育需求，在学校的课程设置中赋予了自然科学应有的地位，并坚信这类科目具有极高的教育价值，真正意义上将学校带向了以注重科技教学的繁荣发展阶段，并一直持续到 20 世纪，使学校成为在人文主义和现实主义方面均衡施教的“瑞士教育”典范。

当爱因斯坦于 1895 年 10 月来到阿劳时，学校已由“文理中学”的模式，即注重拉丁文、希腊语等经典文学和人文哲学课程的教学模式，发展为“实验中学”（Realschule）的模式，即注重科学技术的教学模式。

2. 三位中学老师的深刻影响

位于瑞士小城阿劳的阿尔高州立中学是当地的一所优质中学。在这里，爱因斯坦有幸接触到三位优秀老师——他们强调深刻洞察、探寻至简和追求自然之美。惊人的巧合是，这三位老师都毕业于同一所瑞士顶尖大学——ETHZ，他们倡导的教育哲学，看似不同，实为一脉。更为巧合的是，爱因斯坦后来也毕业于 ETHZ，并在 ETHZ 担任物理学教授。

这三位老师是爱因斯坦青少年时期的良师益友，他们的个性和人生哲学给他留下深刻印象：Friedrich Mühlberg 毕生致力于让学生更加透彻地理解自然，爱因斯坦从他身上看到了一个实践科学家的身影；August Tuchschmid 避免让学生陷入“大而空”的机械式知识累积中，让爱因斯坦真切地体会到物理定律的实际应用，确立了探寻自然基本属性的“至简”原则；Hechrich Ganter 致力于将代数和几何学发展为一个清晰而充满活力的学习领域，让爱因斯坦获得了关于数学之美的初体验。

1）Mühlberg 的自然科学原则：“观察—思考—交流”

在 Friedrich Mühlberg 看来，教学的关键不应局限在让学生对客观事实进行知识性了解上，而应聚焦到使学生对那些更加根本性问题的认识上，例如让学生更加关注发现科学的过程。他将自己的教育哲学概括为“观察—思考—交流”。

关于自然科学教学的意义和重要性 Mühlberg 是这样表述的：自然学科的关键目标是进行思维的通识教育，在教学中，尤其应注重基于“可视化”形象思维的训练，其核心要义是先于“观察”，遂“思考所观”，进而“交流所观和所感”。从这个意义上看，自然学科的教学不同于语言等其他科目的教学（语言科目教学的基础是对词汇的听、说、读、写）。在语言教学中，学生必须通过记忆来学习相关的通用语法以及语法特例，而在自然科学教学中，则强调视觉和思维实践，而这将是帮助学生在今后人生中获益的最重要因素。

Mühlberg 摒弃仅仅叙述事实的做法，注重充分观察和透彻反思，最终将观察和发现用语言或公式表达出来。他的教育导向，赢得了当时很多教育同行的赞同，使他们更加了解到自然学科教学在教育中的价值。Mühlberg 的教育改革思想不仅扎根于阿劳，在瑞士其他地方也颇受推崇，对推动瑞士教育界对科学和人文科目在中学课程中平等地位的认同起到了关键作用。

少年爱因斯坦深深拥护 Mühlberg，因为他也拒绝肤浅地从表象看问题，更希望从本质上理解客观世界。此外，他还参加过由 Mühlberg 组织的一场阿尔卑斯山区户外徒步活动。事实上，瑞士青少年在小学、中学阶段，经常参加由学校或社区组织的阿尔卑斯山区户外徒步活动，这也成为瑞士青少年成长的一个特色环节。

2）Tuchschmid 的物理学原则：追寻“至简”

1882 年，August Tuchschmid 被任命为阿尔高州立中学的首席物理教师；七年后，他成为该校校长。接下来三十年，他一直担任该校校长，使学校成为在数学和自然科学领域领先全国的中学。Tuchschmid 作为校长，其职业生涯的最大亮点体现在于他推动建造了学校的主楼——“爱因斯坦”楼。

一百多年过去，这栋楼至今仍然是该校的主楼。历史学家们推测，爱因斯坦当年也许参加了这座宏伟校园建筑的落成仪式。该楼起初以时任校长 August Tuchschmid 的名字命名。2006 年，学校为纪念著名校友爱因斯坦，遂将该楼重新更名为“爱因斯坦楼”（Albert Einstein House）。

除此之外，Tuchschmid 校长还推动学校建立了一个宽敞的物理实验室，该实验室的设备几乎达到了大学实验室的水平。少年爱因斯坦对这个实验室非常着迷。《青年爱因斯坦：相对论诞生始末》一书的作者 Lewis Pyenson 说：“在德语区的其他地方，中学生很少有机会能如此接近这些先进的顶尖精密物理设备……这里就像一个小型大学的物理学院。”

Tuchschmid 的教学风格体现了一种“至简”主义的原则。他把讲授的部分聚焦到一些基本问题上，并将各种物理现象抽象为一些基本原则。在繁复中探寻至简，正是爱因斯坦后来物理研究取得成功的决定性因素。在这方面，Tuchschmid 起到了最佳模范作用。从某种程度上可以说，无论是教学还是治校，Tuchschmid 都很对爱因斯坦的胃口，他们在物理学方面的思想和思维有着高度的契合度。

3）Ganter 的数学原则：获得“美感”

Heinrich Ganter 是爱因斯坦在阿尔高州立中学读书期间的数学老师。Ganter 的学生、瑞士数学家 Ernst Meissner 后来在 Ganter 的追悼会上，对 Ganter 给予了极高评价：

> 在 Ganter 的课堂上，我学会了享受和喜欢与数学相关的东西。他的教学充满激情，教学手段绝不枯燥无味，教学内容却透彻而深刻。他把一些精心选择的素材用于课堂教学，教会我们以数学固有的方式进行思考，而这正是我日后受益匪浅的东西：他有一种对“数学思考”和“数学方法论”中的优雅感和美感的执着信念，他把这种信念也灌输到他教授的学生身上。……我今天之所以能够站在这里，绝不仅仅因为我受到 Ganter 对我数学的扎实教育，他教会了我和同学们更多有意义的思想和价值观。他对我和几乎所有同学都有更多的意义……

在 Ganter 身上，爱因斯坦看到了一位懂得如何传达数学思维的价值和美的数学家形象，一个具备正直品格的绝佳榜样。事实上，直到多年之后，爱因斯坦才开始认识到数学在构建科学思想过程中作为关键工具的价值。在他后来发展广义相对论时，对此更是体会尤甚。

3. 裴斯泰洛齐（Pestalozzi）的教育哲学：形象思维

阿尔高州立中学充分尊重学生的个性化特点，学生具有发展的自由度，使爱因斯坦可以在此尽情探索和享受他所真正感兴趣的内容。在他看来，这是一个真正意义上的“民主”学校。

事实上，在以 Mühlberg 等为代表的几位中学教师身上，集中体现了阿尔高州立中学的教育哲学和办学传统——对 19 世纪瑞士教育改革者裴斯泰洛齐（Johan Heinrich Pestalozzi）的教育哲学的遵循。

Pestalozzi 强调，应激励学生的形象思维，重视培养每个孩子的内心尊严和独特个性。他还主张，应当让学生们一步步得出自己的结论，即从亲身观察开始，逐渐过渡到直觉、概念思维和视觉意象。他推崇用这样的方法来学习，从而真正理解数学和物理学定律。他倡导，视觉理解是教导如何正确判断事物的重要方法，也是唯一正确的方法。因此，从这个意义上来说，必须把算术和语言的学习放到从属位置。他还认为，机械地练习、背诵和填鸭式的教学都应当避免。

在Pestalozzi教育哲学的影响，学校教师对于学生的教学尤其注重强调对抽象概念进行视觉化的理解——而这恰恰是造就了爱因斯坦成为天才的一个极为重要的方面。

在阿尔高州立中学，学生的个性化受到尊重，学校也鼓励学生的个性化发展，注重学生的独立思考，而不主张“迂腐式”的博学。在学生眼里，教师不是权威人物，而是与学生一样的有独特个性的人。而这，恰恰与爱因斯坦当时所憎恶的德国式教育模式相反。

爱因斯坦对狭义相对论的发现与一种直觉密不可分，它建立在十年的思想历程和个人体验之上。最重要的，当然是他对理论物理学有着深刻的理解和领会。此外，他构造思想实验的能力也助益甚多，这种能力是他在瑞士阿尔高州中学上学时培养起来的。在这个宁静的瑞士小城阿劳，少年爱因斯坦开始专心思考那个帮助他成为伟大天才的思想实验：他设想，当一个人追着一束光奔跑会出现什么结果。这个思想实验，在他大学毕业后不久，成为他发现享誉世界的狭义相对论的重要理论基础。

对爱因斯坦来说，阿尔高州立中学堪称完美。他后来在回顾自己的相对论研究历程时，认为自己之所以能大胆开始思考相对论，得益于早年在阿尔高州立中学接受了“自由教育”。他回忆说：“与德国中学六年的独裁主义教育相比，我清楚地认识到，强调自由行动和个体责任感的教育是多么优越于崇尚外在权威的教育。”由于瑞士的教育氛围和教育水平给爱因斯坦留下了极好印象，几年后，在他的妹妹玛雅面临选择哪所高中学校读书的时候，在ETHZ上大学的爱因斯坦非常自然地想到了母校阿尔高州立中学。他建议妹妹来这里读书，并帮她设定好下一步继续留在瑞士读大学的求学计划。

（二）苏黎世联邦理工大学的影响

一年后，当爱因斯坦如愿以偿进入心仪已久的ETHZ时，他已不再是那个大学入学条件准备不足的来自德国南部的高中辍学者了。此时，他的物理天赋还未更多显现，他的物理专业基础还近乎一张白纸。

当时，ETHZ已成为享誉欧洲的一流大学。在这里，浓厚的学术氛围为爱因斯坦打开了一扇通向物理学世界的窗户，他不仅通过几位优秀大学老师的专业指导学习了物理学、数学等重要的专业知识，更为重要的是，他通过参与学校老师组织召开的全球国际数学家大会和物理前沿学术讲座，同时阅读大量学术文献等，基本掌握了理论物理学的整个面貌。

在大学学习期间，爱因斯坦通过教学、自学、互学等方式，基本掌握了理论物理学的来龙去脉、现有理论的困境以及未来需要解决的问题。尽管他在大学期间的考试成绩不算十分优秀，但绝不是一些媒体或传言所描述的那样——一个大学“逃课”的中下等学生甚至“差生”。相反，爱因斯坦无论在中学还是在大学，都不是那种刻意在考试中追求“高分”的学生。在ETHZ，他不仅熟悉并掌握了理论物理的知识框架，甚至还能在当时的多个物理学前沿看到了如何进一步突破——这种敏锐而又独到的科学眼光，已经充分显示出青年爱因斯坦的天才之处，是ETHZ造就了爱因斯坦天才的科学眼光。

ETHZ之所以吸引爱因斯坦，是有着多重原因的。

首先，ETHZ具有较大的开放和包容性。当时，作为公立的高等教育机构，ETHZ欢迎任何持有瑞士高中证书或者同等学位的国外文凭的人申请，并没有统一的入学考试。这对于从慕尼黑辍学的高中生爱因斯坦而言，是一个非常直接的有利因素。

其次，ETHZ具有极为包容的文化价值理念、高标准的生活方式，吸引着从全球慕名而来的学生、教授和学者。作为一个犹太裔身份且常常有“局外人”之感的德国高中辍学生，爱因斯坦自然十分向往一个更加包容和开放的环境。

最后，ETHZ具有德语教学的语言优势。ETHZ位于瑞士德语区，从语言和文化上看，与爱因斯坦童年和少年时期生活的慕尼黑具有相似的基因，他到这里来学习和生活很容易适应。

我们很庆幸地看到，ETHZ并没有以爱因斯坦所抵触的应试教育模式来灌输他、束缚他。相反，这所大学通过它开放的学术环境、一流的师资力量、紧跟时代的学术前沿让爱因斯坦这个天才在此打下了坚实的学术基础。当他以一个不算优异的成绩大学毕业的时候，他那孤傲而执着的个性，让他一度与ETHZ的助教岗位无缘，他将辗转在苏黎世、伯尔尼、沙夫豪森等多个瑞士城市靠做临时家教暂且安身，在遇到更多的“幸运”之后，他的创新理论和天才思想才得以激发。

1. ETHZ浓厚的学术氛围

对于一所一流大学的评价，关键在于学校是否有一流的学术环境，是否有一流的老师从教，是否有一流的学生求学。学术界对于一流学术环境的界定有很多方面，但笔者认为，教学实验楼、学术讲座、学习氛围等因素，是一流学术环境所必不可少的。

自1855年创建以来，ETHZ因其在科学与工程方面的教学与研究而闻名。当时，ETHZ的名气不及与其紧邻的苏黎世大学，也不及历史悠久的日内瓦大学和巴塞尔大学。这几所瑞士大学当时都可以直接授予博士学位，而ETHZ直到1911年才具有这一资格。但在工程和科学研究方面，ETHZ在当时有着良好声誉。19世纪末，ETHZ凭借其卓越的理工学科优势和基础，享誉欧洲，在师资和学校硬件建设方面甚至有跻身欧洲顶尖大学阵营的态势。例如当时数学系（包含数学、物理学和天文学专业方向）的系主任韦伯教授（也是爱因斯坦的大学老师）争取到一幢崭新大楼，由电气行业巨头西门子公司出资兴建，楼内有一批以精密测量而闻名的示范实验室[①]。ETHZ 还具有非常优秀的学生生源，其相对灵活的入学考试制度为当时欧洲其他国的学生提供了便利，但入学录取率低于同类型的其他欧洲大学。即便是现在，录取率也不到 10%。

ETHZ 当时主要是一所技术师范学院。爱因斯坦等 11 名新生在这所学校接受数学和物理学专业教师培训。物理系对本科生的培养目标，是培养未来的高中科学教师。正是 ETHZ 浓厚的学术氛围，让爱因斯坦在大学期间接触到了当时世界一流的学术前沿研究，对他今后的物理学研究打下了深厚基础。具体来看，主要有两个方面。

1）顶尖学术圈子

1897 年春，苏黎世举办了首届国际数学家大会。举办大会的时候，正值爱因斯坦第一学年课程即将结束的时候。在这次大会上，全世界 208 位数学家相聚苏黎世，共同出席当时数学领域最高规格的大会。

当时世界著名的法国数学家亨利·庞加莱原定将出席并做主旨演讲。然而，庞加莱因身体突发状况而无法出席，后由他人代替他在大会上宣读论文《关于纯分析和数学物理》。这篇论文提到，“绝对空间，绝对时间，甚至是欧几里得几何，这些条件都不应强加于力学”。这一论断，对正在 ETHZ 念书的爱因斯坦启发很大，他后来的狭义相对论研究正是围绕这一主题紧密展开。

2）最新学术前沿

ETHZ 的图书馆为爱因斯坦提供了丰富的学术文献资源。

用爱因斯坦自己的话说，大学期间，他“经常逃课，怀着神圣的热忱在家自行研习一些理论物理学大师的杰作”。他阅读的内容包括基尔霍夫的辐射理论、亥姆霍兹的热力学理论、赫兹的电磁理论、玻尔兹曼的统计力学等。

在上课时间或业余时间，他常和几个大学密友花费大量时间阅读物理理论书籍，热切地希望尽可能多地掌握那些他们感兴趣的最新物理理论。爱因斯坦还阅读了亨利·庞加莱的著作。庞加莱博学多才，其研究与后来爱因斯坦将要攻克的狭义相对论的核心思想非常接近。在此期间，他还受到了一部关于麦克斯韦电磁理论科普著作的影响。

2. 三位大学老师的深刻影响

我们将在下面的讨论中看到，爱因斯坦在 ETHZ 遇到了三位十分优秀的老师，他们都是当时欧洲顶尖的物理学家和数学家。一位是对他影响很大的物理学老师韦伯教授，他在物理学研究方法方面给了爱因斯坦很多启发，最为重要的是，他讲授的很多物理学课程打开了爱因斯坦对物理学研究的兴趣大门。另外两位老师是他的数学老师，他们在帮助爱因斯坦形成数学思维方面有着重要

① Holton G. Einstein’s Third Paradise [J]. 自然辩证法通讯，2005，27（1）：2-8.

影响。闵可夫斯基后来帮助爱因斯坦完成了相对论的数学模型，胡尔维茨则成为爱因斯坦后来学术上、生活上的亲密好友。

1）韦伯（Heinrich Friedrich Weber）

韦伯教授是爱因斯坦在参加第一次 ETHZ 入学考试失利后给过他鼓励和帮助的“伯乐”，也是他后来就读 ETHZ 物理专业的重要指导老师。

虽然韦伯当时不在欧洲的顶尖物理学家之列，但他的理论功底和教学能力仍属一流。在 ETHZ，韦伯把主要精力投入物理研究所的建设上，为研究所的建设立下了汗马功劳。韦伯发表的文章多为技术报告，爱因斯坦在校的那几年，他只发表了一篇关于交流电的科学论文。

入学 ETHZ 后的头两年，爱因斯坦与韦伯建立了良好的个人关系，两人也经常互相褒奖。韦伯教授的课，是少数几门令他印象深刻的课，每一门课都让他受益匪浅。他怀着极大的热情在韦伯的实验室中工作，选修了他的十五门课，包含五门实验课和十门理论课，每门考试考得也很好。

大学期间，爱因斯坦与韦伯保持了紧密的合作关系。在毕业后的一段时间里，爱因斯坦一度仍打算利用韦伯的实验室，甚至以韦伯为导师从事博士论文研究。韦伯慧眼识珠，他发现了爱因斯坦的优点与缺点。作为爱因斯坦大学四年最主要的指导老师和受其仰慕的物理教授，韦伯对爱因斯坦日后的物理学研究产生了长远影响。《爱因斯坦全集》的编者在编者按中就认为，爱因斯坦对热学、电磁理论及辐射现象的持久兴趣有可能是受了韦伯的影响，因为这些都是韦伯从事过的研究并且在课上讲授过的领域。韦伯对爱因斯坦的某些兴趣领域或研究方向产生过影响，或起到过推波助澜的作用。例如爱因斯坦对固体比热的研究，或许就源于韦伯对他的学术影响，因为这项研究是韦伯所擅长的领域。1906 年爱因斯坦向当时德国著名的学术期刊《物理年鉴》（Annalen der Physik）提交了一篇题为“普朗克的辐射理论和比热理论”的论文，他用列表的方式引用了韦伯的实验数据，并且给出了自己的理论与韦伯的实验数据之间的拟合曲线。

2）闵可夫斯基（Hermann Minkowski）

闵可夫斯基是当时欧洲顶尖数学家之一，在数学理论、几何学、数学物理学方面造诣颇深，是爱因斯坦大学时代的数学老师，当时担任数学系副教授。闵可夫斯基教授爱因斯坦的数学课程有几何学、函数理论、潜在理论、椭圆函数、分析力学、变异微积分、代数、偏微分方程和分析力学的应用等。

爱因斯坦在自传笔记中曾写道，“我（在大学期间）有优秀的老师，例如胡尔维茨、闵可夫斯基，所以我能够获得深入的数学训练。”“作为一个年轻的学生，我当时并不清楚，要想对物理学基本原则有更深刻的了解，关键在于复杂的数学方法。经过多年独立的科学工作，我才逐渐意识到了这一点。”

闵可夫斯基对爱因斯坦的积极影响主要有两个方面。

一是在大学数学理论课程上。闵可夫斯基在数学上的崇高造诣，对他的学生们产生了非常深远的数学影响，爱因斯坦在大学毕业多年后，在面临物理学理论瓶颈的时候，重新发现了“数学之美”。

二是在相对论数学模型的构建上。闵科夫斯基首先认识到了爱因斯坦相对论中数学的重要性。1907 年，即狭义相对论发表近 2 年的时候，闵可夫斯基认识到可以用非欧空间来描述洛仑兹和爱因斯坦的研究，将过去被认为是独立的时间和空间结合到一个四维的时空结构中，即“闵可夫斯基时空”。爱因斯坦后来将四维时空的概念运用到其 1915 年发表的广义相对论中。

3）胡尔维茨（Adolf Hurwitz）

爱因斯坦在 ETHZ 读大学期间，胡尔维茨担任 ETHZ 数学系教授、系主任。

胡尔维茨是当时欧洲的顶尖数学家，是德国大数学家希尔伯特和闵科夫斯基的老师，后来三人成为终身好友。他曾作为 1897 年苏黎世首届国际数学家大会的主要组织者之一，是四位大会发言人之一，也是唯一代表瑞士数学家的发言人。希尔伯特盛赞胡尔维茨：“（他的演讲）清晰而简洁，是一个把如此广泛主题讲得如此透彻的典范。”

爱因斯坦在自传笔记中曾对胡尔维茨给予高度评价，认为他是一位优秀的老师，让他获得了深入的数学训练。但胡尔维茨对爱因斯坦的影响显然还不限于数学课堂教学。十多年后，当爱因斯坦重返苏黎世先后担任苏黎世大学副教授和 ETHZ 教授后，爱因斯坦便与老师胡尔维茨逐渐结下深厚的友谊。胡尔维茨家每周日定期举办家庭音乐会，爱因斯坦也成了那里的常客。音乐进一步拉近了他们之间的关系和感情。

二、助推梦想的“朋友圈”

人的一生也许会结交很多朋友，但能称得上知心的朋友寥寥数人。中国文化中崇尚“高山流水遇知音”，所谓知音难觅，难就难在“知”己之人屈指可数。

在瑞士，爱因斯坦非常幸运地遇到了几个非常了解他、与他有着共同科学兴趣的年轻人。不仅如此，爱因斯坦通过与他们的大量书信联系、口头交谈和互动讨论获得了很多科学上的灵感，使他在大学期间埋下的科学种子生根发芽，茁壮成长。后来，他把自己对理论物理学的思考以多篇论文的形式发表出来，这些研究随即震惊了世界。

（一）优秀的人生伴侣米列娃（Mileva Marić）

说到同伴，距离最近的莫过于恋人。在ETHZ，爱因斯坦幸运地遇到了恋人米列娃，俩人后来结为夫妻。

米列娃出生于塞尔维亚的蒂泰尔（当时隶属于奥匈帝国）一个十分重视教育的家庭，但当地很少有能够让女孩上学的学校。她凭着优异的成绩成为当地一所文理中学唯一的女生。当时，欧洲教育界对于女性受教育仍然是排斥的态度，瑞士苏黎世在这方面的情况好于欧洲其他国家。1849年，苏黎世大学允许女子听哲学课，并于19世纪60年代向一位俄罗斯女学生颁发博士学位——这也是德语国家第一次向女性颁发博士学位。这也从另一个侧面说明了瑞士教育的开放性和包容性。

因为这个原因，米列娃一开始选择到苏黎世大学攻读医学，后来她发现自己更感兴趣的是数学和物理，于是一个学期后她转入ETHZ攻读物理专业——她是该校建校以来的第五个女学生，也是物理专业当时同届的6名同学中唯一的女性。就是这样一位优秀女同学，以她超群的才思深深吸引了青年爱因斯坦。在阅读当年米列娃和爱因斯坦之间的大量书信时，我们会发现，爱因斯坦对这样一位和自己在科学思想上如此之“匹配”甚至在某些方面还“超过”自己的女同学佩服得五体投地。因为彼此极度地欣赏对方的才思，他们在瑞士从同学发展为恋人，再发展为夫妻。爱因斯坦曾在热恋的情书里写道：“我是多么幸运，找到了你，一个和我平等又和我一样坚强而独立的生灵！除了你，我和任何人待在一起都会感到孤独。”

天才的爱情故事里，注定不会全部充满爱情。爱情进一步点燃并助燃了爱因斯坦在物理学上的天才造诣。米列娃是一位有着堪比爱因斯坦的才华的超群女性。在与爱因斯坦交往以及共同生活的二十多年间，他们之间有着非常多的学术思想交流，米列娃对爱因斯坦的科学事业也有着非常大的帮助。一些学者认为，在爱因斯坦1905年的四篇重要论文的学术思想中，米列娃是一位重要的意见征询者。她对爱因斯坦的帮助，一方面体现在数学和校稿上，另一方面也体现在家庭上。作为妻子在丈夫遇到困难时不断给予鼓励，在丈夫将大量时间投身物理学时给予充分宽容。尽管有好几位密友对他物理学事业有重要帮助，但笔者认为，米列娃作出的努力更值得称赞。当我们重新审视爱因斯坦在瑞士的这段重要经历对他事业发展产生的深远影响时，不应忽视米列娃在他的生活和事业上扮演的关键角色。爱因斯坦十分欣赏米列娃成熟的心智和敏锐的思维。在两人的通信中，爱因斯坦表达出与米列娃共同分享学术思想的愉悦。这些学术信息犹如一个个闪亮的火花，激发了爱因斯坦，后来他沿着德国物理学家勒纳德的研究道路取得了科学性的突破。

（二）亦师亦友的同学格罗斯曼（Marcel Grossmann）

格罗斯曼是爱因斯坦大学期间 6 人同班同学中的另外一位。爱因斯坦的“幸运”是，格罗斯曼不仅是他读书时的好同学，更是在他后来的事业上扮演着“亦师亦友”的重要角色。

在爱因斯坦大学毕业即失业的落魄之际，是格罗斯曼想方设法为他创造了一个关键性的转机——帮助爱因斯坦获得了瑞士联邦专利局专利审查员的职位。这份工作的意义不仅在于它为爱因斯坦带来了稳定的收入，可以衣食无忧，也让他得以安心在“业余”时间发奋钻研他早在阿尔高州立中学和苏黎世联邦理工大学读书期间就萌发的一些物理学“思想实验”。而更为重要的是，瑞士联邦专利局汇集了当时瑞士乃至欧洲非常前沿和先进的专利技术。当这些专利申请材料递交到专利审查员爱因斯坦的面前时，对先进技术及其背后原理的审视及思考，无疑为他正在从事的物理学“思想实验”打上了又一剂“强心针”。

格罗斯曼不仅在生活上给了爱因斯坦关键的帮助，更是在他的事业上提供了关键的“助攻”。在苏黎世联邦理工大学就读期间，格罗斯曼就展现了高超的数学天赋，后来他直接留校做了助教，读完博士又留校任教，后来成为苏黎世联邦理工大学数学系的系主任，是当时欧洲一流的青年数学家。1910 年，格罗斯曼与巴塞尔大学数学教授鲁道夫·富特（Rudolf Fueter）和日内瓦大学数学教授亨利·费尔（Henri Fehr）共同创立了瑞士数学学会并担任学会第三任主席。

爱因斯坦在苏黎世联邦理工大学担任物理学教授时，希望把自己正在研究的狭义相对论拓展成更为一般的场论，但他当时还缺乏有力的数学工具。他觉得有必要就一些复杂的几何和微积分运算寻求他的老同学、老朋友、著名的瑞士青年数学家格罗斯曼的帮助。格罗斯曼给了爱因斯坦合适的建议，并与爱因斯坦一起合作撰写了论文《广义相对论和引力理论纲要》。这篇论文的发表，标志着广义相对论初步形成，进一步奠定了爱因斯坦在理论物理的卓越地位。这一理论是如此惊人和超前，以至于在其后的一百年内，科学家们都还在努力寻找着引力场方程可能的解，并一次次地用实际观测结果来验证广义相对论的正确性。

（三）“最佳回声”的朋友贝索（Michele Besso）

自大学阶段开始，直至生命的最后，爱因斯坦在苏黎世结识的这位挚友——贝索成为他一生中最为亲密的知己和战友。

贝索是一位意大利青年，到苏黎世联邦理工大学读书。他和爱因斯坦在一次周末朋友的音乐聚会上认识，对科学的共同兴趣将他们连接在一起。初次见面时，贝索递给爱因斯坦两本书，坚持要他读一读。这是两部恩斯特·马赫（Ernst Mach）的作品。马赫的科学哲学思想，对1905年爱因斯坦发现狭义相对论产生深远影响。

贝索堪称一个“全才”，他对音乐、哲学、物理、数学、生物学等领域都有涉猎，也都有建树。在学术思想方面，他可与天才的爱因斯坦进行对话，甚至影响了爱因斯坦对于物理学理论方面的一些深入思考。在爱因斯坦看来，贝索这位老朋友在学术上的造诣不亚于当时欧洲顶尖的科学家，只不过是贝索不擅长提炼和升华自己的学术思想罢了。在爱因斯坦的心中，贝索是一位“无冕之王”。

贝索与爱因斯坦的友谊跨越五十多年，在生活上和科学事业上，没有第二个人比贝索更懂爱因斯坦。在生活上，贝索十分仗义和贴心；在科学事业上，贝索几乎熟悉爱因斯坦所有的科学思想，他本人甚至还辅助并参与了部分爱因斯坦提出的科学研究。现代一些研究者认为，贝索之于爱因斯坦的关系可谓“如影随形”。爱因斯坦对于贝索对自己科学思想的理解和阐释方面给予的深刻评价是：“欧洲最佳回声。”作为爱因斯坦在科学研究道路上的“副手”，贝索总能提出正确的问题，激励爱因斯坦找到正确的答案。有的时候，贝索甚至是一个“合作者”，提出建议，协助计算。现有的档案文献显示，贝索与爱因斯坦的书信来往就有几百封之多，时间跨越几十年。

贝索一直生活在瑞士，先后做过专利审查员、工程师等，身在学术圈的外围，但其学术兴趣和学术思想却始终处在世界科学的最前沿。他一直保持与爱因斯坦的联系，向爱因斯坦提出学术建议或与他共同探讨，他还致力于研究自己感兴趣的其他科学领域。晚年之际还坚持在日内瓦大学研究生物学。贝索的身上非常鲜明地体现了瑞士人的个性：不求名利，随心所欲，“一根筋走到底”。

朝闻道，夕可死矣。贝索就是这样一个人——一个对朋友纯粹，对科学纯粹的人。

（四）不简单的兴趣小组“奥林匹亚学院”

爱因斯坦在苏黎世读大学期间就读过不少哲学著作，其中就包括贝索在初次见面时向他推荐的马赫的哲学著作。在伯尔尼期间，爱因斯坦非常幸运地遇到了两位优秀的青年同伴，他们志同道合，成立了一个经典著作（主要是哲学和文学）研讨小组——“奥林匹亚学院”（Olympia Academy）。可以发现，恰恰是哲学的指引，对他的科学研究产生极大帮助。比起物理学家，爱因斯坦更喜欢称自己为哲学家。事实上，“奥林匹亚学院”这个由几个伯尔尼小青年一时兴起成立的兴趣讨论小组，对成就爱因斯坦日后非凡的科学事业有重大影响。

“奥林匹亚学院”的几位成员来自伯尔尼及周边地区，他们都不过20多岁，因为共同对哲学、文学和科学的爱好聚在一起，组成了一个类似于“兴趣小组”的小圈子。乍一看，“奥林匹亚学院”与爱因斯坦后来的革命性物理学思想风马牛不相及，但随着深入了解我们便能发现，这个小组讨论和交流的主题几乎都围绕着哲学上的一些根本性问题。他们不仅讨论一些哲学问题，发表批判性评论，进行辩证性思考，还互相推荐哲学书单，彼此分享读书心得。

他们一般白天上班，所以晚上只能读篇幅不多的著作。然而，他们的研讨“重质不重量”，他们会详细地讨论某一页中的一个重要问题，形成多轮辩论。有时，对一个问题的讨论要持续好几天，而阅读一个作品则会持续几个星期甚至几个月。三人相互给每次研讨会的主题设定一些阅读书单，包括一些文学经典，如《堂吉诃德》等。然而，他们阅读的书目更多集中在哲学领域。他们会一起研读哲学大师的著作，然后讨论那些感触最深的哲学思想。当然，他们也就爱因斯坦的文章发表意见。正是在阅读这些哲学著作的过程中，年轻的专利审查员爱因斯坦开始形成了自己的科学哲学。他从休谟、康德和马赫等哲学大家那里获得了一种针对无法观察到的事物的怀疑论思维，这种怀疑论思维也因他与生俱来的敢于质疑的个性而得到了加强。

考虑到“奥林匹亚学院”几位成员都具有瑞士教育的背景，以及他们都具有较高的自学和分析阐释能力，我们就不得不感叹一百多年前瑞士高等教育体系培养人才的水平，不得不佩服组成这个“小圈子”的瑞士青年的创新性才华。事实上，这个“小圈子”还只是当时瑞士青年群体的一个“冰山一角”，瑞士青年知识分子的创新性能力可见一斑，时至今日也仍然如此。

三、成就“奇迹”的城市生活

所谓“城市生活”，无外乎是在城市里所接触到的人，人们在这个城市的工作岗位上拼搏奋斗，同时也受到这个城市自然和人文建筑的熏染。

爱因斯坦的“幸运”，正是在于他在瑞士生活的几个城市中接触到了包容他、接纳他并帮助他的具有良好素养的瑞士人；在于他所在的工作单位“瑞士联邦专利局”为他提供了体面的生活，除此之外还给予了他可以进行创造性思考的物理空间和精神空间；更在于伯尔尼老城的自然景观和人文景观给了他关于时空的更多灵感。

事实上，这正是瑞士的优势。瑞士拥有高度发达的社会，拥有全球现代化治理范本的公共部门和私有部门，拥有自然与人文融为一体的城市生活空间。时至今日，我们仍然可以看到这样一种趋势，那就是无论全球顶尖的创新人才还是顶尖的创新企业，都愿意到瑞士创业——他们认为在宜居而又不失先进发展理念的居住空间创业是现代社会创新的首要因素。

瑞士的城市生活值得深入探讨。瑞士的城市就像这个国家一样，都不是很大。最大的几个城市苏黎世、日内瓦、巴塞尔、伯尔尼等，尽管都是闻名全球的都市，但占地面积并不大，伯尔尼甚至至今连机场都没有。瑞士城市大多保留有中世纪的城市建筑，工业区、商业街道等现代城市元素基本都镶嵌在自然环境（山脉、河流、湖泊、森林等）之中。主要城市大多靠近河流湖泊。所以在瑞士的城市里生活，能够给人以开阔的视野，启迪人拥有开阔的胸襟。身处自然环境之中，也非常利于人们进行创新思考和创新实践。现代科学研究证实，当“上班族”在有充分的光照、绿色的植被之中生活和工作时，将十分有益于创造力的产生。几百年来，瑞士的城市就一直保持着这样的特点。

（一）阿劳小城的寄居生活

阿劳是一个距离苏黎世不远的小城镇。

当时，阿劳已拥有几所远近闻名的中学。因为教育质量、声誉很高，吸引了众多国际学生前来就读，一些学生甚至来自遥远的海外。

爱因斯坦在阿劳就读高中期间，寄宿在一个当地瑞士人家里。事实上，一百多年来，瑞士国际学校的寄宿制一直延续了这样的传统，国际学生寄宿在当地人的家中。可以说，寄宿家庭是国际学生的“第二个学校”。因此，从这个意义上说，寄宿家庭房东的人品和素质，也会对学生产生很多间接影响，这种生活上的互动对学生的求学经历产生持久的影响，特别是在语言、习俗、文化等方面尤为如此。瑞士人普遍有良好素质，也比较好客，因此寄宿学生大多能与寄宿房东结下深厚友谊。

经家人的朋友介绍，爱因斯坦在阿劳读书期间寄宿在乔斯特·温特勒（Jost Winteler）家。温特勒是阿尔高州立中学的历史课兼希腊语言课教师。温特勒一家的主要成员与爱因斯坦的个人生活产生了紧密关联。温特勒的妻子亲切和蔼，被爱因斯坦亲切地称为“妈咪”；大女儿玛丽成为爱因斯坦的初恋女友；女儿安娜在后来嫁给了爱因斯坦最好的朋友贝索；儿子保罗在后来娶了爱因斯坦挚爱的妹妹玛雅。

温特勒思想开明，厌恶德国的军国主义和民族主义——这一点和少年时期爱因斯坦的政治观点十分契合，他在政治方面的理想主义对少年时期的爱因斯坦进一步形成自己的社会哲学影响较深。温特勒和爱因斯坦经常饭后畅谈政治理想和社会哲学。爱因斯坦对他的评价是，温特勒“无论说什么都是智慧的，并且首先是没有偏见的”。

图 7.1 是爱因斯坦在阿尔高州立中学时期与同学的合影，图 7.2 是阿尔高州首府阿劳市爱因斯坦纪念牌匾。

图 7.1　1896 年爱因斯坦在阿尔高州立中学时期与同学合影

（前排左一为爱因斯坦，来源：Research Gate 官网）

图 7.2　阿尔高州首府阿劳市 2011 年建造的爱因斯坦纪念牌匾

（来源：*Albert Einstein's Magic Mountain: An Aarau Education*，来自 *The Physical Tourist* 一书）

（二）瑞士联邦专利局的“半工半研”

1901 年 12 月，爱因斯坦获得瑞士联邦专利局的工作机会，来到瑞士首都伯尔尼。1902 年，他被瑞士联邦专利局正式雇用，终于有了一份安稳工作，可以在工作之外“安心地”从事物理学研究，追寻自己的科学梦想。

接下来的三年多时间里，在没有导师、实验室和图书馆的情况下，爱因斯坦依靠在专利局的工作机会，阅读了大量科学书籍和文献，理解力及思考力都有着质的飞跃。凭借业余时间刻苦钻研，爱因斯坦终于在三年之后，也就是1905年，于伯尔尼老城的一个破旧小屋内写出了震惊世界的4篇学术论文，并获得苏黎世大学物理学博士学位。

学术界一般认为，这些文章中的任何一篇，都可以成就一位留名青史的伟大物理学家，达到甚至超过了诺贝尔奖级别的学术水平，而这些文章竟然都是26岁时的爱因斯坦在一年之内完成的。1905年也被科学界誉为“爱因斯坦奇迹年”。这个时候，爱因斯坦还只是瑞士专利局的一个初级（三等）专利审查员——既不是物理学教授，也不在与科学研究沾边的大学或研究所工作。我们不禁要问，瑞士联邦专利局有什么魔力，让爱因斯坦的惊人创造力得以迸发？

事实上，瑞士联邦专利局不仅为爱因斯坦提供了一份可以养家糊口的体面工作，更为他提供了一个有利于思想创新的理想工作环境，让他对当时欧洲先进科学技术最新进展保持灵敏嗅觉，触发了他科学研究的灵感。瑞士联邦专利局为这个“小职位”的三级专利审查员成就“大梦想”提供了三个有利条件。

1. 前沿的工作内容

专利局办公室就在钟塔和火车站附近的伯尔尼电报大楼里。当时，欧洲正在用电信号来校准时区内的钟表。瑞士联邦专利局的专利审查工作中，有很大一部分涉及对电力设备作出评估，包括用电信号来校准钟表的专利申请。1901年至1904年之间，伯尔尼有28项时钟校准的专利获得批准。

爱因斯坦发现专利审查的过程很能让人感到满足。这强化了他的一种禀赋，即通过思想实验来想象一个理论如何得以检验——这有助于紧紧扣住问题的核心，而忽略其他与之无关的事实。在专利局工作的技术背景，增强了爱因斯坦想象物理场景以及切中概念核心的能力。与申请专利的人员不同的是，爱因斯坦关注的是相对运动的观察者在用光信号校准钟表时所遇到的困难。而专利申请者们显然没有深入考虑过这个基本而又十分重大的问题。

在他为了审查专利而细细考虑那些瑞士发明家提出的工程创意时，一些学术观点帮助他进一步形成物理理论，例如通过光信号校准时钟的数十种新方法，进一步激发了他对时间本质的关注。爱因斯坦的知己贝索也在这一时期来到瑞士专利局工作，可以同他一起探讨问题和检查机电设备。爱因斯坦曾说，在专利局的日子，“促使我认识到了理论概念的物理意义”，“在专利局获得的知识，与理论结果之间存在着一种确定的联系。”

2. 弹性的工作时间

1902年6月，瑞士联邦委员会正式遴选爱因斯坦为联邦专利局三级审查员，年薪3500瑞郎。这份工资在当时是很高的，超过了大学助理教授的年薪。从

1902 年开始，短短几年内，他从一名临时工迅速成为瑞士专利局的出色专家之一，每年能拿到 4500 瑞郎，足够他和妻子米列娃和 2 个孩子一起过上安稳的生活。

联邦专利局的管理比较人性化，在工作时间的安排上也比较有弹性，这反映了瑞士公共部门治理的一个显著特点——注重员工的首创精神和创造力，私人部门的治理也与之类似。时至今日，从笔者观察的情况来看，瑞士的公共、私人部门仍然如此。

爱因斯坦一星期上 6 天班，每天早上从 8 点开始审查专利申请。虽然他在专利局处理的是各种机械类的专利，与本行物理学并不太一样，但他还是很快地适应了这里的工作。在他看来，审查专利申请虽然工作量大、任务重，但他非常喜欢“这项办公室里的工作，因为它极为多样，可以做许多思考”。没过多久，他就可以在短时间内审查完专利申请，在剩下的时间里进行自己的“物理”思考了。

在爱因斯坦看来，专利局是一个“让我构想出最美妙思想的世俗隐居之地”，无论在当时还是之后，他都认为，在那里工作对他的物理研究极有帮助。他后来回忆说，“我可以在两三个小时内做完一天的工作，在剩下的时间里，我将思考自己的事情”。爱因斯坦利用白天上班节省出来的零星时间、无数个夜晚和周末，持久而忘我地钻研自己感兴趣的物理命题。他一生中最重要的研究理论和主要研究成果正是基于这一阶段的积累。在专利局的日常工作中，他始终在思考着自己的研究主题。他回忆说，“我坐在伯尔尼专利局的椅子上，突然产生了一个想法。人在自由下落时是感觉不到自己的重量的”。随着这个令他“震惊”的领悟，他开始了长达八年的推广狭义相对论的征程。这“迫使我走向一种引力理论”。后来，他称这一想法为“一生中最幸福的思想”。

3. 宽容的工作领导

爱因斯坦的上司是哈勒尔先生，他性格温和，风趣幽默，对一些事情虽然心知肚明，却愿意与人为善。爱因斯坦对权威的看法自始至终都保持着敏锐的怀疑性，他总是试图作出自己的独立判断，在专利审查中也是如此。

哈勒尔欣赏爱因斯坦在专利评审中展现的怀疑态度，鼓励他大胆质疑，这使他能够在对时间和空间的假设中提出了颠覆传统的思考。

爱因斯坦的抽屉里堆放着演算物理理论的稿子，而且只要有人走过，就会消失在抽屉里。仁慈的哈勒尔虽然知情，但从不过问。

哈勒尔有一个信条：必须时刻保持高度警惕——质疑每一个前提假设，挑战传统看法，永远不要因为所有人都赞同，就接受某件事物，勿要轻信。他教导下属说，“当你拿起一份专利申请时，要先假定发明者所说的一切都是错误的。”

（三）伯尔尼老城的钟楼

青年时代的爱因斯坦曾在伯尔尼老城居住了七年（1902—1909 年），这也是他一生中最具创造性的七年。

瑞士联邦专利局大楼的附近是伯尔尼老城门，城门上方是一个巨大而古老的钟楼——伯尔尼钟楼。伯尔尼钟楼是伯尔尼城最古老的建筑物，在 13 世纪建造伯尔尼城时，它被作为连接伯尔尼城和外界的一个出入口，是伯尔尼城的门户。在爱因斯坦生活的 19 世纪末、20 世纪初，这个钟楼为附近的火车站报时，老城其他钟楼的时钟以此为标准进行校准。时至今日，这个钟还在为老城的人们报时。

当然，与这个历经数百年历史之久的中世纪钟楼相伴的，还有当年那位整天脑袋里都装满了创造性想法的青年——爱因斯坦，他与钟楼“朝夕相处”了七年，而他居住的寓所距离伯尔尼钟楼只有 100 米左右。

在伯尔尼工作和生活期间，爱因斯坦白天能与最知心的朋友一起并肩工作，晚上能够尽情自由讨论。而伯尔尼的千年时钟、川流不息的火车等元素，则为他的狭义相对论思想实验提供了最为直观的素材。钟楼触发了爱因斯坦关于“时空”的思考。当他看到驶入伯尔尼车站的火车经过时，一排排钟表已经依照钟楼上的古钟进行了校准。在论文中，他多次使用思想实验，比如运动的火车和处于不同位置的钟表。我们有理由相信，伯尔尼的钟塔、伯尔尼火车站的火车、火车站站台、一排排已经校准的钟表有助于他展开想象并形成科学思想。据说，当年爱因斯坦在与朋友讨论他的狭义相对论的时候，他曾用手指向伯尔尼钟楼“已校准”的时钟以及远方穆里镇（Muri）教堂钟楼上“未校准”的时钟，以直观地阐释他的思想实验。图 7.3 展示的是伯尔尼老城内的爱因斯坦铜像，可以从图中铜像所在位置看到远处的钟楼。

事实上，校准钟表是当时瑞士的一种惯常做法。在《爱因斯坦的钟表，庞加莱的地图》一书中，作者伽里森曾对当时的钟表技术发展趋势进行过深入考察。1890 年，瑞士伯尔尼建立了一个由电信号校准的钟表所组成的城市时间网络。十年后，当爱因斯坦来到伯尔尼的时候，许多本地人都在研究如何使这些钟表走得更准，并且与其他城市的时钟同步。

笔者曾于 2015—2018 年居住在穆里镇附近，几乎每天散步都会经过穆里镇教堂的这个时钟（图 7.4）。历经百年，钟楼屹立依旧。每次看到它，心中都在感慨，爱因斯坦关于时间的灵感，正是得益于他多次在伯尔尼老城眺望它。一座城，一座钟楼，触发了一位物理学家的天才思考，这是一件多么神奇的事情啊！

图 7.3　伯尔尼老城中爱因斯坦铜像

（来源：伯尔尼城市官网）

图 7.4　穆里镇钟楼

（来源：赵怡园摄）

在与瑞士优美的大自然接触中，爱因斯坦深刻认识到：研究物理学的“客观之美”，应该遵循与“宇宙之美”相一致的内在逻辑。在创立相对论时，爱因斯坦就秉承一个理念：无论从物理学上还是从美学上看，牛顿关于时空的结论都相当不能令人满意。当年，爱因斯坦在伯尔尼老城内挑了一套一居室的房子，并为米列娃画了这个房子内设的草图：一张床、六把椅子、三个橱柜以及一个沙发。在这个房子的阳台，他能很方便地望见远处起伏的阿尔卑斯雪山的美丽景色，自然之美曾令爱因斯坦颇有所感。

2013 年 5 月 25 日，正在瑞士访问的中国国务院原总理李克强参观位于伯尔尼的爱因斯坦博物馆，他仔细听取了关于爱因斯坦在伯尔尼生活、研究，特别是提出狭义相对论的有关介绍。李克强说，爱因斯坦是伯尔尼的骄傲，也是全人类的光荣。爱因斯坦的经历表明，没有想象力，就没有创造力。在博物馆的留言册上，他提笔写下："创新是人类活力的源泉"[①]。

笔者曾三次到访爱因斯坦博物馆，对这里印象深刻。看到一张张有关爱因斯坦的生动照片，读到他在伯尔尼生活期间奋笔疾书所用的科学演算草稿的复印版时，不禁感慨，当年那个怀着梦想的青年爱因斯坦从德国来到瑞士，是如何在这个宁静而又充满包容性的伯尔尼老城里，一步一步地走向创新之巅的！

四、瑞士人破例开的两次"后门"

在本章的结尾，还有必要讨论另一个看似不重要，但却十分重要的问题：我们该如何评判瑞士人为爱因斯坦在关键时刻开的两次"后门"？

事实上，瑞士人常常被欧洲人认为是"最为死板"的，他们具有一种"一根筋走到底"的性格特征。在很多人印象中，瑞士人在遵守规则方面不仅"遵纪守法"，甚至还一腔热血地监督别人也要践行法律规则。本书在第四章中已详细讨论和分析过瑞士人的性格特点。

有必要再来回顾一下，瑞士人为爱因斯坦开的两次"后门"。

第一次是爱因斯坦 16 岁参加 ETHZ 入学考试。ETHZ 的校长赫佐格在明知他年龄不符合条件的情况下，仍然为他安排了一次入学考试；第二次是瑞士专利局对外发布了"有针对性"的适合爱因斯坦的招聘条件。

瑞士人该不该开这两次"后门"？

尽管校长赫佐格开了"后门"，但在爱因斯坦第一次入学考试没有达标的情况下，校长赫佐格一方面仍然坚持了原则，没有准许他入学；但在另一方面，他为爱因斯坦适合就读哪一所瑞士高中给出了中肯建议，体现出了他的人文关怀。

再说专利局这次。事实上，哈勒尔局长为穷途末路的爱因斯坦开的这次"后门"，仍然坚持了原则。无论从爱因斯坦读大学时的学习能力来看，还是从当时他的工作能力来看，他都是合格的，也是胜任的。后来的事实也证明，哈勒尔局长没有看错人。

---

① 中央政府门户网站．李克强在爱因斯坦博物馆留言：创新是人类活力的源泉［EB/OL］.（2013-05-25）［2023-10-01］. http：//www. gov. cn/ldhd/2013-05/25/content _ 2411318. htm.

没有第一次“后门”，爱因斯坦也许就不会来到瑞士这个国家；没有第二次“后门”，穷困潦倒、身处失业困境的爱因斯坦也许会离开瑞士这个国家。瑞士人对爱因斯坦开的两次“后门”，成就了这位天才。爱因斯坦也没有辜负瑞士这块“福地”，在伯尔尼和苏黎世两地的一二十年岁月中，他用自己那永不停止的创新力彻底改变了人类科学事业发展的进程。

基于上面的讨论，我们对瑞士人有了更加深刻的印象：他们在坚持原则的同时，也具有某种灵活性。也许，他们会在“某些特例的情况下”为“某些特定的人”开“后门”，但他们绝不是不讲原则，也绝不是丢掉原则立场。事实上，瑞士人在体现灵活性的同时，特别坚持原则。这正是瑞士人为人处世的可贵品质。

当然，有理由相信，瑞士人给“天才”开的“后门”远不止上述两次。有太多像爱因斯坦一样的“天才”在瑞士得到了成全。

在一个多元开放、高度包容的社会，无论是教育部门还是研究机构，也无论是公共部门还是私营企业，都应该给天才以机会，给拼搏者以梦想——这正是一个创新国度持续繁荣的一个非常重要的方面。

第八章　瑞士创新的启示

在本书行将结束之际，有必要对前面七章作一个总结。

瑞士创新，体现在多个方面，包括：多个类别的创新产品，多个领域的创新理念，多个行业的创新技术，等等。前七章，对瑞士代表性的创新产品、其创新理念以及有关行业的创新技术进行了讨论分析，包括瑞士创新的多个层面。

在本书中，我们同时也提出一种观点：促进瑞士“创新”的因素是多方面的，包括政策制度、创新体系、人才培养体系、社会传统、绿色发展战略、全球化战略等。既有整体根本性因素，也有局部性因素；既有长期性因素，也有阶段性因素。正是这些因素，构成了瑞士创新的系统性驱动。对于构成这些因素的相关方面，需要系统观察和分析。

透过瑞士创新，我们不禁要问：瑞士成功的根本原因是什么？从瑞士的发展模式中，能获得哪些启示？

基于前面的讨论，可以看到，瑞士创新在三个“不占优势”的前提下，做到了四个“坚持”。

不占优势的区位

瑞士是一个典型的内陆国家。在经济上，内陆国家的发展并不占优势，对外贸易受到很大限制。荷兰、新加坡、韩国等国，由于占据临海优势，均能依靠海洋快速繁荣发展起来；瑞士则不同，由于没有交通优势，在发展经济、对外贸易上天然地受到限制。从联邦的发展史来看，瑞士由于受限于地理的阻隔，其经济发展一直相对缓慢，曾长期是欧洲的一个附属国和穷国。

还有一个不利的地理因素是，瑞士与多个传统的欧洲强国（德国、法国、意大利、奥地利）接壤，从国家安全来看，忧患不小。历史上，地处“欧洲心脏”的瑞士曾遭受多个重大的欧洲战事，先后被罗马帝国、奥地利、法国等列强占领。直到1814年，维也纳会议确立瑞士作为中立国之后，其国家安全局势才得以缓解。尽管地处欧洲几次重大军事冲突的热点地带，瑞士却发展成为全球最安全的地区，在国家对外开放方面领先全球，为创新提供了绝佳土壤。

不占优势的资源

瑞士的自然资源非常匮乏。全国可耕地面积仅占总国土面积的28%，大部分为丘陵和湖泊，不宜开展大规模农业生产。除水力资源、木材和一些盐矿外，瑞士矿藏资源十分匮乏，化石燃料及金属矿物等极度贫乏，而煤、铁、铜等则需要从周边地区进口。因此，瑞士的工业发展之初举步维艰，大规模发展资源密集型的重化工业更加困难。有学者指出，单就地形条件而言，瑞士甚至还比不上阿富汗。这样的先天性劣势，使瑞士似乎理应与繁荣无缘。

同样是小国，但“靠天吃饭”的卡塔尔，无疑在走向繁荣的道路上更加容易。凭借丰富的石油资源，卡塔尔成为全球最富有的国家之一。瑞士和卡塔尔不一样，瑞士人知道自己不能“靠天吃饭”。靠资源可以获得先发优势，但不能保持可持续发展的态势。尽管卡塔尔非常富裕，其人类发展指数也很高，但其工业和制造业不发达，并不被国际社会认定为发达国家。瑞士没有资源的“牌”可打，因而发展并巩固自身处于全球顶尖的第三产业——诸如旅游、金融以及奢侈品等服务性行业，并不断扩大自身发达工业科技体系的优势。瑞士克服了资源匮乏的劣势，发展成为世界上环境优美、生活最富裕的国家之一，堪称内陆山地国家的发展奇迹。

有一组数据显示出瑞士和卡塔尔在不同的发展起点上走出的完全不同的发展道路：2019年，卡塔尔人均GDP 6.48万美元。然而，受新冠疫情影响，卡塔尔2020年人均GDP只有5.08万美元。2019年，瑞士的人均GDP是8.2万美元，由于其自身工业优势和强大的医药研发能力，在新冠疫情肆虐的2020年，其人均GDP不降反升，达到8.66万美元。

不占优势的体量

瑞士不占优势的体量体现在两个层面。一是国土面积非常小。瑞士的国土面积只有4.1万平方千米，仅相当于2.5个北京市面积。二是人口非常少。2020年统计数据显示，瑞士全国人口只有864万，而其中约1/5还是外国人口，本国人口只有600多万。

2020年世界银行的官方数据显示，瑞士GDP规模跻身全球第十八大经济体，人均GDP为8.67万美元，居全球第二。截至2022年底，瑞士有28人获得诺贝尔奖，获奖人数居全球第七，每百万人中获得诺贝尔奖的人数居全球第一。一般来说，只有经过“量变”，才能到“质变”。在没有规模优势的前提下，瑞士是如何实现高质量创新发展的？

事实上，自18世纪以来，以让-雅克·卢梭为代表的一批欧洲思想家就认为，瑞士为欧洲乃至全世界提供了一个值得参考的发展模式——通过创新走上繁荣国家的可持续发展道路。

下面，笔者从国家、产业、社会群体、社会个体四个维度，逐一探讨和分析促进瑞士创新的制度、路径、文化和人力资源，揭示瑞士创新发展给我们的启示。

一、坚持“不同而合”的创新制度

创新需要土壤，这个土壤是制度。创新可以发生在国家、社会、基层政治单元，也可以发生在某个企业、某个科研机构以及某个学校，等等。无论在哪个层面，只要存在有利于产生和促进创新的制度，就会激发出创新，保障持续性的创新。

我们已经看到，创新需要国家推动。对一个国家而言，当然要包容和鼓励“不同”，但同时也要避免对立、对抗甚至决裂。一个四分五裂的国家不可能搞创新，一个步调不一的社会搞不好创新，一个“老死不相往来”的组织也搞不了创新。创新的一个重要前提，就是“人心齐”，就是社会关系和谐融洽。所以，“不同而合”的“合”，对一个国家的创新是至关重要的。瑞士联邦正是在“合”的方面表现不俗，有力地推动各项要素，对国家创新发挥协同作用。我们从联邦政府的设置上以及联邦立法对于解决创新政策的分歧方面所发挥的作用中，可以鲜明地看到这一点。

“不同而合”，是瑞士联邦显著的重要特点，它同时也是瑞士创新的重要基石。

（一）包容“不同”

在现代管理实践中，可以明显地发现，多元化的人事组成、多种建议方案或多种“声音”（观点），往往是一个机构或组织持续创新的重要动力。历史实践也无数次证明，“真理往往掌握在少数人手里”。

包容“不同”，是瑞士联邦的基本价值理念。在政治制度和社会规范的形成上，数百年来，瑞士注重保护不同种族、不同语言、不同文化背景、不同价值观的群体，注重保护公民表达不同意见的权利。瑞士公民的意见以直接民主的形式参与到联邦的公共事务管理、治理之中。

在联邦的战略规划、制度构建等方面，可以看到，瑞士始终致力于维护和促进不同类群体的利益，汇聚各方智慧，形成联邦治理的合力，打造国家创新的“同心圆”。而从联邦的对外政策来看，瑞士对于国际化人才的吸引程度遥遥领先，国际人才源源不断流入，无论是短暂停留、短期交流，还是长期驻扎，多元化的人才构成保障了瑞士的政府部门、公立机构、企业和社会各个层面的创新层出不穷。

事实上，瑞士联邦的包容性与这个国家诞生和发展的政治基础有紧密的联系。德语中的“瑞士人”这个单词——“Schweizer”，来自瑞士的一个联邦州——施维茨（Schwyz），该州正是联邦早期形成之初的德语城市和区域大联盟地区之一，这个政治联盟形成并最终演变为现代瑞士的核心。到 15 世纪中叶，这些地区联盟逐渐发展成为旧的瑞士联邦。尽管旧的瑞士联邦曾一度摇摇欲坠，却展现出惊人的持久性，不仅幸免于欧洲的种种动乱，还成为当今拥有多种语种和多种宗教的联邦国家。

在瑞士，无论是种族、宗教、文化、语言，还是价值理念，都非常多元化。正是这些多元因素，构成了瑞士社会的“五颜六色”。瑞士的政治结构、社会和经济体系共享同一个价值理念。瑞士政府的决策通过与各方合作，达成共识后再逐步发展起来。在社会生活呈现多元化特点的同时，社会结构也趋于扁平化，国家生活平稳运行。

瑞士走向联邦的统一，不是某个王朝的力量，也不是某个宗教或某种语言的潜在力量，而在于瑞士人对由不同群体所构成的“共同体”的认知，这是瑞士不断发展和走向繁荣的基础，它随着现代瑞士国家身份的呈现而日益固化和壮大。一旦“共同体”意识被瑞士人所接受和认可，便开始对后来联邦的发展产生重大影响：在动荡的 19 世纪和 20 世纪，瑞士政治和经济体系的维系与巩固，都得益于瑞士人对“共同体”意识的接受和复兴。尽管在拿破仑战争中瑞士被征服并重组，在 1914 年到 1945 年间两次被包围和孤立，但它自 1291 年诞生的联盟“共同体”共识，确保了瑞士可以从每一次欧洲灾难中重新崛起。无论联邦的制度如何变革，联邦“不同而合”的理念和制度根基始终牢固如初。瑞士人自觉形成的集体行动，不是由于“上传下达”的硬性号令，而恰恰在于各类看似松散存在的社会群体对于共同体价值的默契回应。

瑞士开放包容的政策制度，导致不断涌入的移民进一步丰富和深化了瑞士的“创新精神”。瑞士制表业的兴起，正是依靠那些为躲避法国路易十四时期宗教迫害的胡格诺派人士。工业革命以后，欧洲大陆不断爆发战争，很多科学家去了美国，也有一部分科学家选择避难到瑞士。特别是 1933 年希特勒执政以后，德国掀起“排犹”狂潮，不少犹太人选择逃离，瑞士成为当时犹太人心中理想的避难之地。在逃亡瑞士的人群中，不乏知名的科学家和思想家，如：理查德·威尔施泰特（德国有机化学家，1915 年获诺贝尔化学奖）、康拉德·布洛赫（生物化学家，1964 年获诺贝尔生理学或医学奖）、赫伯特·马尔库塞（哲学家、美学家、法兰克福学派左翼主要代表）等。除德国之外，还有包括英国、法国等其他国家的科学家陆续到瑞士避难，他们都进一步带动了瑞士制造业、金融业、制药业等产业的转型发展。

（二）保持开放

保持开放是瑞士创新发展的另一个显著特点。作为一个山地国家，瑞士不但没有走封闭锁国的道路。相反，它克服自身在地理上的不利因素，走高度开放的发展道路，深度融入国际化舞台，在产业、科技、社会服务等领域参与国际竞争，形成国际优势。

瑞士没有濒临海洋的地缘优势，但地处欧洲中心，与法国、德国、意大利、奥地利等几个重要欧洲国家接壤。随着全球贸易的开启，瑞士日益成为欧洲大陆南北交流的中转站。特别是在大航海时代，葡萄牙、荷兰的商品运到中东欧需要经过瑞士。现在，瑞士的几个大城市业已成为欧洲最为重要的铁路枢纽中心之一。

对瑞士来说，保持中立是其国家获得长期安全的重要基础。在这样的历史和地缘政治背景下，维也纳会议确立瑞士为永久中立国。瑞士秉承中立国的外交政策，对外战略走高度开放的发展道路。

在推进高度开放的发展模式过程中，瑞士采取了几个重要举措。

一是在对外政策上，深度融入欧洲，积极参与国际事务。有代表意义的事件包括在全球推进国际人道主义，成立了以国际红十字会为代表的众多国际组织，这些国际组织云集在瑞士几个重要的城市，进一步促进瑞士成为全球开放的中心。此外，还不能忽略瑞士众多的民间组织，它们在国际事务中非常活跃。正是由于瑞士在国际事务中的深度参与和重大贡献，使其在国际上具有良好的国家形象和声誉，为其发展国际贸易、争取国际投资、吸引国际人才、召开国际会议创造了先决条件。

二是在营造国际化环境和氛围上，深度与国际接轨。瑞士与德国、法国、意大利、奥地利等国接壤的地区自不必说，这些地区的重要城市，如日内瓦、巴塞尔、卢塞恩等，在基础设施建设、旅游住宿场所接待、多种民族风格的饮食供应等方面高度国际化；即便是处于内陆中心位置的城市，如苏黎世、伯尔尼、卢塞恩等，也有着相对国际化的基因——苏黎世是欧洲的铁路交通枢纽、航空枢纽，伯尔尼、卢塞恩是欧洲重要的文化中心。这些城市高频次地出现在欧洲乃至世界的著名歌剧、画作、交响乐等之中。正是由于瑞士具有极佳的国际化环境和氛围，使其在营商环境、吸引外资能力、吸引国际人才能力、创新环境水平等方面，始终处于全球排行榜的前列。

三是在人才培养上，通过教育培养了大量通晓多国语言、熟悉多国文化传统的各类人才。和周边的德国、法国、意大利、奥地利等国不同，瑞士拥有大量通晓多国语言的人才，不仅因为瑞士地处欧洲中心的缘故，还在于瑞士从联邦到各州的各类教育机构都十分注重对学生的多语言培养和训练。瑞士形成了多语言教育的政策体系。在大学阶段，瑞士高校有资助学生到他国留学的培养计划，几乎覆盖了绝大部分在读的学生。当然，还有一点值得提及的是，瑞士具有多所享誉世界的顶尖私立国际学校，这些学校的定位就是与国际接轨，培养未来的国际人才。

（三）合理妥协

在涉及公共问题的重大决策上，瑞士人有一种善于妥协的“智慧”。瑞士人认为，不是谁的声音大就听谁的，也不是看起来好的东西就应该选。

瑞士人以包容的姿态接纳不同的社会群体，瑞士社会与国际接轨并保持高度开放。瑞士的制度设计，正是在达成各方共识的基础上所形成的合理妥协的结果。一方面，瑞士人崇尚“不同而合”，要解决好自身多语言、多文化、多民族的国家问题，需要平衡各方利益，取得共识。在公共决策上，瑞士人对各方“不同的意见”持开放和包容的立场，对不同意见的处理倾向于对话和协商。在很多时候，要达成共识，“妥协”是各方都必须接受的一种选择。另一方面，瑞士人在作出重大改革的决策时持审慎态度——他们认为激进式的改革会带来意想不到的后果，会损害部分群体的利益。他们倾向于“看一步再走一步”，更愿意在原点和激进式改革目标之间作出妥协——选择“中间值”，这一点与中国古人所倡导的中庸哲学有异曲同工之妙。

在政治生活中，面对“不同的声音”，瑞士人趋向“宁愿保守”的立场。事实上，瑞士人颇为自己的保守立场自豪。他们认为，很多在他国出现的混乱或改革失败，很重要的一个原因在于改革走得太快。瑞士人的聪明在于，他们对于决策的“妥协”处理得非常巧妙。事实证明，瑞士人由于尊重“不同”，即便不能达到预想中“合”的“最优”，也能达到“合”的“次优”或“较优”。当然，不得不承认，很多情况下妥协达成的决策并非“最优”决策，但却是能获得的大家都能接受的“最佳”决策。实践也证明，在很多公共议题的抉择上，尽管各方意见不一，但通过谈判、协商和妥协，都使瑞士人在整体上得到了“最优”的结果。

瑞士联邦前主席迪迪埃·布尔克哈尔特（Didier Burkhalter）的观点颇有代表性。他认为，瑞士推行直接民主，鼓励形成共识。瑞士联邦的制度体系就像系统里的石块，会放慢改革推行的进度；而联邦议会为了避免立场分裂的全民公投，就需要在特定的公共议题上寻求“合理的妥协”。

关于瑞士首都选择的问题，特别能反映瑞士人“妥协”的智慧。瑞士现代联邦制度诞生的早期，在政治界引发了一个问题：瑞士是否应该建立联邦的首都？如果应该建立，当选择哪座城市作为首都？① 1832 年，联邦草案提出瑞

---

① 1803 年起，瑞士轮换其政府和议会的所在地，起初是一年一换，后来则是两年一换。1848 年 11 月，瑞士决定废除该制度，这时引起热烈讨论的问题是哪座城市应当成为联邦首都、它是否可以同时是某个联邦州的首府，瑞士甚至也曾考虑新建一座如美国华盛顿一样的城市作为联邦首都。

士应建立一个容纳各种联邦机构的中央首都。在1848年11月28日的投票中，被看好的主要是三座城市：苏黎世、伯尔尼和卢塞恩。而这三个城市，各有利弊。

苏黎世在19世纪中期城市基础设施良好，并且具有全球性的地位。然而，瑞士东部地区和联邦主义者反对，认为不应加强苏黎世已经强势的中心城市地位。

伯尔尼临近瑞士法语区，同时城市可以为联邦无偿提供办公用地。然而，伯尔尼作为联邦首都其城市基础设施还不甚完备。

卢塞恩位于瑞士中部，定都于此可以消除中部地区民众对于建立新联邦的异议。然而，曾主张分离同盟的成员对此持反对意见。

1848年11月28日的第一轮投票中，伯尔尼以79票的优势胜出，苏黎世获得48票支持，卢塞恩仅获得9票，最终瑞士联邦议会达成一个“妥协方案”——将伯尔尼作为瑞士“联邦城市”的所在地①。作为补偿，苏黎世设立苏黎世联邦理工大学，而卢塞恩成为瑞士联邦保障法庭的所在地。②③

瑞士人认为，妥协不仅是达成共识必要的政治手段，也是达到改革目的的一种路径选择。

公共政策的制定和出台，在实施过程中并非易事，也绝非“皆大欢喜”。瑞士人办事，程序是严格的，要求是苛刻的，各方对结果也不都是欢迎的。这时，“妥协”就显得尤为必要。无论是多元的区域，还是多元的文化；也无论是多数派，还是少数群体，最终而言，大多数瑞士人都认同联邦治理的核心原则——“妥协”，他们认同通过对话协商的方式形成最终决定。事实上，让联邦的每个

---

① 但是不被称为“首都”（德语：Hauptstadt），而是称为“联邦城市”（德语：Bundesstadt），因此伯尔尼只是瑞士实际上的（de facto）首都，而非法律上的（de jure）首都。因此1849年的瑞士宪法中对瑞士的首都做了规定，在第108条中称之为“联邦机构所在地”，包括联邦委员会、联邦大会及联邦政府，这一规定由联邦大会提出。直到1997年3月21日颁布《政府管理组织法》，第58条确定伯尔尼是联邦委员会及其7个部会和联邦秘书长的办公地。2002年12月颁布《议会法》，第32条确定伯尔尼是瑞士联邦大会的所在地。但直到目前，联邦和伯尔尼市在联邦与城市合作关系的制度化方面最终仍然没有形成完整且成体系的法律条款。目前还没有任何一部联邦法律确定伯尔尼的联邦城市的地位，同时瑞士联邦宪法中也没有表明联邦城市的地位的条款。

② 参见维基百科“瑞士首都问题”。

③ 在区域化的原则下，20世纪90年代以来多个瑞士联邦政府机构从伯尔尼迁往瑞士其他城市，如联邦统计局迁往纳沙泰尔，联邦通信局迁往比尔，联邦住房局迁往格伦兴。同样司法机构也在去中央化，联邦最高行政法院自2007年成立起由伯尔尼临时代理，2012年迁往圣加仑。联邦刑事法院2007年起由位于德欣州的贝林佐纳承担，联邦保险法院自1917年起设于卢塞恩，瑞士联邦最高法院则设于洛桑。

公民以这种方式参与联邦的公共事务，极具挑战性，也需要时间。然而，这正是瑞士人公共生活的核心原则。

瑞士实行“均势”的权力架构，例如：联邦议会、联邦委员会、联邦最高法院实行“三权分立”，联邦政府实行七人分掌政治权力的“委员会制度”，联邦议会实行联邦院与国民院地位平等的“二元决策”模式，等等。“均势”的权力架构，保障了瑞士联邦在兼顾各方利益的情况下推进改革。

可以看到，瑞士在各类政策层面推进的改革几乎都是“渐进式”的。正是由于这种基于协商和妥协的决策机制，使改革始终保持在正确的方向上。瑞士也因此具有全球一流的创新政策环境。

（四）尊崇“理性”

瑞士人身上有一种高度理性的思维和性格特点，在国家层面的表现就是严谨且科学的制度。一个理性的社会，是理性国家作出正确政策抉择的重要基础，这也是瑞士能够做到包容开放、兼顾各方利益、达成最佳决策的根本原因。

瑞士人尊崇“理性”，最明显的体现是他们对于时间的精准定义和运用。本书提到过，瑞士人非常注重守时，他们对于工作计划的安排、公共交通时间的衔接等做到了“分秒不差”。他们把对时间的精准追求付诸钟表工业的实践上，瑞士手表被誉为全球最精准的时间的代名词。19 世纪末、20 世纪初，瑞士出现了大量关于改进钟表精准技术的专利，作为当时瑞士联邦专利审查员的爱因斯坦正是从这些专利申请中获得了灵感，并在伯尔尼提出了改变人类科学的“狭义相对论”。

瑞士人的“理性”，还体现在对政治的深刻理解以及对公共事务的深度参与上。瑞士人认为，自由的权利应该得到联邦充分保障，但公民不能违法，而“狂热”的公共倡议不应被立法。

瑞士人在面对公共政策议题时，展现出了他们的理性与成熟。在理性分析之后，瑞士人宁愿对与个人利益直接相关的议题投反对票。他们认为，一些看似相关的个人利益，其实只是短期获得的利益，在不符合联邦整体发展的前提下，迟早会在将来的某一天影响到个人利益。因此，瑞士人愿意对眼前利益的“诱惑”说“不”。

瑞士人也乐于参与公共政策议题，但并非盲目参与。在敏感的公共政策议题上，瑞士人极力避免陷入“狂热”。尤其在涉及重大改革的议题上，瑞士人宁愿选择小心谨慎。2016 年，瑞士就“联邦政府是否应无条件向全体瑞士公民提供基本保障性收入（每人每月 2500 瑞郎）”进行全民公投。由于瑞士人尊崇“理性”，大多数人选择放弃“不工作也能拿钱的好事”，最终这项议题没有通过。

趋于理性，是瑞士社会的一个显著特点。瑞士联邦在立法过程中尽可能让公民广泛参与，特别是在涉及与公民政治生活密切相关的法律方面，公民有机会深度参与其中，这将有利于法律实施和法治理念的弘扬。瑞士人的高度理性，使联邦制度体系的构建和运转趋于成熟，使联邦各个层面的创新活动得以有条不紊地进行，使联邦的创新火花持续不断地迸发。

瑞士人的理性还表现在善于借鉴和学习，但对机械地、孤立地效仿保持警惕。例如：瑞士的联邦委员会制度借鉴了法国资产阶级大革命的政治改革和美国联邦制度架构，但19世纪初的瑞士政治改革家并未完全照抄照搬法国和美国的模式。因为在他们看来，法国的政治模式容易产生“拿破仑式”的威权主义，而美国的政治模式容易产生政治分裂。瑞士联邦在制度架构的顶层设计上创新性地缔造了“七人”组成的联邦委员会制度。实践证明，这样的制度与瑞士联邦的发展模式相适应。近两百年来，正是得益于这样的本土制度，瑞士联邦不断走向繁荣，不断形成创新竞争力。

由于瑞士人表现出超乎寻常的理性，使这个国家在保持开放包容和灵活应变的同时也遵守着有条不紊的秩序和严谨。瑞士人在尊重客观物质运动规律和人类社会运作规律所展现出来的科学思维令人惊叹。

二、坚持“善于转化”的创新路径

关于创新的第二个非常关键的问题是，走什么路？用什么方法？

创新既是具体的，也是抽象的。经过近两百多年积累，瑞士的创新产业一开始从钟表行业、纺织行业、山地旅游业等少数几个行业开始起步，逐渐发展到在机械制造业、生物医药产业、健康护理产业、文化创意产业、交通建筑业等多个领域全面开花，形成创新集群优势。这些创新集群，反过来又进一步促进新兴业态领域新的技术创新。

近年来，瑞士涌现出的多个原始创新技术或创新实践，如“阳光动力号”太阳能飞机等，但原始创新并非瑞士进行创新活动的“主色调”。只要把观察的时间窗口拉长一些，分析的范围扩大一些，便能看到，两百多年来，瑞士联邦形成创新国家优势的一个重要路径是：“学习—借鉴—转化—再创造”，笔者把它归纳为“善于转化”的创新路径。

（一）精于学习

瑞士具有学习他国经验的有利条件。它地处欧洲中心的绝佳地理位置，与法国、德国、意大利、奥地利等欧洲强国接壤，在科学技术、文化传统、价值观念等方面都深受这些国家的影响。瑞士人善于从中去粗取精，在国家的多个层面都借鉴和引进了他国的优势技术或先进理念。例如：瑞士制表工业的起步源于学习借鉴法国、英国、德国等国家的制表技术；瑞士军刀的技术革新从德国刀具成型技术中获得了启发；瑞士巧克力制作工艺的革新，得益于从法国、比利时等国的制作中获得的灵感。

瑞士人精于学习，也具有主动性，在学习、转化和再创新上，瑞士人做到了统一。他们以开放的心态拥抱新事物，用冷静的眼光发现外界的优势并审视自身的不足，对先进理念和先进技术保持敏感并善于加以合理利用和转化，为持续创新提供了理念和技术基础。本书在第六章讨论瑞士钟表工业的兴起中，曾提到这样一个细节：1876 年，在美国费城的国际博览会上，瑞士人发现美国人开始用机械化方式生产手表后极为震撼。此后，瑞士制表商开始投资制表的机械工业，以使瑞士手表生产实现机械化。从此，大量瑞士制表商放弃了以前的“作坊式”制表模式，转向一体化、集中式的生产模式。“集成式工厂”生产模式的应用，大大提升了瑞士手表在欧洲市场的份额，其中以浪琴为鲜明代表。

（二）打造优势

瑞士享有“创新之国”的美誉，在于其在若干个重要领域打造了一系列具有高附加值的“拳头产品”。瑞士人认清了本国在区位、资源和体量方面都不占优势的三个基本事实，奋发图强，致力于在若干个适合于本国国情的领域和行业打造产业精品。从此，瑞士走上一条追求高质量、差异化的发展道路。这条道路的内涵要求是，在专业性的生产要素上不断创新并提升其效率，进而使产业的生产力持续提高。

1. 打造产业的“高附加值”

瑞士的高附加值产业首先体现在其第二产业上。瑞士的工业化历程与邻国显著不同。早年，老牌欧洲国家依靠纺织工业和重工业实现了经济腾飞。而瑞士在工业化初期阶段则依赖于一些传统工业，如纺织业、印染业等，瑞士纺织工业发展水平一度跻身欧洲前列。但这些传统工业在当时是分散的，以作坊式生产模式为主，在国外产品的冲击下面临很大挑战。

面对自身资源匮乏、山地交通成本高等劣势，瑞士没有盲目复制欧洲传统强国以发展重工业实现经济腾飞的道路，而是因地制宜，在发展主导产业上实施差异化、跨越式的发展策略，致力于发展先进技术，打造质量精良、竞争力强的工业产品，发展新兴工业，如食品加工、电子、医药化工、精密制造等产业。这些产业的技术含量高、附加值高、品牌效应明显，使其产业结构从劳动密集型产业跨越到资本和技术密集型产业阶段。时至今日，机械、电子、医药化工产业的出口额超过瑞士出口额的 50%[①]。

---

① 陈晓兰，周灵．瑞士低碳城市发展实践与经验研究［M］．成都：四川大学出版社，2020.

瑞士的主导产业间高度相关。例如：制药业由合成染料业发展而来，除草剂、杀虫剂产业则是随着制药业的发展而来。瑞士的经验表明，合理准确选择主导产业，对一个国家或地区经济发展起到至关重要的作用。而选择的关键，又在于经济中的主导产业要与本地区的生产要素所内含的技术进步路线相耦合[①]。

瑞士具有高附加值的另一个产业是其第三产业。其三大支柱产业分别为银行业、保险业和旅游业。据统计，瑞士全境有近 400 家银行，4000 多家分行，产值占 GDP 的 10%左右；瑞士也是保险种类最多的国家，各类保险费的开支平均占每个家庭总开支的 20%左右，瑞士的个人保险支出位居世界前列。银行和保险业的发展，使瑞士成为世界上最重要的资本市场之一——苏黎世成为国际金融中心之一，而瑞郎则成为世界上最稳定的货币之一[②]。事实上，从 16 世纪开始，瑞士银行业就开展外向型业务。20 世纪 50 年代，瑞郎可以自由兑换，再加上严格的“银行保密法”，使瑞士被认为是世界上存款最安全的国家，大量外国资金流入瑞士银行。

农业不是瑞士产业的主体，但其作为第一产业，在国家创新产业体系中仍居于重要地位，大量先进的技术被用于农业，以保障联邦的粮食安全与生态稳定。目前，农业就业人口仅占总人口的 4%左右。与欧盟国家相比，瑞士农业生产成本高，农产品价格缺乏竞争力。为此，瑞士政府为农业提供了巨大的扶持资金[③]。

2. 形成产业集群

瑞士人将竞争优势集中到高度细分、规模较小的产业中，采用一种所谓的“焦点策略”，以制造质量精良的产品巩固市场地位。这种经营模式适合发展以中小企业为主体的产业集群，产业集群的网络化效应反过来又强化了主导产业的竞争优势。

雀巢、罗氏、诺华、斯沃琪等瑞士企业，成为享誉全球的跨国大企业。但事实上，瑞士经济发展的主体仍然是中小企业。这些企业都专注于开发或生产一项技术或产品，它们专注于为大型企业专业化生产提供配套服务。

瑞士产业集群分布之广泛，远超瑞典、丹麦和新加坡等国。首先，在瑞士具有竞争优势的主导产业集群中，居首位的是医疗保健相关产业，包括制药、

① 陈晓兰，周灵．瑞士低碳城市发展实践与经验研究［M］．成都：四川大学出版社，2020.

② 陈晓兰，周灵．瑞士低碳城市发展实践与经验研究［M］．成都：四川大学出版社，2020.

③ 据统计，瑞士农业收入的 75%来自国家对农业的支持，这一比例远超出 OECD 国家的水平（40%）。

助听器、美容整形器材、医疗器材、相关器械以及保健咨询等。其次，是纺织相关产业，包括纺织、纤维、毛线与布料、服饰、纺织机械以及合成染料等。再次，是国际性商业服务，包括贸易、银行、保险、后勤事务管理、跨国企业总部服务与人力资源顾问等。最后，制造业方面包括高精密镀金属成品、工具、机床、相关仪器设备等[①]。

近一个世纪以来，数量众多的钟表中小企业在瑞士汝拉山脉地区的市镇形成产业集群，并不断发展壮大，形成了全球闻名的“钟表山谷”——“汝拉山谷”。在这里，众多企业分工协作，加工高质量的钟表零部件，最终供货给瑞士表厂进行装配，经严格检验后出口全球。这样的集群优势，使每块瑞士手表的平均出口创汇达到日本的1.5倍[②]。

3. 塑造面向未来的技术优势

瑞士人在面向未来的创新产业方面，形成了诸多引领世界的技术优势。

《瑞士低碳城市发展：实践与经验研究》一书对瑞士在低碳城市建设、清洁能源技术发展、绿色建筑设计、绿色交通技术发展等方面进行了较为全面的介绍，着重分析了瑞士面向未来能源发展趋势所形成的愿景、理念、技术路线和技术优势。下面，笔者从中选取三个例子略作分析。

瑞士联邦环境科学研究所（EAWAG）是瑞士联邦致力于研究水科学和污水处理技术的专门科研机构，该研究所在园区内有一栋非常特别的主体建筑——Forum Chriesbach，该建筑体现了瑞士绿色科技的发展理念和发展水平。Forum Chriesbach具有十分独特的污水处理技术，建筑实施“整体水处理机制”，包括尿液分离、无水坐厕、太阳能水加热、雨水处理和利用、雨水存储等。不但可以节约饮用水，还能使雨水得到有效控制和利用，而如厕者的尿液也能被收集利用作为医学研究的样品，经过处理后被用于冲洗厕所。Forum Chriesbech研究所的小便池是无须用水的。为了控制异味，厕所里的红外线传感器会探测用户的存在，自动打开通风系统。在这幢高大的办公楼内，尿液和含有固体颗粒的废水被分别处理，无水便池和专门设计的分离式便池与单独的管道相连，将尿液和含有固体颗粒的废水区分开。将尿液从污水水流中分离可极大减轻污水处理厂的负担，使污水处理变得更容易。由于尿液中含有磷和硝酸盐，经过处理后可用作化肥。瑞士的研究人员认为，尿液中含有十分有用的物质。目前，该研究所正在研究可实用的提取尿液中物质的方法。这种将常见废弃物当作一

---

① 陈晓兰，周灵．瑞士低碳城市发展实践与经验研究［M］．成都：四川大学出版社，2020.

② 陈晓兰，周灵．瑞士低碳城市发展实践与经验研究［M］．成都：四川大学出版社，2020.

种资源来开发利用的做法是瑞士创新的一个重要例证，也体现了人类文明进步的方向。[①]

瑞士建筑开发商近年来大力尝试并运用新的房屋建造技术以进一步改善瑞士联邦的生态环境。例如位于瑞士克罗伊茨林根（Kreuzlingen）的购物中心的改造。该中心改造后，一楼变成更具吸引力的百货商店，二楼则变成富有设计感的实用小型公寓，地下建筑部分则被改造成了停车场。二楼的公寓改造使用了 ECOCELL℃模式——一种基于再生纸材料的模块化快速建造体系。ECOCELL℃模式使用的建筑材料主要是木材和纤维，它们来自废纸和纸板的循环回收利用。这种材料结构呈蜂窝状，轻质结构，薄薄的矿物基水泥和涂层形成了复杂 ECOCELL ℃建筑系统的核心，因而被称为“混凝土蜂窝”。蜂窝结构具有优异的结构性能，不仅抗压性好，其形成的巨大内部空间可使空气占比达到 90%，带来了卓越的保温效果，而好的保温效果同时也意味着更低的能耗。此外，ECOCELL℃材料可以阻断高热和隔声，有极好的防火性能，重量也极轻。更为重要的一点是，ECOCELL℃模式下的每个部件都可以预制并大批量生产，这些部件可以像“乐高”一样个性化组装。ECOCELL℃模式通过废物利用、减少重新加工，减少了与传统建筑材料（如水泥和砖）生产相关的二氧化碳排放。作为瑞士绿色建筑领域的新秀，ECOCELL℃模式具备了环保建筑理念，其强大的技术支持使其获得了 2016 年由 IFAT 公司发起的绿色科技奖。目前 ECOCELL ℃技术已在全球主要国家和市场注册了专利。[②]

瑞士州级建筑能源认证证书（GEAK）是瑞士所有州都认可的建筑能源证书，其对瑞士现存和新增的建筑物的碳减排具有重大贡献。根据瑞士宪法，瑞士各州负责管辖该州建筑行业的能源使用情况。2008 年初，瑞士能源当局决定启动 GEAK。2009 年，GEAK 被介绍给瑞士公众。最初的 1.5 万个 GEAK 项目由联邦政府赞助。2015 年，经过专业化组织，形成了 GEAK 协会。GEAK 认证给瑞士带来了建筑项目的统一标准，它展示了建筑物表面的能效水平，同时也展示了一栋建筑在规范使用时需要消耗的能源量。除建筑物的能源状态外，如居民的热水消费量、燃气使用量等参数也清晰可见。GEAK 一般由业主即将进行房屋翻新或正在计划翻新时申请。获得 GEAK 认证后，翻新项目可以获得改进建议和补贴。在 GEAK 的认证体系下，建筑所需要的能源需求量由七个等级的能源标志来标示，字母 A 到 G 分别表示从“非常节能”到“低能效”的七个

① 陈晓兰，周灵．瑞士低碳城市发展实践与经验研究［M］．成都：四川大学出版社，2020。

② 陈晓兰，周灵．瑞士低碳城市发展实践与经验研究［M］．成都：四川大学出版社，2020。

能效程度。所有 GEAK 的特定数据被记录在网络在线工具中，随时可以读取调用。这给瑞士比较所有建筑的能效提供了可能。GEAK 至今已经在瑞士评估了 5 万多栋建筑物，并且新评估的建筑物数量每年增加约 1.5 万栋。评估工作由大约 1200 个专家完成。每次 GEAK 评估完成之后，建筑物所有者会收到一个简短报告，报告会用图形显示该栋建筑物在能源评估类别中的能源排名，并且提供相应的能源利用改进建议。①

（三）敢于突破

创新需要跳出传统局限，打破常规，开拓新路径、尝试新办法、运用新技术。

瑞士人在坚守自身文化传统的同时，也敢于突破，打破常规。瑞士人的敢于突破，体现在敢做别人不敢做的事，做别人没有想到的事，做自己认为值得去做的事。

瑞士人非常喜爱体育运动，这是贯穿他们日常生活的重要活动。他们不仅乐于以运动来休闲娱乐，而且将其视为意志磨炼和精神满足的某种媒介。在外人看来，瑞士人的运动不仅有些"近乎狂热"，似乎还有些"过于冒险"。许多从事创新事业的瑞士人，同时也是运动健将甚至是运动方面的"冒险家"。

本书在第四章分析了威廉·退尔这个人物，认为他集中反映了瑞士人不屈强权、敢于斗争的精神。瑞士联邦从中世纪一个贫穷落后的山地国家，发展为近代以创新为主要驱动的创新型国家，依靠的正是瑞士人这种不低头、不服输、不认命的勇气和斗志。关于这一点，可以从瑞士创造的很多奇迹中看到鲜明例证，如瑞士浩大的世纪工程——圣哥达基线隧道，抑或者一百多年前就在海拔 4000 多米的少女峰上开通的世界第一列上山火车；再例如近年来瑞士人在面向未来技术方面取得的突破，包括更加智能、环保的绿色建筑技术、"阳光动力飞机"，等等。

回顾瑞士的发展历程，瑞士钟表业的崛起和繁荣，正是一代又一代瑞士人勇于挑战、敢于突破的结果。本书在第六章详细介绍了瑞士钟表匠如何在一开始模仿和借鉴法国、英国和德国的制表技术，后来如何又在制表的理念、技术、生产方式以及经营模式上实现了多次突破。瑞士的钟表技术从此一骑绝尘，其优势一直持续到 20 世纪 50 年代至 20 世纪 60 年代。但瑞士人很快发现，瑞士手表在国际市场上面临着来自日本和美国的新型手表的巨大冲击。以斯沃琪（Swatch）为代表的瑞士钟表商通过理念、技术、生产和销售等多个层面的转型，让瑞士手表业走出衰败的泥潭，并再次牢牢占据全球的优势地位。

---

①　陈晓兰，周灵．瑞士低碳城市发展实践与经验研究［M］．成都：四川大学出版社，2020.

下面，有必要简要分析一下瑞士人如何在这次钟表危机中突出重围的。

20世纪50年代，美国制表公司首先开始尝试设计制造电子手表，这是一种不是由传统的弹簧而改由电池提供动力的手表。随后，瑞士的电子钟表中心（Centre Electronique Horloger，CEH）和日本的精工集团（Seiko）开始尝试研发石英表。电子钟表中心成立于1962年，是一个在瑞士生产电子手表的组织，由20家瑞士钟表制造商组成的财团，总部位于纳沙泰尔州。

日本人在制造电子表方面走在了瑞士人前面。精工水晶天文钟QC-951作为一种便携式时钟，是日本在电子钟表领域领先瑞士的重要标志。在1964年东京奥运会的马拉松比赛中，这个时钟被用作备用计时器。1969年，日本精工集团制造的阿斯特龙手表（Astron）成为全球第一款推向市场的石英表。1970年，瑞士也推出第一款石英表Ebauches SA Beta 21，但这款电子表没有受到市场太大欢迎。此后，瑞士制表商停止了应用研究和开发新技术，回到传统的制表生产方式。瑞士人认为，“瑞士传统”是人们购买瑞士手表的主要原因。瑞士制表商“心无旁骛”地专注到瑞士传统的制表模式中。

日本精工集团开启的电子手表革命一发不可收拾，最终对瑞士钟表行业造成了毁灭打击。此后，日本和美国的制造商不断取得新突破，更低的生产成本大大降低了手表的售价。20世纪70年代初的石油危机之后，全球经济低迷，价格便宜的日本石英表和美国石英表比昂贵的瑞士机械表更有吸引力。10年内，瑞士制造的机械表出口急剧下降。1973年，瑞士出口手表4000万只，而1983年，仅出口300万只。许多成功的瑞士钟表制造商倒闭了。到1983年，1000家瑞士钟表制造商倒闭。这也影响到瑞士的钟表业就业人口：从1970年到1988年，瑞士钟表行业的就业人数减少了三分之二，从9万人减少到2.8万人。

瑞士制表业陷入生死存亡的危险境地。但瑞士人开始绝地反击，他们尝试以一种全新的制表理念作为突破口，在制表技术、生产方式、销售模式等方面进行不同于日本和美国的大胆创新。

20世纪80年代初，黎巴嫩裔瑞士人尼古拉斯·海耶克（Nicolas Hayek）受几家投资银行委托，对两家债务缠身的老牌瑞士钟表企业ASUAG和SSIH进行清盘监督。在瑞士钟表行业陷入日本、美国制表业的“双面夹击”之际，海耶克感到，要振兴瑞士钟表业，需要对该行业进行系统性改革：必须另辟蹊径来实现“换道超车”，而不能再走日本和美国已经走过的老路。他认为，瑞士钟表业改革的核心，应该首先实现理念上的突破，即放弃瑞士在传统机械制表方面的“瑞士模式”。他提出“打造个人第二块手表”的理念。海耶克认为，佩戴腕表已不应只针对日常时间功能，除平日上班以外，就像休闲服装一样，消费者也应该拥有第二、第三只或是更多只的腕表，作为休闲佩戴之用。他强调，要转变消费者的观念，让购买腕表演变成消费者的一种生活习惯，使消费者更加关注腕表的款式和设计。

1983 年，海耶克创立了斯沃琪（Swatch）集团，并于当年推出首批 12 只斯沃琪手表。这是一种主要由塑料制成的一次性手表（体现传统经典的功能），但同时也是一块接近传统概念的自动手表（体现时尚的功能）。这种手表的生产和销售成本很低，但利润惊人。两年内，斯沃琪卖出了 250 多万只，帮助瑞士手表夺回了之前失去的重要市场，推动了瑞士钟表行业的复苏。

在生产技术上，斯沃琪把腕表配件由 91 件大幅减至 51 件，节省成本高达 80%；在产品设计上，斯沃琪特别注重设计能否紧贴潮流，经常与不同单位的设计师和艺术家合作；在生产方式上，斯沃琪革新了全自动手表组装的生产线。在销售模式上，斯沃琪的价格定位亦与日本腕表看齐，平均在 40 美元左右，将腕表打造成时装饰物；在内部治理方面，斯沃琪进行了多个品牌的收购整合，旗下拥有宝珀、欧米茄、浪琴、雷达、天梭、雪铁纳、美度、汉米尔顿、宝曼、宝玑等名表品牌。至 20 世纪 80 年代末，斯沃琪已成为一股风靡世界各地的潮流时尚，世界各地都出现了斯沃琪珍藏版腕表的爱好者。

斯沃琪在拯救瑞士钟表业和终结石英危机方面发挥了重要作用①。1993 年，斯沃琪手表已将瑞士在全球市场的份额提高到了 50%以上。2012 年，斯沃琪表成为伦敦夏季奥运会官方指定计时器。2018 年 12 月，斯沃琪集团入围 2018 世界品牌 500 强，位列第 206。

如今，瑞士钟表制造业，除了超高端机械表以外，大多数钟表的制造链条转移到远东地区。2017 年，瑞士通过立法要求手表价值链条的 60%须在本国完成，如机芯设计与生产等仍应由瑞士人主导，这是瑞士为了保持产品高附加值的需要而设置的要求。

近十年来，瑞士钟表业开始面临另一个挑战——智能手表的出现。瑞士制造商并未掉以轻心，他们的反应比在石英表危机时期更加敏捷。瑞士的蒙丹（Mondaine）、泰格豪雅（TAG Heuer）和其他一些制造商迅速作出回应，纷纷尝试推出智能手表②。即使面临着来自新技术的挑战，他们仍致力于让瑞士手表的质量和美感保持高水平。

瑞士人一直有信心，也有这种底气，那就是：不管出现什么新技术，传统的瑞士手表总会有市场。

---

① 即便行业危机出现转机，劳力士和百达翡丽等老牌瑞士钟表公司仍然坚持传统的制表理念和销售策略，它们对销售廉价、批量生产的手表不感兴趣，进一步将自身定位在打造和销售超高端的手表上。其他瑞士制造商则专注于中端手表市场，手表零售价在 500 英镑至 1000 英镑之间，但价格不如斯沃琪（Swatch）或价格非常低廉的日本手表便宜。

② 参见 First Class Watches 官网。

三、坚持“精益求精”的创新文化

不同于美国的创新——偏向资本运作下的高科技创新，也不同于德国的创新——偏向依赖密集型机械不断升级的工业化创新，瑞士的创新有其自身的鲜明特点。瑞士的创新产品重质不重量，走“小而精”的路线，具有“高精尖”的特征。坚持“精益求精”，是瑞士人的创新文化，这种文化特性，反映在瑞士创新的方方面面。

（一）坚持“值得坚持的事”

瑞士人秉承着对于自由信念的追求。凡是他们认为值得去做的事，他们都愿意去拼搏，义无反顾。

瑞士人执着于把认为值得做的事做成精品，讲究“贵在坚持”。无论是以亨利·杜南为代表的国际人道主义慈善家，还是以丹尼尔·尚维沙为代表的瑞士制表匠，在他们的身上可以明显看到，瑞士人对于他们认为“值得坚持的事”会倾注最大心血去做，而且“要做就做到最好”。

瑞士人的执着，鲜明地体现在这个民族的社会群体精神特质上。在他们身上，深深铸刻着久居高寒地带的山区祖先对抗恶劣环境的坚韧。一种普遍的观点认为，生活在高寒地区的瑞士人天生具备异常勤奋的基因。此外，地理上的阻隔，在一定程度上使瑞士人天性相对保守。然而，瑞士人往往在保守的性格底色中表现出令人难以置信的勇气、意志，以及超常规的智慧和“创新思维”。瑞士人知道坚守的代价，他们愿意为此负责并付出代价。瑞士人具备在挑战面前冷静寻求解决方案的“创新思维”能力。

瑞士手表、巧克力、咖啡、有机食品、制药、精密仪器、化工产品等，都是瑞士人持续上百年不懈奋斗的结果。在瑞士，坚守是一种被社会高度推崇的群体文化，也是一种社会预期。我们不妨来看一个企业品牌坚守的案例。

瑞士有一款享誉全球的饼干品牌——金宝丽（Kambly)。金宝丽是瑞士的一个家族食品企业，位于伯尔尼郊外爱蒙塔尔地区的特鲁布沙兴小镇（Trubschachen)。爱蒙塔尔地区是瑞士由一片绿色山坡连绵贯穿的地带，以出产瑞士最好的新鲜牛、羊奶和奶酪著称。公司创始人奥斯卡·金宝丽原本生活在瑞士的法语区，因为追求爱情而移居到恋人生活的德语区爱蒙塔尔。婚后，夫妇俩开了一间面包房。由于他们自创的配方颇受欢迎，遂于1910年正式开设了饼干工厂，金宝丽公司也随之正式成立。1953年，第二代金宝丽从父辈那里接手经营，并在1958年实现了现代化的机器生产。1983年，第三代金宝丽从其父辈手里接过由祖父开创的事业，继续发展壮大，将金宝丽这个已在瑞士家喻户晓的饼干甜品，成功推向欧洲各国，以及包括美国和中国在内的国际市场。如今，金宝丽的家族事业已交接到第四代金宝丽手中。一百多年来，金宝丽专注生产饼干，从一间小小的面包店开始，历经几代人的传承和努力，在坚持生产传统配方的饼干之外，不断推出新口味和新品种的饼干，向全球销售一百多款产品。目前，金宝丽现代化的生产车间雇员超过四百人，开设有大型咖啡馆以及工厂直销店，每天都有许多瑞士人及外国游客专程前来购买。

金宝丽公司的发展模式体现了鲜明的瑞士家族企业治理特色。不同于现代职业经理人的企业治理模式，瑞士家族企业发展模式一方面体现在传承其本身的企业文化，扎根当地特色；另一方面体现在追求行稳致远，致力实现企业的可持续发展。金宝丽的每一代经营者，都对家族企业充满热爱、尽忠职守，经营者尽最大努力将企业带到一个更高的高度。

（二）传承“匠人”精神

事实上，无论是在瑞士的制造业、服务业还是在农业生产中，瑞士从业者严谨认真的“匠人”精神都十分突出。瑞士人独特的“匠人”精神，是瑞士人创新精神的一个深厚根基，体现在瑞士这个国家的方方面面。

在一百多年的时间内，瑞士从一个以农业为主的穷国，发展成为一个高度发达的富裕国家，离不开一个个精通行业技术和规则的人士对社会各个行业的贡献。瑞士人的“匠人”精神，在钟表业中体现得尤为明显。钟表制作强调精细和准确。制作机械钟表是一项特别需要耐心的工作，也是特别耗费精力的持久性工作。在旅游业尚不发达的时期，瑞士人在恶劣的山区天气和地理环境中，选择发展钟表产业。恶劣的生存环境和长期的艰苦生活，练就了瑞士人勤劳刻苦的品质和强烈的求生意愿，他们以开放的姿态，试图抓住任何可能的发展机遇。

在本书第六章中介绍了瑞士钟表业发展历史中产生的一种高效生产模式——“分布式作坊”（Établissage System）。这是瑞士开创的一种特有工作模式和组织形式，被认为是早期的手工业分工制度。这种模式的产生，适应了极其复杂的钟表生产过程，以及需要密切分工配合和时间精力上深度投入的社会生产。实践证明，这种生产模式极具创造性。瑞士的“匠人”精神正是适应于这种组织模式：每一个制表匠专注于钟表生产的某个环节，在特定组件的设计、研发、生产、组装及调试等方面都高度专业化、职业化。时至今日，以“瑞士制造”而闻名的很多瑞士高精尖产业依然采取“分布式作坊”的生产模式[①]，这也是瑞士人“匠人”精神的不断发扬和传承的重要体现。

要理解瑞士人的“匠人”精神实质，需要深入分析瑞士特有的这种“分布式作坊”的生产模式。

---

① Courvoisier F H. Creative Swiss Watchmaking：A Mix of Art，Industry and Marketing [C]．Venice：AIMAC，2019（9）．

首先，这种生产模式让产出结果成为“最优”。这样的分工体系要求钟表匠在两个方面做到“全力以赴”：一是在技术上，每一道生产环节，都需要具有不同特长的工匠用最专业的技术解决复杂而尖端的问题；二是在质量保障上，需要工匠在自己负责的环节倾注个人最大的热情、责任与心血。其结果就是，各个生产环节将产出“局部最优”，最后让整个钟表产出成为“整体最优”。

其次，这种生产模式彰显了工匠的个人价值。这种模式强调“让专业的人做专业的事”，将最专业的工匠配置到最适合（或最需要）的工作环节中。多个工匠由于“术业有专工”，在不同的生产流程上成为不可或缺和不可替代的人力资源。“物以稀为贵”，工匠的劳动价值正是由于不可或缺和不可替代得以体现。

再次，这种生产模式适应了瑞士的社会价值理念。在制表的各个环节，钟表匠既可能是发明技术的高端工程师，也可能是善于设计的艺术家，还可能是有丰富调试经验的老师傅。从岗位性质来看，每个环节都产出了生产价值，每个工匠都是贡献者，他们的地位是平等的。长期以来，瑞士社会正是强调这样一种价值理念，你需要我，我也需要你。

最后，这种生产模式产生了适合行业特点的教育模式。传统的制表环节，要求制表匠大多在家中或作坊中工作，师徒之间有紧密的教、学以及分工合作关系。师傅的很多生产经验，是通过具体的操作环节以言传身教的方式，让徒弟心领神会。瑞士也由此诞生了独特的职业教育体系——“双轨制”。这种教育制度强调职业教育要将生产实践与书本教育有机结合，但明确要以实践教育为主。在教学时间安排上，也是生产实践教育时间多于课堂的书本教育。因而，接受了瑞士职业教育的学生，在“解决真问题、真解决问题”方面更有作为。

（三）以原生态为贵

瑞士人对于创新的理解是辩证的：一方面，他们认为要打破常规，倡导突破藩篱，所谓“不破不立”；但在另一方面，瑞士人非常注重对于传统的坚持和呵护，在保护原生态环境上尤为如此。在坐享如画般山水环境的同时，瑞士人十分注重保护国土的“原生态”。

在创新理念上，瑞士人认为，一个好的创新产品应体现某个对象的“原汁原味”。事实上，瑞士人在极高的生活质量中，形成了与之对应的极高的生活品位，他们对“原汁原味”的天然元素十分执着。在创新目标和创新手段上，瑞士人强调要让他们关注的某个对象更好地表现出“原汁原味”。瑞士很多高品质的创新产品和创新服务，正是围绕“原生态”来打造的。在世人面前，瑞士展现出自身既是一个发达的经济体，同时又是一个有着天堂般原生态环境的“世外桃源”。这种高度发达的“原生态”社会，正是人类文明进步所追求的重要目标。

瑞士全境多山，许多区域天然地依山而建，一些产业也因山而兴。曾经，这些在地理上相互独立且隔绝的谷底、丘陵地带之间取得联系或进行交往困难重重。近一百多年来，瑞士人因地制宜，大力开发山地经济，挖掘旅游产业巨大潜力，打造完善的旅游基础设施。而瑞士独特的地形特点，为营造创新、创业环境发挥了重要作用。

在发展经济和环境保护方面，瑞士具有很强的前瞻性，避免了许多西方国家“先污染，后治理”的老路。优美的自然原生态环境，不仅为瑞士带来了巨大的旅游观光等生态经济价值，也为瑞士人提供了极佳的生存空间。通过走绿色可持续发展道路，践行绿色发展理念，瑞士将联邦境内的山川变成了“金山银山”，赢得了“世界花园”的美誉。

中国外经贸部原副部长、博鳌亚洲论坛原秘书长、全球 CEO 发展大会联合主席龙永图曾表示，“我对瑞士有特别的感情……我想瑞士的今天就是我们贵州的明天。”贵州省原副省长卢雍政也说，在创新方面，“长期以来，瑞士立足国情实际，扬长避短，注重处理加快发展和生态保护的关系，走出了一条内陆山地绿色发展的成功道路，贵州要向瑞士学习，以瑞士为师”。①

四、坚持“以人为本”的创新理念

（一）生命至上

创新是有方向性的，或者说，创新是有价值取向的。

从瑞士的创新发展阶段看，瑞士人一开始在钟表技术、机械工业技术等方面倾尽了很多才思，也产出了很多顶尖的创新技术。自 18 世纪下半叶开始，以亨利·杜南为代表的一批瑞士人，更加关注对人的生命价值的尊重和保护。他们认为，创新技术和创新产品应该给人类社会带来和平，而不是战争造成的创伤，应该让创新带来人的发展。此后，瑞士联邦对内和对外政策的一个很重要方向就是国际人道主义政策，这也体现了瑞士创新的价值取向和理想追求。值得注意的一点是，瑞士人在开发绿色资源、生态环境保护方面展现出来的智慧和决心，使瑞士联邦的创新在 20 世纪、21 世纪甚至面向更加遥远的未来都保持了具有“远见”和“胸怀”的价值境界。

因此，创新的一个很重要的方向就是要面向未来，面向未来的人类需求。

---

① 中国日报网．龙永图：今天的瑞士就是明天的贵州［EB/OL］．(2018-07-08)［2023-11-01］．https：//baijiahao. baidu. com/s? id=1605376761345802684.

瑞士人认为，国家和社会的运作，应以彰显人的价值为要义，公共事务应服务于改善和维护人的生活体验。瑞士人对生命的关注、对生命的拯救以及对生命的包容，达到了较高的程度和境界。在国际人道主义救援中，瑞士人屡有突出表现。前面的章节提到，瑞士人不仅尊重和呵护人的生命，他们还“爱屋及乌”，表现出对待动物——甚至对虾蟹等低等动物都有很多关注和关爱。

瑞士人认为健康、发展、家庭、社会空间等，是个体幸福生存中不可或缺的因素。瑞士人执着于对这些幸福生存因素的不懈向往和追求，执着于对生命本真的恪守。联邦政治社会的运作，也是以保障和促进瑞士公民的发展和健康幸福为根本。作为一个小国，拥有如此高的人均可支配收入，同时又能提供相当合理的社会福利分配，这在世界其他国家都是十分罕见的。

瑞士各个层面的创新，不断涌现出卓越的创新产品、创新服务、创新理念和创新机制。例如，作为一个老龄化比例比较高的国家，瑞士拥有大量渗透在社区的高水平养老院，这些机构的养老设施不仅十分先进，其服务理念也堪称典范。瑞士还拥有很多医学理疗机构，它们大多分布在阿尔卑斯山脉的宁静地带，为有康复需求的顾客提供先进理疗服务。近年来，瑞士理疗结构服务质量之卓越，名声日益享誉全球，很多俄罗斯顾客，以及中东、东亚、北美的顾客都慕名而来。

（二）教育优先

瑞士高质量的教育体系，是瑞士人创新精神、创新技术、创新措施的重要驱动，是瑞士创新能力的重要储备。从根本上看，教育体系促进了瑞士人的价值体系、知识结构和专业技能。强大的教育体系和人才培养能力，为瑞士高附加值的产业提供了大量高素质人力资源。

瑞士人注重发展教育，在教育中倡导创新理念和创新精神。瑞士人将教育看作是最重要的生产要素和创新驱动力。瑞士联邦委员会官网数据显示，2016年联邦教育开支占全国GDP总量的5.1%①。瑞士人注重教育主要体现在以下几个方面。

首先，瑞士联邦在法律层面确立了教育优先的发展地位。瑞士两所最为著名的理工大学——苏黎世联邦理工大学和洛桑联邦理工大学都隶属于联邦政府，由联邦政府每年单独拨款资助，受联邦政府直接管理。这两所大学的建立，也是出于联邦致力发展工程技术、走创新强国战略发展之路的需要。近年来，瑞

① SERI. Switzerland-The place for education, research and innovation [R/OL]. [2023-11-01]. https://www.sbfi.admin.ch/dam/sbfi/en/dokumente/2016/08/ch-bfi-en.pdf.download.pdf/Factsheet_Switzerland_en.pdf.

士在推进联邦创新战略的过程中，以两所理工大学为依托，建立了瑞士创新园，以创新人才的培养为驱动，辐射周边创新产业发展。瑞士的职业教育起步较早，1908 年瑞士宪法赋予联邦政府管理职业教育与培训的权限，使联邦政府具有了宏观调控职业教育体系与发展的能力；1930 年，瑞士颁布首部职业教育与培训法律——《职业培训法》。后来，瑞士又颁布《职业进修法》，要求技术工人必须经过专业培训，在职工人要进行业余深造，外籍工人入境前必须经过技术考核。本书在第三章介绍了瑞士应用科学大学的改革历程。可以看到，瑞士应用科学大学的诞生与发展，是瑞士联邦的一个重大政治决定，是联邦政府和州政府共同推动的结果。瑞士的《应用科学大学法》规定，联邦可对应用科学大学的决策和活动进行相对直接干预。二十多年来，应用科学大学在瑞士迅速发展，成为瑞士创新体系的重要支柱。

其次，瑞士建立起完备的教育体系以及均衡的教育资源分布。本书在第三章介绍了瑞士优质的综合性大学、应用科学大学及职业学校等教育机构。瑞士高校及研究机构的学术氛围和研究能力处于世界顶尖水平，其职业教育和基础教育水平也享誉全球。瑞士综合性大学有着深厚的研究传统，特别是在化学、物理、医学与生理学以及其他多项领域中享有盛名。在许多产业领域，瑞士大学与企业之间建立了良好的研究合作关系，很多课程设计会根据国内产业的需求进行调整。瑞士职业教育质量堪称全球翘楚。此外，“双轨制”是颇具瑞士特色的职业教育模式。在这种制度下，接受职业教育的年轻人，一方面可以进入企业接受实务训练，另一方面有时间在当地的职业学校进修，让学生既能学到前沿的技术，同时也能在个人职业生涯上不断成长。此外，瑞士的私立学校也在瑞士的教育体系中发挥着重要的作用。瑞士的私立学校具有非常高的办学质量，培养了大批优秀的创新型人才。

最后，瑞士社会层面也体现出对教育的格外重视。本书在第四章介绍了瑞士儿童走路上学的情况。在瑞士，尤其在德语区，孩子从小就要学会步行去学校，甚至上幼儿园的孩子也是自己走路去。瑞士孩子走路上学的比例远远高于英国和美国。让孩子走路上学，这一看似简单的举动，其实恰恰是瑞士社会注重儿童早期教育的一个鲜明例证。瑞士家庭具有重视儿童教育的良好传统。很多瑞士妈妈为了照顾孩子暂时会放弃工作，全职在家带孩子，她们尽量克服工作困难，将轮值带领孩子走路上学的机制延续了下来。一些瑞士行业协会也在这一过程中发挥积极作用，制作“步行上学”宣传片，说明走路上学对儿童教育的重要性。瑞士社区的很多街道上也设有醒目的校区标志以及特别划定的“儿童斑马线”。学校附近还划定了特别的区域，严格限制车速（低于 30 千米每小时），超速即违法，违法者将受到严厉处罚。

（三）人尽其才

创新的根本在人。一个国家的创新发展，起重要推动作用的，归根结底还是在于人的首创精神。

作为"全球最具创新竞争力国家"，瑞士长期保持创新优势的根本原因在于这个国家具备了数量可观的创新人才。尽管瑞士的总体人口体量小，其创新人才的绝对规模不是很大，但瑞士的创新人才"少而精"，他们在各行各业都发挥了巨大作用，产生了很高的社会效益。

瑞士每百万人中获得诺贝尔奖人数占比全球第一，这并不是因为瑞士人比其他国家的人更聪明。其他国家，如奥地利，在人才潜力方面也有和瑞士类似的条件。但奥地利如今正处于人才流失的困境中，其创造性人才正成为出口商品。瑞士的情况则恰恰相反，大量人才源源不断从国际市场流入联邦内部。

瑞士拥有可观数量的创新人才主要有以下几点原因。

首先，瑞士联邦和地方层面出台了很多有利于接纳、培养和保护各类人才的社会政策。无论是历史上的瑞士，还是当代的瑞士，都有这样的鲜明特点。例如宗教改革时期的日内瓦，因为拥有相比周边国家更宽松的人才政策，而接纳了大量来自法国的"异教徒"，他们在瑞士得到了施展才华的机会，在钟表、八音盒等产业上创造了奇迹。再例如，在德国"不能适应"的青年爱因斯坦，却能够在瑞士阿劳城的州立中学感受到"理想的教育模式"，最终如愿进入到瑞士苏黎世联邦理工大学。瑞士的教育对爱因斯坦形成颠覆传统物理学观念的创新思维影响巨大。近年来，瑞士联邦政府积极拓展教育国际化网络，大量人才流入瑞士高校和科研机构。有关数据显示，瑞士高等教育机构的外籍教师和研究人员的比例近些年来显著攀升，过去几年中，这一比例在全瑞士的 12 所综合性大学中攀升了近 50%，在应用科学大学中增加了约 20%。2015 年的有关数据显示，瑞士现有的 12 所综合性大学中有 50%的教授来自国外，9 所应用科学大学中有 20%的教授来自国外，综合性大学和应用科学大学中有 25%的学生来自国外。

其次，优越的薪金和生活体验是瑞士吸引世界各地精英的另一个重要因素。Wage Centre 网站的数据显示，2023 年欧洲平均薪资最高的 15 个欧洲国家从高到低的情况分别是：瑞士（6685 欧元/月）、列支敦士登（5295 欧元/月）、丹麦（5215 欧元/月）、冰岛（5135 欧元/月）、卢森堡（5000 欧元/月）、挪威（4705 欧元/月）、德国（4105 欧元/月）、摩纳哥（4000～5000 欧元/月）、瑞典（3870 欧元/月）、芬兰（3548 欧元/月）、奥地利（3406 欧元/月）、比利时（3401 欧元/月）、法国（3085 欧元/月）、英国（2930 欧元/月）、荷兰（2855 欧元/月）。瑞士是全球"最幸福国家"之一。2023 年的《全球幸福指数报告》（*World Happiness Report* 2023）显示，瑞士居"全球幸福国家排行榜"的第三位（2015 年排名第一）。瑞士城市基本都坐拥山水，在发展新城市格局的同时，也注重保持中世纪老城的文化传统，各类现代化和传统的文化元素在城市中都能找到踪迹，人们的居住体验极佳。几个主要的瑞士城市如苏黎世、巴塞尔、日内瓦驻扎了大量全球创新研发中心。由于这些城市高度的国际化和现代化，使国外创新人才在瑞士的这些城市中生活不会有“异国他乡”之感，他们能够很快适应并融入，最终爱上瑞士城市生活。

再次，瑞士的创新氛围和优良的商业集群，成功地吸引了来自邻国的大量人才。本书在第四章介绍了瑞士楚格州和楚格市的发展情况。享有“避税天堂”美誉的楚格州，是瑞士税率最低的州，个人所得税只有 3%。因为低税政策，楚格州吸引了来自世界各地的许多名人和著名跨国企业。楚格市虽然人口仅有 3 万，但却拥有几乎与人口等同数量的商业注册公司数量——有 3.1 万多家国际公司在楚格注册，包括来自美国的世界著名医疗行业巨头强生公司。楚格市已经成为瑞士乃至欧洲最具创新精神的城市。

最后，瑞士社会倡导每一个人都应发出自己的声音，每个人都应具备在社会的某个空间中找到属于自己位置的能力。联邦在制度设计上确保联邦议员的绝大部分比例都由百姓“兼职”。所以，不难看到很多瑞士平民担任了联邦议员。瑞士人坚持认为“天生我材必有用”。他们对于天才不过分羡慕，对于普通人也不看低——他们坚信“三百六十行，行行出状元”。在看待人与人之间的关系上，瑞士人认为，每个人都应在社会空间中占有一席之地，每个人都应被有尊严地接纳和包容。瑞士人认为，社会应维护公平正义，每个人都应被平等地对待，而无关乎其出身、职业、种族、宗教信仰和政治倾向。瑞士人对成功的定义和看法颇为独特。他们认为，如果一个人希望得到社会重视，就应通过自己的努力和才能去创新，去创造价值，而不应凭借其家庭背景和社会地位。瑞士人认为所有的社会职业都“不分贵贱”，技师、工人等群体不仅有体面的收入，他们也有着和科学家、政治家一样的社会地位。所以，瑞士的职业教育非常成功。可见，在这样一个宽松的社会氛围里，各行业的工作者能够放开手脚从事创新事业。

近些年，越来越多的美国和欧洲科研人员来到瑞士工作。2013 年世界知识产权组织（WIPO）发表的论文《*How immigration makes Switzerland the world's most inventive nation*》显示，2001 年至 2010 年这十年间，瑞士是仅有的三个拥有大量研发人员净流入的国家之一，只有美国在吸引其他国家创新者方面超过了瑞士。报告还显示，在 2001 年至 2010 年期间，瑞士吸引了 14036 名来自国外的研发人员，其中：德国 8198 人、法国 2747 人、英国 1555 人和意大利 1536 人。与德国不同的是，瑞士在留住本土研发人员方面也做得很好：德国净流失 6817 人，而瑞士净流入人数为 17407 人。

还有一点值得强调。那就是关键性人物的出现，对于一个创新国家和创新社会有着关键推动作用。在瑞士联邦发展的不同阶段，若干重要人物对这个国家的创新起到了不可估量的推动作用。例如在宗教改革方面，德语区和法语区的代表性人物茨温利、加尔文，先后领导了瑞士不同阶段的宗教改革，使瑞士的政治、经济、文化、社会生活发生了革命性变化。再例如在国际人道主义的宣传和推广方面，亨利·杜南对国际红十字会组织的诞生功不可没，众多国际组织扎根瑞士也或多或少与瑞士的国际人道主义精神的传统有关系。

事实上，创新作为一种理念、手段、技术和发展模式，在国家体系里受到的影响是综合而复杂的。政策制度、教育、社会、文化等多个方面都在通过“化学反应”综合起作用。

致谢

本书的写作开始于2020年疫情期间，前后历时三年半。在此之前，笔者用了近两年时间在瑞士收集资料和进行实地考察。

写作是一件辛苦但也令人欣慰的事。种下种子，发芽，再到长成一棵树，见证过程和经历是一种自我修行。在一个又一个的夜晚和周末，笔者思绪迸发，激情满怀，静心写作。写作既辛苦也枯燥，但坚持到最后就能体会“苦中有甜”。

感谢华中科技大学公共管理学院王国华教授。在笔者到瑞士赴任之前，他嘱咐笔者从学术方面研究一下瑞士公共管理方面的有关问题；笔者离任回国后，又受邀到课题组学术沙龙向学生们作专题报告。在这次报告会上，笔者向大家分享了在瑞士的所思所感。这个契机促成笔者开始系统整理研究资料，将研究心得分章节诉诸文字。本书成稿之后，也得到王国华教授的悉心指导，他前后两次阅读本书在不同时期的草稿，对章节结构、写作重点提出了很多充满智慧的好建议，并数次面对面地与笔者就一些细节问题进行讨论。

感谢华中科技大学社会学院院长丁建定教授、公共管理学院王冰教授、上海交通大学外国语学院杨炳钧教授等专家学者，他们先后对本书的写作思路和内容提出了非常具有建设性的意见和建议。

感谢在瑞士的朋友们。这些朋友有笔者在瑞士工作期间的中国同事、瑞士当地人、中国留学生，也有前往瑞士旅游的华人朋友。他们的帮助和关心，促成了笔者的思考。与这些朋友的交谈，有助于笔者从多个角度了解和认识瑞士。

还要特别感谢三位特别的朋友。一位是华中科技大学经济学院的卫平教授，他是一位学识渊博的经济学专家，多年来一直担任国家级大学生创新创业大赛的指导老师，他对创新有独到而深刻的认识。笔者通过面谈、电话和视频会议的方式，多次得到卫平教授对本书的悉心指导，他的鼓励和帮助让笔者受益匪浅。另一位是同济大学外国语学院教授、中国驻奥地利使馆教育事务负责人黄崇岭，她是一位优秀的德语专家，在德国工作多年，她在百忙之中抽空帮助审校全书，细致地指出了多处细节问题和文字上的疏漏，她严谨的治学精神和她作为好友对笔者的帮助令人感动。还有一位是伯尔尼中国学联前主席孙庆楠博士，他精通德语，熟悉德国文化，对瑞士情况非常了解，前后几次帮助审校本书，在写作细节上提出了很多有益的参考建议。

感谢华中科技大学出版社的相关领导和编辑老师在本书校勘、编辑和出版等诸多环节上给予的帮助和指导，使得本书能够顺利出版。

因为时间、精力和能力所限，本书的疏漏难免，欢迎各位读者朋友提出批评建议，笔者愿不断改进和完善。

骆毅

2023年11月9日于湖北武汉喻家山下

参考文献

[1] 陈洁．瑞士生物多样性现状［J］．世界林业动态，2009（34）：3.

[2] 陈文福．瑞士绿色山地城镇化的经验与启示［J］．当代贵州，2018（45）：42-43.

[3] 陈小宇，仲歆，刘俊来．苏黎世联邦理工学院建设全球顶尖地球科学专业的启示［J］．中国地质教育，2019，28（4）：85-89.

[4] 陈晓兰，周灵．瑞士低碳城市发展实践与经验研究［M］．成都：四川大学出版社，2020.

[5] 鄂甜，苏永昌．瑞士职业教育的跨企业课程分析与借鉴［J］．职业教育研究，2019（5），85-90.

[6] 范鹏辉．瑞士产业发展模式的经验与借鉴［J］．中国经贸导刊，2015（4）：49-51.

[7] 哈里特·D.S. 麦肯齐．瑞士史［M］．刘松林，译．北京：华文出版社，2020.

[8] HOLTON G. Einstein's Third Paradise［J］．自然辩证法通讯，2005，27（1）：2-8.

[9] 江小华，程莹．大学校长引领研究型大学的跨越式发展——以洛桑联邦理工学院为例［J］．复旦教育论坛，2015，13（6）：93-100.

[10] 江小华，张蕾．洛桑联邦理工学院建设世界一流大学的国际化策略及效果分析［J］．高等教育评论，2017（1）：50-62.

[11] 克莱夫·H. 彻奇，伦道夫·C. 海德．瑞士史［M］．周玮，郑保国，译．上海：中国出版集团东方出版中心，2018.

[12] 李盛明．生态文明：瑞士的启示［J］．决策探索（下半月），2014（7）：81.

[13] 刘军．瑞士［M］．北京：世界知识出版社，2002.

[14] 刘军．瑞士“比斯”滴水成金［N］．光明日报，2004-01-14.

[15] 骆毅．近距离感受洛桑酒店管理学院 [N]．人民日报（海外版），2019-4-1（9）．

[16] 骆毅．瑞士鼓励教育融入世界发展 [N]．中国教育报，2019-11-29（5）．

[17] 骆毅．瑞士这样提升职教“含金量” [N]．中国教育报，2019-04-12（5）．

[18] 骆毅．瑞士职业教育政策分析及其启示 [J]．青岛职业技术学院学报，2019，32（5）：64-69．

[19] 骆毅．试论瑞士教育的国际化战略及对中国的启示 [J]．华北电力大学学报（社会科学版），2019（6）：125-134．

[20] 骆毅．应用型大学的瑞士创新 [N]．中国教育报，2020-11-06（5）．

[21] 马丁．欧洲宗教改革与瑞士钟表业的崛起 [J]．世界历史，2020（2）：45-60+161．

[22] 马克思，恩格斯．马克思恩格斯全集：第 21 卷 [M]．北京：人民出版社，2007．

[23] 秦月．16 世纪初到 19 世纪中叶瑞士雇佣军的兴衰研究 [D]．杭州：浙江大学，2016．

[24] R. 詹姆斯·布雷丁．创新的国度：瑞士制造的成功基因 [M]．徐国柱，龚贻，译．北京：中信出版社，2014．

[25] 沈大力．欧洲一代文宗伊拉斯谟 [N]．光明日报，2020-05-14（13）．

[26] 舒畅．日内瓦，一枚钱币有两面 [N]．光明日报，2012-12-03（12）．

[27] 田海华．伊拉斯谟的新约翻译与诠释 [J]．宗教学研究，2019（3）：186-193．

[28] 汪晟．瑞士职业教育制度变迁、体系及治理研究 [J]．职教论坛，2019（4）：163-169．

[29] 王斌全，赵晓云．杜南与国际红十字运动 [J]．护理研究（中旬版），2006（20）：1879．

[30] 王大洲，梁庆华．从脱节走向融合——中国国家创新体系结构性变革探析（1992—2006）[J]．自然辩证法通讯，2023，45（8）：91-104．

[31] 沃尔特·艾萨克森．爱因斯坦传 [M]．张卜天，译．长沙：湖南科学技术出版社，2015．

[32] 许颖之．我们和你们：中国和瑞士的故事（中文版）[M]．北京：五洲传播出版社，2016．

[33] YAMADA Y，YAMAMOTO R，KATO O，et al. 劳力士学习中心 [J]．建筑技艺，2010（5）：92-99．

[34] 喻悦．昔日水泥巨头“拉法基豪瑞”去哪儿了 [N]. 中国建材报，2021-08-19 (1).

[35] 赵晶晶．瑞士应用科学大学——全球竞争力第一的重要基石 [N]. 中国教育报，2013-01-31 (2).

[36] BROOKS J. Red Cross Only Positive Result of Horrifying 1859 Bloodbath [J]. CMAJ，1996，155 (8)：1180-1182.

[37] CASPARIS J. The Swiss Mercenary System：Labor Emigration from the Semi-periphery [R]. New York：Review from Fernand Braudel Center，1982 (4)：593-642.

[38] COURVOISIER F H. Creative Swiss Watchmaking：A Mix of Art，Industry and Marketing [C]. Venice：AIMAC，2019 (9).

[39] CHARDONNENS D，NEWLANDS M，DYER T. Waste and Resource Strategies in Switzerland [J]. Sustainable Waste Management，2003 (1)：125-134.

[40] ETHZ. Strategy and Development Plan 2021—2024 [R]. Zurich：ETHZ，2021.

[41] Federal Department of the Environment，Transport，Energy and Communications. Energy Strategy 2050：Chronology [R]. Bern：DETEC，2018.

[42] Federal Office for the Environment. Swiss Environmental Law：A Brief Guide [R]. Bern：FOEN，2013.

[43] IMD World Competitiveness Center. IMD World Talent Ranking 2021 [R]. Lausanne：IMD World Competitiveness Center，2021.

[44] LANGFELDT B. Henri Dunant，Genève-Convention and Red Cross：A Historical View [J]. Dansk Medicinhistorisk Årbog，February 2001，71-83.

[45] OERTIG-DAVIDSON M. The New Beyond Chocolate：Understanding Swiss Culture [M]. Zurich：Bergli Books，2019.

[46] HOFFMAN N，SCHWARTZ R. Gold Standard：The Swiss Vocational Education and Training System [R]. Washington：National Center for Education and the Economy，2015.

[47] Swiss Bankers Association (SBA) and the Swiss Insurance Association (SIA) . Economic Impact of the Swiss Financial Sector [R]. [S. L.]：SBA and SIA，2020.

[48] Swiss Confederation State Secretariat for Education，Research and Innovation (SERI) . Research And Innovation In Switzerland 2016 [R]. Bern：The Federal Authorities of the Swiss Confederation，2016.

[49] Swiss Confederation. The Swiss Confederation: A Brief Guide 2015 [R]. Bern: The Federal Authorities of the Swiss Confederation, 2015.

[50] Swiss Confederation. The Swiss Confederation: A Brief Guide 2017 [R]. Bern: The Federal Authorities of the Swiss Confederation, 2017.

[51] Swiss Confederation. The Swiss Confederation: A Brief Guide 2020 [R]. Bern: The Federal Authorities of the Swiss Confederation, 2020.

[52] Swiss Federal Council. Action Plan for the Swiss Biodiversity Strategy [R]. Bern: FOEN, 2017.

[53] Swiss Federal Council. Environment Switzerland 2018 [R]. Bern: The Federal Authorities of the Swiss Confederation, 2018.

[54] Swiss Federal Office of Energy. Energy Strategy 2050: Chronology [R]. Bern: SFOE, 2018.

[55] Swiss Federal Office of Energy. Energy Strategy 2050: Once The New Energy Act is in Force [R]. Bern: SFOE, 2018.

[56] The Graduate Institute in Geneva. 2019 Activity Report [R]. Geneva: The Graduate Institute in Geneva, 2019.

[57] University of Geneva. University of Geneva , Facts & Figures 2019 [R]. Geneva: UNIGE, 2019.

附录

附录 A　部分资料信息及网址(仅供参考)

外文名称	中文备注	官方网址(更新至 2023 年 11 月)
Federal Council of Switzerland	瑞士联邦委员会	https://www.admin.ch/gov/de/start.html
Swiss Confederation State Secretariat for Education, Research and Innovation (SERI)	瑞士联邦教育、研究和创新国务秘书处	https://www.sbfi.admin.ch/sbfi/en/home.html
Federal Department of Foreign Affairs(FDFA)	瑞士联邦外交部	https://www.eda.admin.ch/eda/de/home.html
Swiss Federal Office of Energy(SFOE)	瑞士联邦能源办公室	https://www.bfe.admin.ch/bfe/en/home.html
Federal Office for the Environment(FOEN)	联邦环境局	https://www.bafu.admin.ch/bafu/en/home.html
ETHZ	苏黎世联邦理工大学	https://www.ethz.cn/
école Polytechnique Fédérale de Lausanne(EPFL)	洛桑联邦理工大学	https://www.epfl.ch/
ROLEX	劳力士集团	https://www.rolex.cn/

续表

外文名称	中文备注	官方网址(更新至 2023 年 11 月)
UNIVERSITY 21(U21)	21 国际大学联盟	https://universitas21.com/
	中华人民共和国驻瑞士联邦大使馆教育处	https://swiss.lxgz.org.cn/
FORBES	福布斯	https://www.forbes.com/
Cresta Run Club	克雷斯塔滑道俱乐部	https://www.cresta-run.com/home/
JUNGFRAU	瑞士少女峰	https://www.jungfrau.ch/en-gb/
Mafengwo	马蜂窝旅游信息平台	https://www.mafengwo.cn/
Railway Technology	阿尔卑斯圣哥达交通有限公司	https://www.railway-technology.com/
World Economic Forum	达沃斯世界经济论坛	https://www.weforum.org/
Memim Encyclopedia	梅明百科全书	https://memim.com
Switzerland Tourism	瑞士国家旅游局	https://www.myswitzerland.com/en/
MOUNT10	瑞士一家数据中心和云服务供应商,Swiss Fort Knox 为其提供了支持	https://www.mount10.ch/en/mount10/swiss-fort-knox/
Ara Bern(ARA)	瑞士伯尔尼污水处理厂	https://www.arabern.ch/
Trade India	印度在线贸易平台	https://www.tradeindia.com/
House of Switzerland	瑞士之家	https://www.houseofswitzerland.org

续表

外文名称	中文备注	官方网址(更新至2023年11月)
UNECE	联合国欧洲经济委员会	https://unece.org
Pro Igel	瑞士刺猬保护协会	https://pro-igel.ch
Swiss Recycle	瑞士回收协会	https://www.swissrecycling.ch/
Studying in Switzerland	瑞士留学网	https://studyinginswitzerland.com
Jobin	瑞士乔宾木雕公司	https://jobin.ch/
Institut Montana	蒙塔纳学院	https://www.montana-zug.ch/en
Blausee	瑞士蓝湖	https://www.blausee.ch/
National Air and Space Museum	美国国家太空博物馆	https://airandspace.si.edu
Encyclopedia Britannica	不列颠百科全书	https://www.britannica.com/
GESCHICHTE-SCHWEIZ	瑞士历史信息网站	www.geschichte-schweiz.ch
NESTLE	雀巢集团	www.nestle.com
ICRC	国际红十字委员会	https://www.icrc.org/
WIPO	世界知识产权	https://www.wipo.int/
Reasearch Gate	学术社交网络平台	https://www.reasearchgate.net/
University of Geneva(UNIGE)	日内瓦大学	http://www.unige.ch
Weapons and Warfare	武器和军事网站	https://weaponsandwarfare.com